Aleida und Jan Assmann (Hrsg.)
Schleier und Schwelle III

Archäologie der literarischen Kommunikation

V. Schleier und Schwelle

Band 1
Geheimnis und Öffentlichkeit
Herausgegeben von Aleida und Jan Assmann
in Verbindung mit Alois Hahn und Hans-Jürgen Lüsebrink

Band 2
Geheimnis und Offenbarung
Herausgegeben von Aleida und Jan Assmann
in Verbindung mit Theo Sundermeier

Band 3
Geheimnis und Neugierde
Herausgegeben von Aleida und Jan Assmann

Schleier und Schwelle
Archäologie der literarischen Kommunikation V

Band 3
Geheimnis und Neugierde

Herausgegeben von Aleida und Jan Assmann

Wilhelm Fink Verlag

Die Deutsche Bibliothek – CIP-Einheitsaufnahme

Schleier und Schwelle / hrsg. von Aleida und Jan Assmann. – München: Fink
(Archäologie der literarischen Kommunikation; 5)
Bd. 3. Geheimnis und Neugierde. – 1999
ISBN 3-7705-3355-0

Alle Rechte, auch die des auszugsweisen Nachdrucks, der fotomechanischen Wiedergabe und der Übersetzung, vorbehalten. Dies betrifft auch die Vervielfältigung und Übertragung einzelner Textabschnitte, Zeichnungen oder Bilder durch alle Verfahren wie Speicherung und Übertragung auf Papier, Transparente, Filme, Bänder, Platten und andere Medien, soweit es nicht §§ 53 und 54 URG ausdrücklich gestatten.

ISBN 3-7705-3355-0
© 1999 Wilhelm Fink Verlag, München
Satz: Albert Schwarz, Paderborn
Herstellung: Ferdinand Schöningh GmbH, Paderborn

Inhaltsverzeichnis

Zur Einführung

Aleida und Jan Assmann
Die Erfindung des Geheimnisses durch die Neugier 7

Hans-Martin Gauger
Geheimnis und Neugier – in der Sprache 13

I. Trieb oder Antrieb? Negative und positive Neugierde

Wolf-Daniel Hartwich
Erkenntnisverlust und freier Fall. Freud, Kafka und
die Wirkungsgeschichte von Genesis 3 29

Jan Assmann
Das verschleierte Bild zu Sais – griechische Neugier
und ägyptische Andacht 45

Herwig Görgemanns
Theologischer Wissensdurst: Origenes 67

Burkhard Gladigow
Vom Naturgeheimnis zum Welträtsel 77

Eveline Goodman-Thau
Sehen und Sagen in der jüdischen Tradition 99

Dieter Schulz
Das offenbare Geheimnis der Natur: Emerson, Thoreau
und der romantische Blick 121

II. Verratene Geheimnisse

Gerhard Baudy
Das verratene Geheimnis. Zur Rolle der Schlange in
antiken Initiationsriten und Kulturentstehungsmythen 137

Monika Reif-Hülser
Der Wille zum Wissen – die rücksichtslose Neugier und
ihr Preis   165

Mario Erdheim
Die Geheimnisse der Sphinx und
die Neugierde des Psychoanalytikers   183

Joachim Küchenhoff
„Aus allen Poren dringt ihm der Verrat". Die Neugierde
des Psychoanalytikers und das Geheimnis des Analysanden   191

III. Geheimnisbewahrung/Geheimniszerstörung

Aleida Assmann
An we had the trick to see't.
Geheimnis und Neugierde in Shakespeares *Hamlet*   209

Viola Altrichter
„Genomania". Gentechnologie als Gral der Wissenschaft   223

Barbara Vinken
Das Geheimnis der Neugierde. Pascal und Freud   243

IV. Geheime Orte und Zeiten

Hans Rudolf Picard
Ei, wie gut, daß niemand weiß, daß ich Rumpelstilzchen heiß'!
Das Geheimnis und seine Entdeckung im Märchen   253

Olivier Blanchard
Die erzähltechnische Relevanz des Geheimnisses in den
Contes de ma mère l'Oye von Charles Perrault   261

Andreas Mathyl
Geheime Landschaften der Konfession.
Rousseau und Bonaparte in den Vergy-Kapiteln
von Stendhals *Le Rouge et le Noir*   269

A. Colin
The Skeleton in the Closet: Kryptonomie und Geheimnisübertragung in Schnitzlers *Therese. Chronik eines Frauenlebens*   305

Namensindex   329

Zur Einführung

Aleida und Jan Assmann

Die Erfindung des Geheimnisses durch die Neugier

Es gibt Dinge, die von Natur aus unergründlich sind: die Geheimnisse der Seele, der Liebe, des Todes, der Zeit, des Ursprungs, des Endes ... Wir wollen sie „substantielle Geheimnisse" nennen. Andere Geheimnisse entstehen durch bewußte Geheimhaltung und Verschlüsselung, zum Schutz gegen Verfolgung, vor vorzeitiger Entdeckung, aus Spiel und Geheimniskrämerei. Diese lassen sich als „strategische Geheimnisse" zusammenfassen. Diesen beiden Arten von Geheimnis sind die beiden ersten Bände dieser Reihe gewidmet. Der erste Band behandelt strategische Geheimnisse und untersucht sie vor dem Hintergrund der Öffentlichkeit als ihres Gegenbegriffs. Der zweite Band widmet sich den substantiellen Geheimnissen und verbindet sie mit dem Begriff der Offenbarung.

Es gibt aber noch eine dritte Art von Geheimnissen; man kann sie vielleicht „konstruktive Geheimnisse" nennen. Sie konstituieren sich erst im Blick der Neugierde, den sie zugleich provozieren. In Abwandlung eines bekannten Diktums könnte man diesen Geheimnistyp in die These fassen: *Secrecy is in the eye of the curious beholder*. Das konstruktive Geheimnis ist eine Sache des Blicks, der auf ein Phänomen geworfen wird. Dem Neugierigen wird die Welt zum Geheimnis. Das ist insbesondere der Fall der Griechen, die sich selbst als neugierig bzw. „wißbegierig" *(philomathès)* bezeichnet haben. Ihrer „Philomathie" entspricht eine „Kryptophilie". Die vom neugierigen Blick konstruierten Geheimnisse müssen als grundsätzlich lösbar gelten; es handelt sich also nicht um substantielle Geheimnisse. Dem ägyptischen Blick erschienen zum Beispiel die Geheimnisse der Natur als heilig und damit als substantiell geheimnisvoll. Sie provozierten seine Anbetung, aber nicht seinen Forschungsdrang. Sie erschienen ihm voller Bedeutung, und sein Sinnen und Trachten richtete sich auf die Ausdeutung der Phänomene, aber nicht auf ihre Erklärung. Den Griechen wiederum war dieser Verzicht auf Erklärung unverständlich; sie deuteten ihn als einen Mangel an Wißbegierde. Platon entwickelt im Staat eine Völkerpsychologie und teilt die Völker von Norden nach Süden in drei Gruppen ein: die Skythen und Thraker im Norden sind durch Mut und Willen (to thymoeidés) gekennzeichnet, die Griechen durch Wißbegier (to philomathés) und die Phöniker und Agypter im Süden durch utilitaristisches Besitz- und Sicherheitsstreben (to philochrematos).[1] In der Gegenüberstellung mit den Ägyptern wurden die Griechen sich einer ihrer Eigenarten bewußt, die für die spätere Geschichte des Abendlandes am folgenreichsten geworden ist: der von Wißbegier geleiteten „theoretischen" im Gegensatz zu der von Besitzstreben geleiteten „praktischen Neugierde".[2]

Das Geheimnis muß den neugierigen Blick, der es erzeugt, zuallererst auf sich ziehen. Es ist nicht vollkommen beliebig, was zum Gegenstand der Neugierde und damit unter Umständen zum Geheimnis wird. Dazu gehören zwei, wie man auch hier sagen möchte. „*Physis kryptesthai philei*", „die Natur liebt es, sich zu verbergen", heißt es bei Heraklit, und der Neugierige, so muß man den Satz ergänzen, liebt es, die Geheimnisse der Natur zu entdecken. In diesem Sinne zitierte Francis Bacon die Bibel: „Gottes Ehre ist es, seine Werke zu verhüllen, die Ehre des Königs ist es, sie zu erforschen" (Prov. 25.2).[3] Aus diesem Versteckspiel entsteht die Naturwissenschaft. Die Erfindung des Geheimnisses ist ein interaktives Geschehen. Das läßt sich an keinem Beispiel so deutlich zeigen wie an der Vorstellung, die sich die Griechen von der Funktion der Hieroglyphenschrift machten. Die Griechen verstanden die Hieroglyphen als eine Geheimschrift. Daß es in Ägypten zwei Schriften gab (genauer gesagt sogar drei, aber das war nur wirklichen Kennern wie Clemens Alexandrinus und Porphyrius klar), konnten sie sich nur im Sinne von Klarschrift und Geheimschrift erklären. Welchen anderen Sinn konnte die zweite Schrift haben? Die Klarschrift erblickten sie in der demotischen Schrift, die für Alltagszwecke benutzt wurde, die Geheimschrift in den Hieroglyphen (sowie in der Kursivschrift des Hieratischen). So schreibt etwa Diodor:

> Die Figuren der Standbilder nun und die Formen der Schriftzeichen haben die Ägypter von den Äthiopiern übernommen.
> Die Ägypter besitzen nämlich zwei Schriften: die eine, „demotisch" genannt, lernen alle; die andere wird die „heilige" genannt.
> Bei den Ägyptern verstehen sie allein die Priester, die sie von den Vätern in den Mysterien lernen.
> Bei den Äthiopiern aber benutzen alle diese Schriftzeichen.[4]

---

[1] Res publica 435 e.
[2] Die praktische Neugierde begnügt sich mit der Erschließung einer die Lebensbedürfnisse befriedigenden Umwelt, die theoretische dagegen richtet sich auf Welt insgesamt.
[3] Neues Organ der Wissenschaften, übers. und hrsg. von A. Th. Brück, Leipzig 1830, Nachdr. Darmstadt 1974, 95.
[4] Diodor III.3,4.

In Wirklichkeit handelte es sich bei den Hieroglyphen um das ganz normale ägyptische Schriftsystem. Erst der neugierige Blick der Griechen konstruierte hier ein Geheimnis und erfand den Mythos einer zum Zwecke der Geheimhaltung erfundenen priesterlichen Mysterienschrift. Interessanterweise spielten aber die Ägypter dieses Spiel mit. In griechischer Zeit nimmt die Hieroglyphenschrift ausgesprochen manieristische Züge an und wird „kryptophil", genau wie Heraklits Natur. Es handelt sich hier um ein interaktives, sozusagen interkonstruktives Geschehen.

Es gibt eine Art Erotik in der Konstellation von Geheimnis und Neugierde. Das Geheimnis liebt nicht nur, sich zu verbergen, sondern auch sich zu zeigen. Der locus classicus für diese Erotik des Geheimnisses findet sich in einer berühmten Stelle des kabbalistischen Buchs Sohar, die wir nach G. Scholem zitieren möchten:

> Freilich, die Tora läßt ein Wort aus ihrem Schrein nach außen gehen, und es erscheint einen Moment und verbirgt sich sofort. Und wo sie aus ihrem Schrein sich offenbart und sogleich wieder verbirgt, so tut sie das nur für die, welche sie erkennen und mit ihr vertraut sind. Denn die Tora ist wie eine schöne und wohlgewachsene Geliebte, die sich in einer verborgenen Kammer in ihrem Palast verbirgt. Sie hat einen einzigen Geliebten, von dem niemand weiß, und der im Verborgenen bleibt. Aus Liebe zu ihr umwandert dieser Geliebte immer wieder das Tor ihres Hauses und läßt [in der Suche nach ihr] seine Augen nach allen Seiten schweifen. Sie weiß, daß der Geliebte stets das Tor ihres Hauses umkreist. Was tut sie? Sie öffnet einen kleinen Spalt in jener verborgenen Kammer, wo sie ist, enthüllt für einen Augenblick ihr Antlitz dem Geliebten, und sofort verbirgt sie sich wieder. Alle, die etwa bei jenem Geliebten wären, würden nichts sehen und nichts wahrnehmen. Nur der Geliebte allein sieht es, und sein Inneres, sein Herz und seine Seele, gehen nach ihr aus, und er weiß, daß aus Liebe zu ihm sie sich einen Augenblick ihm offenbarte und in Liebe zu ihm entbrannte. So auch steht es mit dem Wort der Tora. Sie offenbart sich nur dem, der sie liebt. Die Tora weiß, daß jener Mystiker täglich das Tor ihres Hauses umkreist. Was tut sie? Sie enthüllt ihm ihr Antlitz aus ihrem verborgenen Palast und winkt ihm zu und kehrt sofort an ihren Ort zurück und verbirgt sich. Alle, die dort sind, sehen es nicht und wissen es nicht, nur er allein, und sein Inneres, sein Herz und seine Seele, gehen nach ihr aus. Und daher ist auch die Tora offenbar und verborgen und geht in Liebe zu ihrem Geliebten und erweckt die Liebe bei ihm. Komm und sieh: so ist der Weg der Tora. Am Anfang, wenn sie sich dem Menschen zuerst enthüllen will, gibt sie ihm für einen Augenblick einen Wink. Versteht er ihn, so ist es gut; versteht er ihn nicht, so sendet sie zu ihm und nennt ihn töricht. Die Tora spricht zu dem, den sie zu ihm sendet: sage jenem Toren, er solle hierherkommen, damit ich mit ihm spreche. Davon heißt es [Prov. 9:4] „Wer töricht ist, kehre hierher ein, spricht sie zu dem, dessen Sinn blind ist".[5]

Man sieht, wieviel Verführung bei dieser Liebesbeziehung im Spiel ist. Das Geheimnis tut den ersten Schritt.

---

[5] G. Scholem, Zur Kabbala und ihrer Symbolik, Darmstadt 1965, 77 f.

Ohne Verführung wäre vermutlich auch vom Baum der Erkenntnis nicht gegessen worden. Die Sequenz Verbot–Übertretung liegt zwar in der Logik der Erzählung, aber in diesem Fall, wo es um Neugierde und Erkenntnis geht, muß die Neugierde erst durch eine Verheißung geweckt werden: *eritis sicut deus*. Was ist denn die Tora anderes als ein anderer Baum der Erkenntnis? Von diesem zu essen ist jedoch nicht verboten, ganz im Gegenteil. Das Studium der Tora ist die heiligste Pflicht, die dem Juden nach der Zerstörung des Tempels aufgegeben ist, um das Band zwischen Mensch und Gott aufrecht und die Dinge in Gang zu halten. Aber es ist nur dem Erwählten möglich, die Früchte an diesem Baum der Erkenntnis zu entdecken. Die traditionelle jüdische und speziell kabbalistische Auslegung vergleicht die Tora in der Tat einem der Paradiesbäume, aber nicht dem der Erkenntnis, sondern dem des Lebens.[6] Sie ist der Baum, von dem der Mensch im Paradies noch nicht gegessen hatte.

Wir bewegen uns hier auf der Grenzlinie zwischen secretum und mysterium, zwischen dem konstruktiven und dem substantiellen Geheimnis. Die hermeneutische Mystik der Kabbala schließt die Möglichkeit einer unio, einer Enthüllung von Angesicht zu Angesicht nicht aus. Die hermeneutische Bewegung ist nicht unendlich, sondern erfüllt sich in einem vollendeten Verstehen.

> Kommt er dann zu ihr, so beginnt sie, mit ihm hinter einem Vorhang zu reden, Worte, die seinem Verständnis entsprechen, bis er ganz langsam näher hinschaut und eindringt, und das wird *Derascha* genannt. Dann spricht sie mit ihm durch einen dünnen Schleier allegorischer Worte, und das wird unter *Hagada* verstanden. Dann erst, wenn er mit ihr vertraut geworden ist, enthüllt sie sich ihm von Angesicht zu Angesicht und spricht mit ihm von allen verborgenen Geheimnissen und allen ihren verborgenen Wegen, die seit den Urtagen in ihrem Herzen sind. Dann wird ein solcher Mensch vollendet genannt, ein „Meister", das heißt aber „ein Vermählter der Tora" im genauen Verstand, wie der Meister des Hauses, dem sie alle ihre Geheimnisse enthüllt und nichts von ihm fernhält und verbirgt. Sie sagt zu ihm: siehst du jetzt, wie in jenem Wink, den ich dir am Anfang in einem Worte zugewinkt habe, so und so viele Mysterien enthalten sind und wie es darum wirklich steht ...

Isis verkündet zwar auf ihrem Bildnis zu Sais: „meinen Schleier hat kein Sterblicher je aufgedeckt". Und doch ist auch dies als Einladung gedeutet worden. Schiller läßt seinen Jüngling, der den Schleier vorzeitig lüftete, wissend, aber über diesem Wissen melancholisch werden. Kant kannte „nichts Erhabeneres" als diese Inschrift:

> Vielleicht ist nie etwas Erhabeneres gesagt oder ein Gedanke erhabener ausgedrückt worden als in jener Aufschrift über dem Tempel der Isis (der Mutter Natur): „Ich bin alles was da ist, was da war und was da sein wird, und

---

[6] id., 93 ff.

meinen Schleier hat kein Sterblicher aufgedeckt." Segner benutzte diese Idee, durch eine sinnreiche, der Naturlehre vorgesetzte Vignette, um seinen Lehrling, den er in diesen Tempel einzuführen bereit war, vorher mit dem heiligen Schauer zu erfüllen, der das Gemüth zu feierlicher Aufmerksamkeit stimmen soll.[7]

Kant verwendet Schillers Sprache der Einweihung, wenn er bei seiner Beschreibung von Segners Vignette von „heiligem Schauer" und „feierlicher Aufmerksamkeit" spricht. Aber er geht auch davon aus, daß es sich hier nicht um die Erweckung frevelhafter Neugierde, sondern um die Einstimmung in eine legitime Wißbegierde handelt.

Die Beiträge dieses Bandes gehen der intimen Wechselbeziehung von Neugierde und Geheimnis in verschiedenen Richtungen nach. Sie beruhen auf Vorträgen, die auf einem Kolloquium in Konstanz vom 16. bis zum 19. Juli 1993 gehalten wurden. Wir danken der Fritz-von-Thyssen-Stiftung für die finanzielle Unterstützung. Im gleichen Jahr fand in der Werner-Reimers-Stiftung in Bad Homburg eine Tagung zum Thema „Secrecy and Concealment" statt, deren Ergebnisse 1995 unter dem gleichen Titel von Hans G. Kippenberg und Guy G. Stroumsa publiziert wurden. Die Beiträge dieses Bandes beleuchten die spezifisch religiösen Aspekte und Funktionen „strategischer Geheimnisse" und beschränken sich auf den Rahmen der altmediterranen und vorderorientalischen Religionen.[8] In den gleichen thematischen Zusammenhang gehört ein Band mit Aufsätzen von Guy Strousma, der sich esoterischen Traditionen der Spätantike und der Ursprünge christlicher Mystik widmet und sich auf der Grenzlinie zwischen strategischen und substantiellen Geheimnissen bewegt.[9] Beide Bände ergänzen und vertiefen die Thematik unseres Projekts.

Die Redaktion dieses wie auch der beiden vorhergehenden Bände zum Thema Geheimnis lag in den bewährten Händen von Dr. Reinhold Grether.

---

[7] Immanuel Kant, Kritik der ästhetischen Urteilskraft, in: *Werke in 10 Bänden*, hrsg. von W. Weischedel, Bd. 8, Darmstadt 1968, 417.
[8] Hans G. Kippenberg, Guy G. Stroumsa (Hrsg), *Secrecy and Concealment. Studies in the History of Mediterranean and Near Eastern Religions*, Leiden 1995.
[9] Guy G. Stroumsa, *Hidden Wisdom. Esoteric Traditions & the Roots of Christian Mysticism*, Leiden 1996.

Hans-Martin Gauger

Geheimnis und Neugier – in der Sprache

Unsere Fragestellung scheint einfach und klar: auf der einen Seite die beiden für das Menschliche konstitutiven Phänomene, Geheimnis und Neugier, auf der anderen die Wörter der Sprache, die sich auf sie beziehen. Und wir wollen in Erfahrung bringen, was uns zu diesen Phänomenen die Sprache sagt. Es sind Phänomene, die korrespondieren; jedenfalls ist da ein Zusammenhang: einer der Gegenstände der Neugier (und nicht einer unter anderen) ist das Geheimnis. Das Geheimnis produziert die Neugier; es ruft sie hervor. Aber es gilt auch umgekehrt: die Neugier produziert das Geheimnis; das Nicht-Gewußte ist nicht einfach da – vor aller Intentionalität, die sich ihm zuwendet; es wird erst zu einem solchen, weil und indem sich die Neugier, der Drang, wissen zu wollen, darauf richtet, und zwar mit *Intensität*, denn Neugier ist eine Intensität; sie ist eine *intensive* Eigenschaft und Verhaltensweise. Neugier ist intensiv, oder sie ist nicht. Grade der Neugier schließt dies nicht aus.

Auf der einen Seite also unsere beiden korrespondierenden, sich gegenseitig bedingenden spezifisch menschlichen Phänomene, auf der anderen Seite die Wörter der Sprache, die diese Phänomene benennen. Aber schon hier sind wir im Dickicht, denn so einfach – hier die Dinge, dort die Wörter – ist, was hier vorliegt, keineswegs. Jene Benennungen – und dies gilt schon für die beiden Grundwörter ‚Geheimnis' und ‚Neugier' (nicht nur für ihre Trabantenwörter) – benennen nicht bloß, sie machen nicht bloß namhaft, sondern sie interpretieren bereits. Sie *sind* Interpretation. Das heißt: die Sprache ist an unserer Wahrnehmung schon beteiligt. Es ist also nicht so, daß wir, klar geschieden, die Phänomene hätten auf der einen Seite und die Wörter, die Sprache auf der anderen. Die Sprache ist hier „je schon", wie Heidegger zu sagen liebte (und „déjà toujours" spricht ihm Derrida jetzt nach), dabei.

Hier aber ist nun gleich eine weitere Schwierigkeit. Wir sagen „die Sprache". Was heißt dies? Faktisch meinen wir „unsere Sprachen", also zunächst unsere eigene, dann die benachbarten, die wir ungefähr durchdringen. Es gibt ja gar nicht *die* Sprache, die Sprache an und für sich, die Sprache im Singular; es gibt nur Sprachen. Sprache ist ein ‚plurale tantum'. Und wenn man, wie etwa Eugenio Coseriu oder – in anderer Weise – Klaus Heger, von „historischen Einzelsprachen" redet, ist dies eigentlich strikte Tautologie. Sprache ist immer – per definitionem – einzeln, und sie ist immer historisch. Und auch „einzeln" und „historisch" sind tautologisch, denn die Einzelheit der Sprache ist gar nichts anderes als ihre Geschichtlichkeit. Die Vereinzelung des Sprachlichen ist bedingt durch Geschichtlichkeit. Freilich schließt Einzelheit Gemeinsamkeit nicht aus: daß Sprachen einzeln sind, notwendigerweise, heißt nicht, daß sie nicht Züge gemeinsam haben können. Aber diese Gemeinsamkeiten, die man feststellen mag, sind immer solche auf der Grundlage von Einzelheit, von geschichtlich gewordener Vereinzelung.

Unsere Sprachen sind also immer schon dabei. Wir nehmen jene beiden Phänomene immer schon mit und durch Sprachliches ins Visier, genauer: unser Visier ist sprachlich; es ist das Visier einer einzelnen oder mehrerer oder vieler einzelner Sprachen. Wir müssen dieses Visier unvermeidbar benutzen. Es ist die bekannte und zu Recht oft berufene „Unhintergehbarkeit" der Sprache, genauer: der Alltagssprache. Hier jedoch gibt es nun wieder ein wichtiges Andererseits: wir können und müssen doch auch wieder trennen, nämlich die Phänomene, die da sind, in großer, wenngleich nicht gänzlicher Unabhängigkeit von den Wörtern, die auf sie zielen, zum anderen die Wörter, die auch da sind und von weit herkommen und eine *eigene*, wenngleich hilflose oder „unwirklichere" Wirklichkeit bilden gegenüber jener anderen, der *wirklichen* Wirklichkeit, in der sich „hart die Sachen stoßen im Raum" und an der wir uns auch selber stoßen, denn auch wir selbst gehören zu jenen sich aneinander stoßenden „Sachen". Konkret für unseren Fall: Geheimnis und Neugier sind einfach da; es sind Phänomene, die sind und wirken – unabhängig von Sprachen. Und die Neugier reicht gewiß weit ins Tierreich hinunter (Beispiel: Marder und Auto). Gleichwohl: was immer an der menschlichen Neugier schon biologisch vormenschlich sein mag, sie ist doch auch durch und durch historisch; sie ist historisch „informiert". Für das Geheimnis, das doch wohl spezifisch zum Menschlichen gehört, gilt dies ohnehin.

Was also sagt uns über Neugier und Geheimnis die Sprache? Wie kann man die Sprache – denn dies setzt die gängige Rede voraus – zum Reden bringen, auf daß sie uns etwas sage? Dies nämlich sollte man sich zunächst klarmachen: von sich selbst aus sagt die Sprache uns nichts; sie spricht nicht (man spricht mit ihr). Man kann sie allenfalls, metaphorisch geredet, denn es ist wirklich nur eine Metapher, zum Reden bringen. Man kann ihr etwas entnehmen an Einsicht oder Erkenntnis oder an Verständnis (dies letztere Wort in seinem nicht alltagssprachlichen, sondern neutralen Sinn genommen, denn dieses Verständnis kann natürlich auch ein falsches sein). Das Verständnis also, das immer schon in der Sprache ist, in der wir, wahrnehmend, immer schon sind.

Ich erinnere hier – es ist unvermeidlich – an Heideggers Satz „Die Sprache spricht" und an seine kaum weniger bekannte „Wegformel", die etwas vorsichtiger ist: „Die Sprache als die Sprache zur Sprache bringen". In dieser Formel, die Heidegger in seinem berühmten Münchener Vortrag von 1959 „Der Weg zur Sprache" entfaltet (innerhalb einer bedeutsamen Reihe der „Bayerischen Akademie der Schönen Künste"), steckt ja dies, daß die Sprache nicht einfach von selber spricht, sondern erst zur Sprache gebracht werden muß. Nur ist die Frage: ist es dann wirklich die Sprache, die spricht? Spricht da nicht doch eher das Subjekt, das sie zur Sprache brachte? Gilt hier nicht, frei nach Schiller, „*Spricht* die Sprache, so spricht, ach, schon die *Sprache* nicht mehr"? In Wirklichkeit ist es einfach so (obwohl dies keineswegs einfach ist), daß immer nur einzelne Menschen sprechen, nicht die jeweilige Sprache. Und die Menschen sprechen *so*, daß ihr Sprechen *mitbedingt* ist durch die jeweilige Sprache, *in* der und *mit* der sie sprechen.

Hier ist nun sachliche Kritik angebracht an ‚unseren' Sprachen. Sie drücken sich unangemessen aus, wenn sie davon reden, also: uns *reden lassen*, daß man ‚eine Sprache' in einem transitiv akkusativischen Sinn spreche: Die Wendung *deutsch sprechen* ist nicht ganz eindeutig, denn sie könnte auch adverbiell sein, klar ist aber dann *er spricht das Englische sehr gut*, dann auch: *to speak French, parler espagnol, hablar chino, parlare tedesco, falar ruso* etc. Wir sprechen ja in Wirklichkeit nicht *eine* Sprache, sondern wir sprechen *mit* oder *in* einer Sprache. Weit besser ist hier die Ausdrucksweise des Lateinischen, die klar adverbiell ist: *latine loqui*, das heißt ‚auf lateinische Art und Weise, nach dem Modus der lateinischen Sprache sprechen'. Darauf hat Coseriu mehrfach hingewiesen und auch darauf, daß das Griechische *attikizein* in eben diesem adverbiellen Sinn interpretiert werden kann. Übrigens drückt sich auch das Rumänische, wenn es um das Sprechen einer Sprache geht, adverbiell aus: *nu vorbesc nemţeşte*, ‚ich spreche nicht deutsch'. So heißt es auch beim Pfingstbericht in der *Vulgata* sozusagen korrekt: „et coeperunt loqui variis linguis" und „audiebat unusquisque lingua sua illos loquentes" (*Apostelgeschichte*, 2, 5, 7), also nicht: *varias linguas* oder *linguam suam*. Der Ablativ entspricht dem Instrumentellen und Adverbiellen, das hier in der Tat vorliegt.

Die Frage ‚was sagt uns dazu die Sprache?' oder auch die Aussage ‚schon die Sprache' oder ‚die Sprache selbst schon sagt uns' suchen uns etwas wie Ehrfurcht abzunötigen, und wirklich: sie sind dazu imstand. Es ist da eine Berufung auf die allem Reden vorgegebene Objektivität der Sprache, die objektive, dem Denken vorgegebene „Welt" der Sprache, deren Dignität uns verstummen macht und Einwände niederschlägt. ‚Schon die Sprache sagt uns' – wer ginge da nicht in die Knie? Mit ‚Objektivität' meine ich hier nur diese Vorgegebenheit der Sprache: sie ist dem einzelnen Menschen vorgegeben; er muß sie nehmen, wie sie ist; sie ist ihm aber so fraglos vorgegeben, daß er sich dieser Vorgabe nicht einmal bewußt wird; er glaubt sich frei und ist doch gebunden. Übrigens ist damit keineswegs gesagt, daß man unentrinnbar gedanklich gebunden sei durch seine Sprache. Man kann sie „transzendieren", aber es bedarf dazu einer spezifischen Anstrengung. Eine Sprache ist nicht in jeder Hinsicht ‚objektiv'; in anderer Hinsicht ist sie nämlich wieder gerade, was die Sprachwissenschaft leider noch immer stark vernachlässigt, an Subjektivität gebunden.

Fassen wir diese Beobachtungen und Überlegungen zusammen. Erstens. Die Wörter benennen nicht bloß, sie interpretieren bereits, enthalten in sich selbst ein bestimmtes, uns sogleich und fürs erste leitendes Verständnis der intendierten Dinge. Zweitens. Die unausweichliche, seit dem Ereignis von Babel gegebene Pluralität, also Historizität, also Einzelheit alles Sprachlichen (die Erzählung von Babel, Genesis 11, erklärt ja faktisch – ohne sich darüber im klaren zu sein – die gegebene Historizität des Sprachlichen; die Vielfalt des Sprachlichen findet sie schon vor). Es gibt nicht *die* Sprache, von der die Philosophen so gerne und ohne Zweifel allzu leichtfertig reden. Drittens. Obwohl wir nicht ausgehen dürfen von einem schlichten Gegenüber von Dingen und Wörtern, ist doch die Unabhängigkeit beider zu betonen: die prekäre Wirklichkeit der Wörter (als Wörter *einer* Sprache) und die außersprachliche Wirklichkeit der Dinge. So gerade sieht es auch das naive Sprachbewußtsein, und keineswegs in jeder Hinsicht zu Unrecht. Viertens. Die Sprache spricht nicht. Man kann sie allenfalls – metaphorisch gesagt – zum Reden bringen, muß dann aber auf der Hut sein, daß man sie nicht sagen läßt, was man eigentlich nur selber sagt. Fünftens. Man muß sich im klaren sein über das bloß scheinbar Inappellable der Berufung auf die Sprache, wenn es um Phänomene des Außersprachlichen geht.

Welche Möglichkeiten gibt es, die Sprache zum Sprechen zu bringen? Eigentlich nur zwei. Die eine ist die Etymologie. Die andere ist die synchronische, also auf einen bestimmten Zeitraum einer Sprache zielende Untersuchung eines bestimmten Worts oder – entschieden besser – eines ganzen Bezeichnungsfelds einer Sprache, also die Untersuchung des Sprachgebrauchs im Blick auf ein bestimmtes außersprachliches Phänomen. Man sagt, was die synchronische Untersuchung angeht, oft, sie ‚beschränke sich' auf einen bestimmten ‚Zeitraum', sehe somit vom Historischen ab. Dies ist aber nicht richtig, weil es die Dinge so darstellt, als ob die synchronische Untersuchung sich gegenüber der historischen lediglich durch ein Fehlen, ein Sich-Enthalten, ein Negatives also, unterscheide. In Wirklichkeit legt die synchronische Untersuchung in einem sehr positiven Sinne etwas frei, das die historische gar nicht sieht, weil sich nämlich für sie alles ins Historische auflöst. Sodann sollte die synchronische Untersuchung das Historische nicht schlechthin ausklammern, weil das Synchronische selbst historisch angelegt und nur in historischer Vertiefung gegeben ist. Das Historische muß also in die synchronische Untersuchung einbezogen werden, insoweit – nur insoweit – nämlich, als es zu diesem Synchronischen selbst gehört. Die synchronische Untersuchung ist also nicht einfach nicht historisch. Ich gehe auf beide Weisen des Herangehens kurz ein.

Zunächst der Rekurs auf die Etymologie der Wörter, die das anvisierte Ding bezeichnen, genauer: der Rekurs auf die Etyma, und Etymon, „tò étymon", hieß ja ursprünglich „das Wahre". Wieder die Dignität der Sprache! Der Gedanke ist dabei dieser: man erfährt Entscheidendes über ein Ding, wenn man auf die ursprüngliche Bedeutung des Worts rekurriert, welches das Ding bezeichnet. Die ursprüngliche Bedeutung sagt einem, was das Ding ‚eigentlich' ist. Im Grunde ist dies ein sehr merkwürdiger Gedanke. Seine Merkwürdigkeit zeigt sich, wenn man ihn zu Ende denkt im Sinne des Kantischen „Es ist bisweilen nötig, den Denker, der auf unrechtem Wege ist, durch die Folgen zu erschrecken, damit er aufmerksamer auf die Grundsätze werde, durch welche er sich gleichsam träumend hat fortführen lassen" („Träume eines Geistersehers, erläutert durch die Träume der Metaphysik"). In diesem Fall muß man, befürchte ich, viele erschrecken ... Die ursprüngliche Bedeutung eines Worts gibt uns, so wird unterstellt, einen entscheidenden Hinweis auf das Wesen des Dings, das dieses Wort bezeichnet. Warum eigentlich, ist zu fragen, soll dies so sein? Zunächst ist der Gedanke schon rein technisch problematisch, weil die sogenannte ‚ursprüngliche' Bedeutung häufig nur eben diejenige ist, die wir auf Grund der Zeugnisse gerade noch erreichen: die älteste erreichbare Bedeutung muß in vielen Fällen also keineswegs die ‚ursprüngliche' sein. Zweitens dann – und nun nicht mehr bloß technisch – werden hier vielfach (und vielfach schon rein sprachlich) ‚ursprünglich' und ‚eigentlich' verwechselt. Man meint ‚ursprünglich' und sagt und meint ‚eigentlich'. Die ursprüngliche Bedeutung ist aber nur eben (im guten Fall) die ursprüngliche und nicht die eigentliche. Warum sollte die ursprüngliche die eigentliche sein? Aber so stark ist die Dignität des Etymologie-Rekurses, daß diese Ineinssetzung ohne weiteres erfolgt. Das Ursprüngliche gilt uns als das Eigentliche. Warum diese – doch eigentlich ahistorische – Absolutsetzung des Anfangs? Im übrigen ist der Etymologie-Rekurs von ehrwürdigem Alter: ein Höhepunkt im Abendland ist Isidor von Sevilla (6./7. Jahrhundert) mit seinen *Etymologiae* oder *Origines*, einem Grundbuch, bekanntlich, des Mittelalters.

Das Wesen des Worts wird im Etymologie-Rekurs, wie er gewöhnlich geschieht, in doppelter Weise verkannt. Erstens wird das Wort als ein – bei allem semantischen Wandel – Gleichbleibendes aufgefaßt. Das Wort ist aber so nicht. Man sagt zwar, dieses oder jenes Wort habe früher dieses oder jenes bedeutet. Es ist aber nur eine abkürzende Redeweise unter Verständigen, und nur als solche ist sie legitim. An sich ist sie falsch. Als nämlich das in Rede stehende Wort etwas anderes bedeutete, da war es nicht dasselbe, sondern ein *anderes* Wort. Identisch, im Sinne historischer Filiation, sind da nur die Wortsignifikanten. Ein

Wort ist nichts anderes als ein Kontrakt auf Zeit, den eine Sprachgemeinschaft mit einem Lautzeichen, einem Signifikanten, in Bezug auf einen bestimmten Inhalt, ein Signifikatum, geschlossen hat; ein im Prinzip von den (sprachlichen) Nachkommen dieser Gemeinschaft jederzeit kündbarer Kontrakt. Zweitens wird das Wesen des Worts insofern verkannt, als seine Unabhängigkeit, seine eigene Wirklichkeit gegenüber der Wirklichkeit der Dinge nicht gesehen wird. Man schließt vom Wort auf das Ding, so als wäre das Ding in dem Wort. Es ist ein unerlaubter gedanklicher Übergang vom Wort auf das Ding, ein transitus ab intellectu – und, in diesem Fall: a voce – ad rem ... Wort und Ding werden gleichgesetzt, denn anders kann man den Gedankengang nicht verstehen, demzufolge ein Ding *seinem Wesen nach* sein soll, was das Wort, das dieses Ding bezeichnet, ursprünglich bedeutet hat.

Ein Beispiel. Das griechische Wort für Wahrheit „alétheia" bedeutete ursprünglich – und, wird suggeriert, somit eigentlich – „Unverborgenheit", also (es ist wirklich ein merkwürdiges ‚also') ist Wahrheit eigentlich Unverborgenheit. Hierzu ist doch einfach zu sagen (denn dies ist die schlichte Wahrheit): von einer bestimmten Zeit an bedeutete „alétheia" eben nicht mehr ‚Unverborgenheit', sondern ‚Wahrheit' und wurde damit ein anderes Wort. Die alte Bedeutung war dann einfach, nachdem sie immer seltener geworden und schließlich ganz geschwunden war, nicht mehr da.

Dies zeigen nun auch die Wörter für die Dinge, die hier in Rede stehen. Das Wort *Neugier* ist ein, wie ich sage, „durchsichtiges" Wort, ich meine damit: es ist „morphologisch motiviert" (dies ist eine andere, weniger gute Ausdrucksweise; hierüber in meinem Buch *Durchsichtige Wörter. Zur Theorie der Wortbildung*, Heidelberg, Winter, 1971). Genauer müßte ich sagen: Neugier ist ein *scheinbar* durchsichtiges, faktisch jedoch lexikalisiertes Wort. Mit „Lexikalisierung" ist gemeint: wer weiß, was *neu* meint und was *Gier* meint, weiß noch nicht, was Neugier ist. Darum steht das Wort auch als eigenes im Lexikon. Trotzdem: dieses Wort kann noch analysiert werden, seine Etymologie liegt so gesehen in ihm selbst: es meint, analysiert man es aus sich selbst heraus, die Gier nach Neuem, also eine Gier – Gier ist das Determinatum, meint das genus proximum –, und dann eine spezifische Art von Gier, diejenige nämlich nach Neuem, es wäre die differentia specifica. Gerade dies nun aber meint das Wort heute gar nicht. Die Gier nach Neuem, Ungewohntem ist offensichtlich nicht dasjenige Phänomen, das bei *Neugier* in Rede steht. Gemeint ist nicht die Gier, die Begierde, immer wieder Neues zu erfahren (*erfahren* im Sinne von Wissen und von Erleben), die „novarum rerum cupiditas" im Sinne eines „variatio delectat" (oder wie immer), sondern etwas anderes, nämlich der intensive Wunsch, hinter eine Sache zu kommen, etwas Bestimmtes, auf irgendeine Weise Verborgenes, in Erfahrung zu bringen. Das *Deutsche Universalwörterbuch*

(Duden) definiert ganz zutreffend: „Beherrschtsein von dem Wunsch, etwas Bestimmtes zu erfahren, in Angelegenheiten, Bereiche einzudringen, die besonders andere Menschen und deren Privatleben o. ä. betreffen". Also: gleich bei *Neugier* führt die Analyse des Worts, die Analyse auf Grund seiner Bestandteile (und diese Analyse ist hier, wie bei „alétheia", Etymologie), in die Irre. *Neugier* meint nicht die Gier nach Neuem; was wir mit *Neugier* meinen, ist keineswegs solche Gier. Die Gier oder Sucht nach Neuem, das Bedürfnis, immer wieder einmal Neues zu erfahren, ist ein anderes (ebenfalls menschlich konstitutives) Phänomen, das möglicherweise mit Neugier etwas zu schaffen hat. Wortgeschichtlich wäre natürlich zu erklären, wie es zu dem Wechsel von „Gier nach Neuem" zu „Beherrschtsein von dem Wunsch, etwas Bestimmtes zu erfahren" gekommen ist.

An einer bestimmten Stelle ist sich zum Beispiel Thomas Mann dieses Wechsels oder auch der – etymologisch betrachtet – Unangemessenheit von *Neugier* bewußt geworden. In dem berühmten Speisewagen-Gespräch zwischen dem Professor Kuckuck und dem Marquis de Venosta, alias Felix Krull, heißt es (es redet der Professor, und er meint Portugal und die Portugiesen): „Aber, Sie werden sehen, reizvoll sind Land und Leute geblieben. Ich nenne die Leute, weil doch in aller Reiselust ein gut Teil Verlangen steckt nach nie erfahrener Menschlichkeit, ein gut Teil von Neubegierde, in fremde Augen, fremde Physiognomien zu blicken, sich an einer unbekannten menschlichen Körperlichkeit und Verhaltensweise zu erfreuen. Oder wie meinen Sie? Was sollte ich meinen? Zweifellos werde er Recht haben, sagte ich, wenn er die Reiselust zum Teil auf diese Art Neugier oder ‚Neubegierde' zurückführe". Der Autor läßt also den Marquis das Wort *Neubegierde* auf- und dann doch *Neugier* mit hinzunehmen: „diese Art Neugier oder ‚Neubegierde'". Thomas Mann differenziert hier also oder läßt den Professor differenzieren, semantisch, zwischen *Neugier* und *Neubegierde*.

Sprachlich, historisch liegt folgendes vor: der Signifikant *Neubegierde* ist älter und wurde, wie die Linguistik abkürzend sagt, ‚ersetzt', also nach und nach verdrängt durch die Signifikanten *Neugierde* und *Neugier*. Hier ist nun aber eine wirkliche Merkwürdigkeit: dieses Wort hat bis heute, dergleichen ist nicht häufig, keinen eindeutigen Signifikanten, es hat zwei: *Neugier* und *Neugierde* sind die beiden Signifikanten dieses *einen* Worts. Dann der Wandel der Bedeutung, das heißt: das Wort wurde ein anderes Wort, aus der Gier nach Neuem wurde der intensive Wunsch, etwas Bestimmtes zu erfahren. Der neue *Kluge*, also die 22., völlig neu bearbeitete Auflage des *Etymologischen Wörterbuchs der deutschen Sprache*, führt Neugier nicht einmal auf. Dies impliziert: er meint – und nicht zu Unrecht –, da liege das Etymon, auf Grund der Durchsichtigkeit des Worts, auf der Hand. Als „durchsichtige Wörter" bezeichne ich die Zusammensetzungen von zwei oder mehreren Wörtern zu einem Wort, dann die Ableitungen durch Suffixe oder Präfixe, auch die sogenannte „Nullableitung", die ich „Substraktivbildung" nenne, rechne ich dazu. Also: *Gartenhaus* (→ *Garten, Haus*), *Gärtner* (→ *Garten*), *abschreiben* (→ *schreiben*), *Kauf* (→ *kaufen*). Wörter dieses Typs tragen ihre Etymologie gleichsam eingeschrieben – und auch hörbar – in sich selbst. Sie sind als abgeleitete Wörter lebendig. Freilich hätte das Wort *Neugier* die Aufnahme ins etymologische Wörterbuch doch verdient, insofern bei ihm eine Bedeutungsverschiebung und eine Lexikalisierung eingetreten ist.

Nehmen wir das englische *curious*, das französische *curieux* und die entsprechenden Wörter der übrigen Romania, die alle auf das lateinische *curiosus* zurückgehen (das englische *curious* kam über das Französische in diese Sprache). Auch die Etymologie dieser Wörter, das Etymon nämlich von lateinisch *curiosus* führt in die Irre: es gehört zu *cura*, ‚Sorge‘, und meint ursprünglich also ‚besorgt‘ oder ‚sorgfältig‘, und diese Bedeutung hat das lateinische *curiosus* neben ‚wißbegierig‘, ‚neugierig‘ an erster Stelle. Somit erstens ‚sorgfältig‘, zweitens ‚neugierig‘. Die Bedeutung ‚seltsam‘ ist noch nicht lateinisch. Der *Bloch-Wartburg (Dictionnaire étymologique de la langue française)* belehrt uns: „Emprunté du latin *curiosus*, proprement [nota bene: proprement!] ‚qui a soin de‘ et aussi ‚curieux‘ [aber *curieux* nur im Sinne von ‚neugierig‘]. Le sens propre du latin a dominé jusqu'aux XVIe siècle et est encore fréquent au XVIIe". Also meint *curieux* bis dahin vor allem ‚sorgfältig‘.

Das lateinische *secretum* ist Ausgangspunkt von französisch *secret*, spanisch und italienisch *secreto*, portugiesisch *segredo*, englisch *secret* (wieder ein französisches Wort im Englischen). *Secretum* ist das substantivierte, passivische Partizip von *secernere*. Dieses Partizip bezeichnet einen „abgelegenen Ort", das „secretum Sibyllae" bei Vergil meint nicht das Geheimnis der Sibylle, sondern ihre einsame Höhle, und die „secretiora Germaniae" bei Tacitus meinen die „abgelegeneren Teile Germaniens". Auch hier führt also die Etymologie eigentümlich ins Leere. Die Bedeutung ‚Abgelegenheit‘ führt uns nicht zu ‚Geheimnis‘. Man kann verstehen, wie sich aus der Bedeutung ‚Abgelegenheit‘ die Bedeutung ‚Geheimnis‘ ergab: am Ausgang ist ein räumliches Bild. Aber erhellend für die heutige Bedeutung von französisch *secret* und so weiter ist die ursprüngliche Bedeutung wirklich nicht. Es wäre absurd zu sagen, das Geheimnis sei eigentlich – nicht nur ‚ursprünglich‘ – etwas Abgelegenes.

Das andere, hier wichtige lateinische Wort ist *mysterium*, das natürlich aus dem Griechischen kommt *(mysterion)*. Dieses Wort meinte ursprünglich einen ‚Geheimkult‘ oder ‚Geheimlehren‘ (letzteres etwa, schon etwas abgeflacht, in „mysteria dicendi" oder „rhetorum"). Die ursprünglich offensichtlich religiöse Bedeutung wird also bald säkularisiert oder doch entkultisiert; *mysterium* meint dann ein spezifisches Geheimnis. Luther übersetzt das griechische *mysterion* (das Wort kommt in der Bibel insgesamt siebenunddreißigmal vor) mit *Geheimnis*. Dieses somit frühneuhochdeutsche Wort meint erstens etwas, das geheim bleiben soll, zweitens etwas Unerforschtes oder nicht Erforschbares. Die Etymologie von deutsch *geheim* führt nun wieder ins Leere, denn die heutige Bedeutung erhielt es eigentlich erst durch das griechische *mysterion*, also durch Luthers Übersetzung dieses Worts. Ursprünglich und noch mittelhochdeutsch meinte dieses Wort ‚vertraut': das Private, das ‚Heimliche' in diesem Sinn (dieses Wort hatte zunächst auch diese Bedeutung) ist das vor anderen, vor der Öffentlichkeit verborgen Gehaltene. Der *heimelichaere* ist eine Lehnübersetzung von *secretarius*, und der spätere *Geheimrat* meint nicht etwas im Sinne des Geheimnisses oder des Geheimen, sondern einen Ratgeber, der *vertraut* ist mit den inneren, den der Öffentlichkeit nicht zugänglichen Geschäften, den „arcana imperii", wie die Römer sagten (Tacitus).

Ergebnis: man kann die Sprache etymologisch – durch Rekurs auf Etymologie – zum Reden bringen, vorausgesetzt, daß man korrekt dabei verfährt und sie nicht etwas sagen läßt, was sie gar nicht sagt. Dann hat man, in einem ganz rationalen Sinn, „die Sprache als Sprache zur Sprache gebracht". Aber man erfährt auf diese Weise nicht notwendig etwas Bündiges über die gemeinte Sache, und gerade darauf käme es doch an. Wenn man über eine Sache nachdenkt, sie erforscht, ist der etymologische Rekurs allenfalls von heuristischem Interesse. Man kommt im guten Fall zu Denkanstößen, die aber mit Vorsicht zu bewerten sind, weil sie oft in die Irre locken. Das Geheimnis ist nicht etwas Vertrautes, vielmehr dessen Gegenteil, auch nicht etwas Abgelegenes *(secretum)*, und die Neugier ist weder Sorgfalt *(cura)* noch Gier nach Neuem.

Zweckmäßiger, weiterbringend, verläßlicher – auch, vor allem, klarer eruierbar, weil man sich hier im Vertrauten bewegt – ist die zweite Möglichkeit, eine Sprache zum Reden zu bringen: die Untersuchung, in einem synchronischen Sinne, des gegenwärtigen Sprachgebrauchs. Und dabei ist der Vergleich mit anderen Sprachen von besonderem Interesse, denn er hindert uns daran, wie dies Valéry einmal ausdrückt (in den *Cahiers* unter *Langage*), „in den Wörtern hängenzubleiben"; er zwingt heilsam zur Relativierung.

Nehmen wir das englische *curious*. Es hat zwei verschiedene Bedeutungen; genauer und richtiger: es handelt sich um zwei verschiedene, homophone (und homographe) Wörter. Was hier vorliegt, ist also Homonymie im vollständigen Sinn, denn die beiden Bedeutungen sind so verschieden, das heißt: sie hängen für das Bewußtsein der Sprechenden – dies ist hier das Kriterium – so gut wie gar nicht zusammen, so daß von Polysemie nicht mehr geredet werden kann: erstens ‚neugierig' *(don't be curious!)*, zweitens ‚seltsam' *(curiously enough ...)*. ‚Neugierig' bezieht sich auf das Verhalten oder die Eigenschaft einer Person, *nur* einer Person (unter Umständen würde man diese Eigenschaft oder dieses Verhalten freilich auch Tieren, insbesondere ‚höheren' Tieren zutrauen: es gibt, wie gesagt, etwas wie Neugier im Tierreich, „exploratorisches Verhalten"), und es meint eine geistige, jedenfalls gesteuerte Aktivität; ‚seltsam' hingegen bezieht sich auf eine von außen festgestellte Eigenschaft einer Person oder einer Sache, die keine Aktivität impliziert, wobei diese Eigenschaft eigentlich vom Beurteilenden, von dessen Maßstäben abhängt. Das *Oxford English Dictionary* definiert *curious* so: „I. a subjective quality of persons, II. an objective quality of things". Und entsprechend *curiosity:* „a personal attribute" (neugierig), „a quality of things" (seltsam), „a thing that has this quality" (letztere Bedeutung etwa in *curiosity shop*).

Dasselbe gilt für das französische *curieux*, das italienische *curioso*, das spanische *curioso*, und es gilt auch schon für das lateinische *curiosus*. Wieder einmal zeigt sich das Englische als romanische Sprache: es geht hier gemeinsam mit den romanischen Sprachen gegen das Deutsche, das ‚neugierig' und ‚seltsam' von den Wortsignifikanten her trennt. Das Deutsche hat die Bedeutung ‚seltsam' im Fremdwort *kurios*, und dieses Wort ist nun ausschließlich auf sie festgelegt (es heißt nicht auch „neugierig"). Es ist das „Lieblingswort" des alten Johann Buddenbrook: mit ihm, nur mit ihm, kommentiert er den Tod seiner zweiten Gattin, und es ist auch das letzte Wort, das von ihm zu vernehmen ist, wie er sich auf seinem Lager zur Wand wendet und stirbt.

Wie geht ‚seltsam' aus ‚neugierig' hervor? Es ist gar nicht leicht zu sagen. Der Neugierige ist ja doch nicht seltsam. Neugier ist doch – in normaler Ausprägung – kein pathologisches Phänomen. Wir reden für den letzteren Fall von „krankhafter Neugier", womit der Sprachgebrauch indirekt zum Ausdruck bringt, daß es eine gesunde Neugier gibt, mehr noch: daß die Neugier, ohne Qualifizierung, normal, und zwar etwas positiv Normales ist. Der semantische Weg ist aber wohl dieser: der Neugierige interessiert sich besonders für das Seltsame, Merkwürdige, und nun wird, möglicherweise, das Objekt der Neugier übertragen auf deren Subjekt. Es ist da jedenfalls, bei aller Unterschiedlichkeit, Kontiguität, und diese ist, zusammen mit der Similarität, ein movens der semantischen Entwicklung generell.

Genau umgekehrt verhält es sich nun beim Wort *Geheimnis*. Hier hat das Deutsche zwei Bedeutungen in einem Signifikanten vereinigt, die das Englische und dann auch wieder die romanischen Sprachen in den Signifikanten trennen: *secret* und *mystery*; *secret* und *mystère,* italienisch *secreto* und *mistero*, spanisch *secreto* und *misterio*. Also: *ein* Wort im Deutschen, *zwei* in den anderen genannten Sprachen. Die Bedeutungen *secret* und *mystery* sind nicht so verschieden oder disparat wie ‚neugierig' und ‚seltsam', sie gehen vielmehr ineinander über, sind nicht in jeder Hinsicht zu trennen, weshalb hier im Blick auf das Deutsche von

Polysemie, Mehrdeutigkeit und nicht von Homophonie geredet werden muß. Der einzige Bezugspunkt ist hier wiederum das Bewußtsein der Sprechenden. Aber die beiden Bedeutungen sind doch klar verschieden; es sind letztlich zwei verschiedene Phänomene der Wirklichkeit gemeint: einmal etwas, das man nicht weiß, weil ein Mensch oder eine Gruppe von Menschen es vor anderen verborgen hält, etwas, das jedoch prinzipiell wißbar ist, zum anderen etwas, das man nicht weiß, weil es prinzipiell nicht wißbar ist, dasjenige also, das wir für Religiöses, aber durchaus auch darüber hinaus, mit dem Fremdwort ‚Mysterium' benennen. Im Deutschen also in gleicher Weise „die machen da ein Geheimnis daraus" und „Geheimnis des Glaubens". Letzteres die Wendung der ins Deutsche übersetzten römischen Liturgie für „mysterium fidei". Biblisch ist das Wort, wie gesagt, nicht häufig; es kommt vor, zum Beispiel, bei Paulus in der berühmten Stelle über die Liebe (1. Kor. 13): „Und wenn ich weissagen könnte und wüßte alle Geheimnisse ...", „Et si habuero prophetiam et noverim mysteria omnia ...". Oder dann, kaum weniger berühmt, die Stelle über die „Verwandlung" der Menschen am jüngsten Tag (1. Kor. 15, 51): „Siehe, ich sage euch ein Geheimnis ...", „Ecce mysterium vobis dico ...".

Bei der Neugier vereinigen also das Englische und die romanischen Sprachen im Sinne der Homonymie die Signifikanten mit dem für ‚Seltsamkeit'. Bei Geheimnis vereinigt das Deutsche im Sinne der Polysemie zwei Bedeutungen auf einen Signifikanten, die das Englische und die romanischen Sprachen auf zwei Signifikanten verteilen:

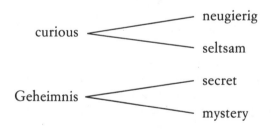

Ein kleiner deutscher Sonderweg gegenüber dem Englischen und der Romania!

Bemerkenswert ist, daß das Wort ‚neugierig' – dies gilt auch für die entsprechenden Wörter der anderen hier betrachteten Sprachen – ambivalent gebraucht wird, negativ und positiv. So schwer es oft ist, einen Wortinhalt genau zu umreißen, so leicht tritt in der Regel die Einschätzung – positiv oder negativ – hervor. Das Wort Neugier wird aber nun klar ambivalent verwendet. Überaus deutlich bringt dies der *OED* heraus: „Desire to know or learn a) in a blamable sense, b) in a neutral or good sense". Also in der Tat drei Bedeutungen: neutral, negativ, positiv. Die negative Neugier wird im Deutschen isoliert unter den Signifikanten *Fürwitz*, ein archaisches Wort, das aber noch zur Gegenwartssprache, wenngleich eben als archaisches, gehört, und *Vorwitz*. In meinem Dialekt, dem Schwäbischen, gibt es ein klar negativ markiertes Nebenwort für *neugierig*, nämlich *wonderfitzig*.

Die üblichen Bilder für das Geheimnis sind: die verschlossene Tür, die Wand, der Vorhang, der Schleier. Diese Bilder implizieren: man sieht etwas, aber eben nicht dasjenige, Eigentliche, das dahinter oder darunter ist. Darauf richtet sich die Neugier, das Interesse. Es ist die Wand, bemerkenswerterweise, zu der sich sterbend der alte Buddenbrook wendet, sein letztes „kurios" murmelnd.

In unserer Kultur (und dies schlägt sich auch in der Sprache nieder) wird oft die Frau mit dem Geheimnis verbunden. Sie wird zum Geheimnis: „Was will das Weib?" lautet die berühmte Frage Sigmund Freuds, für ihn die eigentliche Rätselfrage, auf die er keine Antwort wußte. „La donna è mobile ..." kennen wir aus Verdis „Rigoletto", ein Echo des Franz I. zugeschriebenen Satzes „Souvent femme varie, bien fol qui s'y fie". Bemerkenswert in diesem Zusammenhang, daß es als Kompliment für eine Frau gilt, wenn sie (von einem Mann) als „geheimnisvoll", als „ein rätselhaftes Geschöpf" bezeichnet wird. Hingegen wäre es schwerlich ein Kompliment für einen Mann, so bezeichnet zu werden (entweder von einer Frau oder einem anderen Mann). Männer dürfen nicht rätselhaft sein. Wir haben hier, dem wäre nachzugehen, eine eigentümliche Geschlechterverteilung: der Frau scheint das Geheimnis, also etwas positiv Passives, zugeordnet zu sein, dem Mann hingegen die Neugier, also ein ambivalentes aktives Prinzip. Neugier wird freilich auch der Frau zugeschrieben: aber da nun kennzeichnenderweise eben rein negativ. Frauen sollen nicht neugierig sein, sind es aber (dies der Gedanke) leider oft doch. Es ist, als fielen sie da aus ihrer Rolle. Gehörte ich einer bestimmten postmodernen Richtung an, müßte ich wohl sagen: der Mann geht mit seiner Phallussonde voll der ambivalenten Neugier auf die Erkundung des weiblichen Geheimnisses ... Und kommt dann wohl, nach dem Erleben, zu dem berühmten „n'est-ce que ça?" von Julien Sorel und seinem Autor ...

Natürlich wären nun in sorgfältiger Analyse die anderen Wörter, die sich um unsere beiden zentralen Wörter als „Trabanten" lagern, zu untersuchen: *Mysterium, Rätsel, Zauber, Problem*, dann neben der *Neugier* das *Interesse*, die *Entdeckungslust*, die *Abenteuerlust*, auch wohl die *Begierde*. Der große *Robert* zitiert eine schöne Stelle von Romain Rolland aus *Le voyage intérieur*, die unsere beiden zentralen Wörter zusammenbringt: „Die unersättliche Neugier dessen, der in den Wissenschaften wühlt, suchte, die Türen des Geheimnisses zu öffnen", „L'insatiable curiosité du fureteur de sciences cherchait à crocheter les portes du mystère". Oft wird ja, wie auch diese Stelle suggeriert, die Neugier als eigentlicher Antrieb des Wissenschaftlers herausgestellt. Die Frage ist freilich, ob dies zutrifft. Das faktische Verhalten der Wissenschaftler läuft, jedenfalls von einem gewissen Stadium an, eher in die andere Richtung: sie suchen sich geradezu, hat man den Eindruck, vor Neuem zu schützen, suchen es, wo sie es in den Blick bekommen, wegzuschaffen, auf die Seite des bereits Bekannten zu bringen („ach ja, das steht schon bei ..."). Sie wollen ausbauen, sie wollen nicht die an sich heilsame – hier aber störende – Beunruhigung durch das Neue. Diese eigentlich unneugierig „mauernde" Haltung entspricht dem von Thomas S. Kuhn geschilderten „mobbing up", der Phase also, die der „revolutionären" Phase folgt.

Was also sagen uns unsere Sprachen zur Neugier und zum Geheimnis? Vor allem lehren sie uns, daß es darauf ankommt, nicht in ihren Wörtern hängen zu bleiben. Es kommt darauf an, die relative Unabhängigkeit von Wörtern und Erscheinungen zu sehen und dann gedanklich hin- und herzugehen zwischen den Inhalten der Wörter und der Beobachtung und gedanklichen Durchdringung der Erscheinungen selbst. Gedankliches Hinundhergehen zwischen den Dingen und den Wörtern der Sprache und zwar – dies ist wichtig – *mehrerer* Sprachen. Wissenschaft ist ja in gewissem Sinn nichts anderes als eine Erweiterung und eine Korrektur der Alltagssprache, der „ordinary language". Insofern ist es vernünftig, die Untersuchung, insbesondere die menschlicher Phänomene, mit einer Untersuchung des sprachlichen Materials zu beginnen, so wie dies bereits Plato, namentlich in seinen frühen Dialogen, getan hat. Was meinen wir eigentlich, wenn wir von ‚Tugend' reden oder von ‚Tüchtigkeit' oder von ‚Tapferkeit' oder von ‚Liebe'? Insofern ist die Sprache bereits eine machtvolle Vorform von Wissen und Wissenschaft. Sie enthält bereits sehr viel Wissen. Sie ist, wie dies Benedetto Croce in einer schönen, von Coseriu mehrfach zitierten Wendung einmal gesagt hat, „Wissenschaft im Zustand der Morgendämmerung", „scienza aurorale". Daher muß die Losung sein: mit den Wörtern und durch die Wörter über sie hinaus zu den Dingen selbst – man muß sich in gewissem Sinn von den Wörtern befreien – und dann wieder, denn ohne Wörter geht es auf Dauer nicht, zu ihnen zurück, zu *anderen* Wörtern oder aber zu denselben, nun aber *bereinigten* Wörtern.

Ich kann hier unmittelbar anknüpfen an die Darlegungen eines gegenwärtigen Philosophen. Thomas Nagel, seit 1980 an der New York University, führt gleich zu Beginn der Vorlesung zum Problem des Bewußtseins (innerhalb seiner „Tanner-Lecture" über „The limits of objectivity") aus: „Um zu einem objektiveren Verständnis eines Aspektes des Lebens oder der Welt zu gelangen, treten wir von unserer ursprünglichen Sichtweise dieses Aspektes zurück und bilden uns eine neue Auffassung, welche die ältere Auffassung und ihre Weltbeziehung zu ihrem Gegenstand hat. Mit anderen Worten, wir integrieren *uns selbst* in die Welt, die wir gerade zu verstehen suchen. Die alte Auffassung wird von nun an als eine Art Schein betrachtet, als eine subjektivere Auffassung als die neue, die mit Bezug auf diese berichtigt und bestätigt zu werden vermag. Wird dieses Verfahren jeweils wiederholt, ergeben sich weitere, immer objektivere Auffassungen" (Thomas Nagel, Die Grenzen der Objektivität, Philosophische Vorlesungen, Stuttgart, Reclam, 1991, S. 11/12). Nun, ich meine, was Thomas Nagel hier die „ursprüngliche Sichtweise" nennt oder dann „die ältere Auffassung und ihre Weltbeziehung" ist im Normalfall gar nichts anderes als die in und mit unserer Sprache selbst gegebene. Sie müssen wir korrigieren durch eine „objektivere Auffassung". Wobei dann in der Tat zu beachten ist (Nagel verweist hier auf eine Warnung Nietzsches), daß es eine „verfehlte Objektivierung eines Aspektes der Wirklichkeit" geben kann. Es gibt Elemente der Wirklichkeit, die „aus einer objektiveren Perspektive gerade kein besseres Verständnis zulassen". Doch ist dies ein anderes, wenngleich mit unserem zusammenhängendes Thema.

Anhang

Ich stelle hier noch einige mehr oder weniger aufgeraffte Beispiele für Neugier und Geheimnis zusammen. Bei der Neugier ist es von Interesse, daß sie in der Neuzeit, besonders vom achtzehnten Jahrhundert an, positiver bewertet wird, während sie zuvor vielfach negativ eingeschätzt wird. Gerhard Kaiser zitiert in seiner Schrift „Fitzcarraldo Faust, Werner Herzogs Film als postmoderne Variation eines Leitthemas der Moderne" (Schriften der Carl Friedrich von Siemens-Stiftung, Nr. 53, 1993, S. 31/32) das Gedicht eines gewissen J. A. Stumpff, das Goethe 1831 im Journal „Chaos" seiner Schwiegertochter Ottilie veröffentlichte. Hier heißt es: „Warum denn wurden wir so rund umgeben / Vom rohen Stoff, von Kräften aller Art? / Was will in us'rer Brust das stete Streben, / Das sich mit ewig reger Neugierd' paart? / Gestalten soll der Herr der Erden? / Harrt hier nicht Alles auf des Bildners Hand? / Ein Schöpfer soll der Mensch, wie Gott wohlthätig werden? / D'rum gab er ihm Stoff, Kräfte und Verstand." – Hier also ist, überdeutlich, die „Neugierd" eindeutig positiv. Anders in Molières „Amphitryon" (II, 3): „La faiblesse humaine est d'avoir / des curiosités d'apprendre ce qu'on ne voudrait pas savoir ..." Eine Neugier also, die auf ein Wissen gerichtet ist, das man eigentlich gerade nicht will oder nicht wollen sollte. Dann noch eindeutiger negativ Pascal: „la maladie principale de l'homme est la curiosité inquiète des choses qu'il ne peut savoir" (bemerkenswert die Verbindung mit der „Unruhe") oder „Curiosité n'est que vanité. Le plus souvent on ne veut savoir que pour en parler" (Pensées, I, 18; II, 192). Auch La Rochefoucauld merkt scharfsinnig an (Maximes, 173): „Il y a diverses sortes de curiosités: l'une d'intérêt qui nous porte à désirer d'apprendre ce que nous peut être utile; et l'autre d'orgueil, qui vient du désir de savoir ce que les autres ignorent ...". Bei Anatole France (diese Stelle zitiert Robert), dann rein positiv : „L'art d'enseigner n'est que l'art d'éveiller la curiosité des jeunes âmes pour la satisfaire ensuite ...". Oder eine Stelle aus Flaubert (ebenfalls bei Robert): „Son intelligence était si curieuse qu'il m'adressait à chaque moment des questions ...". Thomas Mann, Tagebucheintrag vom 3. Mai 1948: „Bin recht glücklich, daß der leidende Zustand zwischen den Werken überwunden ist und ich Lust an etwas Neuem, wieder Neuem und Neugier Erweckendem gefunden habe".

Was das Bild von der Wand, der Mauer im Blick auf das Geheimnis angeht, ist natürlich die berühmte Faust-Stelle bedeutsam: „Nach drüben ist die Aussicht uns verrannt ..." Ein Beleg für „Geheimnis" in den Evangelien ist Lukas 8, 10: „Er aber sprach: euch ist's gegeben, zu wissen das Geheimnis des Reiches Gottes; den andern aber in Gleichnissen, daß sie es nicht sehen, ob sie es schon sehen, und nicht verstehen, ob sie es schon hören." Zu „Mysterium" eine Stelle aus Cees Nooteboom (Rituale, Roman, 1993, S. 114): „,Glaubst du an die Hölle?' ,Nein', antwortete Inni. ,Die Hölle', sagte Monseigneur Teruwe, ,ist ein Mysterium. Und ich gehe jetzt schlafen'". Oder, zwei Seiten zuvor aus demselben Roman: „,,Mysterium fidei', sagte Monseigneur Teruwe. ,Mysterium meines Hutes', sagte Taads und erhob sich vom Tisch. ,Ich werde jetzt meinen ungetauften Hund ausführen'". Die parodistische Aufnahme des Religiösen an diesen Stellen bedarf keiner Hervorhebung. Die Übertragung kann aber auch ohne solch parodistische Absicht erfolgen. Wie man weiß, ist für Schopenhauer das Mitleid, das *Mitleiden* eine entscheidende psychische Instanz: „das alltägliche Phänomen des Mitleids". Dieses alltägliche Phänomen ist, wie Schopenhauer ausdrücklich sagt, ein Mysterium. Hierzu Walter Schulz: „denn indem ich mit dem anderen mitempfinde, sein Leid als meines fühle, wird nicht nur meine Individualität aufgehoben, sondern auch die des Anderen. Mitleid meint den Anderen nicht als bestimmte Person, sondern als leidendes Wesen überhaupt. Die Paradoxie des Mitleides ist es, daß es sich auf einen konkreten Menschen richtet und doch nicht um Willen seiner Persönlichkeit, sondern nur weil er leidet, mitempfindet" (Grundprobleme der Ethik, Pfullingen, Neske, 1989, S. 165). Der mysteriöse Charakter des Mitleids liegt für Schopenhauer darin, „daß es etwas ist, wovon die Vernunft keine unmittelbare Rechenschaft geben kann, und dessen Gründe auf dem Wege der Erfahrung nicht auszumitteln sind. Und doch ist es alltäglich. Jeder hat es oft an sich selbst erlebt, sogar dem Hartherzigsten und Selbstsüchtigsten ist es nicht fremd geblieben" (bei W. Schulz, 166). Die Stelle ist bemerkenswert, weil hier das Mysterium ansatzweise bestimmt wird als etwas einerseits Evidentes, eine Art „fundamentum inconcussum" im Sinne Descartes', andererseits als etwas weder durch die Vernunft noch durch die Erfahrung „Auszumittelndes". Ein schönes Beispiel für *Geheimnis* findet sich in den Versen des Doktor Marianus in der Schlußszene von Faust II: „Höchste Herrscherin der Welt! / Lasse mich im blauen, / Ausgespannten Himmelszelt / Dein Geheimnis schauen." Ein schlagender Beleg für die eigentliche Bedeutung ist die bewußte Verwendung von *Geheimnis* im Sinne einer contradictio in adjecto; wir finden sie in der Verwendung „offenes" oder „öffentliches Geheimnis", was ja der Titel eines Werks von Gozzi (1769) ist: „Il pubblico secreto". Dies heißt: ein Geheimnis *darf, kann* nicht öffentlich sein.

In seiner meisterlichen Biographie über Paul Claudel schreibt Gérald Antoine über die berühmte Konversion Claudels Weihnachten 1886: „Le problème décidément demeure: qu'est-ce donc qui a pu faire en un instant du Claudel hier incrédule un Claudel inondé de Foi, aujourd'hui et pour jamais? Les mots, par définition, n'atteignent pas l'ineffable; mais, scrupuleusement pesés, ils peuvent aider à mettre, comme le rêvait Barrès, le mystère en pleine lumière. Or, un certain nombre de mots et de noms reviennent avec une constance indicatrice à travers tout le texte ..." (G. Antoine, Paul Claudel ou l'Enfer du génie, Paris, Laffont, 1988, S. 55/66). Antoine zitiert hier auch die Verse aus dem zweiten Teil der zweiten Fassung von „Tête d'or": „O Tête d'or, toute peine est passée! ... C'est la joie qui est dans la dernière heure, et je suis cette joie et le secret qui ne peut plus être dit" (Antoine, 416). „Das Geheimnis, das nicht mehr gesagt werden kann ..." Die Stelle ist auch bemerkenswert, weil hier gewiß eher *mystère* zu erwarten gewesen wäre als *secret*. Da zeigt sich einmal wieder die semantische Plastizität der Wörter, denn obwohl, wie dargelegt, das Französische im Unterschied zum Deutschen die Bedeutungen „secret" und „mystère" auf zwei Signifikanten verteilt, sind diese Signifikanten dann doch auch wieder, je nach Kontext, austauschbar. Ein weiteres Beispiel für *mystère* nun aber mit Majuskel: „On peut soutenir que la religion – et d'abord la foi en Dieu – est un système inventé par la nature en vue de *rassurer* l'homme qui sans elle serait terrassé de trouble et de frayeur en face du Mystère hostile. Mais il y a une autre manière de se rassurer: celle d'un rationaliste, celle de l'optimiste à courte vue qui ne s'élève même pas au sentiment de ce mystère et qui déclare superbement qu'il n'a point à en connaître." Und wenig später: „Horreur d'un monde sans Dieu, sans stabilité ni mystère ..." (Henri de Lubac, De la connaissance de Dieu, 2. Auflage, Paris, Témoignage chrétien, 1948, 143/1449). Natürlich finden sich in einem Buch mit einem solch kühnen Titel wie diesem – „De la connaissance de Dieu" – viele Belege für *mystère* und auch für das zugehörige *mystique*.

I. Trieb oder Antrieb? Negative und positive Neugierde

Wolf-Daniel Hartwich

Erkenntnislust und freier Fall. Freud, Kafka und die Wirkungsgeschichte von Genesis 3

I.

Die biblische Urgeschichte vom Sündenfall wurde in abendländischer Tradition zum Gründungsmythos des menschlichen Willens zum Wissen, in dem sich eine scharfe Kontroverse um die Neugierde niedergeschlagen hat. Der Text der Paradieserzählung handelt dabei eher von Geheimnissen als von ihrer Aufdeckung, wenn er ein Versteckspiel zwischen Gott, den Menschen und der Schlange aufführt (vgl. Schlesier 1990, 106–120).

Gott verbietet den Menschen, vom Baum der Erkenntnis des Guten und Bösen zu essen. Die Schlange unterstellt Gott, den Menschen die Frucht wider besseres Wissen vorzuenthalten, und die geheime Absicht, verhindern zu wollen, daß Adam und Eva ihre Gottgleichheit augenfällig werde. Denn der Leser weiß, daß Gott den Menschen zu seinem Ebenbild erschaffen hat. Andererseits verschweigt die Schlange die tödlichen Folgen der Kost.

Der durch die göttliche Benennung des verbotenen Baumes implizit angedeutete und von der Schlange verratene Erkenntnisgewinn der Menschen bezieht sich zunächst auf das Nächstliegende, ihre Nacktheit, die sie dann aber sofort wieder zu verbergen suchen, um vor Gott nicht unwürdig zu erscheinen. Dieser Sinn für göttliches comme il faut ist aber das Indiz, das dem Herrn die Schuld der Menschen offenbart. Wenn Eva im folgenden Verhör die Schlange auf Grund ihres Erkenntnisversprechens des Betrugs bezichtigt, revoziert sie zugleich die neue Einsicht. Wenn der Herr aber am Ende a parte den göttlichen Erkenntnisstand des Menschen konstatiert und als Grund der Vertreibung aus dem Paradies angibt, gibt er der Schlange recht. Gott will verhindern, daß der Mensch vom Baum des Lebens ißt und ewig lebt, was seine Todesdrohung hinfällig machen würde. Die Frucht des ewigen Lebens hatte Gott wohl deshalb nicht verboten, weil den Menschen die Relevanz dieser Eigenschaft erst bewußt werden konnte, als sie das Geheimnis ihrer Göttlichkeit entdeckt hatten. Da sind sie aber bereits dem Todesfluch verfallen. Die Pointe der Geschichte ist daher, daß Gott mit seiner Geheimhaltungsstrategie die verräterische Schlange überlistet. Gott gibt sein Wissensmonopol scheinbar preis, um sein Machtmonopol zu bewahren, das ihm als dem einzigen erlaubt, Gott zu sein. Nachdem Gott in den beiden vorangehenden Kapiteln der Genesis seine Kreativität unter Beweis gestellt hatte, erweist er nun seine Souveränität durch die Bestrafung der Menschen und der Schlange. Die göttliche talio bezieht Schuld und Strafe spiegelbildlich aufeinander, um neue Straftaten zu verhindern. Da sich die unzulässige Neugierde Adams und Evas ein ganz Anderes, nämlich Gott, zum adäquaten Erkenntnisgegenstand machen wollte, wird sie nun auf wechselseitiges Erkennen festgelegt. Der Text spielt mit der Doppelbedeutung des Verbs schon im Hebräischen, das auch euphemistisch den Geschlechtsverkehr bezeichnen kann. Das Fruchtbarkeitsgebot schränkt den Horizont des Menschen auf die Erde ein, von der er genommen ist und der er verfällt. Hatte Eva zuvor „Lust" auf den Baum der Erkenntnis, „weil er klug machte" (Gen 3, 6), und gehorchte Adam seiner Frau, die ihn an dem Genuß teilhaben ließ, soll sich ihr „Verlangen" nun auf den Mann richten, den Gott zu ihrem Herrn macht (Gen 3, 16). Und Adam soll statt der paradiesischen Frucht die des von Gott verfluchten Ackers ernten, um sich und seine Familie zu ernähren.

Die Wirkungsgeschichte der Paradieserzählung in der Theologie, Philosophie und Literatur hat in dem Mythos die Struktur von Sein, Erkenntnis und Handlung entdeckt, die ihn als Allegorie der conditio humana lesbar macht. Der ursprüngliche Handlungsspielraum des Menschen, der sich darauf beschränkt, den Garten Eden zu bebauen und zu bewahren und sich allenfalls mit Fleisch von seinem Fleisch zu vereinigen, gibt diesem keinen Anlaß, seine Natur zum Gegenstand der Betrachtung zu machen. Die dazu erforderliche Selbstdistanzierung gewinnt der Mensch durch das Bewußtsein der beiden Möglichkeiten, sein natürliches Dasein zu transzendieren: den Tod und die Gottwerdung. Aus dieser Perspektive schämen sich die Menschen ihres nackten Körpers als dem Gegenstand, von dem die Reflexion auf ihr natürliches Leben ausgeht.

Der biblische Mythos erklärt, warum der Mensch trotz dieser Erkenntnis unter dem Zwang der Selbsterhaltung und Gattungsreproduktion lebt. Lust und Mühsal des irdischen Alltags lassen Adam und Eva nämlich Göttlichkeit und Tod als die anderen Möglichkeiten menschlicher Existenz vergessen und sich dem göttlichen Gebot fügen.

Die israelitische Bundesgeschichte nobilitiert die soziale Regulierung der Erkenntnislust des Menschen, die seine Natürlichkeit transzendieren will. Die Verheißung von Land und Nachkommenschaft wird vom adamitischen Fluch zum abrahamitischen Segen umgewertet. Das mosaische Gesetz schreibt die Heiligung des Lebens als Norm menschlicher Gottesnähe fest.

Die patristische Exegese der Sündenfallerzählung erneuerte die Frage nach den Konsequenzen der Gottesebenbildlichkeit des Menschen unter der Prämisse der christlichen Freiheit vom Gesetz. Die Erkenntnis von Gut und Böse wird dabei handlungstheoretisch als menschliche Entscheidungsfreiheit verstanden. In der Auslegungsgeschichte läßt sich der epistemologische Deutungsansatz der Apologeten und antignostischen Väter vom politisch-theologischen des späten Augustin unterscheiden.

Nach Irenäus' von Lyon Werk „Gegen die Häresien" IV, 27 f., das eine Apologie des freien Willens gegen deterministische philosophische und mythologische Systeme darstellt, hatte die göttliche Geheimhaltung der Erkenntnis von Gut und Böse pädagogische Funktion. Gott wollte die Menschen allmählich zu Göttern heranbilden. Der Sündenfall ist ein neugieriger Vorgriff der Menschen, den Gott mit erzieherischen Strafen belegt. Gott bezieht aber den Sündenfall in sein pädagogisches Konzept ein. Denn der Mensch wird durch den Ungehorsam über seinen freien Willen belehrt, der ihm als Ebenbild Gottes zukommt. Durch die freie Wahl zwischen guten und bösen Handlungen erwirbt der Mensch immer größere moralische Kompetenz. Denn während Gott die übrige Schöpfung mit Zwang zum Guten führt, soll der Mensch die Nachteile des Ungehorsams und die Vorteile des Gehorsams gegenüber Gottes Geboten vernünftig beurteilen lernen und mit persönlichem Einsatz erstreben. Dadurch qualifiziert sich der Mensch, die bewußtlose Schöpfung als Repräsentant des Herrn zu regieren, als den ihn die Gottesebenbildlichkeit ausweist. Augustinus bricht mit dieser Theologie der epistemischen und moralischen Bildungsfreiheit und liest den Sündenfallmythos als anthropologische Begründung der Theokratie (vgl. Pagels 1991, 207–259). Gott hat den Menschen nach seinem Ebenbild geschaffen, um ihn sich zu bedingungslosem Gehorsam zu verpflichten. Der Übergriff auf den Baum der Erkenntnis versinnbildlicht die menschlichen Anmaßung absoluten Wissens und freien Willens, die nur der allmächtigen göttlichen Vorsehung zukommen. Der Sündenfall depraviert die Gottesebenbildlichkeit des Menschen. Denn die Menschen haben nicht einmal die Herrschaft über ihre leiblichen Affekte, wie es die sexuelle Begierde zeigt, und sind daher zwangsläufig den Versuchungen des Bösen verfallen. Augustin bezieht sich hier auf die Aussage des Paulus, daß Tod und Sünde durch den Fall Adams in die Welt gekommen seien und durch Christus aufgehoben werden. „Denn wie durch den

Ungehorsam des einen Menschen viele zu Sündern wurden, ... so werden durch den Gehorsam des einen viele zu Gerechten" (Römer 5, 12). Die Rhetorik des paulinischen Textes nimmt Adam und Christus als Exempel menschlichen Handelns, um zur Umkehr vom Weg der Sünde zu appellieren. Augustinus liest die Stelle politisch-theologisch als Letztbegründung von Herrschaft und macht den Sündenfall zum Ursprungsmythos der Erbsünde als einer Gattungseigenschaft des Menschen.

Politisch legitimieren sich aus dieser notorischen Gottesferne und Dekadenz der Menschheit die hierarchischen Autoritätsstrukturen von Kirche und Staat. Theologisch fordert Augustinus die demütige Unterwerfung des menschlichen Willens unter das Geheimnis der göttlichen Prädestination, die ohne Rücksicht auf menschliche Handlungen begnadigt und verdammt.

II.

Die augustinische Sündenlehre triumphiert im Pelagianischen Streit über die frühere Konzeption der conditio humana und wird nach den Vermittlungsversuchen der scholastischen Moraltheologie von den Reformatoren wieder aufgegriffen. Erst die Aufklärung und der Idealismus thematisieren den Sündenfallmythos wieder als Ur-kunde der Erkenntnis und Freiheit. Die Auslegungen Kants, Schillers und Kleists sowie Hegels und seiner Schüler weisen deutliche Analogien zu denen der frühen Kirchenväter auf. Die theologischen Denkformen der Vernunft und des freien Willens werden aber säkularisiert. Denn der Erkenntnisprozeß, der durch den Sündenfall forciert wird, ist nicht mehr auf den göttlichen Heilsplan bezogen, sondern auf den innerweltlichen Fortschritt (vgl. Marquard 1981, 17 ff.).

Der Sündenfall ist der selbstverschuldete Ausgang des Menschen aus der natürlichen Unmündigkeit. Schiller greift in der universalhistorischen Vorlesung „Etwas über die erste Menschengesellschaft am Leitfaden der mosaischen Urkunde" die pädagogische Deutung der Paradiesgeschichte auf (vgl. Düsing 1989, 239–244). „An dem Leitebande des Instinkts, woran sie noch jetzt das vernunftlose Tier leitet, mußte die Vorsehung den Menschen in das Leben einführen, und da seine Vernunft noch unentwickelt war, gleich einer wachsamen Amme hinter ihm stehen." „Aus der Vormundschaft des Naturtriebes wäre er niemals getreten, frei und also moralisch wären seine Handlungen niemals geworden ... in einer wollüstigen Ruhe hätte er eine ewige Kindheit verlebt", hätte sich der Mensch nicht von dem „leitenden Bande losgerissen" (Schiller 1968, 721 f.). „Jene Stimme Gottes in Eden, die ihm den Baum der Erkenntnis verbot", deutet Schiller als die Stimme des Instinktes, die sich als „Bedürfnis der Nahrung" und im „Geschlechtstrieb" äußert, welche das göttliche Gebot nach Mose sanktioniert.

Es ist der Reiz eines Triebes, „den er selbst noch nicht kannte", welcher den Urmenschen zum „Abfall von seinem Instinkt" veranlaßt und das erste Wagstück seiner Vernunft begehen läßt. Dieser menschliche Vernunfttrieb, den Schiller den animalischen Interessen der Selbsterhaltung und Fortpflanzung entgegensetzt, entspricht der theologisch umstrittenen curiositas. Das Risiko des Todes, das der Genuß der verbotenen Frucht impliziert, ist das Geheimnis, das die menschliche Erkenntnislust herausfordert, den Bereich der sinnlichen Erfahrung zu überschreiten und sich transzendental zu begründen.

Dem vorbewußten Sein des Paradiesmenschen entsprechen die mythischen Lebensverhältnisse des goldenen Zeitalters, auf die Schiller mit dem Motiv des Tierfriedens anspielt. Das Handeln des geschichtlichen Menschen ist dagegen von Schuld gezeichnet, durch welche das moralisch Gute aber erst erkennbar wird. Nach der utopischen Perspektive von Schillers universalhistorischer Pädagogik soll der Mensch „den Stand der Unschuld, den er jetzt verlor, wieder aufsuchen lernen durch seine Vernunft" und sich „aus einem Paradies der Unwissenheit und Knechtschaft ... zu einem Paradies der Erkenntnis und der Freiheit hinaufarbeiten". Unter philosophischem Aspekt muß das mythische Paradies als ägyptisches Sklavenhaus des menschlichen Geistes erscheinen. Der Exodus in die Geschichte hat ein irdisches Elysium zum Ziel, wo der vernünftige Mensch vom Objekt zum Subjekt seiner Natur wird. Denn statt von den Fleischtöpfen des Instinktes abhängig zu sein, wird der Mensch zum Schöpfer seiner Glückseligkeit. Die Kehrseite des philosophisch-politischen Fortschrittsoptimismus ist die Melancholie des moralisch und epistemisch noch unvollkommenen Menschen, die Schiller durch das Theologem des Sündenfalls und der Vertreibung aus dem Paradies bezeichnet sieht.

Als Exempel dieses tragischen Mißverhältnisses von Erkenntnis und Freiheit erscheint im Kontext der Vorlesungen die „Sendung Moses". Mose ist hier in die ägyptischen Mysterien und ihre philosophische Gotteserkenntnis eingeweiht, die geheimgehalten werden muß, weil sie dem staatstragenden Polytheismus widerspricht. Um die Hebräer zu befreien und ihnen einen eigenen Staat zu geben, macht Mose aus seinem philosophischen Gott einen National- und Kriegsgott und paßt ihn den abergläubischen Vorstellungen seines unaufgeklärten Volkes an. Mose wird „zum besten der Welt und Nachwelt ein Verräter der Mysterien" (Schiller 1968, 757). Zwar macht er die elitäre Weisheit Ägyptens zur Grundlage der politischen Öffentlichkeit Israels, sekretiert sie aber wieder, indem er eine neue Staatsreligion stiftet. Schillers Gleichnis, daß der Mensch durch die Erkenntnis vom Automaten zum sittlichen Wesen, damit aber zugleich „aus einem glücklichen Instrument ein unglücklicher Künstler" (Schiller 1968, 723) wird, entfaltet Kleists Sündenfallmythos in „Über das Marionettentheater". Hier ist von der geheimnisvollen ästhetischen Qualität der Bewegungen bewußtloser Gliederpuppen und dressierter Tiere die Rede, die den menschlichen Tänzern unerreichbar ist. Der junge Mensch verliert nach Kleist seine unschuldige kindliche Grazie durch neugierige Selbstwahrnehmung, die vom erotischen Interesse ihren Ausgang nimmt. Da die Rückkehr ins mechanisch-animalische Paradies dem Menschen durch die Erkenntnis verstellt ist, muß er sein Bewußtsein ins Unendliche steigern, um die göttliche Grazie zu erwerben. Kleist nützt die theologische Auffassung des Sündenfalls als Beginn eines Erkenntnisprozesses, der zur Gottwerdung des Menschen führt, für seine ästhetische Überlegung. In einem Prozeß der „Reflexion" versöhnt sich der menschliche Geist mit seinem natürlichen Ursprung, von dem er durch die Erkenntnis seiner selbst als autonomes Subjekt abgefallen ist.

Während Schiller wie die frühpatristische Tradition den unbewußten Naturzustand als defizient betrachtet und durch vollkommene Erkenntnis und moralisches Handeln überwinden will, macht Kleist die Natürlichkeit zur Norm der kulturellen Kreativität des Menschen und zum geheimen Ziel der Geschichte: „wieder vom Baum der Erkenntnis essen, um in den Zustand der Unschuld zurückzufallen" (Kleist 1985, 345).

III.

Die Entwicklung der Natur- und Humanwissenschaften im neunzehnten Jahrhundert unterminierte den Geist der Aufklärung, der beanspruchte, in der Teleologie der Geschichte die Natur zu überwinden. Während Kleist noch von der Perfektibilität des Bewußtseins ausgeht, gleichwohl aber den Eigenwert des natürlichen Seins anerkennt, macht Sigmund Freud den menschlichen Geist von einer Triebnatur abhängig, die diesem verborgen ist. Der kulturelle Fortschritt beruht nicht auf der Aufklärung des Menschen über seine Bedürfnisse und ihrer Umsetzung im Sinne der Moralität, sondern auf ihrer Verdrängung. Der Mensch fällt aus der Naturordnung, ohne wirklich autonom zu werden. Denn um diese „Erbschuld" zu sühnen, muß er immer größere Bereiche seines natürlichen Lebens tabuisieren und als Preis der Kulturleistungen immer mehr vitale Energie und Lustgewinn opfern (vgl. Hessing 1989, 249–256). Das menschliche Bewußtsein wird zum Operationsfeld der Kontroll- und Geheimhaltungsstrategien ihm fremder Mächte: der Anarchie seines unbewußten Trieblebens und der Despotie internalisierter Normen. Auch die Tiefenpsychologie präsentiert sich dabei als eine Auslegung der biblischen Gründungsmythen der conditio humana, die sich gegen die Protologie der Aufklärung richtet. So schreibt Freud in der „Psychopathologie des Alltagslebens": „Ich glaube in der Tat, daß ein großes Stück der mythologischen Weltanschauung, die weit bis in die modernsten Religionen hineinreicht, nichts anderes ist als in die Außenwelt projizierte Psychologie. Die dunkle Erkenntnis [...] psychischer Faktoren und Verhältnisse des Unbewußten spiegelt sich [...] in der Konstruktion einer übersinnlichen Realität, welche von der Wissenschaft in Psychologie des Unbewußten zurückverwandelt werden soll. Man könnte sich getrauen die Mythen vom Paradies und Sündenfall, von Gott, vom Guten und Bösen, von der Unsterblichkeit u. dgl. in solcher Weise aufzulösen, die Metaphysik in Metapsychologie umzusetzen" (Freud 1924, 287 f.).

Freuds Genealogie des Schuldgefühls in „Das Unbehagen in der Kultur" nimmt deutlich Partei für Augustins Deutung der Sündenfallgeschichte und den „christlichen Mythos" von der Erbsünde. Freud polemisiert hier gegen christliche Theologen, die es nicht gerne hören, „wenn die angeborene Neigung des Menschen zum ‚Bösen', zur Aggression, Destruktion und damit auch der Grausamkeit erwähnt wird. Gott hat sie ja zum Ebenbild seiner eigenen Vollkommenheit geschaffen" (Freud 1986, 248). Dabei gibt es bei Freud wie bei Augustinus kein „ursprüngliches sozusagen natürliches Unterscheidungsvermögen für Gut und Böse. Das Böse ist auch oft gar nicht das dem Ich Schädliche oder Gefährliche, im Gegenteil auch etwas, was ihm erwünscht ist, ihm Vergnügen bereitet" (Freud 1986, 251). Da Freud den Aggressionstrieb als Gegensatz zum Eros versteht, ist „das Böse anfänglich dasjenige, wofür man mit Liebesentzug bedroht wird". Auf die Eltern richtet der Mensch zuerst sein Liebesbedürfnis, das sich aber mit den Herrschaftsansprüchen des Vaters konfrontiert sieht. Der Ungehorsam erscheint dem Kind als böse, weil es Strafe und Liebesentzug fürchten muß. Diese soziale Dimension des Schuldgefühls zeigt sich darin, daß die Menschen im geheimen das Böse tun, das ihnen Lust verschafft, und allein die Entdeckung durch die Öffentlichkeit fürchten. Andererseits wird die elterliche Gewalt zur inneren Instanz des Gewissens sakralisiert, vor dem sich der Mensch für seine Anschläge gegen den normativen Anspruch verantworten muß. Dieser allwissende und allmächtige Richter kann nun bereits den geheimen Wunsch des Aufbegehrens mit Strafen belegen. Wenn sich die Heranwachsenden von der patrias potestas emanzipieren, um ihre Libido anderen Menschen zuzuwenden, müssen sie das Schuldgefühl verdrängen, das aus der Beseitigung der normativen Instanz resultiert. Die erotische Neugierde, welche die natürliche Grundlage menschlicher Gemeinschaft bildet, ist zugleich der Grund einer geheimen Schuld, welche Religion und Gesellschaft als Rechtsnachfolger des Vaters einklagen können. Schiller hoffte, der Fortschritt der Vernunft des Menschen werde das „moralische Gesetz in seiner

Brust" hervorbringen, das natürliche Triebhaftigkeit und Moralität versöhnt, und so die Tragik des gefallenen Menschen aufheben. Wie bereits Kant greift Schiller hier die Prophetie Jeremias auf, Gott werde dereinst den Menschen das Gesetz wie die Kraft, es zu erfüllen, ins Herz legen (Jer 31, 33). Paulus hat darin die Aufhebung des mosaischen Tafelrechts gesehen, das die Sündigkeit des gefallenen Menschen verklagte. Der Geist heilige die Natur des Menschen und ermögliche ihm, aus freien Stücken das Gute zu tun. Freud zeigt die Ambivalenz dieser Verinnerlichung der väterlichen Norm. Der sträfliche Aggressionstrieb wendet sich gegen seinen Träger, indem er zum Todestrieb wird. Mit wachsender Heiligkeit steigert sich das unbewußte Schuldgefühl und das geheime Strafbedürfnis, das neugierig der menschlichen Sündhaftigkeit nachspürt.

Freuds Rekonstruktion der zwei Ursprünge des „Schuldgefühls, dem aus der Angst vor der Autorität und dem späteren aus der Angst vor dem Über-Ich" (Freud 1986, 253 f.) entspricht durchgehend den patristischen Deutungsmodellen der Sündenfallmythe. So ist nach Augustinus' „Gottesstaat" XIV, 10 das Verhältnis der Menschen zu Gott vor dem Fall durch reine Liebe gekennzeichnet, die sich im absoluten Gehorsam äußert. Gott demonstriert seine Autorität, indem er den Baum der Erkenntnis verbietet, obwohl dieser an sich für die Menschen ein wünschenswertes Gut darstellt. Und schon Johannes Chrysostomus deutete in Kapitel 17 seiner „Homilien zur Genesis" den biblischen Gott, der die sündig gewordenen Menschen im Garten aufspürt, als psychische Instanz: „Gott wollte ihnen eine derartige Empfindung beibringen, als wandele er auf sie zu, und sie in Furcht versetzen, was auch wirklich geschah. Sie hatten eine solche Empfindung, als käme Gott zu ihnen und deshalb suchten sie, sich zu verstecken ... Denn der unbestechliche Richter – ich meine das Gewissen – stand ihnen gegenüber, schrie mit lauter Stimme, klagte sie an, zeigte ihnen und beschrieb ihnen gewissermaßen vor ihren Augen die Größe ihrer Sünde ... Was ist das für ein Unverstand, sich vor Gott dem Allgegenwärtigen verstecken zu wollen ... der das Verborgene kennt und im einzelnen die Herzen der Menschen gebildet hat, der alle ihre Werke kennt ... und auch die Regungen des Herzens ... Das ist die Gewohnheit der Sündigen, daß sie verborgen zu bleiben suchen, auch wenn es nicht möglich ist" (Heilmann 1963, 319–321).

Die allegorische Hermeneutik, die nach dem geheimen Sinn der Überlieferung forscht, macht bei Freud wie bei den Kirchenvätern Mythos und Psychologie konvertibel. So kann Freud die Genealogie der Schuldkultur auch als Mythos vom urzeitlichen Vatermord erzählen, dessen Verdrängung in den zwanghaften Versöhnungsritualen der Stammesreligionen, der griechischen Tragödie, von Jom Kippur und Golgotha symptomatisch wird. Prähistorie und Evolutionsgeschichte sind dabei nur Gestaltungsmittel von Freuds moderner Mythopoetik. Als Experten der Vaterreligon beruft Freud vor allem Paulus, der das Kreuzesopfer des Gottessohnes als Antitypos von Adams Fall deutete. Freud liest Paulus dabei in augustinischer Optik, wenn er schreibt, daß der römische Jude aus Tarsus die urgeschichtliche Quelle des Schuldgefühls „die Erbsünde" nannte. Der Aufstand gegen den Vatergott, der die Kulturentwicklung begründet, bringt den Todestrieb in die Welt, der untergründig auf die Destruktion der menschlichen Gemeinschaft hinwirkt (vgl. Freud, 1986, 534).

Trotz alledem demonstrierte Freud oftmals den aufklärerischen Optimismus, eine wirkliche Versöhnung durch Rationalisierung an die Stelle der scheinbaren durch Ritualisierung zu stellen, und bot die Psychoanalyse als wissenschaftliche Heilmethode des kulturellen Schuldgefühls an, dessen Krankengeschichte die Religionshistorie bildet. Freuds „Mann Mose und der Monotheismus" wurde in dieser Hinsicht als Testament der kompromißlosen Desillusionierung gelesen, die mit dem orthodoxen Traditionsdenken des Judentums abrechnet (vgl. Gruberich-Simitis 1991, 41 f.; Yerushalmi 1991, 59 f.). Freud reformulierte hier die Urgeschichte Israels nach dem Schema des mythischen Vatermords. Die Hebräer hätten den Ägypter Mose ermordet, weil sie dem ethischen Rationalismus der Atonreligion, die er ihnen verkündete, nicht gehorchen wollten. Obwohl sie aber Moses Adonai dem midianitischen Kriegsgott Jahwe assimilierten, prägte das verdrängte Geheimnis dem kollektiven Gedächtnis das Ideal des wahren Israels ein, so daß es die Propheten jederzeit abrufen konnten. Während das Judentum durch das secretum des Vatermordes kulturelle Identität kodiert, will die christliche Sühnephantasie des Sohnesopfers das mysterium iniquitatis vergessen machen.

IV.

Die bedeutendste poetische Exegese des Sündenfallmythos im zwanzigsten Jahrhundert stammt von Franz Kafka. Auch Kafka bezieht Position in der theologischen Kontroverse zwischen der Augustinischen Erbsündenlehre und dem Pelagianismus, den er zu Recht als „etwas Katholisch-Häretisches" bezeichnet (Kafka 1975, 203). Denn die katholische Lehre vom Synergismus hatte gegen eine strikte Erbsündenlehre am freien Willen des Menschen und seiner Mitwirkung an der Erlösung festgehalten. Um eine Ausgabe von Augustins „Bekenntnissen" bat Kafka Robert Weltsch in einem Brief vom Dezember 1917 aus Zürau, wo er die berühmten „Betrachtungen über Sünde, Leid, Hoffnung und den wahren Weg" schrieb. Und sowohl Kafkas biographische Selbststilisierung als auch die theologischen Denkformen seiner Aphoristik weisen deutliche Analogien zu den Konfessionen auf. Augustinus erzählt sein Leben als Exempel der Rückkehr des gefallenen Menschen zu Gott. Der kompositorische Wendepunkt ist die Bekehrungsszene des achten Buches. Wie Kafka in Zürau entscheidet sich Augustinus hier für die Ehelosigkeit und nimmt seine chronische Atemschwäche zum Anlaß, den bürgerlichen Beruf aufzugeben, der ihm schon lange mit seinem wahren Wesen unvereinbar schien. Im neunten Buch inszeniert Augustinus dann seine negative Theologie als mystischen Aufstieg in die göttliche Welt. Nach Kapitel X, 60 versöhnt sich der Mensch, der die „Neugierde, das eitel Weltliche zu erkennen" (Augustinus 1989, 295) überwindet, durch diese epistemische Demütigung seines Geistes und seiner Sinnlichkeit mit dem göttlichen Urgrund, von dem er abhängt, der sich aber allem menschlichen Begreifen entzieht.

Kafka wendet die Augustinische Gottesterminologie des Seins, der Wahrheit und des Guten, das in allem ist, metaphorisch auf das „Unzerstörbare" als dem Grund des menschlichen Seins. Der Glaube an einen persönlichen Gott ist für Kafka dabei Ausdruck des „VerborgenBleibens" des Unzerstörbaren im Menschen (Kafka 1992, 124). Denn Kafkas Entmythologisierung der Sündenfallerzählung leugnet die Transzendenz und Unerkennbarkeit des Absoluten, die mit der Vertreibung des Menschen aus dem Paradies begründet wurde.

Auch Kafkas Exegese hebt die Struktur von Sein, Erkenntnis und Handlung heraus. Das Essen vom Baum der Erkenntnis hat die Objektivierung Gottes und damit eine Distanzierung zur Folge, die aber ein Streben nach der Gottgleichwerdung erst ermöglicht. Wer Gott, das Gute und die Wahrheit erkennen will, muß den ontologischen Stand der Sünde, des Bösen und der Lüge annehmen, um ihn als unabhängige Warte der Wahrnehmung zu nutzen (vgl. Kienlechner 1981, 14–48; Robertson 1988, 244–284).

Die Erkenntnis Gottes ist dabei nicht das Ziel, sondern Stufe zum ewigen Leben, das die Gottgleichheit realisiert. Die Betrachtung Gottes als des ganz Anderen des Menschen führt zu der Einsicht, daß die conditio humana zerstört werden muß, um das „Unzerstörbare in sich zu befreien" (Kafka 1992, 55). Dieser Akt ist die eigentliche Bedeutung des religiösen Glaubens, den Kafka mit einem Fallbeil vergleicht, und der Sinn des Todesorakels, das an das göttliche Erkennen geknüpft ist. Die praktizierte Identität mit Gott hebt den Beobachterstandpunkt der sinnlichen Existenz des Menschen außerhalb Gottes auf.

Kritisch nimmt Kafka auf Freuds Allegorese des Sündenfallmythos Bezug, die Metaphysik als Projektion des Unbewußten aufklären will. „Psychologie ist die Beschreibung der Spiegelung der irdischen Welt in der himmlischen Fläche, oder richtiger die Beschreibung einer Spiegelung, wie wir, Vollgesogene der Erde sie uns denken, denn eine Spiegelung erfolgt gar nicht, nur wir sehen Erde, wohin wir uns wenden"

(Kafka 1992, 32). Da die Psychologie auf die Empirie der tellurisch-melancholischen Konstitution des gefallenen Menschen beschränkt bleibt, kann sie nichts über die Transzendenz aussagen. Das Konzept einer Metapsychologie ist selbst eine Projektion. „Psychologie ist wahrscheinlich in der Gänze ein Anthropomorphismus, ein Annagen der Grenzen", wodurch das Unzerstörbare nicht erreicht wird. Da die Unterscheidung von Gut und Böse nur ein Axiom des menschlichen Erkenntnisstrebens ist, kann sie weder eine Schuld der gefallenen Menschheit noch die sittliche Autonomie des Subjekts begründen. Denn „wir sind nicht deshalb sündig, weil wir vom Baum der Erkenntnis gegessen haben, sondern weil wir vom Baum des Lebens noch nicht gegessen haben. Sündig ist der Stand, in dem wir uns befinden unabhängig von Schuld" (Kafka 1992, 131). Freud betrachtete das geheimgehaltene Schuldgefühl dem Vater gegenüber als den Fluch, der den Menschen hindert, die Bestimmung seiner Gattung zu erfüllen und ihn statt dessen in den Tod treibt. Die Analyse versucht, den verborgenen Schuldgrund aufzudecken und durch die therapeutische Regulierung des Destruktionstriebes menschliche Gemeinschaft zu ermöglichen. Nach Kafka ist es im Gegenteil die Verdrängung des göttlichen Todesurteils durch das Handeln des Menschen als animal sociale, die ihm das wahre Wesen und Ziel seines Lebens unerkennbar macht, welches mit der Prophetie der Gottwerdung angezeigt war. Diesen Anspruch klagen Kafkas imaginäre Instanzen des Vater- und Prozeßrechts von ihren schuldlos lebenstüchtigen Delinquenten ein.

Kafka wendet den Fluch des transzendenten israelitischen Gottesgedankens gegen die geschichtsphilosophischen Teleologien, die das Absolute im weltbürgerlichen Fortschritt des Bewußtseins und der Freiheit realisieren wollen. „Der trostlose Gesichtskreis des Bösen, schon im Erkennen des Guten und Bösen glaubt er die Gottgleichheit zu sehn. Die Verfluchung scheint an seinem Wesen nichts zu verschlimmern; mit dem Bauche muß er die Länge des Weges ausmessen" (Kafka 1992, 73). Bereits Augustin verwendet in „De Trinitate" XII, 16 das Bild der kriechenden Schlange, um das „verkehrte Streben nach Gottähnlichkeit" zu karikieren, das den Menschen an die empirische Welt bindet (Heilmann 1963, 351).

Nach Augustin lassen sich Bild und Gleichnis Gottes nur retten durch Aufgabe der Selbstbehauptung des menschlichen Subjekts und Hinordnung auf das Urbild in der geistigen Welt, die auch für Kafka die einzige Realität bildet. Heinrich Heine läßt in seinen „Geständnissen" die Schlange im Paradies Eva den hybriden Anspruch der Hegelschen Philosophie vortragen, daß „der Mensch zum Gotte werde durch die Erkenntnis, oder, was dasselbe ist, Gott im Menschen zum Bewußtsein seiner selbst gelange" (Heine, 1969, 775). Analog travestiert Kafka den Versuchermythos: „Erkenne Dich selbst, bedeutet nicht beobachte

Dich. Beobachte Dich, ist das Wort der Schlange. Es bedeutet Mache dich zum Herrn Deiner Handlungen. Nun bist Du es aber schon, bist Herr Deiner Handlungen. Das Wort bedeutet also Verkenne Dich! Zerstöre Dich! also etwas Böses und wenn man sich sehr tief hinabbeugt, hört man auch sein Gutes, welches lautet, ‚um Dich zu dem zu machen, der Du bist'" (Kafka 1992, 42). Das delphische Orakel gnothi seauton wird typologisch mit dem Erkenntnisversprechen der Schlange verknüpft. Die psychologische Neugierde auf das empirische Ich und die moralische Sorge um das transzendentale Selbst, die der Doppelsinn von ‚beobachten' andeutet, lenken von dem Willen ab, der „Erkenntnis gemäß sich zu verhalten" und also sich zu zerstören (Kafka 1992, 132). Kafka unterstützt Evas Täuschungsanklage gegen die Schlange, die Gottwerdung durch Erkenntnis versprach, aber die Bedingung des Todes überging.

Auch die Selbstdefinition des Menschen als animal rationale ist zu überwinden, will der Mensch das werden, was der Gottesname „Ich bin, der Ich bin" meint. Denn die ewige Identität hebt die Unterscheidungen von Gut und Böse, Geist und Natur, Gott und Welt auf. „Das Unzerstörbare ist eines; jeder Mensch ist es und gleichzeitig ist es allen gemeinsam, daher die untrennbare Verbindung der Menschen" (Kafka 1992, 128). Das Unzerstörbare ist also das Prinzip der Individualität, das Kafka auch als die „Eigentümlichkeit" bezeichnet, die er verborgen halten muß, weil Welt und Gesellschaft von ihm fordern, sich ihren Normen zu assimilieren (Kafka 1992, 9). Das göttliche Mysterium wird zum secretum des Einzelnen. Die Menschheit übernimmt den altisraelitischen Gottestitel des Einen nicht im geschichtsphilosophischen Ermächtigungsprozeß des vernünftigen Gattungssubjekts, sondern als Konstellation von Individuen, die ihre Eigenart erkennen und nach ihr handeln. Kafka profiliert seine Konzeption der Gottesgemeinschaft aber auch gegen die israelitische, die durch die Torah konstituiert wird.

„Coelibat und Selbstmord stehn auf einer Erkenntnisstufe, Selbstmord und Märtyrertod keineswegs, vielleicht Ehe und Martyrium" (Kafka 1992, 52 f.). Ehe und Martyrium kennzeichnen den Handlungsspielraum, den das göttliche Gebot dem gefallenen Menschen vorschreibt: Leben im Gesetz, dessen erstes Gebot das der Vermehrung ist, und Sterben für das Gesetz.

Kafka bezeichnet den Menschen nach dem Sündenfall in der Tradition von Augustins civitas Dei und civitas terrena als „freien und gesicherten Bürger" des Himmels und der Erde (Kafka 1992, 127 f.). Den Bund des empirischen Menschen mit dem transzendenten Gott nennt Kafka dabei eine doppelte „Fesselung", was auf den Binderitus der Eheschließung und die Aqueda Jitzchak als dem Prototyp des Martyriums anspielt. Die Halacha vermittelt zwischen dem tödlichen Anspruch der Transzendenz, den das Gesetz dokumentiert, und dem Lebenstrieb des gefallenen Menschen. „Will er nun auf die Erde drosselt ihn das Halsband des Himmels, will er in den Himmel jenes der Erde". Daher kann die moralische Freiheit des Menschen nicht absolut werden, obwohl er „alle Möglichkeiten" hat.

Diese Ambivalenz des Gesetzes thematisiert Kafka in einer raffiniert anspielungsreichen Variation der Sündenfallperikope. „Die Frau, noch schärfer ausgedrückt vielleicht die Ehe, ist der Repräsentant des Lebens, mit dem Du Dich auseinandersetzen sollst. Das Verführungsmittel dieser Welt sowie das Zeichen der Bürgschaft dafür, daß diese Welt nur ein Übergang ist, ist das gleiche ... Das Schlimme ist nur, daß wir nach geglückter Verführung die Bürgschaft vergessen und so eigentlich das Gute uns ins Böse, der Blick der Frau in ihr Bett lockt" (Kafka 1992, 95 f.). Bereits der hebräische Text von Genesis 3, 20 macht die Frau zur mythischen Personifikation des Lebens. Adam nannte sein Weib nach dem Sündenfall Eva, „denn sie wurde die Mutter aller, die da leben". Dieselbe Frau war es, deren Blick wahrnahm, daß der Baum der Erkenntnis und des Todes eine „Lust für die Augen" (Gen 3, 6) sei. Die weibliche Verführung zur Gottwerdung bewirkte aber den Fall Adams in die Weltlichkeit. Durch den Vollzug der Ehe legt sich der Mensch auf die Reproduktion des natürlichen Leben fest und verzichtet auf den Anspruch der Göttlichkeit, den ihm das Gesetz mit seinem transzendenten Ursprung verbürgt. Der jüdischen Bundestheologie stellt Kafka das Junggesellentum und den Selbstmord als Metaphern radikaler Individualität entgegen. Selbstmord und Tod sind aber bei Kafka nicht im trivialen Sinne physischer Vernichtung gemeint, da diese das transzendentale Subjekt als Grund der empirischen Welt und der intelligiblen Sozialität des Menschen nicht mitbetrifft. Die standrechtliche Exekution des Selbst vollzieht sich durch die Demut, die aber nicht mehr wie bei Augustin den Menschen einem jenseitigen Gott unterordnet, sondern den Einzelnen in das gemeinsame „Wachstum" des Unzerstörbaren integriert (Kafka 1992, 93). „Das Verhältnis zum Mitmenschen ist das des Gebetes, das Verhältnis zu sich das Verhältnis des Strebens; aus dem Gebet wird die Kraft für das Streben geholt" (Kafka 1992, 138 f.). Das Gebet ist also für Kafka die Sprachhandlung, welche die Erkenntnis der potentiellen Göttlichkeit der menschlichen Existenz realisiert und so den epistemischen Sündenfall aufhebt. Die „wahre Gebetssprache" der Demut erlöst das Individuum, indem sie seine Eigentümlichkeit kommunizierbar macht, ohne diese dem Allgemeinen unterzuordnen.

Kafka überwindet mit seiner Deutung des Sündenfalls die Wirkungsgeschichte der patristischen Auslegung, indem er die Augustinische Erkenntniskritik gegen den philosophisch-politischen Fortschrittsoptimismus ausspielt, der die Menschheit als Träger der Vernunft und Freiheit an die Stelle Gottes setzte. Anderseits nimmt Kafka der politischen

Theologie Augustins ihre hierarchische Komponente, indem er den israelitischen Bundesgedanken radikalisiert. Bei Augustinus legitimiert der Sündenfall die Herrschaft von Staat und Kirche, die Gottes Willen der sündigen Menschheit gegenüber vertreten. Nach der jüdischen Tradition schließt der transzendente Gott einen Bund mit seinem Volk und erwählt diese Gemeinschaft zum Repräsentanten seiner Weltherrschaft. Da nach Kafka aber das „Unzerstörbare" in jedem menschlichen Individuum präsent ist, versteht er die soziale Dimension des Heils nicht mehr als Bund Jahwes mit Israel, sondern als „untrennbare Verbindung der Menschen" untereinander (Kafka 1992, 128). Die Offenbarung des verborgenen Unzerstörbaren stiftet eine Öffentlichkeit, in der die Eigentümlichkeit des Menschen nicht mehr geheimgehalten werden muß.

Literatur

Augustinus, A. (1989), Bekenntnisse, Stuttgart.
Dietzfelbinger, K. (1987), *Kafkas Geheimnis. Eine Interpretation von Franz Kafkas „Betrachtungen über Sünde, Leid, Hoffnung und den wahren Weg"*, Freiburg i. Br.
Düsing, W. (1989), „Die Interpretation des Sündenfalls bei Herder, Kant und Schiller", in: Poschmann, B. (Hrsg.), *Bückeburger Gespräche über Johann Gottfried Herder 1988*, Rinteln, 227–244.
Freud, S. (1924), *Zur Psychopathologie des Alltagslebens. Über Vergessen, Versprechen, Vergreifen, Aberglaube und Irrtum*, Leipzig, Wien, Zürich.
Freud, S. (1986), *Kulturtheoretische Schriften*, Frankfurt a. M.
Goebel, R. J. (1986), *Kritik und Revision. Kafkas Rezeption biblischer, mythischer und historischer Traditionen*, Frankfurt a. M.
Gruberich-Simitis, I. (1991), *Freuds Moses-Studie als Tagtraum*, Weinheim.
Heilmann, A. (Hrsg.) (1963), *Texte der Kirchenväter*, Bd. 1, München.
Heine, H. (1969), *Sämtliche Werke*, Bd. 2, München.
Hessing, J. (1989), *Der Fluch des Propheten. Drei Abhandlungen zu Sigmund Freud*, Rheda-Wiedenbrück.
Kafka, F. (1975), *Briefe 1902–1924*, Frankfurt a. M.
Kafka, F. (1992), *Nachgelassene Schriften und Fragmente in der Fassung der Handschriften*, Bd. 2, Frankfurt a. M.
Kienlechner, S. (1981), *Negativität der Erkenntnis im Werk Kafkas. Eine Untersuchung zu seinem Denken anhand einiger später Texte*, Studien zur deutschen Literatur 66.
Kleist, H. von (1985), *Sämtliche Werke und Briefe*, Bd. 2, München.
Marquard, O. (1981), „Felix Culpa ? – Bemerkungen zu einem Applikationsschicksal von Genesis 3", in: Fuhrmann, M./Jauß, H. R./Pannenberg, W. (Hrsg.), *Text und Applikation. Theologie, Jurisprudenz und Literaturwissenschaft im hermeneutischen Gespräch*, Poetik und Hermeneutik 9, 117–125.

Pagels, E. (1991), *Adam, Eva und die Schlange. Die Theologie der Sünde*, Reinbek.
Robertson, R. (1988), *Kafka. Judentum, Gesellschaft, Literatur*, Stuttgart.
Schlesier, R. (1990), „Mehr als eine Stimme – Zur Anstößigkeit , der Paradieserzählung", in: Elsas, Ch./Kippenberg, H. G. (Hrsg.), *Loyalitätskonflikte in der Religionsgeschichte. Festschrift für Carsten Colpe*, Würzburg, 103–121.
Schiller, F. (1968), *Sämtliche Werke*, Bd. 4, München.
Yerushalmi, Y. H. (1991), *Freuds Moses. Endliches und Unendliches Judentum*, Berlin.

Jan Assmann

Das verschleierte Bild zu Sais – griechische Neugier und ägyptische Andacht

Αἰγύπτιον γὰρ ἄκουσμα καὶ διήγημα πᾶν Ἑλληνικῆς ἀκοῆς ἐπαγωγότατον
Denn jede Neuigkeit aus Ägypten erregt die Neugierde der Griechen aufs höchste.[1]

Hüte dich vor Neugier,
Blicke nicht auf den Ort, den du nicht kennen solltest.
Frage nicht den Gott:
Gott liebt nicht, wenn man ihn bedrängt,
weil es ihm schmerzlich ist, wenn man sein Bild begafft.[2]

1. Praktische und theoretische Neugierde

Platon hat bekanntlich das Staunen als den Anfang der Philosophie bezeichnet[3]: mit diesem thaumazein ist nicht sprachloses Überwältigtsein vom Wunderbaren der Welt gemeint, sondern ein Innewerden der Unselbstverständlichkeit des Gegebenen, das sich erst dem forschenden Nachdenken erschließt. Erst mit dem Verfall seiner Selbstverständlichkeit kann das Gegebene zum Verständnisproblem und dieses Verständnisproblem dann zum Ausgangspunkt des „Staunens" werden. Ohne Fragen keine Antworten. Die Rätsel, die das Staunen des Philosophen provozieren, liegen nicht auf der Hand. Sie erschließen sich erst dem Nachdenken. Erst im Verlauf des Gesprächs, nach zehn langen Seiten der Stephanus-Ausgabe, fängt Theaitet an, sich zu wundern. Man muß einen großen Schritt aus der alltäglichen Gewöhnung herausgehen, um sich die Welt zum Rätsel werden zu lassen. Sie ist es nicht schon von sich aus. Es handelt sich hier um den typischen Fall eines *konstruktiven* Geheimnisses, das erst durch den Blick entsteht, der auf eine Sache geworfen wird, im Unterschied zum *substantiellen* Geheimnis, das der Sache an sich eigen ist. Das konstruktive Geheimnis muß als grundsätzlich lösbar gelten, es hat die Struktur des Rätsels. Der Blick, der die Welt zum Rätsel werden läßt und sie als ein grundsätzlich aufdeckbares Geheimnis konstruiert, ist nichts anderes als jene besondere Einstellung

---

[1] Heliodor, Aithiopika II 27,3.
[2] Pap. Chester Beatty IV verso 4.12–5.2.
[3] Theaitetos 155C.

zur Welt, für die Hans Blumenberg den Begriff der „theoretischen Neugierde" geprägt hat.[4] Erst dem Neugierigen wird die Welt zum Geheimnis. Das ist insbesondere der Fall der Griechen, die sich selbst als neugierig bzw. „wißbegierig" bezeichnet haben.

Dieses Stutzen gegenüber dem Natürlich-Selbstverständlichen, die Verfremdung des Gegebenen und Vertrauten zum Rätsel ist nun seinerseits alles andere als selbstverständlich. Es kennzeichnet vielmehr den Philosophen und sein Projekt eines unablässigen Strebens nach Erkenntnis, Wissen und Wahrheit. Das Staunen gegenüber dem Gegebenen bildet für Platon nicht einen Teil der menschlichen Grundausstattung, sondern ist ein Ausnahmephänomen, die Sache Besonderer, ja geradezu von Sonderlingen. Aristoteles dagegen geht von einem Trieb nach Wissen aus, der allen Menschen angeboren ist.[5] In dieser Kontroverse verbirgt sich das Problem der theoretischen Neugierde. Ist sie eine anthropologische Universalie oder vielmehr eine griechische Erfindung? Kennzeichnet sie den griechischen Sonderweg, auf dem die Griechen aus dem Umkreis der älteren und benachbarten Hochkulturen ausgebrochen und zu völlig neuen Wissens- und Erkenntnisformen vorgedrungen sind, oder handelt es sich dabei nur um die griechische Variante einer allen Völkern eigenen Wahrheitssuche und Wissenspflege? Diese Frage ist bis heute nicht entschieden. Die einen behaupten, daß die Philosophen sich mit Fragen beschäftigen, die alle Menschen gleicherweise bewegen, nur daß sie dieser Beschäftigung auf eine besondere, professionelle Weise nachgehen, die anderen meinen, daß es hier um Fragen geht, die unsere eigentlichen Lebensprobleme unberührt lassen.

Ein wichtiges, von Blumenberg nicht geschriebenes Kapitel in der Geschichte der theoretischen Neugierde und der Frage nach ihrem anthropologischen Status ist die Begegnung zwischen Griechenland und Ägypten. In dieser Begegnung mit einer Welt- und Geisteshaltung, die sie als der ihren diametral entgegengesetzt empfanden, wurden sich die Griechen ihrer Besonderheit besonders nachdrücklich inne. Ägypten konfrontierte sie mit einer Einstellung gegenüber der Welt, die das Staunen nicht kannte, auch die merkwürdigsten Phänomene auf sich beruhen, auch die nächstliegenden Fragen ungestellt ließ und sich mit einem Wissen begnügte, das auf den praktischen Nutzen, nicht aber auf die Erkenntnis der wahren Zusammenhänge gerichtet war.[6]

Mit der Erfindung der theoretischen Neugierde, das heißt einem auf Wahrheit und nicht nur auf Selbsterhaltung gerichteten Erkenntnisstre-

---

[4] H.Blumenberg (1973).
[5] Aristoteles, Metaphysik A 3; 984 a 18–19, b 9–11; Physik A 5; 188 b 29–30. Vgl. den Beitrag von H. Görgemanns.
[6] Die praktische Neugierde begnügt sich mit der Erschließung einer die Lebensbedürfnisse befriedigenden Umwelt, die theoretische dagegen richtet sich auf Welt insgesamt.

ben, haben sich die Griechen von ihren Nachbarn, insbesondere den Ägyptern abgesetzt und damit von einer Erkenntnisform, die den Menschen nicht grundsätzlich von den Tieren unterscheidet. Die theoretische Neugierde erweist sich in dieser Hinsicht als unnatürlich, als ein revolutionierender Schritt in der Geschichte der menschlichen Selbsterfindung. Denn die praktische Neugierde, wie sie der Grieche auch den Ägyptern zugesteht, hat der Mensch mit den Tieren gemein. Sie ist eine natürliche Funktion des Selbsterhaltungstriebs. Denken wir uns eine Maus, die in eine neue Umwelt, z. B. in ein anderes Haus versetzt wird.[7] Sie wird sich zuallererst ein Versteck suchen und sich dann von ihrem Versteck aus in kleineren und immer größer werdenden Erkundungsgängen ihre Umwelt erschließen, bis sie die wichtigsten Orientierungspunkte beieinander hat: Nahrungsquellen, Gefahrenpunkte, Fluchtwege usw. Wenn ihre Umwelt aufgebaut ist, wird ihre Unruhe nachlassen, und sie wird sich innerhalb dieses Horizonts nur insoweit bewegen, wie das für die Befriedigung ihrer Bedürfnisse unerläßlich ist. Sie verspürt keinen über diesen Horizont hinausgehenden Wissensdrang.

Die Menschen befinden sich grundsätzlich in einer jener Maus vergleichbaren Situation. Auch sie müssen sich in einem Horizont einrichten, innerhalb dessen sie ihre Lebensbedürfnisse befriedigen können. Nur ist dieser Horizont wesentlich ausgreifender, weil auch die Bedürfnisse vielfältiger sind.[8] Diese Bedürfnisse sind auch von Kultur zu Kultur sehr verschieden. Das Bedürfnis nach Zinn und Kupfer etwa, das die bronzezeitlichen Hochkulturen dazu bringt, in ihren umwelt-erschließenden Suchbewegungen bis ans Ende der damaligen Welt vorzudringen, war nicht allen Menschen gemeinsam. Sicher ist die umwelt-

---

[7] Dies Beispiel referiere ich nach W. Wickler (o. J.).
[8] Man könnte sich die Kulturentwicklung etwa so vorstellen, daß mit dem Horizont der welterschließenden Erkundungsfahrten, militärischen und kommerziellen Kontakte sich auch das geistige Niveau allmählich immer mehr ausweitet und daß diejenigen Gesellschaften kulturell am avanciertesten sind, die über die am weitesten ausgedehnten Kontakte verfügen. Allerdings lebten aber schon die Menschen der späten Vorgeschichte in einem geradezu weltumspannenden Horizont, innerhalb dessen Luxusgüter für die Oberschichten verhandelt wurden. Die Netze dieser Handelsbeziehungen reichten von der Ostsee bis nach Ägypten, vom Industal bis nach Algerien. Dann brachten die neuen Technologien der Metallverarbeitung neue Bedürfnisse mit sich. Kupfer und Zinn sind nicht überall auf der Welt zu haben. Die Bronzeherstellung, ohne die damals eine konkurrenzfähige Kultur nicht existieren konnte, zwang zu weitausgreifender internationaler Vernetzung und zu gefahren- und abenteuerreichen Erkundungs- und Handelsreisen. Erst mit der Umstellung auf das überall vorkommende Eisen konnte man sich in kleinräumigeren Umwelten einrichten, und tatsächlich scheint zunächst eine auffallende kulturelle Degeneration die Folge. Dann aber – um diese Geschichte in aller Kürze noch ein Stück weiter zu erzählen – beginnen die Koloniegründungen der Phöniker und der Griechen, die bis ans Ende der damals bekannten Welt vorstoßen.

und bedürfnisbedingte Herausforderung und Ausbildung schon der praktischen Neugierde von höchster Bedeutung für die allgemeine kulturelle Entwicklung. Ob aber die theoretische Neugierde der Griechen als die höchste Steigerungsform der praktischen Neugierde lediglich als Gipfel dieser Entwicklung bruchlos aus ihr herauswächst oder sich vielmehr einem revolutionierenden Sprung verdankt, mit dem sich die Griechen nachdrücklich von den Barbaren, insbesondere den Ägyptern, absetzen und ein neues Kapitel der Menschheitsgeschichte eröffnen, ist eine andere Frage.

2. Das Geheimnis des Nils

Das klassische Beispiel für das notorische Defizit der Ägypter an theoretischer Neugierde ist das Phänomen der Nilüberschwemmung.[9] Schon Herodot beklagt sich, daß er „über die Natur des Nils weder von den Priestern noch sonst irgend etwas erfahren" konnte.[10] „Ich hätte gern gewußt, welche Gründe die Anschwellung des Nils hat, die von der Sommersonnenwende ab für fast hundert Tage andauert, nach deren Ablauf er sich wieder in sein Bett zurückzieht und den ganzen Winter hindurch seinen niedrigen Wasserstand bewahrt, bis wieder die Zeit der Sommersonnenwende kommt. Kein Ägypter konnte mir irgendwelche Auskunft darüber geben, keiner konnte meine Frage beantworten, woher es kommt, daß es beim Nil umgekehrt ist wie bei allen anderen Flüssen." Die Antwort, die ihm ein Priester in Sais auf seine Frage gibt, hält Herodot für einen Scherz. Der Nil, so wird ihm gesagt, entspränge zwischen zwei spitzen Bergen zwischen Assuan und Elephantine namens Krophi und Mophi. Von ihnen aus fließe ein Teil des Wassers nach Norden, ein anderer nach Süden.[11] Anstatt sich mit solchen abstrusen Erklärungen weiter auseinanderzusetzen geht Herodot im Folgenden der Reihe nach drei Theorien durch, die von Griechen für das Phänomen der Nilschwelle vorgelegt worden waren, und trägt anschließend seine eigene Erklärung vor. Auch Strabon konstatiert erstaunt, daß im Gegensatz zu den Ptolemäern „die alten Könige sich gar nicht um solche Dinge [scil. die Ursachen der Nilüberschwemmung] küm-

---

[9] Der holländische Ägyptologe B. H. Stricker (1956) hat der antiken Überlieferung über die Nilüberschwemmung eine äußerst gelehrte Untersuchung gewidmet, in der sämtliche irgend erreichbaren Belege zusammengetragen sind. In dieser Studie bemüht er sich allerdings (meines Erachtens vergeblich) um die Widerlegung des Topos von der ägyptischen Neugierdefizienz und versucht den griechischen Theorien entsprechende ägyptische an die Seite zu stellen. Vgl. auch Bonneau (1964), J. Ball (1942).
[10] Herodot II 19.
[11] II 28; vgl. dazu H. Beinlich (1979), 11–14, und H. J. Thissen (1993), bes. 243 f.

merten, wenngleich sie doch sowohl selbst der Weisheit zugetan waren, als auch die Priester, mit welchen sie den meisten Umgang hatten. Schon deshalb muß man sich darüber wundern; aber auch, weil Sesostris das ganze Aithiopia bis zum Zimtlande durchzog und als Denkmale seines Heerzugs noch jetzt Stelen und Inschriften gezeigt werden. ... Wundersam also ist es, daß bei solchen Anlässen die Kunde von den Regenfällen den damaligen Menschen nicht völlig klar wurde, da überdies die Priester alles, was ausgezeichnete Kenntnis verrät, sehr sorgfältig in die heiligen Bücher eintrugen und aufbewahrten."[12] Was in den „heiligen Büchern" der Ägypter über den Nil zu ermitteln war, darauf werden wir gleich eingehen. Vorher soll aber noch Heliodors Darstellung erwähnt werden, der seinen Priester Kalasiris auf die Frage nach den Geheimnissen des Nils Auskunft geben läßt. Hier, drei-, vierhundert Jahre nach Strabon ist es um die heiligen Bücher schon wesentlich besser bestellt. Jetzt ist bereits alles griechische Wissen auch in sie eingegangen. „Ich berichtete, was ich wußte und was in unseren heiligen Schriften steht, die nur wir Priester kennen und lesen dürfen. Ich erzählte, er entspringe in den Gebirgen Äthiopiens an der äußersten Küste Libyens, dort, wo der Orient aufhört und die südliche Erdhälfte beginnt. Im Sommer schwelle der Fluß an, nicht, wie manche angenommen haben, weil Nordwestwinde sein Wasser zurückstauen, sondern weil gerade diese Winde zur Sommersonnenwende alle Wolken von Norden nach Süden treiben und in der glühenden Zone zusammendrängen. Dort wird ihr Zug durch die außergewöhnliche Hitze dieser Landstriche aufgehalten, aus der allmählich angesammelten und verdichteten Feuchtigkeit wird Regen. Die dadurch bewirkten heftigen Regenfälle lassen den Nil anschwellen, bis er die Lust verliert, ein bloßer Fluß zu sein und über die Ufer tritt, Ägypten in ein Meer verwandelt und so auf seinem Weg die Felder nährt. ..."[13]

Es ist jedoch völlig richtig, daß zu Herodots und Strabons Zeiten die Ägypter keine Erklärungen dieses Phänomens vorzubringen gewußt haben, jedenfalls keine, die die Griechen auch nur einen Augenblick als solche hätte gelten lassen. Ebenso richtig ist, daß die Ägypter auf der Suche nach einer Lösung der Nilrätsel nicht die Natur erforschen, sondern die heiligen Bücher konsultieren. Die Antworten, die sie diesen Büchern entnahmen, waren aber so anderer Art als die Aufschlüsse griechischer Naturbeobachtung, daß man zweifeln muß, ob es hier wirklich um dieselben Fragen ging. Wir haben es hier nicht einfach mit einem verschiedenen Wissensstand zu tun, sondern mit zwei vollkom-

---
[12] Strabon, Geogr. XVII, 1,5. Ich benutze die Übersetzung von Chr. Gottlieb Großkurd, Berlin und Stettin 1833, 3. Bd., 338–341.
[13] Heliodorus von Emesa, Aithiopika II, 28, Übers. R. Reymer, Rowohlts Klassiker der Literatur und der Wissenschaft, Reinbek 1962, 48 f.

men verschiedenen Wissensformen. Die Ägypter näherten sich der Natur mit anderen Fragen als die Griechen. Auf diese Fragen versprachen sie sich in den Büchern eher eine Antwort als durch Autopsie. So erklären z. B. verschiedene Könige des Neuen Reichs in textgleichen Inschriften: „Ich bin kundig dessen, was in der Halle der Schriften ist, was bleibend befestigt ist in der Bibliothek: die Nilüberschwemmung kommt heraus aus den beiden Quellöchern, um die Opferkuchen der Götter auszustatten. ..."[14]

Worum es den Ägyptern ging, war nicht Erklärung, sondern Deutung. Die ägyptische Deutung der Nilüberschwemmung geht in eine völlig andere Richtung als die griechischen Erklärungen. Sehr klar kommt die Eigenart der ägyptischen Nil-Überlieferung in dem Gespräch zum Ausdruck, das Sueton in seiner Cäsar-Biographie den Römer mit Acoreus, dem Hohepriester des Ptah von Memphis über die Natur des Nils führen läßt. Der Greis referiert zuerst verschiedene moderne Theorien und trägt dann seine eigene Ansicht vor, die etwas ganz anderes, nämlich eine theologische Deutung ist. Es gibt Gewässer, die infolge von Erdbeben und anderen Ursachen erst nach der Schöpfung entstanden sind und mit deren Entstehung und Verhalten die Götter nichts zu tun haben. Andere Gewässer aber haben in der Schöpfung selbst ihren Anfang. Zu ihnen gehört vor allem der Nil, und ihm ist die Eigenschaft, periodisch an- und abzuschwellen mit der Schöpfung selbst einprogrammiert worden. In der Nilüberschwemmung manifestiert sich der göttliche Schöpfungswille. Das wirkt auf den Römer reichlich spekulativ; aber man liest in den ägyptischen Schriften nach und findet alles genau so bestätigt, wie es der Priester vorgetragen hat.[15]

Vergleichen wir mit dem Bericht des Herodot eine Felsinschrift auf der Insel Sehel am ersten Katarakt, die zwar erst aus der Ptolemäerzeit stammt, aber vorgibt, von König Djoser (um 2750 v. Chr.) errichtet worden zu sein. In diesem Text geht es um dieselbe Frage, die auch Herodot bewegt. Sie wird hier aber nicht aus theoretischer Wißbegier gestellt, sondern aus einem höchst drängenden Anlaß. Der König berichtet, daß für sieben Jahre die Nilüberschwemmung ausgeblieben und infolgedessen eine katastrophale Hungersnot ausgebrochen sei. „Da beschloß ich, mich zur Vergangenheit zurückzuwenden, und ich fragte einen Angehörigen der Priesterschaft des Ibis, den obersten Vorlesepriester Imhotep, den Sohn des Ptah südlich seiner Mauer: Wo entspringt der Nil? Wer ist der Gott dort?" Imhotep rüstet keine Forschungsexpedition ins Innere Afrikas aus, sondern konsultiert die heiligen Schriften

---

[14] Nilstelen Sethos' I., Ramses' II., Merenptahs und Ramses' III. in Gebel el Silsila, ed. P. Barguet (1952) sowie K. A. Kitchen, (1973), 81 ff., bes. 88 f.
[15] Sueton, *De vita Caes.* I 52.1, vgl. Appian, Hist. Roman. Emphyl. II, 379; Nach Strikker, a. a. O., 7.

(die „Machterweise des Re") im „Lebenshaus" von Hermopolis (?). Aus ihnen geht in aller Klarheit hervor, daß der Nil (entgegen allem Augenschein) in Elephantine entspringt und daß Chnum, der Herr dieser Stadt, der für die Nilquellen zuständige Gott sei.

„Es ist eine Stadt inmitten des Wassers, aus der der Nil entspringt, mit Namen Elephantine. Sie ist der Anfang des Anfangs, der uranfängliche Gau gegenüber Wawat (Unternubien). Sie ist die Vereinigung des Landes, der Urhügel, der Thron des Re..." „Angenehm zu leben" ist der Name seiner Wohnung, „die beiden Höhlen" ist der Name des Wassers; sie sind die beiden Brüste, die alle guten Dinge ausströmen. Hier ist das Bett des Nils, darin er sich verjüngt... Chnum ist dort als Gott." Als der König dies erfährt, ist er zwar nach griechischen Begriffen in beklagenswertester Weise desinformiert in bezug auf die Herkunft des Nils und seiner Überschwemmung, aber nach ägyptischen Begriffen ist er im Besitz aller notwendigen Daten und weiß genau, was zu tun ist. Er weiß nun, an welchen Gott er sich zu wenden hat, um die Katastrophe in den Griff zu bekommen. Befriedigt schläft er ein, und Chnum, der zuständige Gott, erscheint ihm im Traum:

„Ich bin Chnum, der dich geformt hat...
Ich kenne den Nil. Wenn er eingeführt wird auf die Felder, dann gibt seine Einführung Leben an jede Nase, so wie die Zuführung von Leben auf die Felder... Der Nil wird Wasser für dich ausströmen, ohne ein Jahr des Aussetzens oder der Abschwächung für irgendein Land. Pflanzen werden wachsen und sich unter der Last der Früchte niederbeugen. Die Erntegöttin wird an der Spitze von allem sein... Die Abhängigen werden ihren Herzenswunsch erfüllen ebenso wie die Herren. Das Jahr der Hungersnot wird vergehen... und Zufriedenheit wird einkehren in die Herzen mehr als zuvor."

In einem unlängst publizierten, leider sehr fragmentarisch erhaltenen Berliner Papyrus aus der Römerzeit ist ebenfalls von sieben Jahren ausbleibender Nilüberschwemmung die Rede. Auch dort hat Pharao einen Traum, worin er die Weisung empfängt: „[fahre du in jede Stadt von] Oberägypten und fahre du in jede Stadt von Unterägypten und begründe fest den Tempel [...] ihrer Götter. Du sollst das Verfallene erneuern, und du sollst das verloren Gefunde ausfüllen und du sollst das Ritual vollziehen..." Auch dort geht es im weiteren Verlauf um eine Konsultation der Schriften: „[...] um zu veranlassen, daß er sieht im Bücherhaus des Tempels (?) des Königs von Ober- und Unterägypten, Cheops..."[16] Die Motive der sieben Jahre lang ausbleibenden Nilflut und eines darauf bezüglichen Traums des Königs finden sich bekanntlich auch in der biblischen Josephgeschichte. Pharao träumt von sieben fetten und sieben mageren Kühen, sieben starken und sieben dürren

---

[16] S. P. Berlin 23071 vso, x+3–4, und dazu G. Burkard (1991), S. 110, 113 f., 117.

Ähren, und Joseph ist der einzige, der diesen Traum auf die Nilschwelle deuten kann, die sieben hohe und sieben niedrige Überschwemmungen bringen wird. Mit der Frage nach irgendwelchen Querverbindungen zum ägyptischen Topos der sieben mageren Jahre brauchen wir uns hier nicht zu beschäftigen, da es uns ja nur um die Eigentümlichkeit der ägyptischen Wissensform geht. Davon ist im biblischen Text nicht die Rede. Nach der Herkunft des Nils und dem Namen des zuständigen Gottes wird nicht gefragt. Dafür geht aber Thomas Mann bei seiner Bearbeitung des biblischen Stoffes auf genau diese Problematik ein und versäumt es nicht, sich in der Rolle des ironischen Erzählers über die „höchst kindischen Vorstellungen" zu amüsieren, die die Kinder Ägyptens über den Nilstrom hegten. „Sie glaubten und lehrten es ihre Kleinen von Geschlecht zu Geschlecht, daß er, Gott wußte wo und wie, aus der Unterwelt hervortrete, um seinen Weg zum ‚Großen Grünen', will sagen: zu dem unermeßlichen Ozean zu nehmen, als den sie das Mittelmeer ansahen, und daß auch sein Einschrumpfen, nach dem befruchtenden Überwallen, einer Rückkehr in die Unterwelt gleichkomme ... Kurzum, es herrschte in diesem Betracht die abergläubischste Ignoranz unter ihnen, und nur der Tatsache, daß es in der ganzen umringenden Welt mit der Aufklärung damals nicht besser und teilweise noch schlechter stand, hatten sie es zu danken, daß sie bei solcher Unwissenheit überhaupt durchs Leben kamen. Es ist wahr, daß sie trotz ihrer ein prächtiges und mächtiges, allseits bewundertes und mehreren Jahrtausenden trotzendes Reich errichteten, viele schöne Dinge hervorbrachten und besonders den Gegenstand ihrer Unbelehrtheit, nämlich den Nährstrom, recht ingeniös zu bewirtschaften wußten. Dennoch bleibt es uns, die wir so viel besser, ja vollkommen Bescheid wissen, ein Bedauern, daß niemand von uns damals zur Stelle war, um das Dunkel ihres Geistes zu lichten und ihnen über die wahre Bewandtnis, die es mit dem Wasser Ägyptens hat, erleuchtete Auskunft zu geben. Welch Aufsehen hätte in den Priesterschulen und gelehrten Körperschaften des Landes die Nachricht gemacht, daß Chapi, weit entfernt, aus einer Unterwelt zu stammen, die selbst als Vorurteil abgelehnt werden muß, nichts als der Abfluß der großen Seen im tropischen Afrika, und daß der Speisegott, um zu werden, der er ist, erst einmal sich selbst speisen muß, indem er alle Gewässer aufnimmt, die von den äthiopischen Alpen sich gegen Abend ergießen ..."

Es fällt schwer, im Zitieren innezuhalten. Ich kann dem Leser nur empfehlen, den Band „Joseph, der Ernährer" zur Hand zu nehmen und das Kapitel „Von den wässerigen Dingen" zu Ende zu lesen. Der Unterschied zwischen der theologischen Ausdeutung und der naturwissenschaftlichen Erklärung läßt sich nicht treffender und anschaulicher darstellen. Hier sei nur auf zwei Einzelheiten aufmerksam gemacht, die mir wichtig erscheinen. Die eine besteht in der Beobachtung, daß die Unkenntnis in bezug auf die Nilquellen und die Ursache der Nilschwelle die Ägypter nicht daran hinderte, den Nil „recht ingeniös zu bewirtschaften", die auf die Müßigkeit der wissenschaftlichen Neugierde hinweist. Denn offensichtlich hätte ja umgekehrt auch die korrekte Einschätzung der natürlichen Gegebenheiten den Ägyptern die Bewirtschaftung des Nilwassers in keiner Weise erleichtert. Darauf werden wir noch eingehen. Das andere Detail besteht in der Wendung „nichts als ...", die zur naturwissenschaftlichen Erklärung überleitet und auf das negative bzw. reduktionistische Element der naturwissenschaftlichen Wissensform aufmerksam macht. Der aufgeklärte Blick sieht nicht mehr, sondern weniger als der unaufgeklärte. Die Götter, die Unterwelt und das Wunder entfallen, und was übrig bleibt ist „nichts als" eine höchst natürliche Verbindung verschiedener meteorologischer und geographischer Daten.

Der Grund besteht nicht in mangelnder Wißbegier, sondern in einer ganz anderen Konstruktion des Geheimnisses.[17] Für sie war der Kosmos ein Mysterium. Es gab hier nichts zu enträtseln, dafür aber um so mehr zu verstehen und auszudeuten. Dieser Ausdeutung dienen ihre uns so abstrus anmutenden Theorien z. B. über die Herkunft der Nilüberschwemmung oder über den Sonnenlauf. Es sind Theorien, die nichts erklären, aber dafür um so mehr Sinn in die Phänomene hineinlesen, und es ist ganz offenkundig dieser Sinn, der den neugierigen, entdeckenden, enträtselnden Blick auf die Phänomene blockiert. Ihrem Erkenntnisdrang stand nicht Mangel an Interesse, sondern vielmehr ein ganz anderes, unter Umständen weitergehendes Interesse im Wege. Ich möchte vorschlagen, diese beiden Formen von Geheimnis, die ägyptische und die griechische, durch eine dreifache begriffliche Zuordnung zu unterscheiden. Erstens hermeneutisch: in bezug auf die Unterscheidung zwischen Verstehen und Erklären gehört die ägyptische Haltung gegenüber der Welt auf die Seite des Verstehens, die griechische auf die des Erklärens. Für die Ägypter galt es, die kosmischen Vorgänge im Sinne einer Botschaft zu *verstehen*; deshalb kamen sie nicht darauf, sie zu *erklären*. Sie bemühten sich um eine theologische Ausdeutung der Nilüberschwemmung, nicht um eine naturwissenschaftliche Erklärung. Zweitens in bezug auf die Unterscheidung zwischen secretum – dem vorenthaltenen Wissen – und mysterium, dem schlechthin Unerforschli-

---

[17] H. Kelsen (1940), S. 8 ff., konstatiert ganz allgemein einen dem primitiven Denken eigentümlichen Mangel an Neugier. Er erklärt das damit, daß dem Primitiven die Welt nicht als Objekt gegenübersteht, sondern als Partner, als „Du". Der Mensch erlebt sich noch nicht als isoliertes Individuum, sondern als Glied eines Kollektivums. Der Kosmos wird nach Analogie der Ich-Du-Beziehungen begriffen. In diesem Rahmen kann es ihm nicht darum gehen, die Welt zu erklären, sondern richtig auf sie zu reagieren. Seine Fragen finden zu schnell zu viele Antworten. Das ist auch die These des von H. und A. Frankfort (1946) herausgegebenen Sammelbandes.

chen. Hier gehört die ägyptische Einstellung auf die Seite des Mysterium, die griechische dagegen auf die Seite des secretum. *physis kryptesthai philei*, dieser Satz des Heraklit unterstellt der Natur die Absicht, Wissen vorzuenthalten, und Seneca entwirft fünfhundert Jahre später von derselben Vorstellung ausgehend das Evolutions-Modell eines Erkenntnisfortschritts, der gerade dadurch möglich wird, daß nicht alles Wissen am Anfang geoffenbart wurde, sondern das Meiste den Menschen vorenthalten blieb. So ist der Kosmos für die Griechen ein *secretum*. *Secreta naturae* wird ja auch dann im siebzehnten Jahrhundert das Stichwort für eine neue Naturwissenschaft, die die Neugierde nach Jahrtausenden augustinischer Verdammnis wieder zur Tugend erhebt. Wenn man drittens zwischen Neugierde und Aufmerksamkeit unterscheidet, dann gehört Ägypten auf die Seite der Aufmerksamkeit, Griechenland dagegen auf die der Neugierde. Der hermeneutische Blick, den die Ägypter auf den Kosmos richten, entspringt der Aufmerksamkeit, nicht der Neugierde. Sie forschen zwar nicht nach den Nilquellen, aber die Nilhöhe wird unablässig gemessen. Sie berechnen nicht die Planetenbahnen, aber sie lassen den Himmel keinen Augenblick aus dem Auge und begleiten den Lauf der Sonne rund um die Uhr mit rituellen Rezitationen, die das Gelingen des kosmischen Prozesses befördern sollen.[18]

3. Der Sündenfall der Seele und die Erschaffung des Menschen im hermetischen Traktat „Kore Kosmou"

Leider erzählt uns Herodot nicht, wie die ägyptischen Priester auf seine neugierigen Fragen bezüglich der Nilschwemme und der Nilquellen reagiert haben. Wir erfahren auch sonst nichts über die ägyptische Reaktion auf die griechische Wissenschaft. Genau in diese Lücke fügt sich aber die Anthropologie des hermetischen Traktats *Kore Kosmou* mit ihrer erstaunlichen Verteufelung der Neugier.[19]

Im 23. Fragment aus Stobaeus[20] erzählt Isis ihrem Sohn Horus die Schöpfung. Am Anfang herrschte die ἡσυχία τῶν ὄντων, die vollkommene Trägheit (9). Ihr machte der Schöpfer ein Ende, indem er sprach: es soll Physis geben (φύσιν εἶναι – *fiat natura*). Ein wunderschönes

---

[18] Zwischen diesen Begriffen gibt es natürlich gleitende Übergänge. Im Einzelfall kann es schwierig bis unmöglich sein, zwischen secretum und mysterium, erklären und verstehen sowie Neugierde und Aufmerksamkeit zu unterscheiden. Diese Begriffe sollen lediglich im Sinne von Orientierungsmarken ein Feld abstecken, das es erlaubt, innerhalb der Gruppe konstruktiver Geheimnisse zu differenzieren.
[19] Vgl. zu diesem Text Festugière 1939; Betz 1966.
[20] Corpus Hermeticum ed. A. J. Festugière/A. D. Nock IV, Paris (Coll. Budé) 1954, 1–50.

weibliches Wesen entsteht, erhält den Namen „Physis" und den Auftrag, fruchtbar zu sein. Physis bringt ihrerseits Heuresis „Erfindung" hervor. Himmel, Luft und Aether beginnen sich mit „allen Dingen" zu füllen (10-13). Der Schöpfer, seinerseits, mischt „Pneuma" und Feuer, bildet daraus „Psychosis" und läßt diese Zehntausende von Seelen hervorbringen (14-17).[21] Die Seelen bekommen feste Standorte und Aufgaben im Kosmos angewiesen, die sie auf keinen Fall verlassen dürfen. Aus der Mischung der anderen beiden Elemente, Wasser und Erde, werden die Tierkreiszeichen und anderes geschaffen; der Rest dieser Substanz wird den Seelen überlassen, die daraus ihrerseits etwas erschaffen dürfen (18-21). Sie erschaffen daraus in der Reihenfolge des allmählich erkaltenden und schwerer werdenden Stoffes die Vögel, die Vierfüßler, die Fische und die Reptilien. Aber ihr Schöpfertum macht sie übermütig. Sie „bewaffnen sich mit frecher Neugier" (ὑπερίεργον ὡπλίζοντο τόλμαν), übertreten das Verbot, verlassen ihre festen Standorte und gehen in unaufhörliche Bewegung über (22-24). Zur Strafe werden sie in menschliche Körper gesteckt (ἐνσωματιθῆναι). Vorher muß allerdings die Welt geschaffen werden, in der die verkörperten Seelen wohnen sollen. Alle Götter tragen zu dieser Schöpfung bei (25-29). Die Sonne strahlt noch heller, der Mond erzeugt Schrecken, Schweigen, Schlaf und Gedächtnis, Kronos ist bereits Vater von Dike und Ananke (Recht und Notwendigkeit) geworden, Zeus hat Tyche, Hoffnung und Frieden hervorgebracht, Ares ist Vater von Wettkampf, Zorn und Streit geworden, Aphrodite trägt Verlangen, Lust und Lachen bei, Hermes erklärt sich für Weisheit, Besonnenheit, Überzeugung (Peitho) und Wahrheit zuständig und will sich mit „Erfindung" zusammentun. Jetzt können die Seelen verkörpert werden, was nicht ohne Seufzen und Wehklagen abgeht, heißt es doch Abschied nehmen von der göttlichen Gegenwart. Eine Seele stimmt eine sehr elaborierte Klage an, die vier Kapitel füllt (34-37). Daraufhin bestimmt der „Monarch" den Seelen Eros und Ananke zu Herrschern. Sie haben so die Chance, durch einen untadeligen Lebenswandel nach dem Tode ihren himmlischen Aufenthalt zurückzugewinnen. Wenn sie jedoch freveln, müssen sie sich für immer in Tieren verkörpern. Der ganze Raum der Verkörperung wird vielfältig abgestuft, um das Schicksal der Seelen nach Verdienst zu diversifizieren (38-42).

Die Menschwerdung beginnt. Da erhebt Momos, die Verkörperung des Tadels, Einspruch (43-46). „Wie heißen diese?" fragt er Hermes. „Menschen". „Du sagst es, mein lieber Hermes. Das ist ein gewagtes

---

[21] Auch in der ältesten ägyptischen Kosmogonie (Sargtexte 75-82) entstehen die „Millionen Kas" noch vor Himmel und Erde. Vgl. „Schöpfung", in: LÄ V, 677-690. Vgl. H. D. Betz, „Schöpfung und Erlösung im hermetischen Fragment ‚Kore Kosmu'", in: ZThK 63, 160 ff.

Unternehmen, den Menschen zu schaffen, dieses Wesen mit den neugierigen Augen und der schwatzhaften Zunge, der hören wird, was ihn nichts angeht, mit dem schnüfflerischem Geruchssinn, der seinen Tastsinn bis zum Exzeß mißbrauchen wird. Soll etwa dieser ohne Sorgen bleiben um in seiner Skrupellosigkeit (τολμηρῶς) die schönen Geheimnisse der Natur betrachten zu können? Willst du ihn frei von Leid leben lassen, damit er seine Absichten bis ans Ende der Welt verfolgen kann? Die Menschen werden die Pflanzen ausreißen und die Qualität der Säfte prüfen. Sie werden die Natur der Steine untersuchen und die vernunftlosen Lebewesen, ja sogar ihresgleichen aufschneiden um herauszufinden, wie sie gebildet sind. Sie werden ihre skrupellosen Hände bis zum Meer ausstrecken und die Wälder abholzen, um sich von Ufer zu Ufer tragen zu lassen bis zu den Ländern jenseits des Meeres. Sie werden sogar untersuchen, welches Wesen sich im Grund der unzugänglichen Heiligtümer verbirgt. Sie verfolgen das auch bis ins Obere, weil sie begierig sind, durch Beobachtung die Gesetzmäßigkeit der himmlischen Bewegungen herauszufinden. Das ist noch wenig. Es bleibt nichts unerforscht als das äußerste Ende der Erde, aber selbst von dort werden sie in die totale Nacht vorstoßen wollen. So soll es denn kein Hindernis für diese Leute geben, sondern sie sollen ohne den Zwang der Sorgen und den Stachel der Furcht in aller Arroganz ein unbeschwertes Leben genießen können! Werden sie aber dann, mit waghalsiger Neugier bewaffnet, vor dem Himmel haltmachen? Werden sich ihre bedenkenlosen Seelen nicht bis zu den Sternen ausstrecken? So lehre sie doch in Leidenschaft für ihre Pläne zu entbrennen, damit sie das Unglück des Scheiterns fürchten lernen und durch den Schmerz gezähmt werden, wenn ihre Absichten zuschanden werden. Die Neugier ihrer Seelen muß frustriert werden durch Begierden, Ängste, Schmerzen und trügerische Hoffnungen![22] Ihre Seelen müssen sich verzehren in einer ununterbrochenen Abfolge von Liebesverlangen, verschiedenartigen Hoffnungen, bald erfüllten, bald unerfüllten Begierden, damit nach den Annehmlichkeiten des Erfolgs das Unglück sie nur um so schmerzlicher treffe. Das Fieber soll sie niederwerfen, damit sie mutlos werden und ihre Begierden züchtigen!" Wogegen Momos plädiert, ist die Folgenlosigkeit des Handelns. Hier fühlt sich Hermes, der Gott der Intelligenz, angesprochen. Er schafft Abhilfe, indem er die alles sehende Adrasteia zur Überwachung des Universums einsetzt und darüber hinaus einen „geheimen Mechanismus" (ϑκρύπτον ὄργανον) konstruiert, „dessen zwingender Notwendigkeit alles auf Erden in Sklaverei unterworfen wird" (48). Gemeint ist die Kausalität. Die Göttin der Vergeltung (Adrasteia) und der „geheime Mechanismus" der Kausalität sollen da-

---

[22] Zu dieser Bestrafung der Seele durch die Leidenschaften vgl. R. Reitzenstein 1917, 52–64 (*liber de castigatione animae*) und 79.

für sorgen, daß nichts auf Erden folgenlos bleibt und auf diese Weise die schrankenlose Neugier der Menschen in Schach halten. Alsbald begann die Maschine sich zu bewegen.

Die Menschen allerdings begannen sich gegenseitig totzuschlagen (53). „Die Stärke übte große Gewalt gegen die Schwäche, so daß die Starken die Schwachen verbrannten und erwürgten." Zuletzt empören sich die Elemente gegen diesen Zustand. Feuer, Wasser, Luft und Erde fühlen sich in Mitleidenschaft gezogen (54-63). Jetzt treten Isis und Osiris auf und bringen den Menschen die Kultur (64-68). Sie setzen dem gegenseitigen Morden ein Ende, richten Kulte und Opfer ein, geben den Menschen Gesetze, Kleider und Wohnungen, erfüllen die Erde mit Recht und Gerechtigkeit, führen Eid und Vertrag ein, lehren die Menschen die Toten zu bestatten, lehren sie Künste und Wissenschaften, richten auf Erden Riten ein, die mit den himmlischen Mysterien in Verbindung stehen, und sorgen dafür, daß Philosophie und Magie die Seelen nähren, während die Medizin ihre Körper heilt. Damit ist die Schöpfung abgeschlossen.

Die Menschen werden in diesem Mythos durch περιεργία = „Umtriebigkeit", Neugier, Wissensdrang, Indiskretion charakterisiert.[23] Sie schrecken vor nichts zurück, kein noch so heiliges Geheimnis ist vor ihnen sicher. Waren schon ihre Seelen „mit skrupelloser Neugier bewaffnet", so gewinnen sie durch die Sinnenausstattung ihrer Körper noch gefährlichere Möglichkeiten. Nur Vergeltung und Kausalität können sie zügeln, das heißt die bittere Erfahrung, daß jeder Fehler sich rächt und alles Tun Folgen hat.

Die Verteufelung der Neugier in der Anthropologie dieses Schöpfungsmythos ist auffallend. Wo kommen diese Gedanken her? Ich könnte mir vorstellen, daß hier eine ägyptische Reaktion auf die griechische Einstellung zur Natur greifbar wird. Die Ägypter mußten sich und ihre der für heilig erachteten Natur gewidmete Aufmerksamkeit durch die „umtriebige", schonungslos rationalistische Neugierde der Griechen bedroht gefühlt haben. In einer anderen Schrift des Corpus Hermeticum, im Traktat Asclepius, wird die Heraufkunft eines neuen Menschenschlags geweissagt, der sich, „verführt durch die Klügelei der Sophisten", von der „wahren, reinen und heiligen Philosophie" der Ägypter abkehren, die frei ist von „frecher Neugier des Geistes" (*animi importuna curiositas*).[24] So wie der Traktat XVI die schlichte, vergegenwärtigungsmächtige Sprache der Ägypter der leerlaufenden Geschwätzigkeit des Griechischen gegenüberstellt, so werden hier ägyptische Andacht und griechischer Forschungsdrang konfrontiert. In diesem Zu-

---

[23] Ich bin Reinhold Merkelbach zu ganz besonderem Dank verpflichtet, der mich auf die Bedeutung des Begriffs *periergia* im Corpus Hermeticum hingewiesen hat.
[24] Kap. 14, Nock-Festugière II, 312 f.

sammenhang ist eine Stelle bei Jamblichos interessant, der die Neuerungssucht der Griechen dem Konservatismus der Barbaren gegenüberstellt. Er schreibt:

> denn die Griechen sind von Natur neuerungssüchtig und beständig in stürmischer Bewegung (νεωτεροποιοι και άττοντες φεροντες πανταχη), haben nichts Festes in sich und bewahren nichts so, wie sie es von irgendwem erhalten haben, sondern lassen es sogleich wieder fahren und bilden es ihrer unsteten Geschicklichkeit im Neuern entsprechend um. Die Barbaren dagegen bleiben stets standhaft bei denselben Formeln, da sie von beharrlichem (konservativem) Charakter (μονιμοι τοις ήϑεσιν οντες) sind; eben deshalb aber sind sowohl sie selbst den Göttern lieb als auch bringen sie den Göttern Formeln dar, die ihnen angenehm sind. Diese Formeln aber zu verändern ist keinem Menschen unter gar keinen Umständen erlaubt.[25]

4. Das verschleierte Bild zu Sais

Die Gegenüberstellung von Ägypten und Griechenland, von andächtiger Aufmerksamkeit und wissensdurstiger Neugierde bildet, so scheint mir, das Thema von Schillers Ballade *Das verschleierte Bild zu Sais*. Der Jüngling, offenbar ein Grieche, reist nach Sais, um „der Priester Geheime Weisheit zu erlernen". Ihm genügen die erreichten Grade der Einweihung, also die asymptotische Annäherung an die ewig entzogene Wahrheit nicht, er will das Ganze. Es ist ihm unfaßlich, daß die Priester nicht längst den leichten Schleier aufgedeckt haben, der die Wahrheit verhüllt. Du selbst – sagt er zum Priester – du hättest also niemals ihn gehoben?

> „Ich? Wahrlich nicht! Und war auch nie dazu
> versucht." – Das faß ich nicht. Wenn von der Wahrheit
> Nur diese dünne Scheidewand mich trennte –
> "Und ein Gesetz, fällt ihm sein Führer ein,
> Gewichtiger, mein Sohn, als du es meinst,
> Ist dieser dünne Flor – für deine Hand
> zwar leicht, doch zentnerschwer für dein Gewissen."

Der Priester ist dem Gesetz, das heißt der Inschrift gehorsam. Das innere Ohr hält seine Augen in Schach. Der Jüngling dagegen will die Wahrheit

> ... schauen.
> Schauen! Gellt ihm ein langes Echo spottend nach.

Er ist seiner *concupiscentia oculorum*, wie Augustinus die Neugierde definiert, rückhaltlos ausgeliefert.[26] Schillers Ballade gibt dem ägyptischen

---

[25] Jambl de mysteriis VII 5 (259, 9–19) ed. des Places.
[26] Die augustinische Ablehnung der Neugier hat möglicherweise einen Vorläufer in

Mangel an Neugier eine tiefsinnige Deutung. Der Ägypter ist nicht nur mit dem sehenden Auge, sondern auch mit dem hörenden Ohr und dem gehorsamen Gewissen (mit „hörendem Herzen") der Welt in Zwiesprache verbunden (natura loquitur), während der Jüngling in seinem optischen Erkenntnisdrang taub ist.

Die Ägypter stehen mit den Göttern in Verbindung. Diese Bindung bindet und bändigt ihre Neugier. Der Ägypter verkörpert bei Schiller Aufmerksamkeit, Andacht und Anbetung, der Jüngling die Neugier. Die Neugier will das Geheimnis aufdecken und steht am Ende mit leeren Händen da, weil sie etwas aufdeckt, was sie selbst konstruiert hat und mit dessen Destruktion sie selbst auch zugrunde geht. Die Aufmerksamkeit wahrt den Abstand. Indem sie das Geheimnis nicht aus den Augen läßt, bewahrt sie es doch als solches.

Schillers Quelle ist Plutarchs Schrift *De Iside et Osiride*.[27] Im 9. Kapitel behandelt Plutarch das Prinzip der verhüllten Wahrheit und nennt drei Beispiele, wie die Ägypter dieses Prinzip zum Ausdruck bringen: 1. durch die Sphingen vor den Tempeln, womit angezeigt wird, daß „ihre Theologie eine rätselvolle Weisheit enthält", 2. durch das verschleierte Bild zu Sais und 3. durch den Gottesnamen Amun, der nach Manetho „das Verborgene" bedeuten soll, was übrigens fast korrekt ist.[28] Das verschleierte Bild zu Sais ist nach Plutarch ein Sitzbild der Athena-Isis mit der Aufschrift: „Ich bin alles was da war, ist und sein wird; kein Sterblicher hat jemals meinen Mantel (peplos) gelüftet."[29] Dieselbe In-

---

Apuleius von Madaurus. Neugier und Wollust sind die Sünden des Lucius in Apuleius' Metamorphosen. Die doctrina des Lucius nützt ihm nichts bei der Einweihung in die Isis-Mysterien, weil sein Wissen auf der falschen Grundlage der Neugier *(curiositas)* beruht. Vgl. J. Gw. Griffiths (1978). Die Verwandlung in einen Esel ist die Strafe für Neugier. Wenn es um Streben nach höherem Wissen *(studium veri)* geht, darf curiositas nicht im Spiel sein, vgl. Griffiths (1975), 248–250, 354.

[27] G. Steindorff vermutet (in einer Miszelle in ZÄS 69), daß Schiller Plutarch nicht direkt benutzt, sondern über eine Schrift von Br. Decius [Karl Leonhard Reinhold, 1758–1825], *Die hebräischen Mysterien oder die älteste religiöse Freimaurerei*, Leipzig 1788, kennengelernt habe, auf die Schiller selbst am Ende seines Aufsatzes „Die Sendung Moses" als seine Quelle verweist. Reinhold, seit 1787 Professor der Philosophie in Jena und als solcher Fakultätskollege und auch Logenbruder Schillers, deutet in dieser eminent lesbaren, vorzüglich formulierten Schrift die mosaische Religion als Übernahme ägyptischer Mysterien. Was in Ägypten Erkenntnis einiger weniger eingeweihter Weisen war, wurde im hebräischen Kontext zum Glauben der Masse, die esoterische „Religion der Vernunft" zur exoterischen „Offenbarungsreligion". Ich danke Helwig Schmidt-Glintzer und meinem Studenten Florian Ebeling sehr herzlich für ihre Hilfe bei der Beschaffung dieses seltenen Werks. Reinhold nennt als seine Quellen insbesondere Warburton, *The Divine Legation of Moses*, und Spencer, *De legibus Hebraeorum ritualibus*.

[28] Ganz richtig wäre „*Der Verborgene*".

[29] *egw eimi pan to gegonos kai on kai esomenon* – Plutarch, *De Iside et Osiride*, Kap. 9 (354C) ed. J. Gw. Griffiths, University of Wales Press 1970, 130 f., 283 f. J. Hani (1976), 244 f. Schiller zitiert (nach Reinhold 1788, 54) diesen Satz als Inschrift auf

schrift überliefert auch Proklos in seinem Timaios-Kommentar, und da er noch einen Satz anfügt, sieht es so aus, als vertrete er eine unabhängige und vollständigere Tradition. Dieser zusätzliche Satz lautet: „die Frucht meines Leibes aber ist die Sonne".[30]

Wenn man das ins Ägyptische übersetzt, dann gelangt man zu einer Formulierung, die man auf zwei ganz verschiedene Weisen übersetzen kann: *nn kjj wp ḥr.j „es gibt keinen, der mein Gesicht aufdeckt" kann auch bedeuten: „es gibt keinen außer mir". Sollte es sich bei der Inschrift des verschleierten Bildes von Sais um den Übersetzungsfehler eines ägyptischen Dragoman handeln, der des klassischen Ägyptisch nicht mehr so ganz mächtig war? nn kjj wp ḥr.k „es gibt keinen außer dir" sagt z. B. der monotheistische König Echnaton zu seinem Gott Aton (z. B. Sandman 1938, 7; die Formel ist in Amarnatexten öfter belegt), es ist also die klassische monotheistische Formel im alten Ägypten. Aber für den Griechen ergibt das Motiv der Verhüllung natürlich einen wesentlich tieferen und reicheren Sinn.[31]

Aleida Assmann hat dies die Schleier-Offenbarung genannt und sie dem jüdischen Konzept der Schrift-Offenbarung gegenübergestellt. Die Schrift offenbart den extramundanen, der Schleier den intramundanen Gott (A. Assmann 1998). Die Offenbarung des Schleiers zeigt die Wahrheit nur in der Verhüllung. Es gibt kein „Dahinter" in bezug auf den Schleier: der Schleier *ist* die Offenbarung. Die Wahrheit ist anders nicht zu haben als in der Form der Entzogenheit und der asymptotischen Annäherung. Der Schleier ist die Wirklichkeit, in der sich uns das Geheimnis der All-Einheit Gottes zugleich zeigt und verbirgt. Das verschleierte Bild zu Sais bezieht sich auf ein innerweltliches Geheimnis, ja auf das Weltgeheimnis schlechthin. Die Inschrift auf diesem Sitzbild der Athena-Neith-Isis besagt: „Ich bin alles", die Göttin identifiziert sich also mit der Welt, genauer mit der Welt-Zeit. Ihre Aussage läuft auf einen Satz wie „Ich bin das von keinem Sterblichen zu lüftende Geheimnis der Welt" hinaus. Neith-Athena-Isis ist der verborgene Welt-Innen-Sinn. Er ist nicht sprachlich und schriftlich kodiert wie die Torah, sondern in den Erscheinungsformen der Welt selbst sowie in den

---

einer „Pyramide" und gibt die Inschrift „unter einer alten Bildsäule der Isis" nur als Kurzfassung „Ich bin, was da ist" (482).

[30] Proklos, *In Tim.* 30, s. Griffiths, a. a. O. 283. Proklus zitiert das Bild zu Sais und seine Inschrift in seinem Timaios-Kommentar, stellt es also in den Zusammenhang von Solons Besuch bei den Priestern von Sais.

[31] Auch für den ersten Satz „Ich bin alles, was da war, ist und sein wird" lassen sich leicht ägyptische Entsprechungen finden. Man könnte etwa an einen Satz denken wie „Ich bin das Gestern, ich bin das Heute, ich bin das Morgen, bevor es gekommen ist" (Pap. Turin 1993 [10] vso. 2 = J. F. Borghouts (1978), Nr. 102, S. 74), aber auch die gewöhnliche Formel *nbt ntt jwtt* „Herrin alles Seienden und Nichtseienden" würde ägyptisch genau das wiedergeben, was mit der griechischen Wendung gemeint ist.

Hieroglyphen, die diese Erscheinungsformen abbilden. Die Welt und die Hieroglyphen verstand man im Neoplatonismus als eine nicht-diskursive, ikonisch verschlüsselte Botschaft.[32] Die Wahrheit, die sich in den Rätselzeichen der Hieroglyphen, der Bilder, Mythen und Riten der Ägypter verhüllt, gibt es nicht im Klartext, sie ist auf keine andere Weise zu haben. Hier gibt es kein *Von Angesicht zu Angesicht*. So heißt es auch in dem Philippus-Evangelium, einem in koptischer Sprache überlieferten gnostischen Text aus Ägypten:

> Die Wahrheit kam nicht nackt in die Welt,
> sondern sie kam in den Sinnbildern und Abbildern.
> Die Welt wird sie auf keine andere Weise erhalten.[33]

In Goethes Worten:

> Das Wahre ist gottähnlich; es erscheint nicht unmittelbar, wir müssen es aus seinen Manifestationen erraten.[34]

In der Zeit, als Schiller seine Ballade schrieb, war das verschleierte Bild zu Sais längst zu einem ikonographischen Topos auf Titelkupfern naturkundlicher Werke geworden. Am bekanntesten ist das Widmungsblatt für Goethe in Alexander von Humboldts *Ideen zu einer Geographie der Pflanzen* (1817) mit der Unterschrift: „Der Genius der Poesie entschleiert das Bild der Natur".[35] Kant zitiert die Titelvignette von Segners Naturlehre für den Topos des verschleierten Bildes zu Sais und deutet ihn als Inbegriff des Erhabenen: „Vielleicht ist nie etwas Erhabeneres gesagt oder ein Gedanke erhabener ausgedrückt worden als in jener Aufschrift über dem Tempel der Isis (der Mutter Natur): ‚Ich bin alles, was da ist, was da war und was da sein wird, und meinen Schleier hat kein Sterblicher aufgedeckt.' Segner benutzte diese Idee, durch eine sinnreiche seiner Naturlehre vorgesetzte Vignette, um seinen Lehrling, den er in diesen Tempel zu führen bereit war, vorher mit dem heiligen Schauer zu erfüllen, der das Gemüt zu feierlicher Aufmerksamkeit stimmen

---

[32] Die klassische Stelle für diesen Gedanken ist Plotin, *Über die geistige Schönheit*, V 8,6, nach F. Teichmann (1990), S. 184: *Die ägyptischen Weisen bedienen sich, sei es aufgrund strenger Forschung, sei es instinktiv, bei der Mitteilung ihrer Weisheit nicht der Schriftzeichen zum Ausdruck ihrer Lehren und Sätze als der Nachahmungen von Stimme und Rede, sondern sie zeichnen Bilder und legen in ihren Tempeln in den Umrissen der Bilder den Gedankengehalt jeder Sache nieder, so daß jedes Bild ein Wissens- und Weisheitsinhalt, ein Objekt und eine Totalität, obschon keine Auseinandersetzung und Diskussion ist. Man löst dann den Gehalt aus dem Bilde heraus und gibt ihm Worte und findet den Grund, warum es so und nicht anders ist.*
[33] Philippus-Evangelium § 67, M. Krause (1971), 108.
[34] Goethe, „Aus Makariens Archiv", Werke (Hamburger Ausgabe) 8, München 1981, 460 Nr. 3 (ich verdanke den Hinweis auf diese Stelle H. D. Betz).
[35] Vgl. hierzu und zum Folgenden Aleida Assmann (1993), 38–42, mit Verweis auf P. Hadot (1982).

soll".³⁶ „Feierliche Aufmerksamkeit" – besser kann man die Haltung gegenüber der Natur, die wir hier als die ägyptische rekonstruieren, nicht charakterisieren. Sie ist aber nicht eigentlich die Haltung aufgeklärter Naturwissenschaft.

Isis galt im späten achtzehnten Jahrhundert als Personifikation der „Natur" und der Akt ihrer Entschleierung als Allegorie der Naturwissenschaft, die sich auf den genannten Buchtiteln natürlich nicht als das Geschäft frevlerischer Neugier, sondern lobenswerten Erkenntnisfortschritts anpries. Einer Naturwissenschaft, die ihre eigene Sache als Entschleierung des verschleierten Bildes betrieb, hält Schiller in warnender und kritischer Absicht die Konzeption eines ganz anderen Weltverhältnisses entgegen und inszeniert diese Kritik als Begegnung zwischen einem (griechischen) Jüngling und einem ägyptischen Weisen. Noch entschiedener vertritt Goethe diese Position:

> Geheimnisvoll am lichten Tag,
> Läßt sich Natur des Schleiers nicht berauben.
> Und was sie deinem Geist nicht offenbaren mag,
> Das zwingst du ihr nicht ab mit Hebeln und mit Schrauben.³⁷

Goethe fordert, in den Worten Aleida Assmanns, „eine neue Andacht des Blicks, die warten kann, die bei den Dingen verweilt und diese nicht künstlich zurichtet und im Experiment unbarmherzig foltert ... Sein Schlüsselwort für solche Andacht, in der sich Subjekt und Objekt verschränken, ist das ‚offenbare Geheimnis'".³⁸

Nun lebten aber auch die Griechen wie die Ägypter in einer Welt, die sie von Göttern beseelt und belebt glaubten. Sie waren genau wie die Ägypter „Kosmotheisten".³⁹ „Alles ist voll von Göttern", soll Thales

---

³⁶ Immanuel Kant, Kritik der ästhetischen Urteilskraft, in: *Werke in 10 Bänden*, hrsg. von W. Weischedel, Bd. 8, Darmstadt 1968, 417.

³⁷ Faust. Der Tragödie erster Teil, Hamburger Ausgabe, III, 28. Den entgegengesetzten Standpunkt vertritt Emil du Bois-Reymond in seiner Rede „Goethe und kein Ende" aus dem Jahre 1882, vgl. den Beitrag von B. Gladigow. Noch einmal wiederholt sich der Gegensatz zwischen „feierlicher Aufmerksamkeit" und „theoretischer Neugierde" oder Ägypten und Griechenland. Ich verdanke den Hinweis Bernhard Siegert und seinem auf der Tagung „Beyond Dualism. Epistemological Convergences between the Sciences and the Humanities", Stanford März 1994 gehaltenen Vortrag „Life does not count. Technological conditions of the bifurcation between Sciences and Humanities around 1900 (especially in Dilthey)".

³⁸ A. Assmann (1993), 41 mit Verweis auf Goethes Gedicht
> Müsset im Naturbetrachten
> Immer eins wie alles achten;
> Nichts ist drinnen, nichts ist draußen:
> Denn was innen, das ist außen.
> So ergreifet ohne Säumnis
> Heilig öffentlich Geheimnis.

³⁹ Zu den Spielarten des antiken „Kosmotheismus" und seiner Beziehung zum hebräischen Monotheismus vgl. J. Assmann (1993).

gesagt haben, und er gilt als der Vater der ionischen Naturphilosophie.[40] Wenn die Ägypter, wie es das Beispiel der Nilschwelle nahelegt, die Naturerscheinungen als Manifestation göttlicher Mächte auffaßten und daher in frommer Scheu vor ihrer Erforschung zurückschreckten, so müßte eigentlich für die Griechen gleiches gelten. Der griechische Kosmotheismus entwickelt sich besonders in seiner intellektuellen, philosophischen und naturkundlichen Ausprägung zu einem ausgeprägten Urheber-Monotheismus. Man verehrt im Kosmos das Werk und Wirken eines Gottes, dessen Wesen Aristoteles auf die einprägsame Formel vom „unbewegten Beweger" bringt. Es ist dieser Urheber-Monotheismus, der sich dann in der Form der Schöpfungstheologie dem christlichen Abendland vererbt. *Diese* Form des Kosmotheismus ist der Erforschung der Natur in keiner Weise entgegengesetzt; im Gegenteil wirkt sie als Inzentiv, sie lädt dazu ein, den Schöpfer in seinen Werken zu erkennen, und versteht die Natur als eine Art Offenbarung. Im Topos vom „Buch der Natur" wird diese Haltung religiös legitimiert.[41] Die Schöpfungstheologie tut einen entscheidenden Schritt in Richtung auf die Objektivierung der Welt.

Augustinus verteufelt die Neugier von einer ganz anderen Grundlage aus. Er steht nicht auf dem Boden des antiken Urheber-Monotheismus, sondern eher auf dem des jüdischen Erlöser-Monotheismus, der von Haus aus nicht dem „Schöpfer Himmels und der Erden", sondern dem Erretter aus der Knechtschaft gilt. In der Sicht dieses Monotheismus gilt die Hinwendung zur Natur als Idolatrie. Die Welt wird hier nicht nur objektiviert, sie wird auch zum Anderen des „Reichs Gottes", der *civitas Dei*, abgestempelt, zu einem symbolischen Ägypten also, aus dem ausziehen muß, wer dem Reich Gottes angehören will. Das sind vollkommen andere Motive als diejenigen, die hinter der ägyptischen Ablehnung der Neugier stehen. Das Idolatrie-Verbot (das zweite Gebot) richtet sich keineswegs nur gegen die Herstellung von Kultbildern, sondern gegen die Herstellung von Bildern überhaupt, weil im Abbilden immer schon ein Akt der Verehrung gesehen wird, die fehlgeht und verworfen wird, weil sie im Geschöpflichen stehenbleibt und nicht zum Schöpfer vordringt. Denn alles Bilden kann immer nur Geschaffenes abbilden, aber nicht den Schöpfer selbst. Mit dieser scharfen Unterscheidung von Schöpfer und Schöpfung wird der Blick von der Natur abgezogen und einer *custodia oculorum* unterworfen.[42] Die verbreitete

---

[40] Bei Aristoteles, *De Anima* A 5, 411 a 7, s. H. Diels/W. Kranz (1964), Bd. I, S. 79 test. 22. Cf. Platon, Legg. X 899 b; Epinomis, 991 d 4; Iamblichos, De myst. Aeg. I. 9, 30, 2–3.
[41] A. Assmann (1980), bes. 39 ff.; H. Blumenberg (1981).
[42] Vgl. hierzu Aleida Assmann (1994).

Ansicht ist also nicht ganz zutreffend, die im biblischen Monotheismus mit seiner radikalen Entgöttlichung der Welt den Wegbereiter der Naturwissenschaft sieht, und für die ich hier stellvertretend A. Gehlen zitieren möchte: „Man sieht dabei, wie der Monotheismus selbst zu den intimen Voraussetzungen der Naturwissenschaften gehört; erst mußte die Außenwelt magisch neutralisiert, von daseienden Göttern entleert sein, ehe sich auf dieses jetzt freigewordene Feld das rationale Erkennenwollen ohne innere Hemmungen werfen konnte."[43] Der biblische Monotheismus hat vielmehr die Neutralisierung und Entgöttlichung der Welt bis zu deren völliger Vergleichgültigung vorangetrieben und aus diesem Grunde rationales Erkennenwollen gerade von der Welt abgelenkt.

Die Ägypter stehen hier wiederum auf einem anderen Boden. Sie kennen keine Schöpfungstheologie, und die Konzeption eines Urheber-Gottes, eines Demiurgen ist ihnen fremd. Für sie ist der Kosmos kein Gebilde, sondern ein Prozeß. Es gibt kein Ende der Schöpfung, keinen siebten Tag, der einen Schlußstrich unter den kosmogonischen Prozeß gezogen und die Welt in die Geschichte entlassen hätte. Die Mächte, denen seine Andacht gilt, haben die Welt nicht geschaffen, sondern halten sie in Gang und bringen sie täglich aufs neue hervor. Diese Mächte sind die eigentlichen, ihn allein interessierenden „Quellen" des Nils und der anderen ihn ernährenden und bedrohenden Erscheinungen. Ihm kommt es darauf an, diese Mächte, ihre Namen, Kultstätten und Riten zu kennen, um sie in seinem Sinne beeinflussen und im Geschäft der Weltinganghaltung hilfreich mitwirken zu können. Dieselbe *custodia oculorum*, der der biblische Monotheismus den menschlichen Blick auf die Schöpfung unterwirft, fordert auch der ägyptische Kosmotheismus, aber aus einem genau entgegengesetzten Grunde.

Literatur

Assmann, A. (1980), *Die Legitimität der Fiktion. Ein Beitrag zur Geschichte der literarischen Kommunikation*, Theorie und Geschichte der Literatur und der schönen Künste 55, München.

Assmann, A. (1993), „Zeichen – Allegorie – Symbol", in: J. Assmann, *Die Erfindung des inneren Menschen*, Gütersloh, 28–50.

Assmann, A. (1994), „Auge und Ohr." in, A. Agus, J. Assmann (Hrsg.), *Ocular Desire – Sehnsucht des Auges*, Torat ha Adam, Jahrbuch für Religiöse Anthropologie 1.

---

[43] A. Gehlen (1956), 98.

Assmann, A. (1998), „Geheimnis und Offenbarung", in: Schleier und Schwelle II. Geheimnis und Offenbarung, München, 7–14.

Assmann, J. (1993), *Monotheismus und Kosmotheismus. Ägyptische Formen des „Denkens des Einen" und ihre europäische Rezeptionsgeschichte*, SHAW.

Bacon, F. (1974), *Neues Organ der Wissenschaften*, übers. und hrsg. von A. Th. Brück, Leipzig 1830, Nachdr. Darmstadt.

Ball, J. (1942), *Egypt in the Classical Lexicographers*, Cairo.

Barguet, P. (1952), „Les stèles du Nil au Gebel Silsileh", in: *BIFAO* 50, 1952, 50–57.

Beinlich, H. (1979), „Die Nilquellen nach Herodot", in: *ZÄS* 106, 1979, 11–14.

Betz, H. D., „Schöpfung und Erlösung im hermetischen Traktat ‚Kore Kosmu'", in: ZThK 63, 160 ff.

Blumenberg, H. (1973), *Der Prozeß der theoretischen Neugierde*, Frankfurt.

Blumenberg, H. (1981), *Die Lesbarkeit der Welt*, Frankfurt.

Bonneau, D. (1964), *La crue du Nil. Etudes et commentaires*, Paris.

Borghouts, J. F. (1978), *Ancient Egyptian Magical Texts*, Nisaba 9, Leiden.

Burkard, G. (1991), „Frühgeschichte und Römerzeit: P. Berlin 23071 vso", in: SAK 17, 107–133.

Diels, H./W.Kranz (1964), *Die Fragmente der Vorsokratiker*, Zürich, Berlin.

Festugière, A.-J. (1939), „La creation des âmes dans la Koré Kosmou", in: Th. Klauser (Hrsg.), *Pisciculi*. Studien zur Religion und Kultur des Altertums (Fs. für F. J. Doelger), Münster, 102–116.

Frankfort, H. und A. (1946), *The Intellectual Adventure of Ancient Man,* Chicago.

Gehlen, A. (1956), *Urmensch und Spätkultur*, Bonn.

Griffiths, J. Gw. (1975), *Apuleius of Madauros: The Isis-Book (Metamorphoses, Book XI)*, EPRO 39, Leiden.

Griffiths, J. Gw. (1978), „Isis in the Metamorphoses of Apuleius" in: *Aspects of Apuleius' Golden Ass*, B. L. Hijmans, Jr./R. Th. v. d. Paardt (eds), Groningen, 141–166.

Hadot, P. (1982), *Zur Idee des Naturgeheimnisses. Beim Betrachten des Widmungsblattes in den Humboldtschen ‚Ideen zu einer Geographie der Pflanzen'*, Abhandlungen der Akademie der Wissenschaften und der Literatur Mainz, geistes- und sozialwissenschaftliche Klasse Abh. 8, Wiesbaden.

Hani, J. (1976), *La religion égyptienne dans la pensée de Plutarque*, Paris.

Kant, Immanuel (1968), *Kritik der ästhetischen Urteilskraft*, in: Werke in 10 Bänden, hrsg. von W. Weischedel, Bd. 8, Darmstadt.

Kelsen, H. (1940) *Vergeltung und Kausalität. Eine soziologische Untersuchung*, Den Haag.

Kitchen, K. A. (1973), *Ramesside Inscriptions* I, Oxford.

Krause, M. (1971), *Die Gnosis* II, Zürich.

Reinhold, K. L. (1788), *Die hebräischen Mysterien oder die älteste religiöse Freimaurerei*, Leipzig.

Reitzenstein, R. (1917), *Die Göttin Psyche in der hellenistischen und frühchristlichen Literatur*, AHAW, phil.-hist. Heidelberg.

Sandmann, M. (1938), *Texts from the time of Akhenaten*, Bibliotheca Aegyptica VIII, Brüssel.

Stricker, B. H. (1956), *De overstroming van de Nijl*, Mededelingen en verhandelingen van het voor-aziatisch-egyptisch genootschap „Ex Oriente Lux" No. 11, Leiden.

Teichmann, F. (1990), *Die Kultur der Empfindungsseele. Ägypten – Texte und Bilder*, Stuttgart.

Thissen, H. J. (1993), „... αιγυπτιαζων τη φωνη ... Zum Umgang mit der ägyptischen Sprache in der griechisch-römischen Antike", in: ZEP 97, 239–252.

Voigts, M. (im Druck), *Das Geheimnisvolle Verschwinden des Geheimnisses. Ein Versuch*, Salzburg

Wickler, W. (o. J.), „Das Fremde – interdisziplinär betrachtet: Ethologie", in: H. und R. Breuninger (Hrsg.), *Der Umgang mit dem Fremden* (Symposium vom 12. bis 14. Juni 1992 Titisee), Stuttgart o. J., 106–129.

Herwig Görgemanns

Theologischer Wissensdurst: Origenes

Die Scheu gegenüber religiösen Geheimnissen ist aus der Antike vielfach bezeugt; bei den Christen hat sie weiter gewirkt. Ein Eindringen in solche Geheimnisse wurde als τόλμα (Verwegenheit), περιεργία (curiositas, Vorwitz) und πολυπραγμοσύνη (Beschäftigung mit Dingen, die einen nichts angehen, Zudringlichkeit) verurteilt. Nach der weitgespannten geistesgeschichtlichen Darstellung von Hans Blumenberg in seinem Buch „Der Prozeß der theoretischen Neugierde" (1973) scheinen bei christlichen Theologen der ersten Jahrhunderte die Bedenken gegen die Curiositas in verschiedener Intensität und mit verschiedenen Begründungen eine durchgehende Linie zu bilden, die bei Augustinus ihren Höhepunkt erreicht.

Nun ist andererseits zu bedenken, daß die Entwicklung der christlichen Theologie mit ihren dogmatischen Kontroversen ein großes Maß an tatsächlicher „Neugierde" voraussetzt. Eine konsequente Weigerung, die Geheimnisse Gottes und der Welt über die ausdrücklich geoffenbarten Wahrheiten hinaus zu erforschen, hätte der Geschichte des Christentums einen ganz anderen Verlauf gegeben. Es ist anscheinend noch nicht beachtet worden, daß die theologische Neugierde auch einen prominenten Vertreter hatte: Origenes, den bedeutendsten und einflußreichsten Theologen der vorkonstantinischen Zeit. Er gibt nicht selten einem Ethos des Forschens Ausdruck, welches an die klassischen Zeiten griechischer Wissenschaft und Philosophie erinnert. Diese These soll im folgenden mit einer Reihe von Texten illustriert werden, ohne daß die systematischen und historischen Zusammenhänge genauer analysiert werden. Die Texte sind hauptsächlich dem Johannes-Kommentar entnommen; benutzt ist die Ausgabe von Erwin Preuschen (Leipzig 1903, Die griechischen christlichen Schriftsteller der ersten drei Jahrhunderte [GCS] Origenes Bd. 4). Gelegentlich wird auch das Werk De principiis herangezogen (zitiert nach der Ausgabe von Paul Koetschau, Leipzig 1913, GCS Origenes Bd. 5). Da dieses zum größten Teil nur in lateinischer Übersetzung überliefert ist, ist hier der ursprüngliche Wortlaut und damit die feinere Schattierung der Gedanken oft nicht mit Sicherheit zu erfassen.

I. Trieb oder Antrieb?

1. ζητεῖν

Ζητεῖν, „suchen", ist der übliche Ausdruck der griechischen Wissenschaft für das „Forschen", insbesondere die Erörterung von Einzelproblemen, ζητήματα. Origenes gebraucht ihn sehr häufig für die Erörterung der Probleme einzelner Bibelstellen.

> In Joh. 19, 5, 26 (p. 303, 12–14): Μετὰ ταῦτα *ζητήσεισ* εἰσ τὸ αὐτό, λέγω δὲ τὸ „Οὔτε ἐμὲ οἴδατε οὔτε τὸν πατέρα μου", εἰ ἔστιν γιγνώσκοντά τινα τὸν θεὸν μὴ γιγνώσκειν τὸν πατέρα.
> Hiernach wird man zu derselben [Stelle], nämlich dem [Wort] „Ihr kennt weder mich noch den Vater", *das Problem erörtern*, ob es möglich ist, daß jemand Gott erkennt, ohne den Vater zu erkennen.

Wenn Origenes Fragen stellt, die auf den ersten Blick überflüssig erscheinen, rechtfertigt er manchmal zunächst die Problemstellung selbst.

> In Joh. 19, 15, 91 (p. 314, 26–27): Ἄξιον *ζητῆσαι* πόθεν κινηθέντεσ οἱ Ἰουδαῖοι ... φασιν ...
> Es lohnt sich, *zu untersuchen*, was die Juden bewogen hat zu sagen ...

Es geht um eine logische Schwierigkeit in einer Äußerung der Juden, welche zu erörtern überflüssig und spitzfindig scheinen könnte. Origenes weist zur Rechtfertigung darauf hin, daß in derartigen Äußerungen oft ein tieferer Sinn versteckt liegt. Eine ähnliche Situation liegt in Joh. 28, 15, 121–122 (p. 408, 4–11) vor.

Mit dem ζητεῖν verbindet sich die Vorstellung einer Disputation; dabei ist anzumerken, daß Origenes öffentliche Disputationen mit Häretikern geführt hat und daß uns das Protokoll einer solchen durch einen Papyrusfund erhalten ist (Διάλεκτοσ πρὸσ Ἡρακλείδαν).

> In Joh. 2, 24, 155–156 (p. 81, 6–12): Λεγέτωσαν οὖν ἡμῖν, πῶσ ... εἰκὸσ δὲ τοὺσ εὐγνωμονεστέρουσ ἐν ταῖσ *ζητήσεσιν* ἀνατρεπομένουσ, πληγέντασ ὑπὸ τοῦ ἐπαπορήματοσ ... ἀντερωτήσειν ἡμᾶσ, καὶ αὐτοὺσ θλιβομένουσ, ἐὰν μὴ εὕρωμεν αἰτίαν, δι'ἥν ... οὐχὶ ... εἴρηται ... ἀλλὰ ...
> Jetzt sollen sie uns sagen, wieso ... Nun ist zu erwarten, daß die Klügeren [unter meinen Gegnern], wenn sie sich bei ihren *Problemerörterungen* widerlegt sehen, getroffen von unserer Einwendung, eine [entsprechende] Gegenfrage an uns stellen werden. Und auch wir werden in Bedrängnis kommen, wenn wir keinen Grund dafür finden, daß [in der Heiligen Schrift] nicht gesagt wird ..., sondern ...

Die erfolgreiche Bewältigung eines Problems heißt, wie in der griechischen Wissenschaft, λύσισ, „Lösung".

> In Joh. 2, 30, 183 (p. 87, 19–20): Τὸ δὲ *ζητηθὲν* ὅρα εἰ οὕτωσ *λῦσαι* δυνησόμεθα, ὅτι ...
> Aber schau, ob wir das *aufgeworfene Problem* folgendermaßen *lösen* können ...

Die häufige Wendung ὅρα εἰ „schau ob" entspricht etwa einem „vielleicht" und deutet auf den undogmatischen Charakter des Lösungsvorschlags; sie appelliert an das Urteil des Lesers.

Als Diskussionspartner werden gelegentlich Gnostiker erkennbar, namentlich Herakleon, der eine gnostische Interpretation des Johannesevangeliums verfaßt hatte.

> In Joh. 2, 31, 191 (p. 89, 5–6): Ἐπίστησον δὲ εἰ τὸ διαβόητον περὶ Ἰακὼβ καὶ Ἡσαῦ *ζήτημα* λύσιν ἔχει.
> Richte deine Aufmerksamkeit darauf, ob das berühmte *Problem*, Jakob und Esau betreffend, eine Lösung [in dem vorher erwähnten Sinne] zuläßt.

Dieses Problem der Geburt von Esau und Jakob ist deshalb berühmt, „vielbeschrien", weil es den Gnostikern als Beleg ihrer Prädestinationslehre diente. – Von Herakleon selbst wird einmal die Wendung zitiert

> In Joh. 6, 39, 203 (p. 149, 6–7): ἄξιον ἔσται *ζητήσεως* περὶ τοῦ τίσ ...
> Eine *Untersuchung* darüber, wer ..., wird sich lohnen.

Offenbar trifft sich Origenes mit seiner Methode der Problemuntersuchungen mit seinem gnostischen Gegner.

Origenes scheint das ζητεῖν zuversichtlich als den Weg theologischer Erkenntnis zu betrachten. Aber bei der Auslegung von Joh. 8, 21 „ich gehe fort und ihr werdet mich suchen, und ihr werdet in eurer Sünde sterben" kommt er in einem eindrucksvollen Kapitel auf mißlungenes, vergebliches „Suchen" zu sprechen (in Joh. 19, 12, 71–78, p. 311, 16 bis 312, 21). Es gibt ein falsches Suchen (μὴ καλῶσ ζητεῖν, p. 311, 26), das feindselige Suchen der Nachstellung (ἐπιβουλεύειν, p. 311, 20). Einem solchen Suchen entzieht sich Jesus. Den richtig Suchenden (ὀρθῶσ ζητεῖν, p. 311, 31) ist er dagegen nahe; sie brauchen ihn nicht außerhalb ihrer selbst zu suchen, weil er in ihnen ist in Gestalt der „Samen der Wahrheit, die in unsere Seele gesät worden sind" (τὰ ἐνσπαρέντα ἡμῶν τῇ ψυχῇ τῆσ ἀληθείασ σπέρματα, p. 312, 14–15). Hier deutet sich die „Logos-Mystik" des Origenes an, welche den eigentlichen Grund seines Vertrauens auf die Methode des ζητεῖν bildet. Jesus suchen heißt: den Logos, die Wahrheit und die Weisheit suchen (ταὐτόν πωσ τυγχάνον τῷ ζητεῖν λόγον καὶ ἀλήθειαν καὶ σοφίαν, p. 311, 18–19). Für unser Thema ist wichtig, daß die Alternative zum μὴ καλῶσ ζητεῖν nicht etwa ein Unterlassen des Suchens ist – auf diesen Gedanken kommt Origenes gar nicht –, sondern das ὀρθῶσ ζητεῖν.

2. ἐρευνᾶν

Dies Wort ist fast synonym mit ζητεῖν; es hat die besondere Nuance „nachforschen, einer Sache auf den Grund gehen, etwas Verborgenes zutage bringen". Es wird seit Pindar (Fr. 61) in religiösem Sinn gebraucht, so auch in Septuaginta und Neuem Testament. Das Objekt dieses Nachforschens ist bei Origenes wiederum regelmäßig die Heilige Schrift.

> In Joh. 1, 8, 46 (p. 13, 17–19): Ἀλλὰ πᾶσ ἀγὼν ἡμῖν ἐνέστηκε πειρωμένοισ εἰσ τὰ βάθη τοῦ εὐαγγελικοῦ νοῦ φθάσαι καὶ *ἐρευνῆσαι* τὴν ἐν αὐτῷ γυμνὴν τύπων ἀλήθειαν.
> Vielmehr ist unsere ganze Anstrengung darauf gerichtet, zu versuchen, in die Tiefe des Sinnes des Evangeliums einzudringen und die nackte Wahrheit der in ihm enthaltenen Urbilder zu *erforschen*.

Hier ist der energische Zugriff des theologischen Forschers besonders anschaulich ausgedrückt: das Tauchen in die Tiefe, das Aufdecken der „nackten Wahrheit", der Zugang zu den Urbildern, welche in der Art platonischer Ideen zu verstehen sind.

Origenes entschuldigt sich für einen Exkurs über die Beinamen des Erlösers in folgender Weise:

> In Joh. 1, 24, 156–157 (p. 30, 11–16): …χρήσιμον ἔσται τὸ βασανίσαι τὰσ ἐννοίασ καθ' ὧν τὰ ὀνόματα κεῖται … Ἅπαξ δὲ εἰσ τὴν περὶ τοῦ σωτῆροσ θεολογίαν ἐμπεσόντεσ, ἀναγκαίωσ ὅση δύναμισ τὰ περὶ αὐτοῦ μετὰ *ἐρεύνησ* εὑρίσκοντεσ πληρέστερον αὐτὸν … νοήσομεν …
> Es wird von Nutzen sein, die Begriffe kritisch zu prüfen, für welche die Wörter stehen … Und nachdem wir einmal auf die theologische Lehre vom Erlöser gekommen sind, werden wir zwangsläufig, indem wir nach allen Kräften das, was ihn betrifft [das heißt seine Attribute], durch *tiefdringende Untersuchung* auffinden und ihn selbst in größerer Fülle denkend erfassen …

Hier wird spürbar, daß der intellektualistische Zug in der Theologie des Origenes (das Ziel ist: Gott denkend zu erfassen) hinter seiner Forschungs- und Argumentierfreude steht. Das Stichwort εὑρίσκειν, „finden", erforderte eine eigene Betrachtung: die Freude am Finden, Entdecken findet bei Origenes immer wieder Ausdruck; das Mittel dazu ist seine hermeneutische Methode, vor allem die Lehre vom mehrfachen Schriftsinn, die er mit der (manchmal überschäumenden) Begeisterung eines Pioniers anwendet.

3. Menschenklassen

Origenes unterscheidet die „einfachen Christen" (ἀπλούστεροι, simpliciores) von den „Vollendeten" (τέλειοι, perfecti). Für die ersteren genügt ein schlichtes Hinnehmen der kirchlichen Lehre und der Heiligen Schrift; die letzteren sind durch den Heiligen Geist zum tieferen Eindringen in die göttlichen Geheimnisse befähigt. Nur bei ihnen ist der Impuls zur Forschung wirksam.

In Joh. 2, 24, 157 (p. 81, 18–20). Καὶ τάχα αὕτη ἡ ζωὴ παρ'οἶσ μὲν δυνάμει καὶ οὐκ ἐνεργείᾳ φῶσ ἐστι, τοῖσ τὰ τῆσ γνώσεωσ *ἐξετάζειν* μὴ φιλοτιμουμένοισ, παρ' ἑτέροισ δὲ καὶ ἐνεργείᾳ γιγνομένη φῶσ ...
Und vielleicht ist dieses „Leben" bei einigen [nur] potentiell und nicht aktuell „Licht", [nämlich] denen, die nicht den Ehrgeiz haben, die [Fragen der] „Erkenntnis" zu prüfen; bei anderen aber wird es auch aktuell zum „Licht" ...

In der Auslegung von Joh. 1, 4 „Und das Leben war das Licht der Menschen" macht Origenes eine Unterscheidung: nur bei einem Teil der Menschen wird die „Licht"-Funktion des göttlichen Logos aktualisiert; diese treiben den spirituellen Erkenntnis-Prozeß aktiv voran (φιλοτιμεῖσθαι ist ein gängiger Ausdruck für Motivationen jeder Art), und ihr Verfahren dabei wird mit ἐξετάζειν beschrieben, einem traditionellen Wort der Philosophie für kritisch prüfende Verfahren.

In Joh. 2, 9, 66 (p. 63, 18–20): Ἀλλὰ καὶ τὸ „οὗτοσ" κατὰ δεῖξιν ἐκφερόμενον νομισθήσεται ἐπὶ τοῦ λόγου τετάχθαι ἢ ἐπὶ τοῦ θεοῦ ὑπὸ τοῦ μὴ ἰσχνότερον *ἐρευνῶντοσ* ...
Aber auch das demonstrativ gebrauchte Wort „dieser" wird man auf den Logos beziehen oder auf Gott, wenn man nicht in einer eher dürftigen Weise nachforscht ...

Das „dürftige", das heißt oberflächliche Nachforschen beim Bibelstudium ist charakteristisch für die ἁπλούστεροι; der Komparativ ist wohl so zu verstehen wie in der letzteren Bezeichnung: als höfliche Abmilderung eines Ausdrucks, der als Vorwurf verstanden werden könnte, aber nicht so gemeint ist, weil auch für die „einfachen Christen" Platz ist in der kirchlichen Gemeinschaft. Die tiefer Erkennenden müssen jenen von ihrer Erkenntnis in vorsichtig abgewogener Weise Mitteilung machen, damit sie nicht verstört werden (in Joh. 20, 2, 6–7, p. 328, 22–32). Sie selbst brauchen sich in ihrem Erkenntnisdrang offenbar durch solche Rücksichten nicht beschränken zu lassen. Für die „Einfachen" freilich gilt die Warnung: „Suche nicht, was für dich zu schwierig ist, und erforsche nicht, was zu stark für dich ist" (Sir. 3, 21; in Joh. 13, 5, 32; p. 230, 21–22).

Auf die Abstufung verschiedener Menschenklassen ist es auch bezogen, wenn Origenes den Begriff ἀπόρρητοσ, „geheim", benutzt. Er bezeichnet damit nicht etwas, was für Menschen grundsätzlich unzugänglich und verboten ist, sondern was nur wenigen offenbar wird, aber durch diese auch weitere Verbreitung finden kann (so etwa in Joh. 2, 28, 174, p. 85, 17).

4. Wissensdurst

Im Johannesevangelium (4, 13–14) sagt Jesus: „Jeder, der von diesem Wasser [des Brunnens in Samaria] trinkt, wird wieder dürsten. Wer aber von dem Wasser trinkt, das ich ihm geben werde, wird gewiß nicht dürsten in Ewigkeit, sondern das Wasser, das ich ihm geben werde, wird in ihm zu einer Quelle springenden Wassers werden zum ewigen Leben." Origenes (In Joh. 13, 3, 13–19 p. 228, 7 bis 229, 10) deutet den Durst als Wissensdurst. Auch wer vom tiefsten Grunde Gedanken schöpft und zu finden glaubt (παραδεξάμενοσ ὠσ βαθύτατα τὰ ἀνιμώμενα καὶ εὑρίσκεσθαι δοκοῦντα νοήματα, p. 228, 17), wird nachträglich wieder von Bedenken und Zweifeln befallen. Anders ist es mit dem von Jesus geschenkten Logos: er hat bei dem, der ihn empfängt, die Wirkung,

> p. 228, 26–30: ... ὥστε πηγὴν *εὑρετικὴν* πάντων τῶν *ζητουμένων* ἀναβλυστάνειν ἐν αὐτῷ ἄνω πηδώντων ὑδάτων, τῆσ διανοίασ ἀλλομένησ καὶ τάχιστα διϊπταμένησ ἀκολούθωσ τῷ εὐκινήτῳ τούτῳ ὕδατι, φέροντοσ αὐτοῦ τοῦ ἄλλεσθαι καὶ πηδᾶν ἐπὶ τὸ ἀνώτερον, ἐπὶ τὴν αἰώνιον ζωήν.
> ... daß eine Quelle des *Findens* für alle *Fragen, die zur Untersuchung stehen*, in ihm aufsprudelt, eine Quelle von springendem Wasser: sein Denken springt und tut einen schnellen, beschwingten Flug, diesem leichtbeweglichen Wasser folgend; und eben das Springen, der Aufschwung, trägt ihn zur Höhe, zum ewigen Leben.

Die „Finde-Quelle" – ein fast märchenhaftes Bild für die Offenbarung, die der göttliche Logos schenkt. Nicht ein fertiges Wissen wird dem Menschen gegeben, sondern stets neue Möglichkeiten des Suchens und Entdeckens. Das Gefundene ist dann vor Zweifeln sicher und nicht anfechtbar; aber der fortschreitende Prozeß kommt offenbar nicht zu einem Ende. Gewiß ist er durch die Bedingungen des menschlichen Daseins eingeengt, daher der bei Origenes häufige Zusatz κατὰ τὸ δυνατόν, ὅση δύναμισ und ähnliche („nach meinem Vermögen") – aber nicht durch irgendwelche Frageverbote.

Es ist grundlegend für das Konzept des Origenes von einer christlichen Theologie, daß eigenes Fragen und Entdecken zur Offenbarung der Heiligen Schrift hinzutreten muß. In der Praefatio zu De principiis erklärt er, daß die Apostel nur das Notwendigste ausgesprochen haben, über viele Fragen aber schweigen –

> De princ. 1 Praef. 3 (p. 9, 8–11): ... profecto ut studiosiores quique ex posteris suis, qui amatores essent sapientiae, exercitium habere possent, in quo ingenii fructum ostenderent, hi videlicet, qui dignos se et capaces ad recipiendam sapientiam praepararent.
> ... offenbar, um unter den später Lebenden den besonders Eifrigen, die Liebhaber der Weisheit sind, Gelegenheit zur Übung zu geben, bei der sie die Früchte ihrer Begabung zeigen können; jene nämlich, die sich so vorbe-

reitet haben, daß sie würdig und fähig sind, die Weisheit in sich aufzunehmen.

Und das Vorwort schließt mit einem Blick auf den erhofften Aufbau eines umfassenden theologischen Systems, dessen Fundament die Aussagen der Heiligen Schrift und der kirchlichen Lehre sind, dessen Ausbau aber der Forschungsarbeit des Theologen bedarf.

> De princ. 1 Praef. 10 (p. 16, 9–15): Oportet igitur velut elementis ac fundamentis huiusmodi uti secundum mandatum, quod dicit: „Inluminate vobis lumen scientiae", omnem qui cupit seriem quandam et corpus ex horum omnium ratione perficere, ut manifestis et necessariis assertionibus des singulis quibusque quid sit in vero *rimetur*, et unum, ut diximus, corpus efficiat exemplis et affirmationibus, vel his, quas in sanctis scripturis invenerit, vel quas ex consequentiae ipsius *indagine* ac recti tenore *reppererit*.
>
> Man muß also gleichsam von grundlegenden Elementen (στοιχεῖα) dieser Art ausgehen – nach dem Gebot „Zündet euch selbst das Licht der Erkenntnis an" (Hos. 10, 12) –, wenn man ein zusammenhängendes und organisches Ganzes (σῶμα) aus all dem herstellen will; so kann man mit klaren und zwingenden Begründungen in den einzelnen Punkten die Wahrheit *erforschen* (ἐρευνᾶν) und, wie gesagt, ein organisches Ganzes herstellen aus Beispielen und Lehrsätzen, die man entweder in den heiligen Schriften gefunden oder durch logische *Schlußfolgerungen* und konsequente Verfolgung des Richtigen *entdeckt* hat.

Alle Begrenzungen des Wissensdurstes entfallen in der himmlischen Seligkeit. In De princ. 2, 11, 3–7 entwirft Origenes ein Bild von ihr; sie besteht im wesentlichen in einer Erfüllung allen Wissensdurstes. Jede Frage, die im Leben ungelöst geblieben ist, findet da ihre Antwort. In § 5 gibt Origenes eine Liste von solchen Fragen; es sind die theologischen und kosmologischen Probleme, mit denen er selbst sich beschäftigt.

5. περιεγία

Das Wort bedeutet primär „überflüssige Mühe" und hat vorwiegend den abwertenden Unterton: Einmischung in etwas, was einen nichts angeht, Zudringlichkeit, Vorwitz. In religiösen Kontexten bezieht es sich auf ein Eindringen in Verborgenes, in Geheimnisse, speziell auf magische Handlungen des Götterzwanges. Es suggeriert das Anrüchige, Verbotene solcher Praktiken. Diese Sonderbedeutung ist auch Origenes geläufig; so sind κατακλήσεισ περίεργοι (C. Cels. 7, 69) „magische Götterbeschwörungen". Da mag es überraschen, daß er den Ausdruck oft auf seine eigene Tätigkeit als Ausleger der Schrift anwendet. Häufig geschieht das in defensivem Sinne. Er weiß, daß seine Methode des Eindringens in einen tieferen Sinn, der nicht jedem zugänglich ist, verdächtig sein mag, und rechtfertigt sich dafür.

I. Trieb oder Antrieb?

In Joh. 32, 22, 294 (p. 465, 32 bis 466, 3): Οὐκ ἀγνοοῦντεσ δὲ δόξαν *περιέργου ζητήσεωσ* καὶ πείθειν μὴ δυναμένησ τὸν ἀκροατὴν ἀπολογίασ ἀποφέρεσθαι παρὰ τοῖσ τούτων ἀκούουσιν ταῦτα ἐτολμήσαμεν, κρεῖττον εἶναι νομίζοντεσ τὸ πάντα βασανίζειν τοῦ παρελθεῖν τι ἀβασάνιστον τῶν γεγραμμένων.

Wir wissen wohl, daß wir bei den Hörern den Ruf *vorwitziger Forschung* davontragen, einer Forschung, die den Zuhörer unserer Rechtfertigung nicht zu überzeugen vermag. Wir haben das gewagt in der Überzeugung, es sei besser, alles zu prüfen, als igend etwas von dem [in der Heiligen Schrift] Niedergeschriebenen ungeprüft zu übergehen.

In dieser Äußerung ist eine alte Grundregel griechischer Wissenschaft enthalten: nichts ungeprüft, ununtersucht zu lassen, was zu dem jeweiligen Problemfeld gehört. Da gilt kein Geheimnisschutz, keine Ehrfurchtsschwelle.

In Joh. 32, 24, 303 (p. 467, 16–17): Εἰ δὲ μὴ *περιέργωσ ζητῶ*, τί δήποτε ..., καὶ αὐτὸσ ἐπιστήσεισ.
Ob ich aber etwa *vorwitzig* handle, wenn ich das *Problem aufwerfe*, was eigentlich ..., das magst du auch selbst erwägen.

Im folgenden begründet Origenes, daß seine Fragestellung sinnvoll und berechtigt ist.

Als περιεργία kann vor allem die exegetische Methode gelten, einen tieferen, verborgenen Sinn hinter dem Wortlaut der Schrift zu sehen. Origenes gebraucht das Wort manchmal, um diese Methode von einem schlichteren Verständnis zu unterscheiden. Dieser Verwendung wird man am ehesten mit der Übersetzung „Spitzfindigkeit" gerecht.

In Joh. 6, 37, 186 (p. 146, 1–2): ὁ δὲ οἰόμενοσ *περιεργότερον* τοῦτο εἰρῆσθαι ...
Wer aber meint, daß dies [die vorangehende Auslegung] *allzu spitzfindig* gesagt sei ...

Für diesen Kritiker schlägt Origenes eine andere, trivialere Erklärung der Stelle vor.

In Joh. 13, 36, 229 (p. 261, 2–5): καὶ πρέπον γε μᾶλλον οὕτω νοεῖν ἡμᾶσ ... ἤπερ μὴ *περιεργασαμένουσ* ἡμᾶσ τὰ περὶ τοῦ θελήματοσ νομίζειν ...
Und es ist doch wohl angemessener, [den Wortlaut der Stelle] so zu verstehen, als ohne tieferdringende Untersuchung des Themas „Wille" anzunehmen, daß ...

Auch hier sieht Origenes zwei Deutungsmöglichkeiten, gibt aber der seinen, obwohl dem Geruch der περιεργία behaftet, den Vorzug.

In Joh. 13, 21, 125 (p. 244, 28–29): Ἐὰν μὲν οὖν ἁπλούστερον τούτων ἀκούσωμεν, μηδὲν πέρα τῆσ λέξεωσ *περιεργαζόμενοι*, ὥρα ἡμῖν λέγειν σῶμα εἶναι τὸν θεόν.
Wenn wir nun diese [Stelle] in einer eher einfachen Weise verstehen, ohne uns über den Wortlaut hinaus auf *Spitzfindigkeiten* einzulassen, so sind wir an den Punkt gekommen, wo wir sagen müssen, Gott sei ein Körper.

Dies führt, wie Origenes weiter ausführt, zu Absurditäten. Die „spitzfindige" Deutung ist also die einzig richtige. Der zitierte Satz hat offenbar einen ironischen Ton.

6. τόλμα

„Wagemut", „Kühnheit", „Verwegenheit": die letztere, verurteilende Bedeutung ist in religiösen Kontexten häufig. Origenes scheut sich nicht, den Ausdruck auch auf seine eigenen Bemühungen anzuwenden.

> In Joh. 2, 26, 163 (p. 83, 6): *τολμηρότερον* δὲ ἔτι ἐκείνοισ καὶ νῦν προσθήσομεν, ὅτι ...
> Dazu wollen wir jetzt [eine Aussage] hinzufügen, die noch *kühner* ist, nämlich daß ...

> In Joh. 32, 28, 349 (p. 473, 25–29): Καθ' ὃ καὶ *τολμηρόν* μὲν καὶ μεῖζον ἢ καθ' ἡμᾶσ ἐστὶν τὸ εἰσ ἐξέτασιν ἑαυτοὺσ ἐπιδοῦναι τηλικούτου λόγου· ὅμως δὲ *τολμητέον* ὑποβάλλειν τὸν ἐν τῷ τόπῳ ζητηθῆναι δυνάμενον.
> In diesem Punkte ist es zwar *verwegen* und geht über unsere Kompetenz hinaus, daß wir uns der Prüfung einer so bedeutsamen These widmen; aber dennoch muß es *gewagt* sein, die These in Vorschlag zu bringen, die an dieser Stelle untersucht werden kann.

Im 5. Buch des Johannes-Kommentars rechtfertigt Origenes seine Ausführlichkeit damit, daß Häretiker mit ihrer eingehenden Bibelexegese großen Einfluß auch in großkirchlichen Kreisen gewonnen haben, weil es dort an entsprechender geistiger Nahrung fehlt. Dem will Origenes mit einem ebenso tiefdringenden Kommentar abhelfen.

> In Joh. 5, 8 (p. 105, 21–24): ... περὶ δὲ ἐμαυτοῦ ἀπολογούμενοσ, μὴ ἄρα οὐ τοιαύτησ ὢν ἕξεωσ, ὁποίαν ἐχρῆν τὸν παρὰ θεοῦ ἱκανούμενον διάκονον τῆσ καινῆσ διαθήκησ, οὐ γράμματοσ ἀλλὰ πνεύματοσ, *τολμηρότερον* ἐμαυτὸν τῷ ὑπαγορεύειν ἐπιδίδωμι.
> ... und für mich selbst bitte ich um Entschuldigung, wofern ich etwa, ohne jenes Können zu besitzen, welches der von Gott befähigte Diener des Neuen Testamentes – nicht seines Buchstabens, sondern seines Geistes – haben müßte, mich allzu *kühn* dem Diktieren [dieses Kommentars] widme.

Hier finden sich einige bekannte Motive wieder. Die Kühnheit des Fragens und Forschens, die in der Kirche ungewöhnlich ist, ist aus der Auseinandersetzung mit den Gnostikern zu verstehen, welche einen solchen Stil der Bibelexegese aufgebracht hatten. Origenes entschuldigt sich dafür; aber nicht etwa, weil er ein grundsätzliches Frageverbot gebrochen hätte, sondern weil er vielleicht nicht das Können, die Kompetenz für die Aufgabe habe. Ähnliche Äußerungen kehren immer wieder, wenn er vor schwierigen Einzelfragen steht: vielleicht übersteigen sie seine Möglichkeiten und sollten Fähigeren und Würdigeren vorbehalten bleiben. Aber nie resigniert er, immer weiß er dann doch einen Lösungsvorschlag zu machen, wenn auch mit aller Vorsicht. Es ist kein Zweifel, daß er es für berechtigt hielt, seinem Frage- und Wissensdrang ohne Einschränkung zu folgen, und daß er in sich die „Quelle des Findens" sprudeln wußte.

Burkhard Gladigow

Vom Naturgeheimnis zum Welträtsel

1 Interpretationsmodelle und das ‚Geheimnis' als Interpretationsmuster

Die Bedeutung von Geheimnis und Geheimhaltung ist seit Georg Simmels Arbeiten[1] entweder im Rahmen einer formalen Soziologie oder einer kommunikationstheoretischen Perspektive[2] behandelt worden. Geheimhaltung und Wissen über fremdes Wissen und eigenes Nicht-Wissen bedingen ebenso wie das Wissen über fremdes Nicht-Wissen und das eigene Geheimnis zunächst einmal personale Systeme.[3] Die Inhalte dieses Wissens und des komplementär vorenthaltenen Wissens sind zwar grundsätzlich beliebig – aber nicht bedeutungslos: Es kann das Wissen über die eigene Herkunft und Geschichte, die Regeln des richtigen Hausbaus, die Größe des eigenen Besitzes[4], das kultisch richtige Verhalten[5] oder die Zukunft der eigenen Gruppe[6] sein. Die Konsequenzen der Ungleichverteilung von Wissen und Nicht-Wissen reichen hier deutlich über die einer Ungleichverteilung von Wissen in ausdifferenzierten Gesellschaften hinaus: Das Geheimnis kann als ‚geschütztes Wissen' Identität, Bestand und Zukunft sichern – aber eben nur, wenn es geheim bleibt; eine illegitime ‚Öffentlichkeit' eröffnet fremde, gefährliche Zugriffe[7] oder depotenziert das Geheimnis zur Bedeutungslosigkeit. Im folgenden soll nicht die Frage diskutiert werden, was ein Geheimnis seinem Wesen nach ist, sondern welche Klassen von Sachverhalten als Geheimnis bezeichnet werden und welche Strategien[8] hinter

---

[1] G. Simmel (1908), *Das Geheimnis und die geheime Gesellschaft*, 256–304.
[2] Dies der Neuansatz von B. Sievers (1974), *Geheimnis und Geheimhaltung in sozialen Systemen*.
[3] Zu den Bedingungen von Geheimhaltung in komplexen sozialen Systemen B. Sievers (1974), 50 ff.
[4] Zu den Abschirmungsstrategien Klaus E. Müller (1987), *Das magische Universum der Identität*, 310 ff.
[5] Dazu O. Perler, RAC 1 (1941), Sp. 667–676, s. v. Arkandisziplin.
[6] Am Beispiel der Durchsetzung des kaiserlichen Wissensmonopols diskutiert von M. Th. Fögen (1993), *Die Enteignung der Wahrsager. Studien zum kaiserlichen Wissensmonopol in der Spätantike*.
[7] Zum Verhältnis von Geheimnamen und geheimer Schutzgottheit am Beispiels Roms A. Brelich (1949), *Die geheime Schutzgottheit von Rom*.
[8] Zur „sozialen Produktivität des Geheimnisses" im Anschluß an Simmel zuletzt B. Nedelmann (1995), „Geheimhaltung, Verheimlichung, Geheimnis – Einige soziologische Vorüberlegungen", 1 ff.

einer Einordnung als Geheimnis stehen. In diesem Rahmen ist ‚Geheimnis' also ein Deutungs- und Interpretationsmuster im Rahmen eines Interpretationsmodells und in Konkurrenz zu anderen Strategien im Umgang mit Wissen – nicht ‚objektives' Urteil über eigenes Wissen oder fremdes Nichtwissen.

Als Interpretationsmodelle[9] allgemein sollen Modellvorstellungen bezeichnet werden, die eine Selektion von Daten und ihre Verknüpfung nach plausiblen Schemata ermöglichen. Die Modellvorstellungen können sowohl von ‚Alltagserfahrungen' ausgehen[10], etwa von Sozialbeziehungen in einer Familie, Planung und Bau eines Hauses, aber auch ‚Spiel', Rätsel und Rätsellösung, Geheimnis und Aufdeckung, wie – am anderen Ende des systematischen Spektrums – jeweils aktuelle Paradigmata von ‚Leit'-Wissenschaften aufgreifen[11]. Etwas als Geheimnis zu bezeichnen bedeutet dann vor allem, es in einen interpretatorischen Rahmen zu stellen, vom dem aus ‚neue' und tiefgreifend ‚andere' Deutungen erzeugt werden können. Mit dem Index ‚Geheimnis', gar „ein Geheimnis den meisten", ist ein übergreifender Deutungsanspruch verknüpft, der beispielsweise auf Form, Geschichte oder „Gott als Geheimnis der Welt" fokussiert sein kann.

2 Die Ungleichverteilung von Wissen: Geheimnis und Öffentlichkeiten

Ansprüche und Deutungsmuster von Geheimnis und Geheimhaltung folgen zunächst dem einfachen Schema einer Ungleichverteilung von Wissen und ziehen daraus strukturelle Konsequenzen[12]: Die Träger von zurückgehaltenem oder verborgenem Wissen reklamieren für sich nicht nur ein ‚Mehr' an Wissen, sondern zugleich, daß dieses Wissen in Konkurrenz zu anderem Wissen ein ‚besseres Wissen', ein Lebens- und Heilsgut ist. In komplexen Kulturen stehen Interpretationsmodelle grundsätzlich in einem Konkurrenzverhältnis zu anderen Modellen – ihre Plausibilität muß sich also gegenüber Alternativen, etwa der bloßen

---

[9] Zu Deutungsmuster und Modellvorstellung B. Gladigow HrwG 3 (1993), 289–298, s. v. Interpretationsmodelle.
[10] Zum ‚Aufbau der Erfahrungswelt und ihre[r] Ordnung unter Schemata' sowie den ‚Schemata der Erfahrung als Deutungsschemata' allgemein A. Schütz (1932), *Der sinnhafte Aufbau der sozialen Welt*, 105–115; Fortführung bei I. Mörth (1986), *Lebenswelt und religiöse Sinnstiftung*.
[11] Zum Paradigma der ‚Elektrizität' E. Benz (1970), *Theologie der Elektrizität*, zum ‚Hologramm' K. Wilber (1986), *Das holographische Weltbild*.
[12] Allgemein hierzu S. N. Eisenstadt (1981), *Social Differentiation and Stratifikation*; zur Perspektive von Orientierung und Wahl B. Gladigow (1995), „Struktur der Öffentlichkeit und Bekenntnis in polytheistischen Religionen", 17–35.

Hierarchisierung von Wissen oder seiner egalitären Verteilung, bewähren. Mit der Hierarchisierung von Wissens- oder Deutungsbereichen ist fast immer ein soteriologisches Muster verbunden; das höherrangige Wissen hat Konsequenzen für Welt und Leben. Wenn die ‚triviale' Fragetrias an den Fremden und Gast (Wer bist du, woher kommst du, wohin gehst du?) gnostisch reflexiv wird (Wer sind wir, woher kommen wir, wohin gehen wir?), ist ein Geheimnis und ein Schicksal supplementiert, das mit ‚einfachem Wissen' nicht mehr beantwortet werden kann.

Eine *Ungleichverteilung von Wissen*, die nicht nur der Ungleichverteilung, sondern vor allem der Verknappung von Waren folgen kann, ist zugleich Folge (oder ein Epiphänomen) unterschiedlicher Öffentlichkeiten. Das Herstellen unterschiedlicher Öffentlichkeiten scheint ein Charakteristikum komplexer Gesellschaften zu sein[13], und die Transfermechanismen, die zwischen den Bereichen vermitteln (Luhman spricht hier von Übergangs-Semantiken), sind wesentliche Indikatoren des kulturellen Wandels. In komplexen Gesellschaften kann nun unter besonderen Bedingungen eine „Zentrierung um ein Geheimnis" in seiner symbolischen oder konkret konspirativen Variante ein aufklärerisches Freimaurertum oder dezidiert politische Geheimgesellschaften[14] begründen. Diese Doppeldeutigkeit und Doppelfunktion von Geheimnis in der Gesellschaft des achtzehnten Jahrhunderts beschreibt Wolfgang Hardtwig zutreffend folgendermaßen: „Das Geheimnis als Chiffre für die Möglichkeit von Autonomie und Selbstbildung der Person ist in den programmatischen Texten des Illuminatenordens ebenso gegenwärtig, wie die Vorstellung vom planmäßigen, verdeckten, also geheimen Handeln in politischer Absicht. Umgekehrt setzt das Geheimnis als Chiffre für das lockende Unbekannte in der Erforschung der Natur die konkrete Absonderung der intellektuell Suchenden von den öffentlich sanktionierten Institutionen und Formen der Wissensaneignung voraus."[15]

Das Augenmerk soll im folgenden zunächst auf der Frage liegen, in welcher Weise eine Erkenntnis der Natur, als Philosophie und Wissenschaft von der Natur vorgetragen, an diesen Ausdifferenzierungsprozessen, die unterschiedliche Öffentlichkeiten herstellen, teilhat und – zweitens – wie diese Disziplinen in Konkurrenz zu Religion oder ‚Theologie' das *Paradigma für Geheimnis und Rätsel* vorgeben. Für eine Besonderheit religiöser Kommunikation hatte bereits Niklas Luhmann notiert:

---

[13] J. Habermas (1965), *Strukturwandel der Öffentlichkeit*; N. Luhmann (1980), *Gesellschaftsstruktur und Semantik*.
[14] Dazu mit auch religionshistorisch hilfreichen Einordnungen W. Hardtwig (1989), „Eliteanspruch und Geheimnis in den Geheimgesellschaften des 18. Jahrhunderts", 63–86.
[15] W. Hardtwig (1989), 65.

„Sie wird als Kommunikation über empirisch nicht kontrollierbare Sachverhalte erleichtert und dann unter Restriktionen gesetzt, und ‚Geheimnis' ist diejenige Sinnform, die dies in einer relativ anspruchslosen Weise ermöglicht."[16] Mit unterschiedlichen metaphorischen Codierungen oder ikonographischen Schemata wird seit der Renaissance das Geheimnis von Natur und Welt umgestaltet von einem „willkürlichen, entlarvbaren" zu einem „selbstreferentiellen, kommunikativ unzerstörbaren Geheimnis"[17], über das dann potentiell universaler Sinn generiert wird.

Geht man davon aus, daß in bestimmten kulturellen Situationen Partial-Deutungen von Wirklichkeit vor der Notwendigkeit stehen, ‚Übergangs-Semantiken' zu entwerfen, die sie als durchgängig anwendbare Muster qualifizieren, scheint eine Partialisierung von Religion[18], Implikation eines Säkularisierungsprozesses, ‚Religion' vor die gleichen Aufgaben zu stellen. Auf diesem Wege können sich in unterschiedlichen kulturellen Sektoren zunächst ‚latente Parallel-Deutungen der Wirklichkeit' entwickeln, die später – bei entsprechender Resonanz – in auf Anhänger, Mitglieder, Gläubige beschränkte Heilszusagen umformuliert werden. Mit dem Konzept ‚latente Paralleldeutungen der Wirklichkeit' greife ich eine Bemerkung Simmels auf und wende sie auf die hier skizzierte Tendenz zu einer Pluralisierung der Sinnstrukturen an: Simmel hatte in Verbindung mit seiner hohen Wertung des Verbergens und absichtlichen Zurückhaltens darauf hingewiesen, daß *„das Geheimnis sozusagen die Möglichkeit einer zweiten Welt neben der offenbaren"* biete, und *„diese werde von jener auf das stärkste beeinflußt"*[19]. Gegen die Etablierung gesellschaftlicher Teilbereiche (‚Öffentlichkeiten') mit ihrer je eigenen Rationalität und einem eigenen Kommunikationsmedium – Folge unterschiedlicher Differenzierungsprozesse – wird versucht, die internen Ansprüche des Sub-Systems ‚Religion' auch für die anderen Teilbereiche für verbindlich zu erklären – oder zumindest so zu agieren, als ob dies möglich wäre. Dieses Reaktionsschema ist sowohl aus rezenten Protestbewegungen wie aus der Reformation bekannt. Die Differenzen, die dieser Anspruch auf religiöse Systematisierung zwischen den stark ausdifferenzierten kulturellen Teilbereichen erzeugt, diese Differenzen scheinen mir kulturelle Rahmenbedingungen für Komplexitätsnegationen und ihre Handlungsfolgen[20] vorzugeben – und weit über ‚die Moderne' zurückzureichen.

---

[16] N. Luhmann (1980), *Gesellschaftsstruktur und Semantik* 3, 273.
[17] N. Luhmann (1980), *Gesellschaftsstruktur und Semantik* 3, 274.
[18] Dazu B. Gladigow (1995), „Struktur der Öffentlichkeit und Bekenntnis in polytheistischen Religionen", 22 ff.
[19] G. Simmel (1908), *Soziologie*, 272.
[20] Dazu B. Gladigow (1994), „Rigoristische Haltungen und kulturelle Rahmenbedingungen", 54–68.

3 Die Rätselhaftigkeit von Welt und das Paradoxon

Eine grundsätzliche Deutungsbedürftigkeit von ‚Welt' ist in der europäischen Tradition zum ersten Male von Heraklit von Ephesos annonciert worden[21]: Ohne ‚Deutung' durch einen kompetenten Spezialisten nehmen die Menschen, so Heraklit, die Welt grundsätzlich falsch, defizitär, konkret: durch unaufgelöste Paradoxien wahr. Die Menschen stehen in Heraklits Erkenntnistheorie, Psychologie und Kosmologie notwendigerweise ebenso hilflos und getäuscht vor der Welt wie schon Homer (und mit ihm die Menschen) vor dem berühmten Läuserätsel: Heraklit zitiert dieses „Homerische Läuserätsel" („Alles was wir gesehen und gefangen haben, das lassen wir da; was wir aber weder gesehen haben, noch gefangen haben, das bringen wir mit"[22]) als plakativen Beleg für sein Modell einer Welterkenntnis, die über ein Erkennen, Durchschauen, Lösen von Paradoxien konstituiert ist.

In Heraklits Philosophie wird zum ersten Male ein Interpretationsmodell vorgestellt und bis an die Grenzen des Möglichen ausgestaltet, das Paradoxien von einem Stilmittel zu einem Interpretationsmuster erhebt[23]: Hippolytos faßt in der Refutatio IX 9 Heraklits Aussagen über ‚die Welt' so zusammen: „Heraklit nun sagt, das All sei geteilt – unteilbar, entstanden – unentstanden, sterblich – unsterblich, Logos – Ewigkeit, Vater – Sohn, Gott – Gerechtigkeit" (dann folgt das fr.50 D.-K.). Hippolytos zitiert hier sicher kein einzelnes Fragment, sondern stellt gewissermaßen die Paradoxien in einer Liste zusammen, die ihm im Blick auf christliches Denken interessant zu sein scheinen. Es gibt eine weitere, ähnliche ‚Liste', nun wohl ein echtes Fragment (67 D.-K.), in dem Heraklit seinen Gottesbegriff wiedergibt: „Gott ist Tag Nacht, Winter Sommer, Krieg Frieden, Sattheit Hunger" (bei Hippolytos, der auch dieses Fragment überliefert hat, folgt jetzt als Interpretament ‚alles Gegensätzliche, das ist der νοῦς'), dann folgt: „Er wandelt sich aber gerade wie das Feuer, das, wenn es mit Räucherwerk vermengt wird, nach dem Duft eines jeglichen heißt."

Die Gegensätze konstituieren die Wirklichkeit, und ihre ‚Aufhebung' in einer ‚wahren Wirklichkeit' ist der eigentliche Gegenstand von Erkenntnis:

> Verbindungen: Ganzes und Nichtganzes, Einträchtiges Zwieträchtiges, Einklang Zwieklang, und aus Allem Eins und aus Einem Alles. (10 D.-K.)

Wahre Erkenntnis und Erkenntnis des Wahren bedeuten dann, die ἁρμονίη ἀφανής, die unsichtbare Harmonie, die stärker ist als die sicht-

---

[21] Zur Verbindung der Herakliteischen Erkenntnistheorie mit Platons Höhlengleichnis immer noch wichtig H. Fränkel (1960), „Eine Heraklitische Denkform", 253–283.
[22] Fr. 56 D.-K.
[23] Dazu ausführlicher B. Gladigow (1992), „Das Paradox macht Sinn", 195–208.

bare (fr.54 D.-K.), den λόγος oder die συνάψιες (fr.10 D.-K.) oder die ἀνταμοιβή („die Lösung") zu erkennen, das heißt den Sinn der Paradoxien zu durchschauen, zu erfassen. Eine unsichtbare Größe für mächtiger zu halten als eine sichtbare ist ein flagranter Bruch mit den Konventionen einer shame-culture, die Präsenz und Sichtbarkeit prämiert. Der herakliteischen Interpretation von Welt entspricht die an göttlichen Fähigkeiten orientierte Erkenntnis der hinter den Oppositionspaaren liegenden Einheit[24], der ἁρμονίη oder des λόγος:

> Vor Gott ist alles schön und gut und gerecht; die Menschen aber haben das eine als ungerecht, das andere als gerecht angenommen.

Den meisten oder allen Menschen spricht Heraklit in prophetischem Ton Weisheit und Erkenntnisfähigkeit ab: Sie verstehen den Logos nicht, ob sie ihn nun (akustisch) gehört haben, oder nicht (fr.1 D.-K.), in diesem Sinne sind sie „anwesend abwesend" (fr.34), unverständig wie Kinder oder Menschen, die barbarische Seelen haben, oder sich am Schmutz freuen (βορβόρῳ χαίρειν, fr. 13 D.-K.). Das ist in der griechischen Religionsgeschichte ein neuer Ton: Wissende und Unwissende werden nicht kasuistisch, soziologisch, funktional voneinander getrennt, sondern über die Differenz einer religiösen Grundeinsicht. Wahre oder falsche Einsicht hat eine richtige oder fehlerhafte Haltung der Welt gegenüber zur Folge.

Die menschliche Unfähigkeit, Paradoxe auf ihren Sinn (λόγος) hin zu durchschauen, führt in Heraklits Sicht notwendig zu Paradoxien im Verhalten der Menschen (die nun freilich keinen Sinn mehr ergeben):

> Sie reinigen sich [von Blutschuld], indem sie sich mit neuem Blut besudeln, das ist so, erläutert Heraklit, als wenn jemand, der in Kot getreten ist, sich mit Kot zu reinigen versuchte. Für irrsinnig (μαινόμενος statt des μιαινόμενος, reinigend) müßte er dem erscheinen, der ihn von den Menschen bei diesem Tun entdeckte." (fr.5 D.-K.)

Was Heraklit als paradoxes Verhalten geißelt, ist freilich ‚nur' die normale kultische Praxis seiner Zeit: Reinigungsriten, das Beten zu Kultbildern, Bestattungsrituale. Die grundsätzlichen Paradoxien menschlicher Existenz kleidet Heraklit in ein neues Deutungs- und Interpretationsschema, das zwei paradoxe Aussagen so miteinander verschränkt, daß sie einen klar erkennbaren Sinn ergeben. Als das ‚Denkschema der mittleren Proportionale' hat Hermann Fränkel es, von fr. 79 ausgehend, in das Zentrum der herakliteischen Lehre gerückt.[25]

Der Ort, an dem im frühgriechischen Denken Paradoxien systematisch eingesetzt wurden, ist durch den Konflikt unterschiedlicher

---

[24] Hierzu zuletzt U. Hölscher (1991), „Heraklit über göttliche und menschliche Weisheit", 73–80.
[25] H. Fränkel (1960), „Eine herakliteische Denkform".

Interpretationsebenen und Anspruchsebenen vorgegeben. Vorstufen dieser ‚systematischen Paradoxien' arbeiten mit scheinbaren Widersprüchen auf der gleichen Ebene: Das schon zitierte ‚Homerische Läuserätsel' ist nur paradox, wenn man die Lösung nicht kennt. Als γρῖφος (das ‚Rätsel' als Netz, in dem sich der Unkundige fängt) oder ἀπορία (Ausweglosigkeit) bedarf es der ‚Lösung'. Von der Lösung kann zwar Leben oder Tod abhängen (‚Halsrätsel')[26], trotzdem sind die Paradoxien des Rätsels grundsätzlich auflösbar, seine Aporien sind nur provoziert.

Wenn Aristoteles das Rätsel (αἴνιγμα) dadurch definiert, daß „Wirkliches ausgesagt wird, dessen Verknüpfung unmöglich ist" (τὸ λέγοντα ὑπάρχοντα ἀδύνατα συνάψαι[27]), geht diese Bestimmung an einem wichtigen Punkt über jene allgemein für das Paradoxon zitierte Definition Topik 104b24 hinaus. Das Neue bei Heraklit liegt somit nicht darin, daß „... Entgegengesetztes – als dasselbe gedeutet wird"[28], sondern daß die Gegensätze notwendige Paradoxien[29] bilden, in denen sich Physik, Theologie und Erkenntnistheorie zu einem neuen Deutungsmuster zusammenschließen. Bei Heraklit ist in aller Schärfe bereits vorgegeben, was in den folgenden zwei Jahrtausenden zwischen ‚Arkandisziplinen' und ‚Aufklärungen' immer umstritten war, nämlich die These, daß die Welt nicht unmittelbar (‚naiv sensualistisch') verständlich ist und, darüber hinausgehend, *daß das Mißverständnis der Welt der Normalfall*[30] ist. Alle Paradoxa Heraklits sollen eine verstellte Wirklichkeit plausibel machen, deren wahre Erkenntnis des weisen Deuters bedarf. Eine philosophische Professionalisierung von Weltdeutung wird hier systematisch eingefordert und gegen naive Empirie gestellt; Agenzien der Professionalisierung sind ‚Rätsel', ‚Geheimnis' auf der einen und eine durchschauende Vernunft auf der anderen Seite.

4 Die Frühgeschichte des Naturgeheimnisses

In den Kontext dieses Ansatzes gehört das berühmte Fragment φύσις κρύπτεσθαι φιλεῖ[31], zur Natur gehört es, sich zu verbergen, locus clas-

---

[26] Zum Typ des Halsrätsels K. Ohlert (1912), *Rätsel und Rätselspiele* und J. Huizinga (1956), *Homo ludens*.
[27] Aristoteles Poetik 22, p. 1458 a 27.
[28] N. Luhmann (1977), *Funktion der Religion*, 129.
[29] T. Ramsey (1959), „Paradox in Religion I", 196 f., führt als Untergruppen des *unavoidable paradox* jenes ein, das *logically inaccessible* ist, und jenes, das *logically explorable* ist.
[30] Zur Verbindung dieser These mit Schleiermachers universaler Hermeneutik H.-G. Gadamer (1965), *Wahrheit und Methode*, 172 ff.
[31] Fr. 123 D.-K. Zur modernen Rezeptionsgeschichte zuletzt R. Wisser (1992), „Natur liebt es sich zu verbergen", 51–69.

sicus für eine Geschichte des Naturgeheimnisses[32], in dem nun auch von der ‚Objektseite' her eine grundsätzliche ‚Entzogenheit' postuliert wird. Das Fragment ist bei Philon von Alexandrien überliefert, der es vor allem dazu anführt, die allegorische Interpretation systematisch zu rechtfertigen. Unabhängig davon ist der Topos von der sich verbergenden Natur zum ersten Male wenige Jahre vor Philon bei Cicero in den Academica[33] und De Finibus[34] belegt, und zwar jeweils in bezug auf *res a natura ipsa involutas* oder *occultatas*, die unsere Vernunft aber grundsätzlich erkennen kann. In einem ähnlichen Kontext, bezogen auf die Umläufe von Planeten, findet sich bei Plinius dem Jüngeren[35] die Formulierung *secreta naturae*.

Eine auch für die Wirkungsgeschichte des Topos zentrale Stelle liefert schließlich Seneca in den Naturales Quaestiones[36], wo sowohl von den Geheimnissen der Natur als auch von ihrer sukzessiven Offenbarung die Rede ist: *Non semel quaedam sacra traduntur. Eleusin servat quod ostendat revisentibus; rerum natura sacra sua non semel tradit* ... „Gewisse Mysterien offenbaren sich nicht mit einem Mal: Eleusis hält für diejenigen, die wiederkommen, noch anderes zu schauen zurück; auch die Natur liefert ihre Geheimnisse nicht auf einmal aus." Und schließlich: „Wir halten uns für Eingeweihte, stehen aber doch nur in der Vorhalle des Tempels" *(Initiatos nos credimus, in vestibulo eius haeremus)*. Hier wird also der Vorgang der Naturerkenntnis mit der schrittweisen Einweihung in Eleusis verglichen; umgekehrt ist dann die Welt ein riesiges Eleusis, das auf eine sukzessive Offenbarung, Schau, ἐποπεία hin angelegt ist. Diese Seneca-Stelle hat in Mittelalter und beginnender Neuzeit erheblich nachgewirkt[37]: Sie gab durch Renaissance, Physiko-Theologie und frühe Neuzeit hindurch das Muster für Erkenntnisbemühen und Erkenntnisfortschritt gegenüber der Natur ab.

Neben dieser epistemologischen Tradition führt freilich auch eine ganz andere Tradition von Naturgeheimnis aus der Antike heraus und wirkt bis in die Alchimie hinein[38]: Es ist die Vorstellung von den geheimen Keimkräften des Logos in der Natur. Augustin läßt ägyptische Magier Schlangen herstellen, indem sie aus dem verborgenen Schoße der Natur die darin verborgen gehaltenen Dinge *(quae secreto naturae sinu*

---

[32] Die Geschichte des Naturgeheimnisses ist, mit der Antike einsetzend, dargestellt bei P. Hadot (1982), *Zur Idee der Naturgeheimnisse*; die moderne Geschichte ist vorzüglich aufgearbeitet bei D. K. Himrod (1987), „Secrecy in Modern Science", 103–150.
[33] Academica Posteriora I 4, 15; 5, 19.
[34] De finibus V 19, 51; 21, 58.
[35] Plinius Secundus, Nat. Hist. II 15, 77.
[36] Seneca, Naturales Quaestiones VI 30, 5 ff.
[37] Dazu P. Hadot (1982), „Zur Idee der Naturgeheimnisse", 13 ff.; zur Sache auch D. K. Himrod (1987), „Secrecy in Modern Science".
[38] P. Hadot (1982), „Zur Idee der Naturgeheimnisse", 14 ff.

*abdita continetur*³⁹) hervorgehen lassen. Ausgehendes Mittelalter und Renaissance haben dieses stoisch-neuplatonische Konzept übernommen: Die Samen der Dinge entwickeln sich *ex arcanis naturae*⁴⁰. Die Vorstellung ist schließlich die Basis der Magia naturalis: *Neque tantum tota magica est naturalis, sed tantum pars illa quae est de occultis naturae operibus*⁴¹. Eine – aus moderner Sicht – überraschende Verschränkung gibt es in der Beziehung von Naturwissenschaften zum Experiment: Francis Bacon⁴² ist hier der Exponent eines gegen antike Positionen gerichteten ‚Wissenschaftsprogramms': Die Geheimnisse der Natur *(occulta naturae)* kommen unter der Tortur der Experimente *(per vexationes artium)* eher zum Vorschein, als wenn sie ihren natürlichen Lauf nehmen. Andere Positionen, wie die von David Hume, lassen in einem Aufdecken der Geheimnisse der Natur ihren Geheimnischarakter erst recht aufleben: *„While Newton seemed to draw off the veil from some of the mysteries of nature, he showed at the same time the imperfections of this mechanical philosophy; and thereby restored her ultimate secrets to that obscurity in which they even did and ever will remain."*⁴³

5 Die verschleierte Isis und die Erkenntnis der Natur

Die ephesische Artemis, jene bekannte und ikonographisch nicht sicher gedeutete Artemis Multimammia, ist spätestens seit der Renaissance zur Götterfigur geworden, die vor allem die Natur⁴⁴ darstellt. 1508 malt Raphael für die Stanza della Segnatura ein Fresko, bei dem die ‚Physik', die Naturlehre als Teil der Philosophie durch Artemis-Figuren dargestellt ist. Seit dem sechzehnten Jahrhundert erscheint dieser Typ der Artemis aber auch, gegen seine antike Ikonographie, mit dem Schleier, der unverkennbar der Schleier der Isis ist. Diese Verbindung geht bereits auf antike Übertragungen zurück⁴⁵, die das typische Attribut der

---

³⁹ Augustinus De trin. III 9, 16.
⁴⁰ Johannes Scotus Eriugena PL 122, 749 d 1.
⁴¹ P. Pomponazzi, Basel 1567, 2. Aufl., 105.
⁴² F. Bacon, Novum Organum I 98.
⁴³ D. Hume, The History of England, Philadelphia o. J., VI, 374 (zitiert bei D. K. Himrod (1987), 112). Die traditionelle Position vertritt im neunzehnten Jahrhundert Cuvier: „Der Beobachter hört der Natur zu, der Experimentenmacher unterzieht sie einem Verhör und zwingt sie, sich zu entschleiern", s. H. Blumenberg (1960), *Paradigmen zu einer Metaphorologie*, 34 f.
⁴⁴ Zur Ikonographie H. Thiersch (1935), *Artemis Ephesia*; W. Kemp (1973), *Natura*, und P. Hadot (1982), „Zur Idee der Naturgeheimnisse", 4 ff. Zur Fortführung und Ausweitung Ch. Jamme (1988), *Aufklärung via Mythologie*, 35–58.
⁴⁵ Dazu R. Fleischer (1973), *Artemis von Ephesos und verwandte Kultstatuen aus Anatolien und Syrien*; R. E. Witt (1971), *Isis in the Graeco-Roman World*; F. Solmsen (1979), *Isis among the Greeks and Romans*.

Isis mit Artemis, vorzugsweise der ephesischen, verbinden. Die zentrale Stelle für diesen Attributen-Transfer – das Problem Neith–Athena sei übergangen – ist Plutarch De Iside 354 C[46]; Plutarch notiert dort: „Der in Sais befindliche Tempel der Athena, die sie für Isis halten, trägt folgende Aufschrift: Ich bin alles was war, was ist und was sein wird, und kein Sterblicher hat mein Gewand gelüpft." Diese Zeilen Plutarchs – mit den antiken Synkretismen als Hintergrund – werden für die Renaissance Vorgabe für ein festes ikonographisches Programm: Isis, die halb verschleierte und halb entschleierte, ist Motiv unzähliger Titel-Vignetten für naturphilosophische Bücher. Die Deutung des Schleiers selber wechselt durchaus noch. Einerseits bekommt der Schleier selbst eine

---

[46] Zur Geschichte der Deutungen jetzt Christine Harrauer (1994/95), „Ich bin, was da ist …", 337–355.

Bedeutung: Athanasius Kircher schreibt in seinem Oedipus Aegyptiacus von 1652, der Schleier stelle das geheimnisvolle Wirken der Natur dar[47]; andererseits wird der Vorgang der Entschleierung mit der zunehmenden Erkenntnis der Natur in Gestalt der Isis in Verbindung gebracht. Der Schleier bleibt bis in das achtzehnte Jahrhundert hinein Topos der gegen ein Experimentieren polemisierenden Richtung von Naturforschern – Goethe ist ihr letzter großer Exponent.

6 Goethes Umdeutung von Schleier und Naturgeheimnis

Obwohl Goethe die entschleierte Isis mehrfach, in offizieller Funktion und dem Zeitgeist folgend, als Verkörperung der Natur angesehen hat, als das Naturgeheimnis hinter dem Schleier[48], scheint er doch in seinem

---
[47] A. Kircher, Oedipus Aegyptiacus, Bd. 1, Rom 1652, 191.
[48] Einen weiteren Kontext hat Francesca Rigotti (1993), „Schleier und Fluß – Metaphern des Vergessens", 229–252 aufgearbeitet.

Innersten von einem anderen Konzept[49] überzeugt gewesen zu sein. In einer Fülle von Epigrammen spottet er über die Menschen, die hinter dem Schleier nach Naturgeheimnissen suchen:

> Suche nicht verborgene Weihe!
> Unterm Schleier laß das Starre!
> Willst du leben, guter Narre,
> sieh nur hinter dich ins Freie.

Der Vierzeiler findet sich unter der Überschrift „Genius die Brüste der Natur enthüllend" sowohl im Gedichtzyklus „Kunst" als auch in den Zahmen Xenien[50]. Am frostigsten ist der Spott in einem gegen die ‚Experimentler', die nichts sehen können, gerichteten Verspaar aus den Zahmen Xenien[51]:

> Isis zeigt sich ohne Schleier
> Doch der Mensch, er hat den Star.

Hintergrund dieser vielfältigen Polemik, die auch Goethes Selbstverständnis als Naturwissenschaftler berührt, ist die „radikale Umformung" des Begriffs ‚Naturgeheimnis', wie es Pierre Hadot ausgedrückt hat. Der entscheidende Unterschied zur allgemeinen Ansicht liegt in Goethes Verständnis der Naturgeheimnisse darin, daß die Natur sich nicht verbirgt, man sie also auch nicht ‚entschleiern' muß – sondern, daß sie sich durch die Schleier in sichtbare Formen kleidet, kurz, daß die Schleier die ‚Phänomene' sind, durch die sie erkannt werden kann.

Neben die bekannte Ablehnung des experimentierenden Zugriffs auf die Natur

> Ins Innere der Natur / O Du Philister/
> dringt kein erschaffener Geist[52]

tritt also eine Ablehnung der alten Tradition, die das Wesentliche, das Geheimnis hinter dem Schleier sucht. Nicht nur Phänomen und Schleier gehen für Goethes Erkenntnistheorie zusammen, sondern auch Metamorphose und ‚Urphänomen'. Schleier und Phänomen ‚offenbaren' sich dem kundigen Betrachter ebenso wie Schleier und Öffentlichkeit in paradoxer Weise aufeinander bezogen sind:

> In tausend Formen magst Du dich verstecken
> [...]
> Du magst mit Zauberschleiern dich bedecken,
> Allgegenwärt'ge, gleich erkenn' ich dich.[53]

---

[49] Ich folge hier im wesentlichen P. Hadot (wie Anm. 30) 22 ff.
[50] WA I 4, S. 137 ; Zahme Xenien VI 1648, WA I 3, S. 354.
[51] Zahme Xenien VI 1642 WA I 3, S. 354.
[52] Sammlung Gott und Welt WA I 3, S. 105. Überschrift „Allerdings. Dem Physiker".
[53] West-östlicher Diwan WA 1 6, S. 197.

P. Hadot hat das treffend so zusammengefaßt[54]: „Und in der Tat wird sie [sc. die Natur] von diesen Schleiern, das heißt von den Formen, in die sie sich verwandelt, nicht verdeckt, sondern sie enthüllt sich in ihnen dem, der sie zu beobachten weiß, in ihrer Gänze." Diese Verbindung von Schleier und Geheimnis ist schließlich der Hintergrund oder die erkenntnistheoretische Prämisse für die berühmte Formel vom „offenbaren Geheimnis".

7 Die Welträtsel bei Du Bois-Reymond und Ernst Haeckel

Am Ende des neunzehnten Jahrhunderts, dessen erstes Drittel wir mit dem Naturbegriff des alten Goethe schon mehrfach berührt haben, steht mit den Welträtseln Haeckels eine scheinbar ganz andere Konzeption zur Diskussion. Im Jahre 1899 hat der Jenenser Zoologe und Morphologe Ernst Haeckel eine Schrift „Die Welträtsel. Gemeinverständliche Studien über monistische Philosophie" veröffentlicht, die zum zentralen Text der monistischen Religion werden sollte. Mit einer Gesamt-Auflage von mehr als vierhunderttausend Exemplaren und Übersetzungen in fünfundzwanzig Sprachen sind die Welträtsel der erste ‚Bestseller' in der deutschen Buchgeschichte. Die Resonanz verdankt das Buch wohl seinem in den Buchtitel hineingenommenen Aufklärungsanspruch, seiner Verbindung zum Deutschen Monistenbund als ‚Trägerschicht'[55] und den Arbeiterbildungsvereinen als Rezeptionsraum. In den ‚Welträtseln' kulminiert die Auseinandersetzung des neunzehnten Jahrhunderts über die Vereinbarkeit von Wissenschaft und Religion[56], die Unvereinbarkeit von christlicher Dogmatik und Naturwissenschaften.[57]

Der programmatische Titel ‚Welträtsel' nimmt Bezug auf die berühmte Rede von Emil Du Bois-Reymond in der Leibniz-Sitzung der Berliner Akademie der Wissenschaften von 1880[58] – in der Du Bois-Reymond sieben Welträtsel unterscheidet, deren Lösung den Wissenschaften noch nicht gelungen sei oder die überhaupt nicht lösbar seien. In dem

---

[54] P. Hadot (1982), 29.
[55] H. Hillermann (1970), *Der vereinsmäßige Zusammenschluß bürgerlich-weltanschaulicher Reformvernunft in der Monistenbewegung des 19. Jahrhunderts*.
[56] Programmatisch formuliert in dem ‚Glaubensbekenntnis eines Naturforschers' bei E. Haeckel (1919), *Der Monismus als Band zwischen Religion und Wissenschaft*.
[57] Zum Kontext der Kontroverse R. Kuschel (1979), *Antimaterialistische Medizin und ihr Verhältnis zur Religion im 19. Jahrhundert*; H. Schipperges (1976), *Weltbild und Wissenschaft* und, für den Beginn des Jahrhunderts, G. Kamphausen; Th. Schnelle (1979), *Die Romantik als naturwissenschaftliche Bewegung*.
[58] Zum Rahmen des Ignorabimus-Streites H. Lübbe (1981), „Wissenschaft und Weltanschauung. Ideenpolitische Fronten im Streit um Emil Du Bois-Reymond", 129–148 und D. von Engelhardt (1981), „Du Bois-Reymond im Urteil der zeitgenössischen Philosophie", 187–205.

1907 geschriebenen Nachwort zu den Welträtseln bezeichnet Haeckel den Monismus als die „einheitliche Weltanschauung der modernen Naturwissenschaft am Ende des neunzehnten Jahrhunderts" und die neue Ausgabe der Welträtsel als „Glaubensbekenntnis der reinen Vernunft".

Du Bois-Reymonds sieben Welträtsel von 1880[59] waren: 1. Das Wesen von Materie und Kraft, 2. der Ursprung der Bewegung, 3. die Entstehung des Lebens, 4. die (anscheinend absichtsvoll) zweckmäßige Einrichtung der Natur, 5. das Entstehen der einfachen Sinnesempfindungen, 6. das vernünftige Denken und der Ursprung der damit eng verbundenen Sprache, 7. die Frage nach der Willensfreiheit. Von diesen hatte Du Bois-Reymond drei für ganz transzendent und unlösbar gehalten (1, 2, 5), drei weitere für schwierig, aber lösbar (3, 4, 6), beim siebenten Rätsel, das Haeckel für das wichtigste hält, war er unentschieden. Von diesen sieben Welträtseln glaubt Haeckel nun die ersten sechs durch die monistische Lehre von der Substanz und durch die Entwicklungslehre gelöst zu haben, das siebente und letzte Welträtsel, die Willensfreiheit, gliedert er gänzlich aus dem Bereich wissenschaftlicher Erklärung aus, da es nicht existiere. Die Mittel zur Lösung der „großen Welträtsel" sieht Haeckel allein in der wissenschaftlichen Erfahrung und in der darauf aufbauenden Schlußfolgerung. Die Schlußbetrachtung endet mit einem optimistischen Ausblick: „So dürfen wir uns denn der frohen Hoffnung hingeben, daß das zwanzigste Jahrhundert jene Gegensätze [sc. etwa von Theismus und Pantheismus, von Vitalismus und Mechanismus, Glauben und Wissen] immer mehr ausgleichen und durch die Ausbildung des reinen Monismus die ersehnte Einheit der Weltanschauung in weiten Kreisen verbreiten wird."[60] Das neue Jahrhundert, „das monistische Jahrhundert", ist für Haeckel durch die gelösten Rätsel charakterisiert; seine Erwartung, auch die offengebliebenen ließen sich lösen, läßt ihn ein „Glaubensbekenntnis der reinen Vernunft" ablegen. Es hat – trotz der kontroversen Positionen – eine gewisse Logik, daß sich an Du Bois-Reymonds *Ingnorabimus* und *Laboremus* und sein bildungspolitisches Programm[61] mit den ‚gelösten' Welträtseln Haeckels eine naturwissenschaftliche ‚Aufklärung' anschloß, die selber religiöse Züge[62] annahm.

---

[59] Den ‚Sieben Welträtseln' geht die Ignorabimus-Rede von 1872 voraus; E. Du Bois-Reymond, „Ueber die Grenzen des Naturerkennens", in: Tagebl. der 45. Versammlung Deutscher Naturforscher und Ärzte (1872) 1872, 85–86 (Ref.), auch in: Reden Bd. 2, 441–473; zum Kontext D. von Engelhardt (1976), „‚Über die Grenzen des Naturerkennens' – eine naturwissenschaftliche Kontroverse im ausgehenden 19. Jahrhundert", 9–25.
[60] E. Haeckel (1899). *Die Welträtsel*, 481.
[61] Dazu D. von Engelhardt (1981), „Der Begriff der Bildung und Kultur bei Du Bois-Reymond", 173–186.
[62] Bereits 1877 hatte Haeckel eine „wahre, vernünftige Naturreligion" in Umsetzung

8 ‚Metapher für Religionsgeschichte': M. Eliade

An den Schluß meiner Ausführungen zum Thema ‚Rätsel und Geheimnis als Deutungsmuster' sei eine kurze Interpretation von Mircea Eliades Novelle „Adieu" gestellt, die über die bisher diskutierten Muster hinaus ein neues von ‚verheimlichter Welt', entzogener Welt vorstellt. In der Novelle ‚Adieu', 1964 in Chicago geschrieben[63], laufen Reflexion und Bekenntnis einerseits und Geschichte und Wissenschaft[64] andererseits in einem komplizierten Muster zusammen, einem Muster, bei dem nun ein Vorhang, der Vorhang in einem Theater, die entscheidende Rolle spielt. Nicht Natur hinter einem Schleier gibt das Deutungsmuster vor, sondern ‚Welt' als Geschichte – hinter dem Theater-Vorhang.

Entworfen wird von Eliade zunächst eine fiktive Situation in einem Theater, vermeintlich kurz vor dem Beginn der Aufführung. Die Handlung beginnt – im Zuschauerraum – mit dem Auftritt eines Schauspielers, der vor den Vorhang tritt, dreimal ‚adieu' ruft, und mit einem „das war alles, was ich Ihnen zu sagen hatte" wieder hinter dem Vorhang verschwindet. Vor das allmählich unruhig werdende Publikum tritt nun ein weiteres Mitglied des Ensembles und versucht zu erklären, warum das dreimalige Adieu ‚alles war', und warum der Vorhang nicht – und nicht mehr – aufgeht. Die Erklärung läuft zunächst sehr mühsam ab, bezieht sich auf die Trennung von Schauspielern und Zuschauern durch den Vorhang und deutet dann an, daß das Entscheidende der Trennung nicht das Davor oder Dahinter sei, sondern: *Entscheidend ist die Zeit* (S. 319). Das immer rebellischer werdende Publikum, das alle möglichen Bildungsassoziationen einbringt, merkt im Verlaufe der Diskussionen mit dem Schauspieler des Anfangs, daß ‚das Stück' auf der Bühne, *hinter dem heruntergelassenen* Vorhang, bereits läuft – ohne es sehen zu können. Inszeniert ist also eine Aufführung hinter dem geschlossenen Theater-Vorhang. Verständnisschwierigkeiten, Mißverständnisse und vollständiges Unverständnis charakterisieren die folgenden Dialoge zwischen Schauspielern und Publikum, der Zuschauer untereinander und des Spielleiters mit dem Publikum: *„Wir verstehen uns nicht mehr"* (S. 319), *„Schlimmer noch, sie scheinen alles verkehrt auszulegen"* (S. 323), *„In gewissem Sinne ist das Geheimnis undurchdringlich ..."* (S. 328), *„Nein, nein, nein! ... Wir verstehen einander sogar ganz und gar nicht ..."* (S. 332). Es kommt schließlich noch eine Schauspielerin heraus, die

---

des Darwinismus gefordert, E. Haeckel (1877), „Die heutige Entwicklungslehre im Verhältnis zur Gesamtwissenschaft", 16 f.
[63] Zitiert wird nach M. Eliade (1980), *Bei den Zigeunerinnen. Phantastische Geschichten*, 316–341.
[64] Zu Eliades wissenschaftstheoretischer Einordnung und seiner Stellung in einer Religionsgeschichte der Neuzeit K. Rudolph (1984), „Eliade und die „Religionsgeschichte", 49–78.

erläutert, daß der Autor des Theaterstücks ein Professor sei, ein Professor für Religionsgeschichte, und daß die gesamte Religionsgeschichte Thema des Stückes ist, „die Schweigemomente ... der Stillstand, in dessen Verlauf kein Gott mehr erfunden wird und keine neuen Gedanken mehr aufkommen, sondern alles sich nur wiederholt" (S. 328). Es ist, so erläutert der Spielleiter, der „Terror der Geschichte", einer der Gedanken, von denen der Professor besessen sei.

Das Stück ist, so wird erklärt, „eine Zusammenfassung und zugleich Erläuterung der gesamten Religionsgeschichte". Das Stück läuft, nur von Pausen zwischen den Akten unterbrochen, während der Diskussionen für die ‚Zuschauer' unsichtbar hinter dem Vorhang ab. Das Interesse wendet sich in einer weiteren Diskussionsphase wieder dem Vorhang zu, der gewissermaßen die Geschichte zwischen Zuschauern und Schauspielern teilt. „Laßt den Vorhang aufgehen" ist die laute Forderung aus dem Publikum, „wenigstens zur Hälfte" (S. 334). Darauf die zunächst rätselhafte Antwort: „Das geht nicht, – weil es der historischen Wahrheit widerspricht".

In der Diskussion mit dem Spielleiter wird dann für die Zuschauer deutlich, daß der heruntergelassene Vorhang *Zeitebenen* trennt und die Schauspieler anders als die Zuschauer „sich vom historischen Kontext" freimachen können: *„Wir vermögen dies, weil wir als Schauspieler, am Mysterium teilhaben, weil wir in gedrängter Form die gesamte Religionsgeschichte nachvollziehen"* (S. 335). Der Vorhang sei einerseits, so wird erläutert, bereits am Nachmittag gefallen, bevor die Zuschauer das Theater betreten konnten, andererseits etwa um 1880 oder 1882, als Nietzsche den Tod Gottes ausgerufen habe. Das dreimalige Adieu Gottes schließe für die westlichen Menschen die Religionsgeschichte ab, *daher* entspreche es der historischen Wahrheit, wenn das Theaterstück nur bei heruntergelassenem Vorhang ablaufen kann. Mit der dauerhaften Verhüllung durch den Vorhang *(velum)* ist auch eine weitere Offenbarung *(revelatio)* verlorengegangen oder unmöglich geworden.

Revelatio, Offenbarung, wird in Eliades spielerisch inszenierter (und ironisch wieder zurückgenommener) Novelle unmittelbar, der lateinischen (und griechischen) Wortbedeutung (Enthüllung, Wegnehmen des velum) folgend, konkret verstanden. Auf die nachdrückliche Forderung aus dem Publikum, das sich die Grundideen des Theaterstücks mühsam zu vergegenwärtigen sucht, *„Laßt den Vorhang aufgehen"* erläutert der Spielleiter: *„Das geht nicht, weil es der historischen Wahrheit widerspricht. Für Sie, die Zuschauer, ging der Vorhang nieder, bevor Sie hierherkamen, er wurde heute gegen vier Uhr nachmittags heruntergelassen, weil dies der historischen Wahrheit entspricht. Sie leben im 20. Jahrhundert, genauer gesagt im Jahre 1964, und sind nicht imstande, sich in eine andere Welt zurückzuversetzen. Wir vermögen dies, weil wir, als Schauspieler, am Mysterium teilhaben, weil wir in gedrängter Form die gesam-*

te Religionsgeschichte nachvollziehen." Die Schauspieler erheben in diesem Stück für sich den Anspruch, *"sich vom historischen Kontext freimachen zu können".* Da zuvor der ‚*Terror in der Geschichte'* als eine Idee des Professors[65] zitiert ist, vermögen also die Schauspieler, sich diesem Terror zu entziehen, in die Situation hinein, ‚bevor der Vorhang fiel'. Sie sind Schauspieler, die vor den Vorhang treten können – und zugleich an dem Mysterium hinter dem Vorhang teilhaben.

In mehrfacher Hinsicht versucht Eliade mit seinem wissenschaftlichen Werk das gleiche zu erfüllen, gewissermaßen in die Situation der Schauspieler einzutreten. Er will vor allem die *"Wiederentdeckung des Heiligen"* ermöglichen, die zu einem Typ *"einer kosmischen Religion führt, der nach dem Triumph des Christentums verschwunden war und nur unter den Bauern Europas weiterlebte".* Mit diesem akademischen Nativismus[66], dem Konzept einer Revitalisierung einer vorchristlichen, archaischen, kosmischen Religion, versucht Eliade in gewisser Weise das Wissen über die Geschichte in den Erlösungsprozeß hineinzubringen: Religionsgeschichte ist eine *saving discipline*[67], eine Erlösungslehre, zur Befreiung aus dem ‚Terror der Geschichte' bestimmt.

Die Szenerie in der Novelle ‚Adieu' scheint so etwas wie eine Reflexion dieser Absurdität, der Paradoxie von Situation und Methode, wiederzugeben: Die „gesamte Religionsgeschichte" läuft hinter dem Vorhang, völlig unabhängig von den Zuschauern, ab. Lediglich die Schauspieler haben an dem „Mysterium" teil, sie können vor den Vorhang treten, vielleicht vergleichbar mit Religionshistorikern, mit Sicherheit aber nur – nach seinem Selbstverständnis – mit Eliade selber. „Geschichte" ist das verborgene Spiel hinter dem Vorhang: Diese „Theater-Metapher" für Geschichte[68] ordnet die Geschichte, zumindest die gesamte Religionsgeschichte, dem durch einen „Theater-Vorhang" Verborgenen und Verhüllten zu.

---

[65] Der „Schrecken der Geschichte" ist Kapitel IV in Eliade (1966) *Kosmos und Geschichte. Der Mythos der ewigen Wiederkehr*, 114–133.
[66] Zu anderen Modellen eines akademischen Nativismus B. Gladigow (1994), „Europäische Nativismen und Bilder der Antike", 421–434.
[67] M. Eliade, *Im Mittelpunkt*. Bruchstücke eines Tagebuchs, Wien 1977, S. 287: „Die Religionsgeschichte, wie ich sie für meinen Teil verstehe, ist eine ‚erlösende' Disziplin (saving discipline). Die Hermeneutik könnte die einzig zulässige Rechtfertigung der Geschichte werden." (2. März 1967). Zur „Selbstbefreiung" als Funktion von Religionsgeschichte, in Analogie zur Psychoanalyse, a. a. O., 290.
[68] Dazu A. Demandt (1978), *Metaphern für Geschichte*, 332–425.

9 Zusammenfassung

Im Rahmen des hier behandelten historischen Spektrums hatte sich die These von einer „grundsätzlichen Deutungsbedürftigkeit von Welt" in einer ersten Phase unter anderem zum Konzept des Naturgeheimnisses verdichtet. Das Deutungsmuster ‚Geheimnis' ist zugleich eine frühe Form, die Professionalisierungsansprüche von Deutungen zu reklamieren; Arkandisziplinen übernehmen später das Schema des geschützt tradierten Wissens. Mit einer daraus folgenden Hierarchisierung von Deutungsebenen haben sich in langen Phasen einer zunehmenden Professionalisierung die *unmittelbar* plausiblen Modelle von ‚Aufklärung' in der Tradition einer Lichtmetaphorik auseinanderzusetzen gehabt. Eine zu ‚Erleuchtung' und ‚Aufklärung' parallele Deutungstradition dramatisiert den gleichen Prozeß als Entschleiern und Ent-Rätseln, beides – neben anderem – Strategien zum plötzlichen Herstellen von Öffentlichkeit. Gegen Professionalisierungsmuster gesetzt, erscheinen sie häufig als mit einem hohen Risiko belastet: Halsrätsel und Tod im Anblick des entschleierten Bildes, aber auch der Tod für den, dessen Rätsel erraten wird, annoncieren jeweils kulturelle Thematisierungen von Konkurrenzsituationen. Eine Konkurrenz von Deutungsalternativen ist nicht nur kulturell prekär, sondern wird auch häufig, um der Beliebigkeit von Sinnzuschreibungen zu entgehen, fatal klassifiziert: Unter je anderen Bedingungen investieren Ödipus, Odin und Faust ‚Leben' für verborgenes Wissen. Vor diesem Hintergrund sind die Parallel-Szenerien der Eliadeschen Theaterinszenierung, der Theatervorhang trennt ‚Religionsgeschichte' und ‚Alltags-Welt', ein moderner Sonderfall im *entlasteten* Raum. Die Science-Fiction-Literatur hat diesen Interpretationsansatz längst gesehen und im Topos der ‚Parallel-Welten' ausführlich diskutiert: Parallel-Welten als Welten, die nebeneinander existieren, zeitlich und räumlich, und durch Wissenssysteme (oder Geheimnisse) *symmetrisch* voneinander getrennt sind.

Literatur

Benz, E. (1971), *Theologie der Elektrizität*, Abh. Akad. Mainz, Geistes- und sozialwissenschaftliche Klasse 1970, 12, Wiesbaden.

Blumenberg, H. (1960), *Paradigmen zu einer Metaphorologie*, Bonn.

Bolle, K. W. (Hrsg) (1987), *Secrecy in Religions*, Leiden.

Brelich, A. (1949), *Die geheime Schutzgottheit von Rom*, Zürich.

Demandt, A. (1978), *Metaphern für Geschichte*, München.

Du Bois-Reymond, E. (1872), „Ueber die Grenzen des Naturerkennens", in:

Tagebl. der 45. *Versammlung Deutscher Naturforscher und Ärzte* (1872) 1872, 85–86 (Ref.), auch in ders., *Reden*, Bd. 2, 441–473.

Eisenstadt, S. N. (1971), *Social Differentiation and Stratification*, Glenview (Ill.).

Eliade, M. (1966), *Kosmos und Geschichte. Der Mythos der ewigen Wiederkehr*, Hamburg.

Eliade, M. (1977), *Im Mittelpunkt*. Bruchstücke eines Tagebuchs, Wien.

Eliade, M. (1980), *Bei den Zigeunerinnen*. Phantastische Geschichten, Frankfurt.

Engelhardt, D. von (1976), „‚Über die Grenzen des Naturerkennens' – eine naturwissenschaftliche Kontroverse im ausgehenden 19. Jahrhundert", in: *Historia Artis Medicinae* 80, 1976, 9–25.

Engelhardt, D. von (1981), „Du Bois-Reymond im Urteil der zeitgenössischen Philosophie, in: G. Mann (1981) 187–205.

Engelhardt, D. von (1981), „Der Begriff der Bildung und Kultur bei Du Bois-Reymond", in: G. Mann (1981) 173–186.

Fleischer, R. (1973), *Artemis von Ephesos und verwandte Kultstatuen aus Anatolien und Syrien*, Leiden.

Fögen, M. Th. (1993), *Die Enteignung der Wahrsager. Studien zum kaiserlichen Wissensmonopol in der Spätantike*, Frankfurt.

Fränkel, H. (1960), „Eine heraklitische Denkform", in: ders., *Wege und Formen frühgriechischen Denkens*, München, 253–283.

Gadamer, H.-G. (1965), *Wahrheit und Methode*, Tübingen ²1965.

Gladigow, B. (1992), „‚Das Paradox macht Sinn'. Sinnkonstitution über Paradoxien in der griechischen Antike", in: P. Geyer, R. Hagenbüchle (Hrsg.), *Das Paradox. Eine Herausforderung des abendländischen Denkens*, Tübingen, 195–208.

Gladigow, B. (1993), HrwG 3 (1993) 289–298, s. v. Interpretationsmodelle

Gladigow, B. (1994), „Europäische Nativismen und Bilder der Antike", in: H. Preißler, H. Seiwert (Hrsg), *Gnosisforschung und Religionsgeschichte. Festschrift Kurt Rudolph*, Marburg, 421–434.

Gladigow, B. (1994), „Rigoristische Haltungen und kulturelle Rahmenbedingungen", in: G. Klosinski (Hrsg.), *Religion als Chance oder Risiko*, Bern, 54–68.

Gladigow, B. (1995), „Struktur der Öffentlichkeit und Bekenntnis in polytheistischen Religionen", in: H. G. Kippenberg, G. G. Stroumsa (Hrsg.) (1995) 17–35.

Habermas, J. (1965), *Strukturwandel der Öffentlichkeit*, Neuwied und Berlin.

Hadot, P. (1982), *Zur Idee der Naturgeheimnisse*. Beim Betrachten des Widmungsblattes in den Humboldtschen ‚Ideen zu einer Geographie der Pflanzen'. Abhandlungen der Akademie der Wissenschaften und der Literatur. Geistes- und sozialwiss. Klasse 8. Mainz.

Haeckel, E. (1877), „Die heutige Entwicklungslehre im Verhältnis zur Gesamtwissenschaft". Vortrag in der ersten öffentlichen Sitzung der fünfzigsten Versammlung Deutscher Naturforscher und Ärzte, München 18. Sept. 1877, Stuttgart 1878.

Haeckel, E., (1899), *Die Welträtsel*. Gemeinverständliche Studien über monistische Philosophie, 11. Aufl. Stuttgart 1984 (mit einer Einleitung von Iring Fetscher).

Haeckel, E. (1919), *Der Monismus als Band zwischen Religion und Wissenschaft*, Leipzig, 16. Auflage.

Hardtwig, W. (1989), „Eliteanspruch und Geheimnis in den Geheimgesellschaften des 18. Jahrhunderts", in: H. Reinalter (Hrsg.), *Aufklärung und Geheimgesellschaften. Zur politischen Funktion und Struktur der Freimaurerlogen im 18. Jahrhundert, Ancien Régime. Aufklärung und Revolution 16, München, 63–86.

Harrauer, Chr. (1994/95), „Ich bin, was da ist ..." Die Göttin von Sais und ihre Deutung von Plutarch bis in die Goethezeit, *Sphairos*. Hans Schwabl gewidmet, *Wiener Studien* 107/8, 1994/95, 337–355.

Hillermann, H. (1970), *Der vereinsmäßige Zusammenschluß bürgerlich-weltanschaulicher Reformvernunft in der Monistenbewegung des 19. Jahrhunderts*, Schriften zur Geschichte und Politischen Bildung 16, Kastellaun.

Himrod, D. K. (1987), „Secrecy in Modern Science", in: Kees W. Bolle (Hrsg.), *Secrecy in Religions,* Leiden, 103–150.

Hölscher, U. (1991), „Heraklit über göttliche und menschliche Weisheit", in: A. Assmann (Hrsg.), *Weisheit*. Archäologie der literarischen Kommunikation III, München, 73–80.

Huizinga, J. (1956), *Homo ludens*. Vom Ursprung der Kultur im Spiel (1956), Hamburg 1981.

Jamme, Ch. (1986), „Aufklärung via Mythologie". Zum Zusammenhang von Naturbeherrschung und Naturfrömmigkeit um 1800, in: C. J. und G. Kurz (Hrsg.), Idealismus und Aufklärung, Stuttgart 1988, 35–58.

Kamphausen, G., Schnelle, Th. (1979), *Die Romantik als naturwissenschaftliche Bewegung*, Report Wissenschaftsforschung 14, Bielefeld.

Kemp, W. (1973), *Natura*. Ikonographische Studien zur Geschichte und Verbreitung einer Allegorie, Diss. Tübingen.

Kippenberg, H. G., G. G. Stroumsa (1995) (Hrsg.), *Secrecy and Concealment*, Studies in the History of Religions. Numen Book Series LXV, 1995.

Kuschel, R. (1979), *Antimaterialistische Medizin und ihr Verhältnis zur Religion im 19. Jahrhundert*, Diss. med. Kiel.

Lübbe, H. (1981), „Wissenschaft und Weltanschauung". Ideenpolitische Fronten im Streit um Emil Du Bois-Reymond, in: G. Mann (1981), 129–148.

Luhmann, N. (1977), *Funktion der Religion*, Frankfurt.

Luhmann, N. (1980), *Gesellschaftsstruktur und Semantik*, 3 Bde. (1980), Frankfurt 1993

Mann, G. (Hrsg.) (1981), *Naturwissen und Erkenntnis im 19. Jahrhundert: Emil Du Bois-Reymond*, Hildesheim.

Mörth, I. (1986), *Lebenswelt und religiöse Sinnstiftung*

Müller, K. E. (1987), *Das magische Universum der Identität*, Frankfurt.

Nedelmann, B. (1995), „Geheimhaltung, Verheimlichung, Geheimnis – Einige soziologische Vorüberlegungen", in: H. G. Kippenberg, G. G. Stroumsa (Hrsg.) (1995), 1–16.

Ohlert, K. (1912), *Rätsel und Rätselspiele*, Berlin 2. A.

Perler, O. (1941), RAC 1 (1941), Sp. 667–676, s. v. Arkandiszplin.

Ramsey, T. (1959), *Paradox in Religion I*, The Aristotelian Society. Suppl. vol. XXXIII, London.

Reinalter, H., (Hrsg) (1989), *Aufklärung und Geheimgesellschaften*. Zur politischen Funktion und Struktur der Freimaurerlogen im 18. Jahrhundert, Ancien Régime. Aufklärung und Revolution 16, München.

Rigotti F. (1993), „Schleier und Fluß – Metaphern des Vergessens", in: M. B. Buchholz (Hrsg.), *Metaphernanalyse*, Göttingen, 229–252.

Rudolph, K. (1984), „Eliade und die ‚Religionsgeschichte'" in: H. P. Duerr (Hrsg.), *Die Mitte der Welt*. Aufsätze zur Mircea Eliade, Frankfurt, 49–78.

Schipperges, H. (1976), *Weltbild und Wissenschaft*, Hildesheim.

Schütz, A. (1932) *Der sinnhafte Aufbau der sozialen Welt* (1932), Frankfurt 1974.

Sievers, B. (1974), *Geheimnis und Geheimhaltung in sozialen Systemen*, Studien zur Sozialwissenschaft 23, Düsseldorf.

Simmel, G. (1908), *Soziologie*. Untersuchungen über die Formen der Vergesellschaftung, Leipzig.

Simmel, G. (1908), „Das Geheimnis und die geheime Gesellschaft", in: ders., *Untersuchungen über die Formen der Vergesellschaftung* (1908), Berlin 1968, 5. A., 256–304.

Solmsen, F. (1979), *Isis among the Greeks and Romans*, Cambridge (Mass.).

Thiersch, H. (1935), *Artemis Ephesia*. Eine Archäologische Untersuchung. Abh. der Ges. der Wissenschaften Göttingen. Phil.-hist. Kl. 3, Nr 12, Berlin.

Wilber, K. (1986) (Hrsg.), *Das holographische Weltbild*, 2. Aufl.

Wisser, R. (1992), „Natur liebt es sich zu verbergen" (Heraklit). Natur und Naturverständnis als philosophisches Problem, *Zeitschrift für Religions- und Geistesgeschichte* 44, 1992, 51–69.

Witt, R. E. (1971), *Isis in the Graeco-Roman World*, London.

Eveline Goodman-Thau

Sehen und Sagen in der jüdischen Tradition

> „... das Auge wird nicht satt zu sehen
> und das Ohr nicht voll vom Hören"
> Qoh. 1,8

Es ist ein Mandat

Ich kann meiner Natur nach nur ein Mandat übernehmen, das niemand mir gegeben hat. In diesem Widerspruch, immer nur in einem Widerspruch kann ich leben. Aber wohl jeder, denn lebend stirbt man, sterbend lebt man. So wie zum Beispiel der Zirkus von einer Leinwand umspannt ist, also niemand, der nicht innerhalb dieser Leinwand ist, etwas sehen kann. Nun findet aber jemand ein kleines Loch in der Leinwand und kann doch von außen zusehn. Allerdings muß er dort geduldet werden. Wir werden einen Augenblick lang so geduldet. Allerdings – zweites allerdings – meist sieht man durch ein solches Loch nur den Rücken der Stehplatzbesucher. Allerdings – drittes allerdings – die Musik hört man jedenfalls, auch das Brüllen der Tiere. Bis man endlich ohnmächtig vor Schrecken in die Arme des Polizisten zurückfällt, der von Berufs wegen den Zirkus umgeht und nur leise mit der Hand dir auf die Schulter geklopft hat, um dich auf das Ungehörige eines solchen gespannten Zusehns, für das du nichts gezahlt hast, aufmerksam zu machen.

Franz Kafka[1]

Einführung

Es ist eines der Merkmale heiliger Texte der jüdischen Tradition, daß sie stehen zwischen Sehen und Sagen, zwischen einer Erfahrung und der Beschreibung dieser Erfahrung in menschlicher Sprache. In dieser Hinsicht ist es die Sprache, die spricht, dem Auge einen Ort verschafft. Das Auge ist stumm, aber gerade diese Stummheit ermöglicht den Übergang vom Sehen zum Sagen, welches den Ort, das Da-Sein eines heiligen Textes ausmacht. Ein heiliger Text unterscheidet sich von ei-

---

[1] Franz Kafka, Aeroplane in Brescia, Frankfurt a. M. 1977, S. 120 f.

nem profanen in der Weise, in der er Sehen in Sagen verwandeln kann. Das Ziel eines heiligen Textes ist es eben nicht, die Wirklichkeit zu beschreiben wie sie ist, sondern den Blick des Lesers (oder des Hörers) zu öffnen für ein Ereignis, welches nicht in der Sprache aufgehen kann: dessen Aussage sich öffnet für Auslegung. Man könnte sagen, daß die Zunge die Hand des Auges ist, sie ist es, die wie eine Feder bewegend die Zeichen setzt für ein menschliches Verständnis der Gotteserfahrung, die im heiligen Text, in seiner Essenz, enthalten ist. So ist Sprache kein vernünftiger, sondern ein sinnlicher Vorgang. Getrieben von der Sehnsucht will ein heiliger Text das Unaussagbare sagen, nämlich die unmittelbare Erfahrung der Gottesbegegnung, wo Sagen und Sein, Wort und Ding eins sind.

Heilige Schrift in jüdischer Tradition ist daher Bruchstück, Unterbrechung des Sehens, Abwesenheit und Anwesenheit zugleich. Das Auge des Lesers unterscheidet die Buchstaben, verstellt aber den Blick des Sehers und schafft so einen Zeitraum, in dem Jetzt und Ewigkeit sich begegnen. Die religiöse Erfahrung steht in ihrer Lesbarkeit auf der Schwelle des Augenblicks zwischen Offenbarung und Verhüllung.

1

Gershom Scholem hat dieses grundsätzliche Paradoxon aus der Sicht der jüdischen Mystik thematisiert. Im ersten seiner Zehn unhistorischen Sätze über die Kabbala reflektiert er über die Ironie der kabbalistischen Philologie, die „sich mit einem Nebelschleier" beschäftigt, „der als Geschichte der mystischen Tradition das Korpus, den Raum der Sache selbst umhängt". Scholem fragt sich, ob nicht „gerade das Wesentliche in dieser Projektion des Historischen" verlorengeht. Oder liegt möglicherweise dieses Element der Ironie schon in der Kabbala selbst?

> Der Kabbalist behauptet, es gäbe eine Tradition über die Wahrheit, die tradierbar sei. Eine ironische Behauptung, da ja die Wahrheit, um die es hier geht, alles andere ist als tradierbar. Sie kann erkannt, aber nicht überliefert werden, und gerade das in ihr, was überlieferbar wird, enthält sie nicht mehr. Echte Tradition bleibt verborgen, erst die verfallene Tradition verfällt auf einen Gegenstand und wird im Verfall erst in ihrer Größe sichtbar.[2]

Die Frage, die Gershom Scholem in bezug auf seine eigene Forschung stellt, trifft nicht nur den Kern der jüdischen Mystik, sondern das Problem der Hermeneutik der religiösen Schau, welches die Rabbiner in allen Zeiten beschäftigt hat. Tradition und Kommentar sind so die Bausteine des Judentums geworden; beide wurden laut Überlieferung be-

---
[2] Gershom Scholem Judaica 3, Frankfurt a. M. 1987 (1970), S. 264.

reits bei der Offenbarung am Berge Sinai gegeben. *Dibra Tora kilschon benei adam* (die Thora redet wie in menschlicher Sprache) ist die Formel, welche die Rabbiner als Brücke zwischen Sehen und Sagen gebaut haben. Es ist der Mensch, der den heiligen Text, welcher im Grunde nur aus Gottesnamen besteht – er drückt ja die Gotteserfahrung selbst aus –, durch seinen Kommentar zugänglich macht.

> Jene geheimen Signaturen (Rischumim), die Gott in die Dinge gelegt hat, sind freilich im selben Maße Verhüllungen seiner Offenbarung wie Offenbarung seiner Verhüllung ... So ist also die Offenbarung eine solche des Namens oder der Namen Gottes, die etwa die verschiedenen Modi seines tätigen Seins sind. Die Sprache Gottes hat nämlich keine Grammatik. Sie besteht nur aus Namen.[3]

Gottes Name JHWH bedeutet das Sein schlechthin und wird durch die Abwechslung von Offenbarung und Verhüllung, Text und Kommentar sichtbar, wo Eindruck (Rischum) Ausdruck wird.

In jüdischer Tradition sind also schriftliche und mündliche Lehre untrennbar miteinander verbunden. Die Heilige Schrift ist nämlich nur in der Hinsicht „Schrift", in der sie das geschaute Wort Gottes ist. Es heißt: „Und das ganze Volk, sie sehen die Laute" (Ex. 20, 15), also nicht „sie hörten". Dieses „Sehen" ist enthalten in der Schrift als schriftliche Lehre, welche in der mündlichen Lehre ihren ursprünglichen Laut als Gottes schöpferisches Wort wiedergewinnt. Das Da-Sein Gottes ist so enthalten in seinem Namen, der unaussprechbar bleiben muß, um den Prozeß des Sehens immer wieder mit neuem Inhalt zu füllen. Rav Avraham Isaac Kook, einer der bedeutendsten jüdischen Mystiker unseres Jahrhunderts, beschreibt in seinem Buch „Orot HaTora" (Die Lichter der Thora) diesen Prozeß in folgender Weise:

> Die schriftliche Lehre bekommen wir durch die höhere und umfassendere Gestalt in unserer Seele. Wir spüren aus ihr hinaus die glänzende Ausstrahlung allumfassenden lebendigen Lichtes des ganzen Kosmos. Durch sie gleiten wir nach oben über jede Form der Rationalität und berühren den göttlichen Geist, der über uns schwebt. Berührend-nichtberührend flügelt sie über unser (irdisches) Leben und durchdringt es mit ihrem Licht. Das Licht erleuchtet, durchstrahlt und durchdringt alles, es ruht auf allem unter dem Himmel. Nicht der Geist des Volkes hat dieses große Licht entstehen lassen, sondern der schöpferische Geist Gottes hat es geschaffen. Diese lebendige Thora ist die Grundlage der Schöpfung aller Welten.
> In der mündlichen Lehre steigen wir schon hinunter in das Leben und spüren, daß wir das höchste Licht durch den zweiten Schacht in unserer Seele bekommen, der sich an das praktische Leben annähert. Wir spüren, daß der

---

[3] Gershom Scholem, Tradition und Kommentar als Religiöse Kategorien im Judentum, Eranos Jahrbuch 31, 1962, S. 34.

Geist des Volkes, der verbunden ist mit dem Licht der ‚Torat Emet', wie die Flamme mit dem Scheit, durch seine besondere Natur die mündliche Thora gestaltet hat in ihrer Einzigartigkeit.
Natürlich ist die menschliche Lehre in der göttlichen: Die menschliche Lehre ist ja die göttliche. Es ist unmöglich, daß dieser lebendige Überfluß in seiner ganzen Vielfalt verborgen bleibt vor dem offenen Auge des treuen Dieners im Haus Gottes, der durch den ‚durchlässigen Spiegel' schaut. Auch alles, was ein erfahrener Schüler in der Zukunft neu deuten wird, wurde schon am Berge Sinai Moses offenbart. Und diese zwei Lichter schaffen eine ganze Welt, wo Himmel und Erde passend zusammengefügt sind.[4]

In diesem Text sehen wir, wie durch Lichtmetaphorik die Gotteserfahrung vermittelt wird und in Erscheinung tritt. „Über der Rationalität" verbindet sich die menschliche Seele mit dem göttlichen Licht, das als Geist Gottes berührend-nichtberührend über dem Menschen in seiner irdischen Existenz schwebt. „Nicht der Geist des Volkes hat dieses große Licht entstehen lassen, sondern der schöpferische Geist Gottes hat es geschaffen." Rav Kook nennt dies eine „lebendige Thora", welche den menschlichen Geist als schriftliche Lehre erleuchtet und eine Lichtbrücke zwischen Gott und Mensch ist. Die Thora als schriftliche Lehre inspiriert den Geist des Volkes, der diese Lehre dem praktischen Leben zugänglich machen muß.

Durch eine untere Ebene in unserer Seele wird diese *Torat Emet* dem Geiste des Volkes zugänglich. Es ist diese *Torat Emet* (Lehre der Wahrheit), welche die mündliche Lehre in ihrer Einzigartigkeit gestaltet. Die menschliche Lehre ist natürlich in der göttlichen – Rav Kook sagt: „Die menschliche Lehre ist ja die göttliche." Für den Frommen, dessen Begehren nach Gott als göttliches Licht aus seinen Augen strahlt, vor diesem „offenen Auge" bleibt die *Torat Emet* nicht verborgen. Er hat die Gabe, durch den „durchlässigen Spiegel" zu schauen, und alle neuen Deutungen sammeln sich zum Licht der mündlichen Lehre. Dies ist in jüdischer Tradition die Verbindung zwischen Gott und Mensch, zwischen *Torat Emet* (Lehre der Wahrheit) und *Torat Ha-adam* (Lehre des Menschen), eine Verbindung, die *Torat Chajim* (Lehre des Lebens) genannt wird. Dieser Ausdruck ist abgeleitet von *Etz Chajim* (Baum des Lebens) (= schriftliche Lehre; *Etz Ha-daat* [Baum der Erkenntnis] ist die mündliche Lehre).

Im letzten Segensspruch des Achtzehngebetes, dem Segensspruch über den Frieden, finden wir eine weitere Verbindung: „... dem Licht deines Antlitzes hast du uns gegeben eine *Torat Chajim* (Lehre des Lebens) und eine Liebe zum Guten."

---

[4] Avraham Isaac Kook, Orot Ha-Tora, Jerusalem 1985.

2

Bevor diese Denkfigur in weiteren Texten der Bibel und den rabbinischen Kommentaren – ihrem Ursprung – aufgespürt wird, soll noch ein Text zum Verhältnis von religiöser Erfahrung zu sekulärer Erkenntnistheorie angeführt werden.

In seinem Aufsatz „Über das Programm der kommenden Philosophie"[5] zeigt Benjamin, daß Kant versucht hat, eine Antwort auf zwei Fragen – *Wie ist Erkenntnis möglich? Wie ist die Art der Erfahrung zu bestimmen, die zwar vergänglich, aber dennoch die empirische Grundlage der Erkenntnis ist?* – zu formulieren.

Benjamin wirft Kant vor, daß dieser seine Erkenntnistheorie, das heißt die Antwort auf die erste Frage, nur überzeugend entwickeln konnte, indem er die zugrundeliegende Erfahrung auf einen Nullpunkt, „auf das Minimum von Bedeutung"[6] reduziert. Kant hat, ohne sich darüber im klaren zu sein, in seinem Erkenntnisbegriff das individuelle Ich der Aufklärung als Erkenntnissubjekt zugrunde gelegt, welches Benjamin in den Bereich der Mythologie verweist.

> Es ist nämlich gar nicht zu bezweifeln, daß in dem Kantischen Erkenntnisbegriff die wenn auch sublimierte Vorstellung eines individuellen leibgeistigen Ich, welche mittels der Sinne die Empfindungen empfängt und auf deren Grundlage sich seine Vorstellung bildet, die große Rolle spielt. Diese Vorstellung ist jedoch Mythologie und was ihren Wahrheitsgehalt angeht jeder andern Erkenntnismythologie gleichwertig.[7]

Benjamin plädiert dagegen für eine Erkenntnistheorie, die dem Rechnung trägt, daß in der Struktur der Erkenntnis auch die Struktur von Erfahrung liegt. Über diesen erweiterten Erkenntnis- und Erfahrungsbegriff führt Benjamin aus:

> Diese Erfahrung umfaßt denn auch die Religion, nämlich als die wahre, wobei weder Gott noch Mensch Objekt oder Subjekt der Erfahrung ist, wohl aber diese Erfahrung auf der reinen Erkenntnis beruht, also deren Inbegriff allein die Aufgabe der kommenden Erkenntnistheorie für die Erkenntnis der Sphäre totaler Neutralität in bezug auf die Begriffe Objekt und Subjekt zu finden; mit anderen Worten die autonome ureigne Sphäre der Erkenntnis auszumitteln, in der dieser Begriff auf keine Weise mehr die Beziehung zwischen zwei metaphysischen Entitäten bezeichnet.[8]

---

[5] Zitiert aus: Walter Benjamin, Zur Kritik der Gewalt, Frankfurt a. M. 1965, S. 7–28. Siehe auch Anmerkung von G. Scholem. Vgl.: Zur Sprachphilosophie und Erkenntniskritik, GSW Bd. VI.
[6] Ebenda, S. 9.
[7] Ebenda, S. 13.
[8] Ebenda, S. 15 f.

Walter Benjamin will Erkenntnis und Erfahrung nicht mehr auf das empirische Bewußtsein gründen, sondern eine Metaphysik entwickeln, die Ort und Begegnung von Erkenntnis und Erfahrung darstellt.

> So läßt sich also die Aufgabe der kommenden Philosophie fassen als die Auffindung oder Schaffung desjenigen Erkenntnisbegriffes, der, indem er zugleich auch den Erfahrungsbegriff *ausschließlich* auf das transzendentale Bewußtsein bezieht, nicht allein mechanische sondern auch religiöse Erfahrung logisch ermöglicht. Damit soll durchaus nicht gesagt sein, daß die Erkenntnis Gott, wohl aber durchaus, daß sie die Erfahrung und Lehre von ihm allererst ermöglicht.[9]

Es geht Benjamin darum, aus dieser neuen Einsicht das Verhältnis des Erkennens zu Erkenntnis von der Religion zu klären, wo Erfahrung die „einheitliche und kontinuierliche Mannigfaltigkeit der Erkenntnis"[10] darstellt, Erfahrung zu Metaphysik umgeprägt ist. Er benutzt also die religiöse Erfahrung als Herausforderung an die säkulare Erkenntnislehre.

Aus der Religion können wir Benjamin zufolge einen Begriff von Erfahrung gewinnen, die mehr ist als die Summe von Einzelerfahrungen, da sie deren Totalität entspricht. Dieser Begriff von Erfahrung geht aufgrund dieser Totalität auch deshalb über die einzelnen Erfahrungen, wie sie in den Wissenschaften behandelt werden, hinaus, weil für sie eine Unmittelbarkeit konstitutiv ist, die die Einheit der Erfahrung in ihrer Totalität konkret macht. Der Sinn dieser Unmittelbarkeit ist aber noch zu bestimmen. Die Totalität der Erfahrung im Konkreten als Summe der Einzelerfahrungen, die immer offen bleiben muß, erlaubt nämlich die Lesbarkeit religiöser Erfahrung, die ihr Da-Sein zwischen Sehen und Sagen hat.

Das Zusammenfallen von mündlicher und schriftlicher Lehre in jüdischer Tradition wäre ein Beispiel für die Totalität der religiösen Erfahrung als Gotteserkenntnis und zugleich der Ort, an dem wir eine Lösung finden könnten für die Frage nach der Bedingung einer Erkenntnis, die das Bleibende und das Vergängliche beinhaltet.

> Denn das universale philosophische Interesse ist stets zugleich auf die zeitlose Gültigkeit der Erkenntnis und auf die Gewißheit einer zeitlichen Erfahrung, die als deren nächster wenn nicht einziger Gegenstand betrachtet wird, gerichtet.[11]

Ein zusätzlicher Punkt ist wohl die Verbindung zwischen Zeit und Ewigkeit, die Walter Benjamin in seinen geschichtsphilosophischen

---

[9] Ebenda, S. 17.
[10] Ebenda, S. 24.
[11] Ebenda, S. 8.

Thesen behandelt, als Programm des historischen Materialismus. Es geht ihm darum zu zeigen, daß es eine Erfahrung eines Einbruchs in die Zeit gibt, einen Zeitbruch also, welcher die Zeit aufhält, die Zeit zum Stillstand bringt. Dies erlaubt dem Menschen eine Erfahrung, die einzig dasteht, die seine Gegenwart wie ein ewiges Heute in der Geschichte konstituiert.

> Auf den Begriff einer Gegenwart, die nicht Übergang ist, sondern in der Zeit einsteht und zum Stillstand gekommen ist, kann der historische Materialist nicht verzichten. Denn dieser Begriff definiert eben die Gegenwart, in der er für seine Person Geschichte schreibt. Der Historismus stellt das ‚ewige' Bild der Vergangenheit, der historische Materialist eine Erfahrung mit ihr, die einzig dasteht.[12]

Benjamin verwirft den Historismus, der von Rechts wegen in der Universalgeschichte gipfelt, zugunsten einer „Jetztzeit". „Die Geschichte ist Gegenstand einer Konstruktion, deren Ort nicht die homogene und leere Zeit, sondern die von ‚Jetztzeit' erfüllte bildet",[13] heißt es in der 14. These. In dieser Jetztzeit ist für Benjamin die messianische Grunderfahrung enthalten, die dem Historiker zugänglich ist, der die Begebenheiten von verschiedenen Momenten der Geschichte nicht länger als Kausalität begründet.

> Er erfaßt die Konstellation, in die seine eigene Epoche mit einer ganz bestimmten früheren getreten ist. Er begründet so einen Begriff der Gegenwart als der ‚Jetztzeit', in welcher Splitter der messianischen eingesprengt sind.[14]

Diese messianische Hermeneutik erinnert an Franz Rosenzweig (wir wissen, daß Benjamin ein passionierter Leser von Rosenzweigs Werken war), der am Ende seines Aufsatzes über das Neue Denken von 1925, die er als „Einige nachträgliche Bemerkungen zum Stern der Erlösung" dem Buch nachschickt. Dort kommt Rosenzweig nochmals auf den Unterschied zwischen seiner neuen Erkenntnistheorie und der alten Philosophie – den deutschen Idealismus – zu sprechen.

> Der Begriff der Bewährung der Wahrheit wird zum Grundbegriff dieser neuen Erkenntnistheorie, die an Stelle der Widerspruchlosigkeit – und Gegenstandstheorien der alten tritt und an die Stelle des statischen Objektbegriffs jener einen dynamischen einführt.

Er nennt sein neues Denken eine „messianische Erkenntnistheorie, die die Wahrheiten wertet nach dem Preis ihrer Bewährung..."[15] Biblische Geschichtsschreibung als Quelle der Erinnerung bildet in ähnlicher

---
[12] Ebenda, S. 91 f.
[13] Ebenda, S. 90.
[14] Ebenda, S. 94.
[15] Franz Rosenzweig, Das neue Denken, in: Kleinere Schriften, Berlin 1937, S. 396.

Weise die Grundlage der messianischen Hermeneutik. Wenn das Heute – die Jetztzeit – für einen Augenblick die Vergangenheit verlassen hat, eröffnet sich die Möglichkeit, sich der Zukunft zuzuwenden und diese mit Inhalt zu füllen. Dieser Blick nach oben erlaubt eine Aufhebung der dialektischen Spannung zwischen Vergangenheit und Zukunft und schafft einen neuen Zeitraum. Einen Raum in der Zeit.

In seinem Aufsatz „Die Aufgabe des Übersetzers" beleuchtet Walter Benjamin die Idee der Jetztzeit in bezug auf das Verständnis von Sprache und heiligen Texten:

> Es gewährt es jedoch kein Text außer dem Heiligen, in dem der Sinn aufgehört hat, die Wasserscheide für die strömende Sprache und die strömende Offenbarung zu sein. Wo der Text unmittelbar, ohne vermittelnden Sinn, in seiner Wörtlichkeit der wahren Sprache der Wahrheit oder der Lehre angehört, ist er übersetzbar schlechthin. Nicht mehr freilich um seinet-, sondern allein um der Sprache willen.[16]

Wie in seinem Programm für die kommende Philosophie erkennt Benjamin auch hier aus dem Bereich der Religion ein grundlegendes Problem menschlicher Sprache. Der „Sonderfall" des „heiligen Textes" birgt in sich den Schlüssel zum Verständnis von Übersetzbarkeit sprachlicher Texte überhaupt. Buchstaben sprechen nicht. Hermeneutik läßt aus dem „Text", dem Gewebe der Zeichen und grammatischen Funktionen immer neu das lebendige Wort entstehen. In diesem Sinn schafft sie ihren Gegenstand erst. Abgeleitet zu sein und doch das, wovon sie abhängt, immer wieder ins Leben zu rufen – dieser Zirkel hermeneutischer Erkenntnis tritt als Modell der Übersetzung, am Verhältnis von Übersetzung und Original ans Licht.

* * *

Wir finden einige dieser Gedanken wieder in einem rabbinischen Kommentar zur Offenbarungsgeschichte im Buch Exodus:

Rabbi Isaak lehrte: Das, was die Propheten in zukünftigen Generationen weissagten, hatten sie schon von der sinaitischen Offenbarung her empfangen. So sprach auch Moses zu den Israeliten:

> „Ich mache diesen Bund und diesen Eid nicht mit euch allein, sondern sowohl mit euch, die ihr heute hier seid und mit uns steht vor dem Herrn, unserem Gott, als auch mit denen, die heute nicht hier mit uns sind." (Deuteronomium 29,14). Es heißt hier nicht: „die heute nicht hier mit uns *stehen*", sondern „die heute nicht hier mit uns *sind*". Das bezieht sich auf die Seelen, die erst in der Zukunft erschaffen werden sollen. Weil sie damals noch keine

---

[16] Zitiert aus: Walter Benjamin, Illuminationen, Frankfurt a. M. 1977, S. 62. Siehe auch: Über die Sprache überhaupt und über die Sprache des Menschen, GSW Bd. I.

Realität hatten, wird das Wort „stehen" hier nicht von ihnen gebraucht. Obzwar sie also auch zu jener Stunde noch nicht existierten, erhielt doch damals schon jede Seele ihren Anteil. Darum heißt es auch (Maleachi 1,1 dem letzten Propheten): „Die Bürde der Rede des Herrn durch Maleachi" (wörtlich: *in der Hand von Maleachi*).

Es heißt hier nicht: „in den Tagen von Maleachi", sondern „in der Hand von Maleachi". Denn er war schon seit dem Sinai im Besitz seiner Prophetie. Aber erst jetzt erhielt er die Erlaubnis zu weissagen. So sprach auch Jesaja (Jesaja 48,16): „Von der Zeit an, da es ward, bin ich da. Und nun sendet mich der Herr Gott und sein Geist." – als ob er sagen wollte: Ich war dabei, als die Thora am Berge Sinai gegeben wurde, und damals erhielt ich meine Prophetie. Aber erst jetzt wurde mir die Erlaubnis zum Weissagen erteilt.

„Und es waren nicht nur die Propheten, die die Prophetie vom Sinai her erhielten, sondern auch von den Weisen aller zukünftigen Geschlechter erhielt ein jeder seine Weisheit am Sinai."[17]

Wir sehen, wie die religiöse Erfahrung als Offenbarung am Berge Sinai durch die Rabbiner geöffnet wird für die Interpretationen von allen zukünftigen Geschlechtern, die erst in ihrer Zeit, das heißt in nostre tempore, was in illo tempore geschehen ist, wahrnehmen. Die Vermittelbarkeit der Unmittelbarkeit religiöser Erfahrung wird so ermöglicht. „Jene Zeit" eröffnet sich „dieser Zeit", sobald der Mensch sich in diese Öffnung hineinstellt: „Von der Zeit an, da es ward, bin ich da", sagt Jesaja, und die Rabbiner lernen daraus, daß jeder einzelne Zeit erleben kann, wo jede Sekunde die kleine Pforte ist, durch die der Messias treten kann.

In seinem Werk hat Benjamin eine Fülle von mystisch-jüdischen Denkfiguren aufgegriffen – die Theorie des göttlichen Namens, den Begriff der Offenbarung, die Vorstellung von der Lehre und dem Studium der Lehre, von heiligen Texten überhaupt wie auch den Gedanken der Versöhnung, der Erlösung und des Messianismus. Hier seien diese Anknüpfungspunkte nur beispielhaft angedeutet, um die Verbindung zu belegen zwischen Erkenntnis und Sprache, Sehen und Sagen.

3

Im folgenden sollen einige Stellen in der Bibel besprochen werden, wo das Sehen (hebr. Ra'ah) eine besondere Rolle spielt. Der Rahmen dieses Aufsatzes erlaubt leider nur eine kleine Auswahl aus diesen Passagen.

Am Anfang des Schöpfungsberichtes heißt es: „Und Gott sah das Licht, weil es gut war" (Gen. 1,4). Weil das Licht, welches Er geschaffen hatte, gut war, „sah Gott", will der Text sagen. Es ist das erste Erkennen der Welt als Erfahrung des Guten, und es erlaubt das Sehen des

---

[17] Exodus Rabba 28, 6.

Lichtes, noch vor jeder Scheidung zwischen Licht und Finsternis. Diese Aussage über das göttliche Sehen der Welt wird zum Leitmotiv der ganzen Schöpfungsgeschichte, wenn es als Ausdruck der Vollkommenheit der Schöpfung, benennend, bei jedem Tag wiederholt wird, außer beim 2. Tag, an dem die Trennung zwischen Himmel und Erde stattfindet.

Das Wort „Sehen" spielt wieder eine wichtige Rolle in der Passage, wo Gott alle Tiere vor Adam bringt, „um zu sehen, wie er sie rufe" (Gen. 2,19). Hier wird deutlich, daß Sehen viel mehr ist als einfach Zusehen, daß es mit Wahrnehmung und Erfahrung zu tun hat. Genau so wie Gott auf die Welt schaut und sie ruft, so ist es jetzt der Mensch, der dies tut, ohne göttliche Intervention, im Gegenteil, „und wie alles der Mensch einem rufe, als einem lebendigen Wesen, das sei sein Name" (Gen. 2,20). Das Sehen Gottes, das Rufen des Menschen und der Begriff eines lebendigen Wesens (vgl. Gen. 1,20) stellt eine Beziehung dar zwischen Gott und Mensch, die dem Schöpfungsakt Gottes entspricht. Obwohl Gott und Mensch noch nicht miteinander gesprochen haben, haben sie einander wahrgenommen in ihrer jeweiligen Verbindung mit der Welt. Das Sehen Gottes und des Menschen schließt jetzt auch die Erfahrung mit ein. „Es ist nicht gut, daß der Mensch allein ist" (Gen. 2,18) ist eine Selbstäußerung Gottes über seine eigene Einsamkeit als erkennendes Subjekt, welches die Welt der Dinge wohl rufen kann, aber keinen Widerruf erfährt. Gott will sehen, ob es auch den Menschen so ergeht. Und in der Tat, auch der Mensch kann die Welt der Tiere rufen, „aber für einen Menschen erfand sich keine Hilfe, ihm Gegenpart" (Gen. 2,20). Die Erfahrung eines Gegenparts fehlt. Die Bedeutung dieser Einsicht wird erst klar im nächsten Kapitel, in der Geschichte des Paradieses, wo wieder das „Sehen" ein zentrales Thema ist. Beide, Adam und Eva, haben noch keine Erfahrung vom Sehen, von ihrer Nacktheit. Erst nach dem Essen vom Baum öffnen sich ihre Augen und wissen sie, daß sie nackt sind. Eva hatte als erste gesehen, sie wollte beides, Erkenntnis und religiöse Erfahrung in einem, ein Begehren nach Mensch und Gott, welches sie nach der Geburt ihres Kindes ausspricht: „Kaniti – Erworben habe ich mit ihm einen Mann" (Gen. 4,1). Adam hatte sie, von Gott als Medium der Erkenntnis, als zusätzliche Schöpfung, nachdem alles schon vollendet war, geschaffen, nur erkannt als „Bein von meinem Gebein, Fleisch von meinem Fleisch" (Gen. 2,23).

Im Paradies übernimmt Eva die Rolle der Vermittlung des göttlichen Wissens: „Und die Frau sah, daß der Baum gut war zum Essen, und daß er eine Wollust den Augen war, und anreizend der Baum, zu begreifen." (Gen. 3,6). Nachdem Adam und Eva ihre Nacktheit erkannt haben, können sie nicht mehr nackt voreinander stehen. Und weil sie dieses Sehen nicht ertragen können, fürchten sie auch Gottes Stimme, die sie jetzt hören; wie einst die Kinder Israels am Berge Sinai sehen

Adam und Eva jetzt die Stimme Gottes. Hier wie dort konstituiert das Sehen das Dasein Gottes und sein Sagen. Die mystische Erklärung der Bedeutung des hebräischen Wortes *schama* (hören) ist „Den Namen sehen". Das Hören kommt nach dem Sehen. Auf den Ruf Gottes *Ajeka* – wo bist du – antwortet Adam: „Deinen Ruf habe ich im Garten gehört und fürchtete mich, weil ich nackt bin" (Gen. 3,10). Das hebräische Wort für „Sehen" und „Fürchten" ist aus demselben Stamm geschnitten, beide haben die Buchstaben *Resch* und *Aleph*, „Sehen" hat ein *Heh* am Ende und „Fürchten" einen *Yod* am Anfang. *Heh* und *Yod* bilden zusammen den Gottesnamen.[18] Hier begegnen wir dem Kern der Bedeutung des Wortes „Sehen" in der Bibel: Sehen heißt Gotteserfahrung, die Erscheinung Gottes vor den Menschen, die eine Furcht auslöst. Das Sehen Gottes und das Sehen des Menschen sind beide nötig, um Wissen zu vermitteln, die Kommunikation zwischen dem Göttlichen und dem Menschlichen zu ermöglichen.

In der Geschichte von Abraham finden wir den Begriff „Sehen" wiederum im Mittelpunkt der Gotteserfahrung, hier verbunden mit dem Motiv des Fremden und der Fremde, versinnbildlicht in dem Land Ägypten.

Dieses Motiv wird in einem weiteren Teil der Ausführungen ausführlicher besprochen, hier sei nur angemerkt, daß die erste Reise, die Abraham und Sara unternehmen, sie nach Ägypten führt und daß der Grund Hungersnot ist, ein Motiv, welches wieder in der Geschichte über den Auszug aus Ägypten in der Figur des Joseph eine Rolle spielt. Physische Bedrohung und „Sehen" sind eng miteinander verbunden in den biblischen Erzählungen, wie zu sehen sein wird. Die Wiederholung der literarischen Motive ist ein wichtiger hermeneutischer Schlüssel zum Verständnis der Intertextualität des jüdischen Kanons und seiner Auslegung.

Sofort am Anfang sagt Gott zu Abraham: „Geh für dich aus deinem Land, aus deiner Verwandtschaft, aus dem Haus deines Vaters in das Land, das ich dich sehen lassen werde" (Gen. 12,1). Abraham wird aufgefordert, aus seinem Land und allem, was ihm vertraut ist, zu ziehen in ein Land, „das ich dich sehen lassen werde". Die volle Bedeutung dieser Aufforderung wird nochmals deutlich in den Abschiedsreden von Moses an das Volk Isreal: „Denn frage doch nach bei frühen Tagen, die vor dir waren, nach dem Tag, da Gott einen Menschen schuf auf der Erde, vom Rande des Himmels bis zum Rande des Himmels, ob etwas geschah wie dieses große Ding, oder ob etwas erhört ward wie: ob ein Volk Gottes Stimmenschall hörte reden mitten aus dem Feuer, dies hörtest du und bliebst leben, oder ob ein Gott erprobt hat zu kommen,

---

[18] Vgl. „Ish" (Mann) mit Jod und „Ischa" (Frau) mit Heh geschrieben.

sich zu nehmen einen Stamm aus dem Innern eines Stammes mit Proben, mit Zeichen, mit Beglaubigungen, mit Kampf, mit starker Hand, mit gestrecktem Arm, mit großen Schauern, allwie Er euer Gott für euch tat in Ägypten, vor deinen Augen! *Dir wurde sehen gelassen um zu wissen,* daß er der Gott ist, keiner sonst außer ihm" (Deuteronomium 4, 32–36).

Die Geschichte der Offenbarung Gottes am Berge Sinai wird dem Volk in plastischer Weise von Moses nacherzählt, es wird zu einem Schauspiel vor den Augen des Volkes. Herausgerissen aus der Vergangenheit, füllt es die Gegenwart mit Bedeutung. „Gott tat dies für euch", sagt Moses, *„vor deinen Augen",* so wie du, als Volk und als einzelner, hier stehst. So wurde dir *sehen gelassen* um zu wissen, Gott zu erkennen. Die leere, homogene Zeit wird so mit Inhalt gefüllt.[19] Hier können wir auch wieder die Verbindung von Sehen und Hören beobachten.

Abraham ist der erste *„Ger"* (hebr. für Fremder), der erste, der diese Welt als „fremd" empfindet, nachdem er alles, was ihm vertraut war, verlassen hat und er sich aufmachte, Gott in die Fremde zu folgen. Gott sehen setzt Weltentfremdung voraus, ein Brechen mit der unmittelbaren Nähe, um eine Ferne unmittelbar zu sehen.

Hagar (hebr. die Fremde) ist die ägyptische Magd, die Gott zum ersten Mal in der Wüste erblickt, und „sehen" ist Leitwort in dieser Erzählung. Geflüchtet vor der Eifersucht Saras, trifft ein Engel Gottes sie bei einem Brunnen (hebr. *Ain Ha-majim* – Auge des Wassers) in der Wüste; er schickt sie aber wieder nach Hause, um „unter ihrer (Saras) Hand noch zu leiden" (Gen. 16,9), eine Vorwegnahme des Leidens des Volkes Israel in Ägypten. Die ägyptische Fremde wird sozusagen vorgeschickt, um die Erfahrung des Fremdseins in bezug auf die Gotteserfahrung zu introduzieren. Sie bekommt dann auch eine Verheißung und ein Versprechen. „Und der Engel Gottes sprach zu ihr: Mehren will ich deinen Samen, er werde nicht gezählt vor Menge. Und es sagte ihr Gottes Engel: Schwanger bist du ja, und gebären wirst du einen Sohn; seinen Namen rufe: Jischmael, Gott erhört, denn erhört hat Gott dein Leiden ... Und sie rief den Namen Gottes, der zu ihr redete: Du Gott des Sehens! Denn sie sprach: sah auch wirklich ich hier den mich Sehenden? Darum rief man den Brunnen, Brunnen des Lebendigen Michsehenden, der ist ja zwischen Kadesch und Bared." (Gen. 16, 10–14)

Hier können wir beobachten, wie gegenseitiges Sehen von Gott und Mensch seinen Ort hat in dem Übergang von Sehen zu Sagen. Das göttliche Dasein wird wahrgenommen als ein göttliches „Hören" des menschlichen Leidens. Die Sprache reicht aber nicht aus, um diese Er-

---

[19] Buber/Rosenzweig übersetzten hier „Schauen lassen werde"; meines Erachtens bringt dies aber nicht das „Sehen" und „Gesehenwerden" zum Ausdruck, was hier angesprochen wird.

fahrung auszudrücken: der Mund ist hier „mein Mund" (hebr. Pi), der aber zugleich Gottes Mund *(Pi JHWH)* ist. Gott „läßt sich sehen", bleibt jedoch unsichtbar, aber bricht durch den Mund des Menschen hervor, indem sie Gott zum Munde werden. Hagar wird so durch die Benennung ihrer Theophanie zum Munde Gottes, Gott, der sie sieht und zu ihr redet.

In der Akeda-Geschichte, das Opfer Abrahams in Genesis 22, erreicht die Verbindung zwischen „Sehen" und „Michsehen" ihren Höhepunkt. Durch die Vollkommenheit der Hingabe an Gott wird die religiöse Erfahrung verwirklicht. Die Vorbereitung findet statt an den Steineichen Mamres, als Gott Abraham erschien bei der Hitze des Tages am Eingang des Zeltes.

> Und Gott *ließ* sich ihm *sehen* in Elone Mamre ... und er *erhob seine Augen* und *sah,* da stehen drei Männer vor ihm, und *er sah* und lief ihnen entgegen ... und bückte sich zur Erde" (Gen. 18, 1-2).

Wir können hier die Verbindung beobachten zwischen äußerem und innerem Sehen der Wirklichkeit. Der Erzähler im Text teilt uns erst mit, daß Gott (inneres Sehen) *sich sehen läßt,* dann wird mitgeteilt, daß Abraham *seine Augen erhob und sah,* da stehen drei Männer vor ihm (äußeres Sehen) und dann nochmals *er sah* (inneres Sehen), lief ihnen entgegen und bückte sich zur Erde wie vor Gott ... In dieser Zweideutigkeit der Wirklichkeit verläuft die Begegnung mit den Männern, die, wie sich herausstellt, Boten Gottes sind. In der Bibel ist Nomen Omen und der Name Mamre erinnert an das Land Moria und den Berg, den Abraham für seine letzte Prüfung mit Gott besteigen wird.[20]

Wie in der ersten Begegnung zwischen Gott und Abraham (Gen. 12, 1) wird er auch hier aufgefordert, „für sich" zu gehen. Dieses Mal wird ihm das Land genannt, es ist das Land Moria, und die Bitte Gottes an Abraham ist, dort seinen Sohn Isaak, „seinen Einzigen und Geliebten" auf einem der Berge Gott zu opfern. Abraham antwortet: *Hineni* (Hier bin ich). Die symbolische Verbindung zwischen dem Berg Sinai und dem Berg Moria wird uns durch die Leitwörter von „Sehen" in ihren beiden Bedeutungen (von Sehen und Gesehenwerden), wie wir sie oben geschildert haben, allmählich deutlich. „Und es geschah am dritten Tag, da *erhob Abraham seine Augen* und *sah* den Ort von fern" (Gen. 22, 4). Wieder die Zweideutigkeit des inneren und äußeren Sehens: Abraham hat den Ort der Gotteserfahrung erkannt. Jetzt gibt er seinen Knechten Anweisungen dazubleiben und macht sich mit seinem Sohn, der das Holz seines Opfers trägt, auf den Weg. Das Feuer und das Messer trägt Abraham selbst.

---

[20] Vgl. Walter Benjamin, Geschichtsphilosophische Thesen, These 14 und 18, in: Zur Kritik der Gewalt, Frankfurt a. M. 1965, S. 90 und 93 f.

"Beide gingen zusammen" – Vater und Sohn. Und dann fängt Isaak zum ersten Mal an zu sprechen: "Mein Vater!" Und Abraham antwortet: "Hier bin ich, mein Sohn." Und Isaak sprach: "Hier ist das Feuer und das Holz, aber wo ist das Lamm zum Opfer?" Und Abrahams Antwort an seinen Sohn lautet: "Gott wird sich das Lamm zum Opfer *ersehen,* mein Sohn." Und beide gingen zusammen. (Gen. 22, 6–9).

Im Wort "ersehen" erkennen wir die Unmittelbarkeit des Sehens zwischen Mensch und Gott. Isaak sieht jetzt diese Begegnung als eine Wirklichkeit, und die Wiederholung "und beide gingen zusammen" drückt diese Erkenntnis aus: erst gingen Vater und Sohn als Abraham und Isaak, jetzt als Gott und Isaak. Isaak ist erfüllt von der Sehnsucht nach Hingabe an Gott: Gott zu sehen. Und nachdem Abraham seinen Sohn auf den Altar gebunden hatte – wie das Volk am Berge Sinai an das Gesetz, welches in einer symbolischen Handlung des Eingedenkens bis zum heutigen Tag als Gebetsriemen auf den Kopf und Arm des Beters gebunden werden – und das Messer erhebt, ruft ein Engel Gottes ihm aus dem Himmel: "Abraham, Abraham". Und die Antwort des Vaters ist wie am Anfang: "Hier bin ich." Und er sagt ihm: Schicke deine Hand nicht nach dem Jungen aus und tue ihm nichts, denn jetzt weiß ich, daß du Gott fürchtest (siehst) und du mir deinen einzigen Sohn nicht vorenthalten hast (Gen. 22, 12).

Das hebräische Wort für "vorenthalten" ist eigentlich "nicht in der Finsternis gelassen hat". Die Tat Abrahams hat das göttliche Wissen um das menschliche Sehen verwirklicht, und eine bekannte rabbinische Aussage lautet daher: "Alles ist in Gottes Hand, außer die Furcht vor Gott." Das gegenseitige Erkennen zwischen Mensch und Gott ist jetzt eine Tatsache geworden. Abraham hob seine Augen auf und sah, ein Widder hatte sich da verstrickt in den Dornen. Abraham ging hin und opferte ihn an Stelle seines Sohnes. Und Abraham rief den Namen jenes Ortes: Gott ersieht. Wie man heute noch spricht "Auf Seinem Berg wird ersehen" (Gen. 22, 14). Der Name dieses Ortes fällt zusammen mit dem Geschehen am Berge Sinai, wo Gott sich durch sein Reden ersehen lassen wird. Offenbarung hat nun eine neue Dimension gewonnen: Die Handlung des Menschen hat diesen Durchbruch bewirkt, in dem die Totalität des menschlichen Erfahrens ausgedrückt in der Bereitschaft zum Tod die Sehnsucht des Auges endlich befriedigen kann. Abraham lebt weiter im Anblick dieses Geschehens, und Isaak wird am Ende seines Lebens blind für diese Welt.[21]

Als weitere biblische Quellen soll noch erinnert werden an die Geschichte von Jakobs Traum der Himmelsleiter (Gen. 28), seinen Kampf am Jabbok, wo er seinen neuen Namen Israel bekommt (Gen. 32), Jo-

---

[21] Vgl. wieder die Verbindung mit "Ra'ah" (sehen).

sephs Träume (Gen. 37), Moses im Dornbusch (Ex. 4), Gottes Verkündigung an Moses (Ex. 6). Die Plagen in Ägypten kulminieren in Licht und Finsternis, Leben und Tod (Ex. 7–12). Die Offenbarung am Berge Sinai (Ex. 19–20), der Tod Mirjams (Num. 20, 1), der Seher Bileam (Num. 22 und 24, 17), das Eingedenken im Festritus (Dt. 16, 16) und noch viele weitere Texte in den Propheten und Psalmen, die in diesem Rahmen ausgelassen werden müssen.

Als Illustration der Erscheinung Gottes in der Verschiedenheit des menschlichen Blickes noch die folgenden zwei rabbinischen Erklärungen, die die Teile des Kanons verbinden, mündliche und schriftliche Lehre zusammenfließen lassen:

„Ich bin der Herr, dein Gott, der dich aus dem Lande Ägypten geführt hat, aus dem Sklavenhause" (Ex. 20, 2). Warum wurde das so formuliert? Weil er sich schon zuvor am Schilfmeer als Kriegsheld offenbart hatte. Denn es heißt: Der Herr ist ein Kriegsheld (Ex. 15, 3). Jetzt aber offenbarte er sich wie ein alter Lehrer, voll von Erbarmen. Denn es heißt: „Und sie sahen den Gott Israels, und daß unter Seinen Füßen war wie ein Werk aus saphirnen Fließen" (Ex. 24, 10). (Hebr. *kema asse livnat hassapir,* was an *ma'asse levena* – Ziegelwerk – anklingt und so auf die Sklaverei in Ägypten hinweist, mit der Bedeutung, daß für die mit dem Ziegelbrennen beschäftigten Sklaven der Blick zu Gott getrübt war.) Erst nachdem sie erlöst wurden, heißt es: „Und wie der reine Himmel an Klarheit" (Ex. 24, 10). Es ist aber trotzdem immer derselbe Gott, und die Heilige Schrift will den heidnischen Völkern keine Veranlassung geben, die Existenz von zwei verschiedenen göttlichen Mächten zu behaupten. Gott stellt sich daher am Sinai vor als der Gott, der sie bereits aus Ägypten offenbart hat: Ich bin der Herr, dein Gott. Ich war dein Gott in Ägypten und am Schilfmeer. Ich bin derselbe Gott am Sinai. Ich war in der Vergangenheit, und Ich werde in der Zukunft sein. Ich bin in dieser Welt, und Ich werde in der kommenden Welt sein. Daher heißt es auch: Sehet jetzt, daß Ich, Ich es bin, und kein Gott mit mir (Dt. 32, 39). Und es heißt: Und bis ins Alter – ich bin Derselbe! Bis ins Greistum (Jes. 46, 6). Auch heißt es: Also spricht der Herr, der König Israels und sein Erlöser, der Herr der Heerscharen: Ich bin der Erste, und Ich bin der Letzte, und außer Mir gibt es keinen Gott (Jes. 44, 6).[25]

> Rabbi Chanina bar Pappa lehrte: Der Heilige gelobt sei Er, erschien Israel mit einem strengen Antlitz, einem ausgeglichenen Antlitz, einem freundlichen Antlitz und einem lachenden Antlitz. Mit einem strengen Antlitz – um die

---

[22] Vgl. Dt. 6, das „Schema" Gebet.
[23] Vgl. Gen. 27, der Segen Isaaks.
[24] Vgl. Gen. 16, 14, Die Theophanie Hagars, die am selben Ort erfahren wird.
[25] Mechilta Bachodesch V, S. 219 f.

114 I. Trieb oder Antrieb?

Heilige Schrift zu lehren. Wenn ein Vater seinen Sohn die Thora lehrt, muß er ihm auch die Ehrfurcht beibringen.
Mit einem ausgeglichenen Antlitz – zum Studium der Mischna (erster Teil der mündlichen Lehre).
Mit einem freundlichen Antlitz – zum Studium des Talmuds (die Erklärung der Mischna).
Mit einem lachenden Antlitz – zum Studium der Aggada (der erzählende Teil der mündlichen Lehre).
Der Heilige, gelobt sei Er, aber sprach: Obwohl ihr mich in diesen verschiedenen Erscheinungen seht, bin ich dennoch der Eine. Darum heißt es: Ich bin der Herr, dein Gott (Ex. 20, 2).
Rabbi Levi lehrte: Der Heilige, gelobt sei Er, erschien ihnen wie eine Statue, die überall Gesichter hat. Tausend Menschen mögen sie ansehen und ein jeder meint, daß die Statue ihn ansieht. So war es auch, als der Heilige, gelobt sei Er, zu Israel sprach. Jeder Israelite meinte, daß das göttliche Wort ihn persönlich ansprach. Daher heißt es auch nicht ‚Ich bin der Herr, *euer* Gott‘, sondern im Singular ‚Ich bin der Herr, *dein* Gott‘ (Ex. 20, 2).[26]

4

Zum Schluß ein Text aus dem Buch Sohar, der die religiöse Erfahrung des Sehens in der Heiligen Schrift nochmals in besonders interessanter Weise verdeutlicht. Hier begegnen wir beiden Motiven, dem des Fremden und dem des Begehrens.

Der Heilige, gepriesen sei Sein Name, legt alle verborgenen Dinge, die Er schafft, in die heilige Thora hinein und alles befindet sich daher in der Thora. Und die Thora offenbart dieses verborgene Geheimnis, aber es bekleidet sich sofort mit einem anderen Kleid und verbirgt sich dort und offenbart sich nicht. Und die Weisen, die voll Augen sind, obwohl die Sache durch ein Kleid versiegelt ist, sehen es durch das Kleid hindurch. In dem Zeitraum, in dem sich die Sache offenbart, wenn es sich nicht in ein Kleid gehüllt hat, sehen diejenigen es, die offene Augen haben, und obwohl es sich sofort wieder verhüllt, geht es nicht vor ihrem Blick verloren. In einigen Bibelstellen hat der Heilige, gepriesen sei Sein Name, uns auf den Fremden aufmerksam gemacht, das der heilige Samen (Israels) aufmerksam mit ihm umgehen sollen. Und dann hat er diese verborgene Sache aus seiner Hülle genommen, aber weil es sich offenbarte, kehrte es sofort in seiner Hülle zurück und versteckte sich dort. Weil er aber auf den Fremden aufmerksam machen wollte, nahm er die Sache in diesen Bibelstellen aus seiner Hülle und offenbarte sie und sprach: „Und ihr kennt die Seele des Fremden" (Ex. 23, 9), und sofort ging die Sache wieder in ihre Hülle hinein, zurück in ihr Kleid und versteckte sich dort, wie es geschrieben steht: „Weil ihr ward Fremde im Land Ägypten" (dort). Die Schrift dachte, daß niemand darauf geachtet hatte, da sie sich sofort wieder in ein Kleid hüllte. Mittels dieser Seele des Fremden weiß die heilige Seele die Dinge dieser Welt und kann von ihnen genießen.

---

[26] Pesikta deRav Kahane, Kap. 12, ed. Siehe Buber, S. 110a.

Da eröffnete der Alte und sagte: „Und Moses ging ein mitten in die Wolke und stieg auf zum Berg ..." (Ex. 24, 18) Welche Wolke ist damit gemeint? Es ist die, worüber geschrieben steht: „Und meinen Bogen gebe ich ins Gewölk" (Gen. 9, 13). Wir haben gelernt, daß der Bogen ihre Kleider auszog und sie an Moses gab, und in diesem Kleid stieg Moses auf den Berg, und durch (dieses Kleid) sah er, was er sah, und genoß von allen bis an dem Ort.

Da kamen die Freunde, fielen weinend vor dem Alten nieder und sagten: Wenn wir nur zu dieser Welt gekommen wären, um diese Wörter aus deinem Mund zu hören, hätte es uns genügt.

Da sagte der Alte: Nicht nur zu diesem Zweck habe ich zu reden angefangen, weil ein alter Mann wie ich ja nicht nur über eine Sache schwätzt und ein Ding verkündet.

Wieviele der Menschen leben in Verwirrung und Torheit und schauen nicht den Wahrheitsweg der Thora! Und die Thora ruft ihnen doch liebend Tag für Tag, und jene wollen nicht das Haupt zu ihr kehren. Freilich, ein Wort entläßt die Thora aus ihrem Schrein nach außen; läßt wenig nur schauen und verbirgt sich sogleich. Und wenn sie aus ihrem Schreine ein Wort für einen Augenblick enthüllt, dann nur denen, welche es kennen und erkennen können. Vergleiche es einer Geliebten, schön an Erscheinung und lieblich an Wuchs, die sich in ihrer Kammer verbirgt. Sie hat einen einzigen Freund, von dem die Menschen nicht wissen, ganz im Verborgenen. Aus Liebe umwandert er immer das Tor ihres Hauses, nach allen Seiten die Augen gerichtet. Und da sie weiß, wie der Geliebte das Tor umkreist, was tut sie? Sie öffnet den Eingang der verborgenen Kammer, enthüllt für einen Augenblick das Antlitz dem Geliebten, verbirgt es wieder. Keiner sah es und nahm es wahr, nur der Geliebte allein, dessen Eingeweide und Herz und Seele es nach ihr zog. Und weiß, daß aus Liebe sie einen Augenblick sich ihm enthüllte.

So offenbart sich das Wort der Thora nur dem Geliebten. Es weiß die Thora, daß der Herzensweise täglich ihres Hauses Tor umkreist. Was tut sie? Sie enthüllt ihm aus der Kammer ihr Antlitz und winkt ihm zu und kehrt zurück und birgt sich wieder. Keiner weiß es, nur jene allein, deren Eingeweide und Herz und Seele es nach ihr zog. So offenbart sich und verhüllt sich wieder die Thora dem Freunde, nur um ihm ihre Liebe zu bezeigen.

Und merke: So ist der Weg der Thora. Im Anfang, wenn sie sich dem Menschen enthüllen will, gibt sie ihm einen Wink, ob er es gut verstehe, und wenn nicht, sendet sie zu ihm und heißt ihn ‚Tor'. Und heißt dem Toren sagen, daß er zu ihr komme und sie mit ihm sich vergnüge. Wie geschrieben ist: ‚Wer töricht ist, kehre hierher ein, wer kein Herz hat – sie spricht zu ihm' (Sprüche 9, 4). Kommt er aber zu ihr, dann beginnt sie, mit ihm zuerst hinter dem Vorhang zu sprechen, den sie ausgebreitet hat: Worte, seiner Art entsprechend, bis er ein weniges gewahren kann – das heißt dann ‚Derascha'. Und weiter spielt sie mit ihm unter einem dünnen Mantel aus Rätselworten, und dies ist ‚Haggada'. Erst wenn er an sie gewöhnt wird, eröffnet sie sich ihm Angesicht zu Angesicht und spricht mit ihm über alle ihre verborgenen Geheimnisse und alle verborgenen Wege, die seit Urzeit in ihrem Herzen sind. Wird dann der Mensch erst in Vollkommenheit ein Vermählter der Thora, dann offenbart sie ihm alle Geheimnisse, nichts fernend oder bergend vor ihm. Und spricht: Du siehst das Wort, das ich dir erst in feinem Winke zugewinkt, Geheimnisse so und so. Nun sieht er, daß diesen Worten nichts hinzuzufügen, von ihnen nichts wegzunehmen ist. So ist der wahre Sinn der Thora, daß auch nicht ein Zeichen ihr zugetan, von ihr hinweggenommen werden darf. Darum wollen die Menschen dessen achtsam sein, der Thora nachzufolgen, daß sie Geliebte der Thora seien.[27]

Dieser Text, aus der Bibel der Kabbalisten, dem Sohar, zeigt die Offenbarung und Verhüllung der Heiligen Schrift, welche sie den Menschen lesbar macht. Es ist eine Auslegung einer bekannten Figur – „Saba" (Großvater), der seinen Jüngern die Geheimnisse der Thora erklärt. Durch die Auslegung eines Verses im Exodus wird verdeutlicht, wie die Thora die Schatzkammer Gottes ist, wo Er alle seine Geheimnisse aufbewahrt. Diese Schatzkammer ist eigentlich für niemanden zugänglich. Aber es gibt „Weise", die „voll Augen" sind, und die sind imstande, den Augenblick zu nutzen, diesen winzigen Zeitraum zwischen der Zeit, in der Gott das Geheimnis in die Thora steckt, und der Zeit, in der dieses Geheimnis sich als Thora kleidet. In Wirklichkeit gibt es in unserem Zeitverständnis nicht so eine Lücke. Diese Zeitlücke ist aber sichtbar für das Sehen der Weisen, deren Augen sich geöffnet haben für ein solches Sehen. Einen Augenblick lang werden sie dort geduldet. Und so erklärt Saba den Satz: „Und Ihr kennt die Seele des Fremden" (das Offenbarte) und den zweiten Teil des Satzes „Weil ihr ward Fremde in Ägypten" (das Verhüllte innerhalb der Thora). So wird der Aufenthalt in Ägypten als der Ort der Offenbarung und der Verhüllung verstanden, wodurch jetzt der Mensch eine „Seele des Fremden hat", so daß die „Heilige Seele" von dieser Welt genießen kann. Der Mensch soll also fremd in dieser Welt sein, um seine heilige, innere Seele zu bewahren. Dies war der Grund für das Exil in Ägypten: daß der Mensch in dieser Welt im Exil ist, aber zu Hause bei Gott. Nur aus der Sicht des Exils ist Offenbarung möglich. Um dies nochmals zu verdeutlichen, legt Saba eine Brücke zwischen den Regenbogen, der als Bundeszeichen Noah gezeigt wurde, als Zeichen für die Erhaltung der Welt – nach der Sintflut besteht die Welt aus dem Versprechen Gottes, sie nicht mehr zu zerstören – und die Offenbarung an Moses.[28]

Vielleicht wird aus diesem Text auch etwas sichtbar von der Lesbarkeit der religiösen Erfahrung in dem Sinne, daß sie im Text nur als Leerstelle dasteht, zwischen den Silben, in den weißen Zwischenräumen der schwarzen Buchstaben, wie Gott, laut einem alten Midrasch, die Thora als „schwarzes Feuer auf weißes Feuer" geschrieben hat. Daß die sprachliche Bedeutung, die wir im Text finden, Offenbarung und Verhüllung zugleich bedeutet, sobald die Bedeutung sich über einen Punkt

---

[27] Sohar II, 99 a–b.
[28] Auf die offensichtlichen Verbindungen mit der gnostischen Lehre von Psyche und Pneuma kann hier leider nicht weiter eingegangen werden. Siehe zum Beispiel Hans Jonas, Gnosis und Spätantiker Geist, Göttingen 1988 (1934) Teil I, S. 140–251.

hinaus ausdehnt. Die historische Tatsache: „Ihr ward Fremde in Ägypten" wird zum Paradigma des Exils, wo immer der Mensch zu Hause ist, im Fremden erkennt er, wie fremd er sich selbst ist.

Die Offenbarung am Berge Sinai – als historisches und über-historisches Ereignis erlaubt diese Doppelposition des Menschen, geschaffen in seinem und in Gottes Ebenbild. Ein Mensch, der sich nur im Spiegelbild – seinem eigenen und dem Gottes – sehen kann und der sich selbst wie auch Gott niemals findet. Es wird eine Geschichte erzählt über einen Rabbi Suscha, der sich sein Leben lang Sorgen machte, daß Gott ihn nach seinem Tod nicht fragen würde, warum er nicht Moses oder König David ähnlich geworden war, sondern daß Gott ihn fragen wird: Warum warst du nicht Rabbi Suscha?

Diese Heimatlosigkeit findet in den Studien der Thora eine Ruhe, wo die innere, heilige Seele Abstand von der Welt nimmt, um ihr als Fremde zu begegnen. Die zwei Teile des Satzes „Ihr kennt die Seele des Fremden" und „Weil ihr ward Fremde in Ägypten" stehen für diese zwei Seelen des Menschen und erleuchten einander wie Text und Kommentar, schriftliche und mündliche Thora, wo Himmel und Erde passend zuammengefügt sind.

So, wie der Bogen im Gewölk den kosmischen Bund zwischen Gott und Welt darstellt, gibt jetzt dieser Bogen Moses das Gewölk, welches ihn bei seinem Aufstieg zu Gott begleitet, wie die Wolke der Herrlichkeit das Volk bei seiner Wüstenwanderung begleiten wird. Wie das Kleid der Thora ist die Wolke durchsichtig, läßt das göttliche Licht durchscheinen.

Moses bedient sich dieser Lichtsäule und zieht so auf den Berg, um die Thora zu empfangen. Und dort „sieht er, was er sieht und genießt von allem, bis an dem Ort". Hier ist auch wieder die Schau, das Sehen die Erfahrung der Gottesbegegnung. Was „an dem Ort" passiert, darüber schweigt der Text aus Rücksicht und religiöser Scham ... Die lebhafte Beschreibung der Erregung der Jünger gehört zum Geschehen, und daraufhin traut sich der Saba, der alte Lehrer, seine Jünger einzuweihen, ihnen zu erzählen, wie man der Geliebte der Thora wird.

Der Weg ist lang und behutsam. Die meisten Menschen sehen die wahren Geheimnisse der Thora nicht, sie ist ihnen fremd. Die Thora ruft sie, aber sie wollen nicht (hin)hören. Sie enthüllt aus ihrer Schatzkammer wohl ein Wort, für einen Augenblick, für diejenigen, die es erkennen können, für die Weisen, die voll Augen sind. Aber es gibt in der Welt nicht viele von denen – sie ist einsam und sehnt sich nach ihren Geliebten. Einen „einzigen Freund" hat sie, „von dem die Menschen nicht wissen". Die einzigartige Beziehung wie auch die Verborgenheit der Beziehung zur Thora ist die Voraussetzung für den Zugang in die Geheimnisse der Thora. Es erinnert an eine Schriftdeutung des Enkel (Sohn seiner Tochter Adel), des berühmten Rabbi Israel Baal Schem

Tov, Baruch von Miedzyborz, aus seiner Schrift „Strahlende Leuchte": „Und Moses versammelte die ganze Gemeinde der Kinder Israel und sprach zu ihnen: Das sind die Worte, die der Ewige geboten hat" (Ex. 35, 1). Es gibt sechzig Myriaden Buchstaben in der Thora und sechzig Myriaden Seelen in Israel, und jede Seele in Israel ist an einen Buchstaben der Thora gebunden, und in ihrer Gesamtheit bilden sie die vollkommene Thora. Darum heißt es „Und Moses versammelte die ganze Gemeinde der Kinder Israel", sechzig Myriaden Seelen in einem, „und er sprach zu ihnen: Diese sind die Worte, die der Ewige geboten hat", das heißt die Gesamtheit der Seelen Israels ist selbst das Wort, das der Ewige geboten hat. Sie selbst in ihrer Ganzheit sind die Ganzheit der Thora".

Die Thora ist in ihrer Ganzheit die Summe von allen Seelen, und sie sehnt sich, mit jeder einzelnen dieser Seelen verbunden zu sein und ihr ihr Geheimnis zu offenbaren, sie ihre Buchstaben zu lehren. Die Thora muß umkreist werden, unterweist der Alte seine Schüler, wie ein Bräutigam die Braut umkreist. Und dann eröffnet sie den Eingang der verborgenen Kammer, angezogen von der Liebe ihres Geliebten, der seiner einzigen, meist persönlichen Weisung begegnen will. „Wenn sie sich enthüllt, dann enthüllt sie sich aus Liebe", versichert Saba seinen Jüngern. Es ist diese Liebesbeziehung, diese erotische Anziehungskraft, die das Tor der Geheimnisse öffnet, die Thora zugänglich macht für den Schüler. Aber noch ist er allein, sie offenbart, aber verhüllt sofort, öffnet, aber schließt sofort, alles aus Liebe, um sein Begehren noch zu stärken.

Dann werden die Zeichen der Thora gelehrt: am Anfang gibt sie ihm einen Wink, fast unmerkbar, um zu sehen, ob er es versteht. Und wenn nicht, dann lacht sie und nennt ihn einen Toren. Aber auch als „Tor" kann man Thora lernen, und wenn er zu ihr kommt, spricht sie zu ihm von hinter dem Vorhang, bis er etwas anfängt zu verstehen und er Ausleger der Thora werden kann nach seiner Art. Und wenn er ihr schon näher ist, dann spielt sie mit ihm unter einem dünnen Mantel, in Rätseln. Und erst nachdem er sich ganz an sie gewöhnt hat, öffnet sie sich „von Angesicht zu Angesicht" und offenbart ihm alle ihre Geheimnisse, die sie von Anfang an in ihrem Herzen trägt. Und dann wird der Mensch in Vollkommenheit ein Vermählter der Thora.

Wie im Lernen so auch im Gebet: Jeden Morgen bindet der fromme Jude die Riemen der *Tefillin* um den Kopf[29] und seinen linken Arm, in Kreisen, die in einem Punkt des Mittelfingers enden „als Zeichen auf deinem Arm", wie es im Schema-Gebet heißt. Das begleitende Gebet ist den Worten des Propheten Hosea entnommen: „Ich will mich mit

---

[29] Der Talmud sagt, daß in den Knoten des *Tefillin* Gott den Menschen sein Antlitz zeigt. Babylonischer Talmud Berachot 17a und Menachot 35b.

dir verloben mit Gerechtigkeit und Recht, in Liebe und Barmherzigkeit, und ich will mich dir verloben in Treue, und du wirst Gott kennen" (Hos. 2, 21–22). Dieses begleitende Gebet ist keine Glaubensaussage, mit jeder Windung wird das Band mit Gott erspürt und gefestigt. Mit dem *Tallit* (Gebetstuch) als Zelt des Friedens über dem Kopf ist der Mensch in einem persönlichen Augenblick mit Gott und der Thora geborgen. Dies ist ein Moment der Offenbarung. Für den frommen Menschen beginnt hier die Sehnsucht nach der Erlösung aus den Schmerzen der Welt.

So erinnert die Thora den Schüler, ihren Geliebten, an die Worte ihrer Jugend: „Du siehst das Wort, daß ich dir erst in feinem Winke zugewinkt, Geheimnisse so und so." Damals hat er sie noch nicht verstanden, obwohl es dieselben Worte waren. Nichts ist daran zugefügt worden, und nichts ist hinweggenommen. Alle Fragen der Schüler und alle Antworten der Lehrer sind schon am Berge Sinai gegeben worden, aber es dauert unendlich lang, bis die Wörter jeder einzelnen Seele ihn in der Welt erreichen. Das heißt es, die Geliebte der Thora zu sein: sie so zu lieben, daß sie dir *dein* Geheimnis anvertraut, dir *dich* sehen läßt ...

In diesem Zusammenhang soll auch die besondere Bedeutung des Sabbat – als Ruhetag und Vorwegnahme der kommenden Welt – genannt werden, wo eine Zeitlücke geschaffen wird, erleuchtet vom göttlichen Licht, die die Seele des Menschen erhellt.

„Eine Leuchte des Herrn ist die Seele des Menschen" (Spr. 20, 27). – Der Allheilige spricht: Die Seele, die ich euch eingehaucht habe, wird eine Leuchte genannt; nun habe ich euch das Gebot der Sabbatleuchte ans Herz gelegt, erfüllt ihr es, so ist's recht, erfüllt ihr es aber nicht, so entziehe ich euch *meine* Leuchte, die Seele (Babylonischer Talmud Schabbat 32 a).

Die zwei Kerzen, die am Schabbatabend angezündet werden, symbolisieren die Verbindung zwischen Himmel und Erde, die nach der Erlösung wieder hergestellt sein wird, wo das göttliche Licht des ersten Tages – welches Er für die Gerechten aufbewahrt hat – die Welt erleuchten wird.

> ... der Allheilige spricht: Wenn ihr das Gebot der Sabbatlichter erfüllt, werde ich euch dereinst die Lichter Zions schauen lassen, denn es heißt: ‚Und es wird an jenem Tage geschehen, da werde ich Jerusalem mit Lichtern durchsuchen' (Zephania 1, 12). Ich werde bewirken, daß ihr nicht mehr des Lichtes der Sonne bedürft, sondern meine Herrlichkeit wird erstrahlen und euch Licht spenden, wie es heißt: ‚Nicht mehr wird die Sonne dir als Leuchte am Tage dienen ... vielmehr wird der Herr dir ein ewiges Licht sein' (Jes. 60, 19). Durch welches Verdienst wird Israel all dieses Heil widerfahren? Durch das Verdienst der Lichter, die sie dem Sabbat zu Ehren anstecken. (Jalkut Schimoni zu Numeri 8, 2)

Wie das Lernen der Thora nicht nur ein rationaler Vorgang ist, sondern eine Beziehung voraussetzt, die in erster Linie mit Sehen zu tun hat, wie wir oben gesehen haben – die Thora zeigt ihren Geliebten immer mehr –, so dient in jüdischer Tradition das Ritual des Sabbat dazu, den Menschen mit anderen Augen sehen zu lassen, wo das göttliche Licht ihm zugänglich wird. Die Erleuchtung der Seele am Schabbat ermöglicht, den Menschen die Lichte von Zion, das heißt die erlöste Welt erblicken zu lassen und so die Sehnsucht nach der Erlösung zu bewahren.

* * *

So wird die Heilige Schrift ein Bindemittel zwischen der materiellen und den höheren Welten und der Text, die Thora, ruft den Menschen in das Unendliche, welches niemand vollständig dieser Welt mitteilen kann, welches das Geheimnis der Thora bleibt. Diese Geheimnisse zu entdecken ist aber laut jüdischer Tradition die Vorbereitung auf die göttlichen Mysterien, die bisher der Erkenntnis jeglicher Geschöpfe verborgen waren. Es sind das die Geheimnisse, die erst enthüllt werden, wenn der Messias kommt. So ist jede Auslegung ein Ausdruck der Sehnsucht des Menschen nach Erlösung.

Es bleibt in dieser Welt nur das Zählen der Stunden:
DER UNS DIE STUNDEN ZÄHLTE.

> Der uns die Stunden zählte,
> er zählt weiter.
> Was mag er zählen, sag?
> Er zählt und zählt.
>
> Nicht kühler wirds,
> nicht nächtiger,
> nicht feuchter.
>
> Nur was uns lauschen half:
> es lauscht nun
> für sich allein.
>
> Paul Celan aus: Von Schwelle zu Schwelle (1955) – Mit wechselndem Schlüssel

Dieter Schulz

Das offenbare Geheimnis der Natur:
Emerson, Thoreau und der romantische Blick

> Die Musik, die Zustände des Glücks, die Mythologie, die
> von der Zeit durchgearbeiteten Gesichter, gewisse Däm-
> merungen und gewisse Orte wollen uns etwas sagen oder
> haben uns etwas gesagt, was wir nicht hätten verlieren
> dürfen oder schicken sich an, uns etwas zu sagen; dieses
> Bevorstehen einer Offenbarung, zu der es nicht kommt,
> ist vielleicht das Ästhetische an sich.
> (Jorge Luis Borges, „Die Mauer und die Bücher")

In einer Tagebucheintragung von 1833 spricht Ralph Waldo Emerson vom „‚open secret' of the universe". Die Wendung – für die sich weitere Belege bei Emerson finden – geht über Thomas Carlyle auf einen Lieblingsgedanken Goethes zurück, der in *Maximen und Reflexionen* in folgender Formulierung erscheint: „Wem die Natur ihr offenbares Geheimnis zu enthüllen anfängt, der empfindet eine unwiderstehliche Sehnsucht nach ihrer würdigsten Auslegerin, der Kunst." Das Oxymoron vom offenbaren Geheimnis verweist auf Goethes Symbolbegriff. Gegenüber Schiller, der die Natur der abstrakten Vorstellung unterwirft und das Verfahren der Allegorie favorisiert, sieht Goethe das Wesen der Dinge im Sinnlich-Wahrgenommenen offen zutage liegen. Carlyles Übersetzung – „open secret" – vermittelt darüber hinaus die Assoziation von etwas, das abgesondert, unter Verschluß gehalten wird *(secretum)* und doch öffentlich zugänglich ist.[1] Die in den Vorstellungen von Verschließen und Öffnen, Verhüllen und Enthüllen enthaltene visuelle Metaphorik verweist auf den Blick des Menschen: Wir sehen die

---

[1] *The Journals and Miscellaneous Notebooks of Ralph Waldo Emerson*, ed. William H. Gilman et al. (Cambridge, MA: Belknap Press of Harvard University Press, 1960–1982) 4: 87, im folgenden abgekürzt als *JMN*. Weitere Abkürzungen: *TN* = *The Topical Notebooks of Ralph Waldo Emerson*, ed. Ralph H. Orth et al. (Columbia, MO: University of Missouri Press, 1990–1994); *EL* = *The Early Lectures of Ralph Waldo Emerson*, ed. Stephen E. Whicher et al. (Cambridge, MA: Belknap Press of Harvard University Press, 1959–1972). – Soweit nicht anders vermerkt, beziehen sich Seitenangaben zu Emerson ansonsten auf die von Joel Porte besorgte Ausgabe der *Essays and Lectures* (New York: Library of America, 1983). – Goethe wird nach der Hamburger Ausgabe zitiert (12: 467; vgl. 470 f. zum Symbolbegriff und zur Auseinandersetzung mit Schiller).

Natur und sind doch blind für sie. Als Geheimnis gehört sie zu uns, zum Bereich unseres Heims, aber wir verstehen sie nicht, sie bleibt uns rätselhaft. Goethes Gedanke wiederum, daß wir mit einem *offenbaren* Geheimnis konfrontiert sind, legt den Verdacht nahe, das Geheimnis sei vielleicht keines; die Natur scheint durchaus bereit, sich zu enthüllen, wenn sie nur recht angeschaut wird.

Ralph Waldo Emerson und Henry David Thoreau gelten als zentrale Vertreter der amerikanischen Romantik, genauer: des Transzendentalismus. Im engsten Umfeld einer ideen- und literaturgeschichtlichen Bewegung exemplifizieren sie zwei konträre Haltungen gegenüber der Natur, die als Variation der in diesem Band von Jan Assmann aufgezeigten Opposition von griechischer Neugierde und ägyptischer Andacht gesehen werden kann und damit vielleicht auf eine über historische Epochen sich durchhaltende Polarität verweist. Die übergreifende Perspektive kann hier nur skizziert werden. Ich will versuchen, Emersons und Thoreaus Einstellungen zum Geheimnis der Natur im Kontext der Romantik zu umreißen. Nach einem kurzen Überblick über einige der Entwicklung des romantischen Blicks vorausgehende Stadien umreiße ich die paradigmatische Stellung Wordsworth', in dessen Werk eine Krise im Verhältnis von Subjekt und Natur zugleich radikalisiert und aufgefangen wird. Im Hauptteil konfrontiere ich Emerson und Thoreau miteinander, um abschließend Aspekte der sich im Transzendentalismus anbahnenden Moderne anzudeuten, für die eine neue Dichotomisierung von menschlichem Blick und Natur konstitutiv ist.

*

Wenn Hamlet auf Horatios Frage, wo er den Geist seines Vaters gesehen habe, antwortet: „In my mind's eye" (I.ii.185), so verwendet er damit einen Gemeinplatz, der sich über Sidney und Chaucer bis zu Cicero, Aristoteles, Platon und die Bibel zurückverfolgen läßt. In der platonisch-christlichen Tradition wie später in Renaissance und Aufklärung wird Wahrheit mit Licht, Erkenntnis mit Sehen, die Sonne mit Gott gleichgesetzt. Kopernikus etwa zitiert in *De revolutionibus orbium caelestium* (1543) zustimmend die Vorstellung von der Sonne als Geist und als Analogon zum allsehenden Auge Gottes (I.x).[2] Die Privilegierung des Auges, die sich in solchen Metaphern ausdrückt, beinhaltet zugleich eine Spannung von physischem und geistigem Auge, die in der Regel auf Kosten des ersteren geht. Das innere Licht setzt das Erlöschen des äußeren Lichts, das innere Auge das Erblinden voraus. Im Musenanruf zu Beginn des 3. Gesangs von *Paradise Lost* (1667) verknüpft John Mil-

---

[2] Zur Metaphorik von Licht und Auge vgl. die Jahrgänge 10 (1957) und 13 (1960) von *Studium Generale*.

ton seine Biographie – er war seit Jahren erblindet – mit mehreren Traditionsfäden, wenn er die Inspiration des Dichters analog zum göttlichen Licht begreift und sich in die Nachfolge der Seher der Antike stellt, deren Blindheit eine Voraussetzung für ihre Erleuchtung war.

Während Miltons Zeitgenosse Thomas Hobbes im *Leviathan* (1651) die Spannung von innerem und äußerem Auge recht drastisch in der Charakterisierung der Phantasie als *„decaying sense"* (I.ii) erfaßt, visiert die Schriftstellergeneration der Klassizisten eine sanftere Beziehung an. In seiner 1712 im *Spectator* veröffentlichten Essay-Serie über die „Pleasures of the Imagination" begreift Joseph Addison das Verhältnis von sinnlicher Wahrnehmung und innerem Sehen als harmonisches Geben und Nehmen. Nachdem er die gängige Privilegierung des Auges und seine Vorzüge gegenüber den anderen Sinnen paraphrasiert hat, definiert er die Freuden der Phantasie zunächst als solche, die von sichtbaren Gegenständen herrühren. Anschließend unterscheidet er zwischen primären und sekundären Vorstellungen: Die primären rühren von Gegenständen, die wir vor Augen haben, die sekundären speisen sich aus Ideen von sichtbaren Objekten, die die Erinnerung bereitstellt. Während Hobbes, überspitzt formuliert, den imaginativen Akt mit dem Tod des physischen Objekts verbindet, geht Addison von einer harmonischen, wechselseitig hilfreichen Beziehung von Sehen und Phantasie aus. Mit „pleasures" verbindet er Vorstellungen von Nahrung und Besitz, wobei beide jedweder Aggressivität entbehren und im Gegenteil einen Ausgleich suggerieren. Die Sinne versorgen die Phantasie mit Nahrung, umgekehrt profitiert der phantasievolle Mensch von einer Landschaft: „A Man of a Polite Imagination ... often feels a greater Satisfaction in the Prospect of Fields and Meadows, than another does in the Possession. It gives him, indeed, a kind of Property in every thing he sees, and makes the most rude uncultivated Parts of Nature administer to his Pleasures ..."[3]

Die im Klassizismus anvisierte Harmonie von Sinnlichkeit und Erkenntnis zerbricht in der zweiten Hälfte des achtzehnten Jahrhunderts. In den Theorien des Erhabenen von Edmund Burke bis Kant und Schiller verschiebt sich das ästhetische Erleben radikal zu einer Vision hin, die auf Kosten der Sinne geht. In Schillers Phasenmodell des Erhabenen schwingt das Pendel des Bewußtseins von der Wahrnehmung einer „physischen Ohnmacht" zum Triumph „unserer subjektiven moralischen Übermacht." Im erhabenen Augenblick transzendiert das Subjekt die Sinnenwelt und erkennt in ihr das gleiche geistig-göttliche Prinzip, das auch im betrachtenden Subjekt selbst waltet. Die dramatische Verschiebung von der Sinneserfahrung zum Subjekt wird von Coleridge

---

[3] *The Spectator*, ed. Donald F. Bond (Oxford: Clarendon Press, 1965), 3: 535–539.

prägnant zusammengefaßt: „I meet, I *find* the Beautiful – but I give, contribute, or rather attribute the Sublime."[4]

Die Schlüsselstellung Wordsworth' im Kontext der Romantik ergibt sich aus seinem Versuch, die Dichotomisierung von Vernunft und Verstand, Subjektivität und Sinnlichkeit zu überwinden, ohne in den klassizistischen Kompromiß zurückzufallen. Zunächst folgt er dem von Burke und anderen vorgezeichneten Muster. In den klimaktischen Episoden von *The Prelude* werden die Sinne ausgeschaltet zugunsten von Visionen, die nicht von dieser Welt sind: „... the light of sense / Goes out, but with a flash that has revealed / The invisible world" (VI. 600–602). In einer Formulierung, die an Coleridges Betonung der Subjektivität erinnert, bezeichnet er den menschlichen Geist als „lord and master" (XII. 222). Dieser Variante des Erhabenen – dem *egotistical sublime* – arbeitet jedoch ein ebenso starker Impuls zur Vermittlung von Sinnlichkeit und Vision entgegen. Die großen Visionen sind ebenso wie die kleineren Offenbarungen, die „spots of time", stets in konkret nachvollzogene Situationen eingebettet. Die Epiphanien kommen keineswegs plötzlich, vielmehr bauen sie sich allmählich in einer Steigerung und Intensivierung sinnlicher Wahrnehmung auf. Selbst in der Mount Snowdon-Episode, in der sich nicht die Natur, sondern die hinter ihr stehende Macht enthüllt, vollzieht sich die Apokalypse *mit* der Natur – als „intensification of natural process and visual appearance."[5]

Das Wordsworthsche *sublime* strebt eine „Aufhebung" der Sinne in Hegels dreifacher Bedeutung des Wortes an: Die Sinne werden suspendiert, erhoben, bewahrt. Dient Schiller und Coleridge die Natur als Absprungbrett für das Ideale, so geht es Wordsworth um eine Rückkoppelung an die empirische Welt. Er habe sich stets bemüht, bemerkt er im Vorwort zu den *Lyrical Ballads*, seinen Gegenstand fest im Auge zu behalten. Dahinter steht, wie er in der Fenwick-Notiz zur „Intimations"-Ode erläutert, die Angst vor dem Solipsismus: die Furcht, das hochfliegende, von der Empirie losgelöste Subjekt könne abstürzen und sich in einem „abyss of idealism" verlieren. Dem ‚Abgrund des Idealismus' setzt er die genaue, zur lebenslangen Gewohnheit gewordene Beobachtung und Beschreibung der äußeren Welt entgegen. In „Tintern Abbey" wird der ruhige Blick – „an eye made quiet by the power / Of harmony" – zum Kennzeichen glücklicher Stunden; in ihm geht Sehen organisch in Schauen über. So gewinnt Wordsworth' Lyrik den Charakter

---

[4] Schiller, „Vom Erhabenen", *Schillers Werke*, Nationalausgabe, (Weimar, 1962) 20: 186; Coleridge, „Unpublished Fragments on Aesthetics by S. T. Coleridge", ed. Thomas M. Raysor, *Studies in Philology* 22 (1925) 532.

[5] Harold Bloom, *The Visionary Company: A Reading of English Romantic Poetry*, 2. erw. Aufl. (Ithaca, NY: Cornell University Press, 1971) 163. Vgl. Geoffrey Hartman, *Wordsworth's Poetry, 1787–1814* (New Haven: Yale University Press, 1964) Kap. ii.

der „Besonnenheit" in Herders (vom heutigen Wortgebrauch abweichendem) Verständnis eines Bei-den-Sinnen-Seins. Das beruhigte Auge wird wie das von Herder gegen Platonismus und Aufklärung privilegierte Ohr zu einem Sinnesorgan, das – frei von der Rastlosigkeit des Ichs ebenso wie von der Überflutung durch sinnliche Reize – die Tür zur Seele und zugleich einen Schlüssel zum Geheimnis der Natur bildet.[6]

Für Emerson und Thoreau wie für die amerikanische Romantik generell wurde Wordsworth in den 1830er Jahren zur zentralen Figur. Dabei konzentrierte sich das Interesse neben den für die Amerikaner wichtigen egalitären Zügen von Wordsworth' Lyrik vor allem auf seine Haltung gegenüber der Natur, die Emerson und Thoreau gleichermaßen inspirierte. Doch trotz des gemeinsamen Bezugspunkts und bei allen Affinitäten, die die beiden Transzendentalisten ansonsten verbindet, zeigt sich gerade hier eine tiefgreifende Divergenz. Emerson war sich dessen bewußt, als er in seinem Nachruf auf Thoreau dessen hermeneutische Zurückhaltung ebenso wie seine phänomenale Beobachtungsgabe festhielt: „... the meaning of Nature was never attempted to be defined by him. ... His power of observation seemed to indicate additional senses" (*W* 10: 439). Emerson sagt damit etwas über seine eigene Position bzw. sein eigenes Temperament aus. Während Thoreaus Bewußtsein sich an der sinnlichen Erfahrung entlang bewegte und diese zu einer Art Selbsttranszendierung zu treiben suchte, lag seine eigene Begabung eher in der Fähigkeit, die Natur als Stoff zu nehmen, dem sich das interpretierende Subjekt souverän gegenüberstellt.

Die Intensität solchen ‚Schauens' geht tendenziell auf Kosten des ‚Sehens'. Emerson schrieb sich selbst ein ‚musikalisches Auge' zu, mit dem er einen schwächer entwickelten Gehörsinn kompensiere (*TN* 1: 117). In weniger euphorischen Momenten empfand er sein Seh-Vermögen jedoch durchaus auch als problematisch. Darauf deutet eine Notiz, in der er seine Trauer über den Tod des Bruders Charles ausdrückt. Charles scheint für Emerson eine ähnliche Rolle gespielt zu haben wie Dorothy Wordsworth für William; das kindlich-unmittelbare Verhältnis der Schwester zur sinnlichen Fülle der Natur verhalf Wordsworth zu einer ständigen Humanisierung und Naturalisierung der Phantasie. Ganz in diesem Sinne empfand Emerson den Tod des Bruders über den persönlichen Verlust eines geliebten Menschen hinaus gleichsam als Verlust des natürlichen Auges: „The eye is closed that was to see Nature for me, & give me leave to see ..." (*JMN* 5: 152). Vielleicht bezieht der tri-

---

[6] Gerhart Schmidt, Einleitung zu Herders *Ideen zur Philosophie der Geschichte der Menschheit* (Darmstadt: Melzer, 1966) 33–34. Vgl. Aleida Assmann, „Auge und Ohr: Bemerkungen zur Kulturgeschichte der Sinne in der Neuzeit", in *Ocular Desire: Sehnsucht des Auges*, ed. Aharon R. E. Agus und Jan Assmann (Berlin: Akademie Verlag, 1994) 142–160.

umphale Gestus, mit dem das Emersonsche Subjekt sich in der Folgezeit immer wieder über die Natur erhebt, gerade aus dieser und vergleichbaren Katastrophen entscheidende Impulse.

Während Emerson die Natur vom Subjekt her aufschließt und sie gleichsam zur Selbstoffenbarung zwingt, indem er sie als *physis* außer Kraft setzt, hält Thoreau an der Kontinuität von geistiger Schau und sinnlicher Wahrnehmung fest. Der eine durchschaut die Natur, der andere schaut sich nach ihr die Augen aus. Thoreaus Haltung läßt sich als lebenslanger Versuch sehen, das natürliche Auge in die Phantasie zu integrieren, die Sinne derart zu steigern, daß sie in Vision übergehen. Emerson wie Thoreau gewannen aus ihrer je verschiedenen Perspektive ein großes Glückspotential, beide waren aber auch stets von der Gefahr des Scheiterns überschattet. Das Emersonsche Subjekt, das sich in immer neuen Anläufen und Höhenflügen über den ‚Abgrund des Idealismus' erhebt, neigt zu einem enormen Verschleiß sowohl der Natur, die zum Treibstoff des Absoluten funktionalisiert wird, als auch der Phantasie, der ständig neue Kraftakte abverlangt werden. Für Thoreau hingegen stellt sich das Problem, daß die Anstrengung der Sinne in ein Gefühl der Fremdheit umschlagen kann, ohne daß für die Phantasie etwas herausspringt. In *Walden* setzt er sein Experiment nicht zufällig zu den Arbeiten des Herkules in Beziehung.[7]

*

---

[7] Aus der Fülle der Forschungsliteratur habe ich von einigen Studien besonders profitiert. Zu Wordsworth: die bereits genannten Bücher von Bloom und Hartman (s. Anm. 5); Frederick A. Pottle, „The Eye and the Object in the Poetry of Wordsworth", *Yale Review* (1950), nachgedr. in *Romanticism and Consciousness: Essays in Criticism*, ed. Harold Bloom (New York: Norton, 1970) 273–287; Dietmar Schloss, „Wordsworth on Habit: The Historical Logic of Wordsworth's Preface to Lyrical Ballads", *Literaturwissenschaftliches Jahrbuch* 33 (1992) 189–208. Zu Emerson und Thoreau: Joel Porte, *Emerson and Thoreau: Transcendentalists in Conflict* (Middletown, CT: Wesleyan University Press, 1966); Lee Rust Brown, „Emersonian Transparency", *Raritan* 9 (1990) 127–144; James M. Cox, „R. W. Emerson: The Circles of the Eye", in *Emerson: Prophecy, Metamorphosis, and Influence*, ed. David Levin (New York: Columbia University Press, 1975) 57–81; Alan D. Hodder, *Emerson's Rhetoric of Revelation: „Nature", the Reader, and the Apocalypse Within* (University Park: Pennsylvania State University Press, 1989); David Jacobson, „Vision's Imperative: ‚Self-Reliance' and the Command to See Things As They Are", *Studies in Romanticism* 29 (1990) 555–570; Thomas Krusche, *R. W. Emersons Naturauffassung und ihre philosophischen Ursprünge* (Tübingen: Narr, 1987); David L. Smith, „The Open Secret of Ralph Waldo Emerson", *Journal of Religion* 70 (1990) 19–35; Robert E. Abrams, „Image, Object, and Perception in Thoreau's Landscapes: The Development of Anti-Geography", *Nineteenth-Century Literature* 46 (1991) 245–262; Loren Eiseley, *The Night Country* (New York: Scribner's, 1971) Kap. ix; ders., „Thoreau's Vision of the Natural World", in Eiseley, *The Star Thrower* (New York: Harcourt Brace Jovanovich, 1978) 222–234; James McIntosh, *Thoreau as Romantic Naturalist: His Shifting Stance toward Nature* (Ithaca: Cornell University Press, 1974); Perry Miller, „Thoreau in the Context of International Romanticism", *New England Quarterly* 34 (1961) 147–

Emersons visuelle Strategien gegenüber der Natur ähneln denen des Pioniers: Sie schaffen Lichtungen. Dieser Vorgang setzt bereits auf der Ebene der *physis* ein, gewinnt aber dann seine eigentliche Dynamik im Überschreiten der Sinne.

In einem Vortrag über „The Eye and Ear" (1837) – der charakteristischerweise so gut wie nichts über das Ohr zu sagen hat – faßt Emerson die Sinne zunächst in einer an Addison und Wordsworth erinnernden harmonischen Beziehung zur Natur. Wie Addison geht er von dem Gedanken aus, daß die Sinne uns mit den „external elements of our idea of Beauty" versorgen. Auf Wordsworth verweist die Betonung auf dem rezeptiven Charakter der Sinne: „... the human soul is perfectly receptive of the external Universe, and every beam of beauty which radiates from nature finds a corresponding inlet into the soul." Bereits hier wird jedoch eine Akzentverschiebung erkennbar. Ein Zitat Goethes verdeutlicht, daß Emersons Auge alles andere als ein Einfallstor für die Sinnenwelt ist, sondern sich vielmehr seine Freiräume in der Natur schafft: „,In design,' says Goethe, ,the soul seems to give utterance to her inmost being, and the highest mysteries of creation are precisely those which as far as relates to their ground plan rest entirely on design and modelling; these are the language in which she reveals them'" (*EL* 2: 262–266). Emerson – und Goethe – handeln hier von den Künsten, nicht der Natur, aber wenn Emerson die Mysterien der Schöpfung anspricht, meint er sowohl die menschliche Kreativität als auch die Natur als Schöpfung. Beide sind durch „design" und „modelling" gekennzeichnet, das heißt, das Auge organisiert und gestaltet den Stoff der Natur ganz so wie ein Bildhauer sein Material formt. In *Nature* (1836) ist von der „plastic power" des Auges die Rede, es wird als „the best of artists" und „the best composer" (14) gerühmt.

Das wichtigste vom Auge geschaffene Muster ist der Horizont. Dieser wird nicht gefunden, sondern nach den Bedürfnissen des Subjekts erzeugt: „The health of the eye seems to demand a horizon" (15). In „Experience" heißt es: „... it is the eye which makes the horizon" (487). Damit kommt das Auge jedoch nicht zur Ruhe, es verlangt vielmehr

---

159; H. Daniel Peck, *Thoreau's Morning Work: Memory and Perception in „A Week on the Concord and Merrimack Rivers", the Journal, and „Walden"* (New Haven: Yale University Press, 1990); Christopher L. Shultis, *Silencing the Sounded Self: John Cage and the Experimental Tradition in Twentieth-Century American Poetry and Music*, Diss. (University of New Mexico, 1993); Robert Weisbuch, *Atlantic Double-Cross: American Literature and British Influence in the Age of Emerson* (Chicago: University of Chicago Press, 1986). – In einigen Punkten greife ich auf zwei frühere Arbeiten von mir zurück: „Emerson's Visionary Moments: The Disintegration of the Sublime", *Amerikastudien* 28 (1983) 23–32; „Epiphanie als Abgrund bei Edgar Allan Poe", in *Augenblick und Zeitpunkt*, ed. Christian W. Thomsen und Hans Holländer (Darmstadt: Wiss. Buchgesellschaft, 1984) 332–348.

nach immer neuen Horizonten, sonst stagniert es und stirbt. Wenn Wordsworth in der Beruhigung des Auges die Voraussetzung für die Epiphanien der Natur zu schaffen sucht, wird für Emerson Rastlosigkeit zum obersten Gebot. Nur durch den ständigen Wechsel von Position und Perspektive, durch das Schaffen immer neuer Horizonte, bleiben Auge und Subjekt lebendig.

In der Kreismetaphorik von „Circles" erscheint das Auge als innerster Kreis, es schafft sich mit dem Horizont einen zweiten Kreis und damit ein Gebiet, das es überblickt und beherrscht. Das Wort „Horizont" beinhaltet etymologisch die Vorstellung einer Demarkation, des Absteckens von Gelände zur Markierung von Besitz.

Der christlich-platonischen Solarmythologie folgend, inthronisiert Emerson das Auge analog zum Auge Gottes als Herrschafts- und Schöpfungszentrum. Die Unterordnung der Natur wird in einer Reihe von Metaphern deutlich. In *Nature* erscheint sie als „an appendix to the soul" (37), sie verhält sich zum Geist wie der Schatten zur Sonne (40). Noch drastischer erscheint ihre Abhängigkeit in der Vorstellung, die materiellen Gegenstände der Natur seien „kinds of *scoriae* of the substantial thoughts of the Creator" (25), ein Bild, das Kenneth Burke zufolge skatologische Assoziationen von der Natur als Exkrement des Geistes nahelegt.[8] Offenbar selbst über die Aggressivität seiner Rhetorik erschrocken, entschuldigt Emerson sich gleichsam bei der Natur und bekennt sich zu ihr als seiner Mutter: „I do not wish to fling stones at my beautiful mother, nor soil my gentle nest" (38). Aber die Apostrophe der Natur als Mutter unterstreicht nur den Anspruch geistig-männlicher Dominanz.

Eine weitere Variation der Vorstellung vom Triumph des Subjekts über die Natur entfaltet Emerson in Metaphern der Transparenz. Die Natur ist nicht zuletzt deshalb ein offenes Geheimnis, weil wir sie durch-schauen. Dieser Vorgang vollzieht sich bereits auf der physiologischen Ebene, in der Art, wie unser Auge als Sinnesorgan funktioniert. Das Auge öffnet ständig Räume zwischen uns und der Umgebung. Sehen vollzieht sich als Prozeß des *clearing*. Das Auge schlägt Schneisen in die Natur, es schafft Intervalle zwischen uns und der Objektwelt, indem es Dinge überspringt, beiseite schiebt, durchschaut. Der Titel des letzten Teils von *Nature*, „Prospects", bezieht sich zunächst auf Perspektiven für die Zukunft, daneben aber auch auf die Tätigkeit des Auges, das uns Ausblicke schafft in einem Herstellen von Transparenz. Ohne die Fähigkeit, Dinge zu über-sehen und zu durch-schauen, könnten wir nichts wahrnehmen.

---

[8] Burke, „I, Eye, Ay – Emerson's Early Essay ‚Nature': Thoughts on the Machinery of Transcendence", *Transcendentalism and Its Legacy*, ed. Myron Simon und Thornton H. Parsons (Ann Arbor: University of Michigan Press, 1966) 20.

Das Auge ist somit schon als Sinnesorgan apokalyptisch angelegt; es zerstört, um uns sehen zu lassen. Damit antizipiert es die „apocalypse of the mind" (32), einen Offenbarungstypus, der in religionsgeschichtlicher Sicht Emersons Nähe zur paulinisch-augustinischen Tradition und zu den antinomischen Varianten des neuenglischen Kalvinismus verdeutlicht. Die Gnade löscht die Natur aus, ihr Licht schlägt den Menschen mit Blindheit. Die berühmt-berüchtigte Metapher vom transparenten Augapfel setzt Epiphanie und Tod in eins: „I am nothing; I see all" (10). Im visionären Augenblick gewinnt das Subjekt absolute Herrschaft über die Natur, es verleibt sich die Natur – als Sinnlichkeit des Menschen wie als sinnlich wahrgenommene Welt – ein. Nicht nur der „despotism of the senses" (33) wird außer Kraft gesetzt, die Sinne werden überhaupt vom inneren Auge absorbiert. Dessen Triumph über die Natur wird in einer Sprache gefaßt, die ausdrücklich die Diktion des Neuen Testaments aufgreift: „Nature is thoroughly mediate. It is made to serve. It receives the dominion of man as meekly as the ass on which the Saviour rode" (28).

*

In „The Poet" vergleicht Emerson den Dichter mit Lynkeus, dem Steuermann der *Argo*, dessen Luchs-Augen (daher sein Name) durch die Erde hindurchschauen konnten; wie Lynkeus verwandle der Dichter die Welt in Glas (456). Auch Thoreau hat man mit dem Luchs verglichen, aber die Leistung *seines* Auges liegt weniger im Durchschauen der Dinge – obgleich es solche Momente bei ihm gibt –, als vielmehr in einer geduldig-kontemplativen Einstellung, die das Subjekt für die Dinge öffnet, sowie in der Anstrengung, die Dinghaftigkeit der Natur minutiös zu registrieren und die Sinne so zu verfeinern, daß die Welt an den Rand der Epiphanie getrieben wird, ohne jedoch in diese überzugehen. In der zum äußersten getriebenen Wahrnehmung bleibt die Welt als ästhetisches Phänomen erhalten bzw. wird immer neu als ein solches konstituiert. In der religiösen Tradition des puritanischen Neuengland steht Thoreaus Sensibilität derjenigen der *preparationists* nahe, für die das Heil sich zwar der menschlichen Verfügung entzieht, die menschliche Natur sich aber doch aus eigener Kraft auf die Gnade zubewegen kann.

Auf den ersten Blick haben Thoreaus Seh-Strategien einiges mit denen Emersons gemeinsam. Auch für Thoreau ist das Auge der privilegierte Sinn, der in unmittelbarem Kontakt zur Seele steht – „Its axle is the axle of the soul" – und gottgleiche Eigenschaften besitzt: „The eye has many qualities which belong to God more than to man ..."[9] Die

---

[9] Henry David Thoreau, *Journal*, ed. John C. Broderick et al. (Princeton, NJ: Princeton University Press, 1981–), 1: 155, 375, im folgenden abgekürzt als *PJ*. Weitere Ab-

detaillierten Ausführungen in *Walden* über das Erstellen neuer Perspektiven durch ständigen Positionswechsel erinnern an die Aggressivität, mit der Emersons Auge Landschaft ‚verbraucht'. Auch Thoreau benutzt Metaphern von Besitz und Verzehr. Wer eine Landschaft überblickt, eignet sie sich an: „In imagination I have bought all the farms in succession ..." (387). Das umherschweifende Auge versorgt die Phantasie mit Nahrung: „There was pasture enough for my imagination" (392). Doch während Emersons Auge die Natur zu beherrschen bzw. zu verschlingen trachtet, ist Thoreau – darin an Addison erinnernd – auf ein ästhetisches Vergnügen aus, das sowohl das Auge wie auch die Natur intakt läßt. Das Auge ‚grast' – „My eyes nibble the piny sierra which makes the horizon's edge" (*J* 11: 450) –, das heißt, es gewinnt wohl Nahrung, aber auf eine Weise, die die Natur nicht verbraucht, sondern ihr zur Regeneration verhilft.

Walden Pond, das Zentralsymbol von *Walden*, wird mit einem Auge verglichen: „A lake is the landscape's most beautiful and expressive feature. It is earth's eye ..." (471). Der See ist feminin konnotiert, eine seiner wichtigsten Qualitäten ist seine Rezeptionsleistung: Regen, Staub, die vom Ufer hergewehten Blätter, das Bild des Himmels – alles vermag er aufzunehmen. Sehen erscheint wie bei Wordsworth als ein Sich-Öffnen für Einflüsse von außen. Der Blick des Betrachters am See geht seitwärts oder in die Tiefe. Während Emersons Sehen nach oben und über den Horizont hinaus gerichtet ist, schaut Thoreau vorzugsweise in der Ebene oder nach unten. Dies, so vermerkt er im *Journal*, entspreche der natürlichen Tendenz des Auges: „Man's eye is so placed as to look straight forward on a level best – or rather down than up – His eye demands the sober colors of the earth for its daily diet. He does not look up at a great angle but with an effort" (*PJ* 4: 424).

In seinem bereits erwähnten Nachruf erfaßt Emerson einen zentralen Aspekt von Thoreaus Sensibilität mit der Formulierung, Thoreau habe nie versucht, die Bedeutung der Natur zu ‚definieren'. Der Begriff der Definition enthält wie der des Horizonts die Metapher einer Grenzlinie, die man zur Markierung von Besitz zieht. Wenn Emersons ‚plastisches' Auge sich einen Horizont mit klaren, scharfen Rändern schafft, so bevorzugt Thoreau vage, geradezu unsaubere Konturen. Sein Horizont ist keine Demarkationslinie, sondern eine Grauzone, in der sich die Einflußbereiche von Auge und Objektwelt vermischen: „... trees and

---

kürzungen: *J* = *The Journal of Henry D. Thoreau*, ed. Bradford Torrey und Francis H. Allen (Boston: Houghton, Mifflin, 1906); *W* = *The Writings of Henry David Thoreau*, Riverside Edition (Boston: Houghton, Mifflin, 1897). – Soweit nicht anders vermerkt, beziehen sich alle Seitenangaben zu Thoreaus Werken auf die folgende Ausgabe: Henry David Thoreau, *A Week on the Concord and Merrimack Rivers, Walden; or, Life in the Woods, The Maine Woods, Cape Cod* (New York: Library of America, 1985).

bushes ... make an agreeable misty impression where there are a myriad retreating points to receive the eye, not a hard, abrupt wall; just as, in the sky, the visual ray is cushioned on clouds" (J 11: 295). Wolken, Dunst, Büsche machen den Horizont weich und fangen den Blick sanft auf.

Ein solches Auge ist anti-apokalyptisch; es hält fest an der Sinnlichkeit, versucht Visionen nicht gegen die Sinne, sondern mit ihnen. Wenn Emerson seine glücklichsten Augenblicke als Ekstasis, ein Von-Sinnen-Sein erlebt, besteht Thoreau auf der Verfeinerung der Sinne, nicht ihrer Suspendierung. In *A Week on the Concord and Merrimack Rivers* plädiert er für eine Entwicklung der Sinne weit über ihr gegenwärtiges, von ihm als ‚rudimentär' empfundenes Stadium hinaus. Eine solche Evolution könnte uns den Himmel bescheren: „We need pray for no higher heaven than the pure senses can furnish, a *purely* sensuous life. Our present senses are but the rudiments of what they are destined to become" (310). In seiner Philosophie des Wanderns in „Walking" beklagt er, wie oft unsere Gedanken von den Sinnen getrennt seien: „... I am not where my body is, – I am out of my senses. In my walks I would fain return to my senses" (W 9: 258–259). Mit „out of my senses" beschreibt er einen pathologischen Zustand. Gesundheit verlangt dagegen, daß man bei Sinnen ist, besonnen in Herders Verständnis. In *Walden* legt er Wert darauf, daß Phantasie und Körper gemeinsam speisen: „they should both sit down at the same table" (494). In einer seiner großen Stunden erlebt er „a delicious evening, when the whole body is one sense, and imbibes delight through every pore" (425). Das ist gewissermaßen Thoreaus Form der Transzendenz: Die Sinne werden intensiviert und integriert bis zu einem Punkt, an dem sie nicht mehr unterschieden werden können und zu einem Sinn verschmelzen. Hier geht das Überschreiten der Einzelsinne nicht über die Sinne hinaus, es bleibt in der Natur und macht das Ich zu einem Teil von ihr: „I go and come with a strange liberty in Nature, a part of herself." Eines Nachts, als er sich beim Angeln in Gedanken und Träumereien verloren hat, spürt er einen leichten Ruck an der Leine; ein Fisch knabbert am Köder: „It was very queer, especially in dark nights, when your thoughts had wandered to vast and cosmogonal themes in other spheres, to feel this faint jerk, which came to interrupt your dreams and link you to Nature again" (462 f.).

Die Dynamik des Auges, die von Emerson als konstitutiv angenommene Tätigkeit des Durchdringens der Objektwelt und Öffnen neuer Perspektiven, wird bei Thoreau durch eine Gegenbewegung von Verschleierung und Re-mystifizierung ausbalanciert. Das Ich begegnet dem Geheimnis der Natur mit einem rhythmischen Alternieren von Enthüllung und Verhüllung, Vertrautmachen und Verfremdung. Einen besonderen Reiz der Winterlandschaft um Walden sieht er darin, daß sie

„new views ... of the familiar landscape" (538) bietet. Die Wendung „new views" erinnert an die Unersättlichkeit des Emersonschen Auges, das ständig neue Perspektiven sucht. Aber das Neue erwächst bei Thoreau nicht aus einer Positionsänderung des Betrachters, es kommt aus der Natur selbst mit dem Wechsel der Jahreszeiten. Überdies ist es nicht völlig neu, sondern bleibt rückgekoppelt an eine „familiar landscape". Die Erregung des Betrachters ergibt sich zu einem guten Teil durch den Kontrast zwischen Winter- und Sommerlandschaft, sie wird maßgeblich geprägt durch die Erinnerung.

Zu den häufigsten, geradezu floskelhaften Formulierungen im *Journal* gehört die Wendung „This reminds me of ...". Thoreau beschreibt ein Naturphänomen und vergleicht es dann mit früheren Beobachtungen. Das Vergleichen enthüllt Neues ebenso wie Bekanntes. Nicht daß es für Thoreau keine Überraschungen gäbe, im Gegenteil; jeder Leser von *Walden* erinnert sich an die hervorragende Rolle, die der Überraschung zukommt. Aber die Überraschungen gewinnen ihr Profil oft aus vorangegangenen Wahrnehmungen, mehr noch, sie hängen eng mit Beobachtungs*gewohnheiten* zusammen. Für Emerson wie für den Shelley der *Defence of Poetry* heißt Sehen, den Dingen den Schleier des Vertrauten zu entreißen. Wordsworth betont dagegen im Vorwort zu *Lyrical Ballads* die Rolle der Erinnerung sowie der „meditative habits", und im gleichen Sinne rollen die Überraschungsmomente bei Thoreau aus Gepflogenheiten des systematischen Beobachtens heraus. *Habits* können den Tod des Selbst bedeuten, aber das routinemäßige Studium der Natur erzeugt bei Thoreau jene Schärfung der Sinne und des Geistes, die Unerwartetes erst erfahrbar macht. Thoreau hatte nach zwei Jahren das Bedürfnis, Walden zu verlassen; ebenso wichtig war aber auch, daß er zwei Jahre blieb: „The scenery of Walden is on a humble scale, and, though very beautiful, does not approach to grandeur, nor can it much concern one who has not long frequented it or lived by its shore ..." (463).

Wie Wordsworth setzt auch Thoreau auf das geübte Auge: „All this you will see, and much more, if you are prepared to see it, – if you *look* for it. ... There is just as much beauty visible to us in the landscape as we are prepared to appreciate ... We cannot see anything until we are possessed with the idea of it ..." (J 11: 285). Die Visionen, so plötzlich sie kommen mögen, bedürfen der Vorbereitung, sie müssen paradoxerweise erarbeitet werden. Einer der atemberaubenden Augenblicke in *Walden* ist mit der Routine des Wasserholens verbunden. Am Anfang von „The Pond in Winter" beschreibt Thoreau, wie er morgens aufwacht mit dem Gefühl einer Frage, die er im Schlaf vergebens zu beantworten suchte. Dann schaut er hinaus ins Freie und findet seine Frage beantwortet: „I awoke to an answered question, to Nature and daylight." Die Natur als Antwort auf eine Frage ist Thoreaus Gegenstück zu Goethes offenbarem Geheimnis. Aber wieso ist die Frage beantwortet? Weil Thoreau sich *in* die Natur gestellt hat, nicht über sie. Mehr noch: weil er in ihr gearbeitet hat. Nach dem Aufstehen geht er zum See, um ein Loch ins Eis zu schlagen und Wasser zu holen: „Then to my morning work." Kurz darauf, nachdem er eine Stelle vom Schnee gesäubert hat und durch das Eis in die Tiefe schaut, eröffnet sich ihm ein Blick in den Himmel: „Heaven is under our feet as well as over our heads" (547).

Von Edmund Burke bis Emerson verbindet sich das Erhabene mit der Furcht des Subjekts, von einer fremden Macht überwältigt und ausgelöscht zu werden. Thoreau versucht, die Machtstruktur des Erhabenen durch Strategien des *neighboring* außer Kraft zu setzen.[10] Er strebt eine nachbarschaftliche Beziehung zur Natur an, in der die Partner vertraulich miteinander umgehen und einer den anderen respektiert. Die Aufhebung der Machthierarchie befreit nicht nur das Ich, sondern auch die Natur von Furcht; die Natur verliert ihre Scheu: „Fishermen, hunters, woodchoppers, and others, spending their lives in the fields and woods, in a peculiar sense a part of Nature themselves, are often in a more favorable mood for observing her, in the intervals of their pursuits, than philosophers or poets even, who approach her with expectation. She is not afraid to exhibit herself to them" (490). Gegenüber der in der Romantik verbreiteten Privilegierung des kindlichen, unschuldigen Auges gibt Thoreau denen den Vorzug, die in der Natur arbeiten und daher vertraut sind mit der Arbeit der Natur. Der geduldige Beobachter wird von der Natur als zu ihr gehörig akzeptiert, vor ihm hat sie nichts zu verbergen: „You only need sit still long enough in some attractive spot in the woods that all its inhabitants may exhibit themselves to you by turns" (505).

Respekt vor der Natur heißt aber auch, ihre Andersartigkeit zu achten. Neben den Gestus der Vertrautheit tritt daher die Haltung der Betroffenheit angesichts der Unfaßbarkeit der Natur. Zu solchen Fremdheitserfahrungen gehört das Erlebnis des Sich-Verirrens: „It is a surprising and memorable, as well as valuable experience, to be lost in the woods any time." Der ‚Luchs von Concord' verirrte sich sicher nur selten. Worin liegt dann der Reiz des Orientierungsverlusts? Thoreau antwortet selbst, indem er fortfährt: „... not till we are completely lost ... do we appreciate the vastness and strangeness of Nature. ... Not till we are lost ... do we begin to find ourselves ..." (459).

Beobachten und Erinnern machen die Umwelt zur Welt, sie beheimaten das Ich, als Formen der Aneignung bergen sie jedoch immer noch die Gefahr der Vereinnahmung der Natur, ihrer Verkleinerung. Dem

---

[10] Vgl. Stanley Cavell, *The Senses of Walden*, erw. Aufl. (San Francisco: North Point Press, 1981) 105–108.

seines gewichtigen Gegenübers beraubten Subjekt droht, wie Wordsworth erkannte, das Risiko des Solipsismus; das Ich braucht das Andere, das sich dem physischen wie dem inneren Auge widersetzt bzw. entzieht. Thoreau rekonstituiert das Geheimnis der Natur durch die Selbstbeschränkung des Subjekts, er gesteht der Natur zu, sich zu verweigern: „At the same time that we are earnest to explore and learn all things, we require that all things be mysterious and unexplorable ..." (575). In „Walking" faßt er den Widerstand der Natur im Begriff der Wildheit oder Wildnis: „... in Wildness is the preservation of the World" (W 9: 275). Mit Befriedigung beobachtet er in *A Week on the Concord and Merrimack Rivers*, wie die Natur sich von der Zivilisation besetztes Terrain zurückholt: „These continents and hemispheres are soon run over, but an always unexplored and infinite region makes off on every side from the mind, further than to sunset, and we can make no highway or beaten track into it, but the grass immediately springs up in the path ..." (292).

*

Wenn das Ästhetische – in Borges' eingangs als Motto zitierter Formulierung – sinnliche Erfahrung und Epiphanie in der Schwebe hält, so zeichnet sich sowohl bei Emerson als auch bei Thoreau eine neue Dichotomisierung von Subjekt und Natur ab, die ästhetische Erfahrung im Sinne der Romantik auflöst. Das Erlebnis der Natur als ständiger Schöpfungsprozeß schlägt in Emersons „Nature" (1844) um in das Gefühl des Sich-Entziehens der Natur. Die Natur enteilt dem Blick, sie scheint den Betrachter geradezu zu verspotten.[11] Emerson ‚löst' das Problem, indem er das Geheimnis der Natur ins gleißende Licht einer Apokalypse taucht. Als transparenter Augapfel ist das Ich von den Schlacken der Sinnlichkeit befreit, zugleich ist damit der Widerstand der Natur gebrochen, da sie als Anderes vom Subjekt absorbiert wird. An die Stelle ästhetischer Erfahrung tritt die mystische Schau.

Thoreau hingegen treibt das Gefühl für das Andere der Natur auf der Ebene der *physis* bis zur Erfahrung der Fremdheit des eigenen Körpers vor. Daß auch dabei das Ästhetische gefährdet ist, zeigt die Bergbesteigung im Ktaadn-Kapitel von *The Maine Woods*. Allerdings geht hier die Dynamik des Erhabenen in die umgekehrte Richtung. Das Geheimnis der Natur wird nicht in der Epiphanie aufgelöst, sondern zum Unheimlichen einer Sinnlichkeit verdunkelt, die auf das Subjekt zurückschlägt. Die Wolken um den Gipfel lichten sich nicht. Wenn die „hostile ranks

---

[11] Vgl. Herwig Friedl, „Eine religiöse Kehre: Denken und Dichten im amerikanischen Transzendentalismus von Emerson bis Dickinson", *Literaturwissenschaftliches Jahrbuch* 35 (1994) 265.

of clouds" auf der einen Seite abzudriften scheinen, ziehen auf der anderen neue Formationen heran. Thoreau fühlt sich wie in einer „cloudfactory", zurückgeworfen an die Anfänge des Planeten Erde (640). Die Natur scheint vom Eindringen des Wanderers beleidigt, sie reagiert mit feindseliger Wucht: „Man was not to be associated with it. It was Matter, vast, terrific, – not his Mother Earth that we have heard of, not for him to tread on, or be buried in, – no, it were being too familiar even to let his bones lie there, – the home, this, of Necessity and Fate. There was there felt the presence of a force not bound to be kind to man" (645).

Das Subjekt wird auf jene Stufe zurückgeworfen, auf der in Schillers Phasenmodell das Erhabene seinen Ausgang nimmt. In der Konfrontation mit der Natur wird es der Fremdheit seiner eigenen Natur, seines Leibes, inne. Schon beim Aufstieg hatte Thoreau den Eindruck, das geistige Element in ihm verflüchtige sich durch die Rippen. Aus dem Körper als dem Haus der Seele wird eine schwere Masse, ebenso opak wie die Bergwildnis um ihn herum, und ebenso unheimlich: „I stand in awe of my body, this matter to which I am bound has become so strange to me. I fear not spirits, ghosts, of which I am one, – *that* my body might, – but I fear bodies, I tremble to meet them. What is this Titan that has possession of me?" (646).

In Emersons Auflösung des Natur-Geheimnisses in der mystischen Schau ebenso wie in Thoreaus Modulation dieses Geheimnisses zum Unheimlichen hin kündigt sich die Moderne an. Für Edgar Allan Poe und Baudelaire werden jene Extreme, an denen bei den Transzendentalisten ästhetische Erfahrung verschwindet, zu Kernpunkten eines neuen ästhetischen Programms. Die Dynamik der Transzendenz zielt auf ein Neues, das von vornherein als Negation der Natur, nicht als Steigerung der Sinne, sondern deren „dérèglement" (Rimbaud) anvisiert wird. Die transzendentalistische Figur des Erwachens – des „morning work" – wird von der des Halbwachzustandes abgelöst, der berauschende Nektar der Natur weicht dem Drogenrausch, und die künstlich stimulierte Phantasie schafft sich ihre künstlichen Paradiese. In Trance, Rausch und Wahn wird ästhetische Erfahrung zum Schock, zur über- und un-sinnlichen Konfrontation mit einem Anderen, das sich, wie Poe in seinen *Marginalia* feststellt, durch „*the absoluteness of novelty*" auszeichnet: „... there is really nothing even approximate in character to impressions ordinarily received. It is as if the five senses were supplanted by five myriad others alien to mortality."[12] Die der Verwirrung der Sinne abgewonnenen Bilder simulieren ein Mysterium, das nur noch als negativer Gegenpol zum Hier und Jetzt, als leere Transzendenz aufge-

---

[12] Poe, *Marginalia*, eingeleitet von John C. Miller (Charlottesville: University Press of Virginia, 1981) 99.

faßt werden kann. Die gegen die Sinne arbeitende Phantasie operiert am Rande eines Geheimnisses – am Anfang von „Eleonora" plaziert Poe das Ich „upon the verge of the great secret" –, das ein Abgrund ist. Emersons Ahnungen von der Flüchtigkeit der Natur und Thoreaus Erlebnis ihrer Fremdheit verdichten sich in Emily Dickinsons Dichtung zum Bild der Natur als „haunted house" („What mystery pervades a well!"). Aus dem in *Nature* beschworenen ursprünglichen Heim des Menschen sind wir ins House of Usher getreten. Bei dessen Zusammenbruch scheint nicht die Sonne, sondern ein blutrot untergehender Vollmond – ein Anblick, dem der entsetzte Erzähler sich durch die Flucht entzieht.

II. Verratene Geheimnisse

Gerhard Baudy

Das verratene Geheimnis
Zur Rolle der Schlange in antiken Initiationsriten und Kulturentstehungsmythen

Zu antiken Tempelanlagen gehörten oft mit besonderen Tabus belegte Bereiche. Teils waren es durch Mauern oder Seile abgesperrte heilige Haine, teils im Tempelinnern liegende Krypten. In griechischer Sprache hieß ein solcher Bereich das „Unbetretbare", Abaton oder Adyton.[1] Was hier geschah, wußten nur Eingeweihte, und diesen war es verboten, etwas von dem weiterzusagen, was sie an den heiligen Orten erfahren oder getan hatten. Zum Begriff des Abaton, des Unbetretbaren, gesellte sich daher der Komplementärbegriff des Aporrheton oder Arrheton, des „Verbotenen" oder gänzlich „Unsagbaren".[2]

Die Geheimhaltungspolitik antiker Religionen stellt den heutigen Interpreten bekanntlich vor besondere hermeneutische Probleme. Denn wer den jeweiligen Kult deuten möchte, muß ihn zuerst einmal rekonstruieren. Jeder Rekonstruktionsversuch setzt aber bereits eine bestimmte Deutungsstrategie voraus. Kein Wunder also, daß es den Religionshistorikern oft schwer fällt, zu einem Konsens zu gelangen.

Eine Erforschung vergangener Religionen überhaupt zu versuchen wäre denn auch ziemlich aussichtslos, wenn die Kultgeheimnisse, um die es jeweils ging, nicht wenigstens indirekt mitgeteilt worden wären. Sie wurden publiziert in Form verschiedener Symbole und Mythenerzählungen, die eine Art lokaler Geheimsprache bildeten. Obwohl diese Sprache die Funktion hatte, Geheimzuhaltendes gegen Unbefugte abzu-

---

[1] ‚Abaton' bezeichnete den unbetretbaren Freilandbezirk, ‚Adyton' hingegen das unzugängliche Allerheiligste im Tempelinnern. Belege in den einschlägigen RE-Artikeln von Stengel (1894); vgl. Nilsson (1967), 76 und 398. Der Inkubationsraum der Asklepiostempel hieß in Epidauros Abaton, an andern Kultorten Adyton. Vgl. Graf (1990), 186 f.
[2] Belege bei Van der Burg (1939), 3 ff.

schirmen, konnten ihre Grundkomponenten auch von Fremden, sofern sie in analoge Kulte eingeweiht waren, identifiziert und verstanden werden. Ein antiker Reisender, der die Sprache eines exotischen Kults zu verstehen glaubte, brachte dieses Vertrautheitsgefühl gewöhnlich dadurch zum Ausdruck, daß er Gleichungen herstellte zwischen Elementen seiner Heimatreligion und denen des fremden Kultsystems. Das führte einerseits zur Identifikation von Göttern verschiedener Nationalitäten und andererseits zur Herausbildung einer bestimmten Kategorie von Erzählungen, welche die Funktion heutiger Diffusionstheorien besaßen. Solche Erzählungen erklärten die geographische Verbreitung des jeweiligen Kulttyps durch Wanderungen eines ihm zugeordneten Gottes oder Heros. Wer im Mittelmeerraum viel herumgekommen war, der glaubte daher gewissermaßen in den Spuren mythischer Kultstifter gewandelt zu sein, die seine ausgedehnten Reisen in der Urzeit vorweggenommen hatten. Seit die Länder des östlichen Mittelmeerraums und die angrenzenden Gebiete des Nahen Ostens von Griechen und Römern okkupiert worden waren und seit dort infolgedessen verschiedene ethnische Gruppen in engem Dauerkontakt lebten, wurden die synkretistischen Gleichungsketten und somit auch die Wanderungen der mythischen Kultstifter immer länger. Schon vor Alexander dem Großen sollten nun Götter wie Dionysos oder Osiris – beide wurden sowohl miteinander als auch mit einer Vielzahl anderer Gottheiten identifiziert – bis nach Indien gelangt sein.

Die Vorstellung, die Kultorte der verschiedensten Städte und Völker verdankten sich der urzeitlichen Epiphanie derselben Götter, die dort bloß unter verschiedenen Namen verehrt würden, wurde wie gesagt begünstigt durch internationale Symbolkonventionen, die ein Minimum an Verständlichkeit auch über Landes- und Sprachgrenzen hinweg sicherten. Diese Internationalität religiöser Zeichensysteme kann sich nun aber auch der heutige Religionshistoriker zunutze machen, der als ganz und gar Außenstehender und von seinem Forschungsgegenstand durch einen großen zeitlichen Abstand Getrennter in die ‚unbetretbaren' Räume im nachhinein eindringen und das ‚Unsagbare' aus wissenschaftlicher Neugierde profanieren will. Er kann versuchen, jene religiöse Zeichensprache zu erlernen, indem er auf komparatistischem Weg semantische Grundmuster entschlüsselt.

Um die Freilegung eines solchen Musters wird es mir im folgenden gehen. Ich konzentriere mich dabei auf einen bestimmten Mechanismus religiöser Geheimnissicherung: das Unheimlichmachen heiliger Räume durch Schlangen. Eine altmediterrane Symbolkonvention wies der Schlange bekanntlich das Amt eines Wächtertiers zu, das die Zentren der jeweiligen Kulte vor Profanierung schützte.[3] Nach der Lehre einer

---

[3] Reflexe in sumerischen und griechischen Mythen verzeichnet Armstrong (1969), 15 ff.;

gnostischen Sekte, der eine synkretistische Theologie propagierenden Naassener, hatten gar alle Tempel unter dem Himmel von der sie bewohnenden Schlange ihren Namen; ihr sei jeder Initiationsritus und jedes Mysterium geweiht. Bezeichnenderweise suchte man eine Bestätigung hierfür in einem volksetymologischen Wortspiel, das Sprachgrenzen bewußt mißachtete: Das griechische Wort für Tempel, Naos, wurde von hebräisch Naas, ‚Schlange‘, abgeleitet.[4]

Das Unbetretbare betreten und das Unsagbare, das sich dort offenbarte, schauen konnte demnach nur derjenige, der seine Angst vor dem unheimlichen Wächter überwand. Verschiedene Mythen erzählen von Helden, welche einst einen Wächterdrachen töteten oder überlisteten, um einen von ihm bewachten Schatz in Besitz zu nehmen: seien es nun die Äpfel der Hesperiden, sei es das goldene Vlies, eine Perle oder ein Mädchen. Um den Aspekt der Unzugänglichkeit und Unbetretbarkeit der heiligen Orte zu betonen, verlegen die Heldenerzählungen sie meist an den Rand der bewohnten Welt oder projizieren sie in utopische Regionen außerhalb der vertrauten Verkehrsräume. Dem imaginären Vorbild solcher Heroen mußte also folgen, wer sich das von der Schlange bewachte Geheimnis aneignen wollte.[5]

Im Kult konnte die heroische Leistung eines Drachenkampfes dem Initianden freilich nicht im wörtlichen Sinne abverlangt werden. Denn einen gefährlichen Drachen gab es ja nur in der Ritualfiktion. Möglich war es also bloß, die urzeitliche Drachentötung in Form eines Tanzspiels zu wiederholen. Solche Tanzspiele waren in der Antike beliebt.[6] Sie stellten eine der Öffentlichkeit zugewandte Seite des Kults dar, eine dramatische Inszenierung dessen, was drinnen im verborgenen geschah, wenn der Initiand das Unbetretbare betrat. Jeder Drache löste sich ja

---

vgl. Fauth (1977/78), 130 ff. – In Griechenland galten Schlangen oft als Manifestationsformen kultisch verehrter Heroen, was im frühen zwanzigsten Jahrhundert totemistische (Harrison [1911/1977], 263 ff.) und animistische (Küster [1913]) Deutungen begünstigte.

[4] Hippol. ref. omn. haer. 5, 9, 12.

[5] Eine historisierte Form solcher Mythen war etwa eine spätantike Alexanderlegende, die Alexander den Großen in Indien eine heilige Riesenschlange besuchen läßt. Die Legende widerspiegelt indische Schlangenkulte und -mythen. Dazu mit Quellenangaben Stöcker (1979).

[6] Ein italisches Tanzspiel dieser Art hieß geradezu *lusus serpentis* (CIL IV 1595). Antike Allegoresen, welche in der Mysterien-Schlange ein Abbild des Sonnenlaufs sahen (dazu Leisegang [1939/40]), dürften auf einer sekundären astrologischen Symbolik griechischer Reigentänze basieren (vgl. etwa Lukian. de salt. 7). Als emblematisches Zeichen solcher Reigentänze oder Umgangsriten läßt sich die den Baum umwindende Wächterschlange deuten. Im analogen nordeuropäischen Brauchtum wurde eine mythische Riesenschlange evoziert vom choreographischen Schema des Labyrinthtanzes, dessen Thema gern die Entführung und Befreiung eines Mädchens bildete (Krause [1893], 84 ff.; Hetzner [1963], 26 ff.).

notgedrungen in Nichts auf, wenn die Angst vor dem Unheimlichen verschwand, dessen Projektion er war.

Dennoch wurde so getan, als fände im Innern des Tempels eine Begegnung mit einer realen Wächterschlange statt. Diese konnte freilich, da sie ja weiterhin verfügbar bleiben mußte, nicht getötet, sondern nur ihrer Gefährlichkeit entkleidet werden. Der Initiand stimmte sie durch Bestechungen friedlich. Das geschah durch Darreichen bestimmter Nahrungsgaben. Wollte man antiken Darstellungen Glauben schenken – und das tun bis heute nicht wenige Forscher –, so waren antike Tempelschlangen geradezu süchtig nach Honigkuchen. Wer ihnen solche Süßigkeiten mitbrachte, den ließen sie ungehindert passieren, so daß er die gewünschte Offenbarung erlangte.[7] Die Schlange wäre demnach eine Mittlerin bzw. Verräterin eines dem Menschen normalerweise unzugänglichen Heilswissens gewesen. In der Tat wußten griechische Mythen von Sehern zu berichten, die ihre übermenschliche Weisheit durch eine Schlange erlangt hatten.[8] Und in der Spätantike hat ein Scharlatan namens Alexander in Kleinasien traditionelle Mysterienbräuche mit einer realen Schlange nachgeahmt, die er für eine Inkarnation des Gottes Asklepios ausgab. Er benutzte sie gewerbsmäßig unter anderem auch zu Orakelzwecken. Dazu legte er das Reptil um seinen Leib, verbarg jedoch den Kopf des Tiers unter einer seiner Achseln und ersetzte ihn durch einen künstlichen menschengestaltigen Kopf, dessen Mund sich mit einer mechanischen Vorrichtung öffnen und schließen ließ. So konnte er vortäuschen, aus dem Mund der Schlange Offenbarungen zu empfangen.[9]

Als das Christentum seine geistige Auseinandersetzung mit den paganen Religionen aufnahm, lieferte nicht zuletzt die Schlange – als in vielen Kulten heimische Hüterin und gleichzeitig bestechliche Verräterin göttlicher Geheimnisse – einen günstigen Anknüpfungspunkt der Polemik. Denn sie ließ sich naheliegenderweise mit der biblischen Paradies-

---

[7] Daher mußte z. B. derjenige, der ins unterirdische Orakelheiligtum des schlangengestaltigen Heros Trophonios in Lebadeia hinabsteigen wollte, Honigkuchen mitnehmen (Paus. 9, 39, 11). Die Wächterschlange der athenischen Akropolis erhielt Honigkuchen als monatliches Opfer (Hdt. 8, 41); sie repräsentierte den Heros Erichthonios.

[8] Der spätere Seher Iamos wird als neugeborenes Kind im Gebüsch ausgesetzt und von zwei Schlangen mit Honig gefüttert (Pind. Ol. 6, 45 ff. mit Scholien; vgl. Paus. 6, 2, 5). Melampus erlangt seine Sehergabe, als Schlangen ihm mit ihren Zungen die Ohren auslecken (Hes. fr. 261 M.-W.; Apollod. bibl. 1, 9, 11). Der Seher Polyidos lernt von einer Schlange das Geheimnis der Totenerweckung, nachdem er eine andere Schlange getötet hat (Hyg. fab. 136; Apollod. bibl. 3, 3, 1; Tzetz. zu Lykophr. 811; die Geschichte war von Sophokles [TrGF 4, fr. 389a-400 Radt] und Euripides [fr. 634-646 Nauck²] dramatisiert worden). Auch der berühmte Heros Teiresias erlangt – ähnlich wie der archetypische Sehergott Apollon selbst – seine mantische Qualifikation durch Töten von Schlangen (Hes. fr. 275 M.-W.).

[9] Lukian. Alex. 12 ff.

schlange identifizieren, die das Urelternpaar zum Ungehorsam gegen Gott verleitet hatte. Hippolytos etwa bezeichnet die Schlange als Urheberin aller Irrlehren.[10] Für Firmicus Maternus hat der Teufel, die Schlange, die paganen Religionen gestiftet, indem er die wahren Mysterien des Christentums vorausschauend nachäffte und entstellte, weil er die Menschen um ihr Seelenheil betrügen wollte.[11]

Die Kirchenväter haben also in der biblischen Sündenfallerzählung ein archetypisches Modell dessen gesehen, was in den paganen Konkurrenzkulten geschah. Mir scheint dies ein wichtiger Hinweis zu sein, den die komparatistische Forschung sich vielleicht stärker als bisher zunutze machen sollte. Ich selbst werde das in doppelter Absicht versuchen: Erstens möchte ich, indem ich Anregungen verschiedener Alttestamentler aufgreife, den Paradiesmythos als Reflex eines vorderorientalischen Initiationsritus deuten, und zweitens geht es mir darum, für diesen mythisch-rituellen Komplex einschlägige Parallelen aus dem griechischen und italischen Raum nachzuweisen.

Zunächst zur biblischen Paradiesgeschichte, wie wir sie aus dem 3. Kapitel der Genesis kennen: Dieser Erzählung zufolge entstand das sexuelle Schamgefühl bekanntlich infolge einer Verbotsübertretung. Adam und Eva wurden sich ihrer Geschlechtlichkeit bewußt und bedeckten ihren Genitalbereich mit Feigenblättern (3, 7), nachdem sie von den Früchten eines Baumes gegessen hatten, der in der Mitte des Paradiesgartens stand. Das war der „Baum der Erkenntnis des Guten und Bösen" (2, 9). Falls sie das Obst dieses Baumes äßen, so hatte Gott Adam und Eva angedroht, müßten sie sterben (2, 17; 3, 3). Eben das aber leugnet die Schlange, als sie Eva zum Genuß der Früchte verführt: „Nein, ihr werdet nicht sterben. Gott weiß vielmehr: Sobald ihr davon eßt, gehen euch die Augen auf; ihr werdet sein wie Gott und erkennt Gut und Böse" (3, 5).

Die Schlange lügt nicht: Adam und Eva bleiben vorläufig am Leben, und Gott selbst bestätigt später die Worte der Schlange, indem er sagt: „Seht, der Mensch ist geworden wie wir; er erkennt Gut und Böse" (3, 22). Dennoch führt die Schlange die Menschen zumindest unfreiwillig in die Irre, und zwar deshalb, weil sie nun zur Strafe sterblich werden. Gott vertreibt Adam und Eva aus dem Paradies, damit sie nicht auch von den Früchten eines andern Baums, des Baums des Lebens, äßen. Dadurch nämlich erlangten sie ewiges Leben (3, 22). Hätten Adam und Eva also von den Früchten, die am Baum der Erkenntnis des Guten und Bösen hingen, nichts genossen, so wären ihnen ein freier Zugang zum Baum des Lebens und somit ein ewiges paradiesisches Dasein

---

[10] Hippol. ref. omn. haer. 5, 6; vgl. 5, 11. Die Satanisierung der Paradiesschlange bezeugt schon der Apologet Iustin (dialog. 103, 5).
[11] Firm. Mat. de err. prof. rel. 26 f.

garantiert gewesen. Statt dessen verurteilt Gott sie dazu, außerhalb des von ihm gepflanzten Paradiesgartens die Grundbedingungen menschlicher Existenz selbständig aufrechtzuerhalten. Die Frau muß jetzt unter Schmerzen Kinder gebären und sich dem Mann in der Ehe unterordnen (3, 16), der Mann hingegen in harter Arbeit das Ackerland bestellen (3, 17–19), um sich und seine Familie fortan mit Feldfrüchten ernähren zu können.

Der postparadiesische Mensch ersetzte also diesem Mythos zufolge die individuelle Ewigkeit, die ihm ursprünglich zugedacht gewesen war, durch das Zeugen von Nachkommen. Und gleichzeitig tauschte er die kindliche Abhängigkeit von einem väterlichen Gott, der ihn einst mit paradiesischer Nahrung versorgte und auch weiterhin versorgt hätte, gegen das Prinzip einer autarken Selbstversorgung ein. So konstituierte sich die patriarchalische Urfamilie als bäuerlicher Haushalt mit der für diesen typischen Arbeitsteilung: Der Mann arbeitet auf dem Feld, die Frau bleibt im Haus, gebiert die Kinder und ist für deren Aufzucht zuständig. Auch die verschiedenen Arbeiten, welche die heranwachsenden Söhne des Urelternpaars verrichten, prästrukturieren die Rollenschemata der bäuerlichen Kleinfamilie: Während Kain, der ältere Sohn, gleich seinem Vater bereits als Ackerbauer arbeitet, hütet der jüngere Sohn Abel noch das Kleinvieh (4, 2).

Die Sündenfallgeschichte ist also ein Kulturentstehungsmythos, der die sozialen und ökonomischen Rahmenbedingungen einer bäuerlichen Gesellschaft begründet. Er folgt dabei dem Modell der ontogenetischen Reifung: Im Paradies sind die Menschen noch unmündige Kinder, außerhalb des Paradieses hingegen geschlechtsreife Erwachsene, die sich sexuell fortpflanzen und ihre Nahrung eigenständig erwirtschaften.[12] Hätte Eva sich von der Schlange nicht verführen lassen, so wären die Menschen ewige Kinder geblieben. Erst die Übertretung des göttlichen Verbots machte sie zu autonomen Erwachsenen. Als solche wurden sie in der Tat gottgleich, wie die Schlange es versprochen und Gott selbst es bestätigt hatte, übernahmen sie doch schöpferische Funktionen, die ursprünglich Gott allein vorbehalten waren: Hatte Gott in der Urzeit den Menschen aus Erde erschaffen, so wurde der Mensch nun fähig, sich selbst auf sexuellem Wege zu reproduzieren.[13] Hatte Gott in der Urzeit die Pflanzen erzeugt, die dem Menschen Leben schenkten, so wurde der postparadiesische Mensch zu einem agrarischen Produzen-

---

[12] Registriert wurde das ontogenetische Modell unter verschiedenen Gesichtspunkten sowohl in der philosophischen (z. B. Kant [1964/1978], 91 f.; Hegel [1831/1979], 76 f.) als auch in der psychoanalytischen (z. B. Freud [1900/1972], 250; Meves [1972]; Drewermann (1977), Bd. II, 57 ff.) und theologischen Tradition (z. B. Greßmann [1921], 29; Gunkel [1922], 30; Michel [1988], 73 ff.; Rottzoll [1990]).

[13] Vgl. Greßmann (1921), 27 f.; Schmidt (1931), 21 ff.; Michel (1988), 71 ff.

ten, der die Pflanzen, deren er bedurfte, selbst anbaute. Der von Gott geschaffene Naturgarten wurde von der bäuerlichen Kulturlandschaft abgelöst.

Es liegt damit auf der Hand, daß die Früchte vom Baum der Erkenntnis des Guten und Bösen genau diesen lebensgeschichtlichen Übergang vom versorgten, noch nicht geschlechtsreifen Kind zum heiratsfähigen und moralisch eigenverantwortlich handelnden Selbstversorger symbolisieren. Wie erklärt sich diese Symbolwahl? Das Teilen einer Frucht war im östlichen Mittelmeerraum ein bekannter Heiratsritus[14]; das Überreichen oder Zuwerfen eines Apfels besaß in Griechenland den Signalwert einer Liebeswerbung. Statt des Apfels wurde auch der gleichnamige Granatapfel benutzt.[15] Eine mythische Projektion dieser Fruchtsorte scheinen die von einer Schlange bewachten Äpfel der Hesperiden zu sein, die Herakles vom westlichen Paradiesgarten in die Argolis bringt.[16] Denn Hera, die Stadtgöttin von Argos, erhielt die Äpfel der Hesperiden von der Erdmutter als Hochzeitsgeschenk[17], und eine argivische Statue der Hera hielt einen Granatapfel in der Hand[18], ein symbolischer Hinweis auf das Hochzeitsfest der Göttin, das in der Argolis periodisch wiederholt wurde.[19] In deutlicher Anlehnung an den Hesperidenmythos hat die mittelalterliche Tradition die anonyme Frucht des biblischen Paradiesgartens als Apfel aufgefaßt.[20] Der analoge Brauchtumshintergrund der biblischen Erzählung wurde jedoch schon lange vorher registriert. Eine Schrift des zweiten oder dritten nachchristlichen Jahrhunderts, der Physiologus, bezeichnet den Paradiesbaum als Mandragora. Zu diesem Baum, heißt es, begäben sich die Elefantenpaare, bevor die Bullen sich mit den Weibchen sexuell vereinigten. Zuerst pflücke die Elefantenkuh eine Frucht vom Baum und

---

[14] In Athen aßen Braut und Bräutigam vor der Hochzeitsnacht einen „kydonischen Apfel", ein Brauch, der auf Solon zurückgeführt wurde (Plut. Solon 20, 4; nur die Braut: ders., coniug. praec. 1 [mor. 138 D]; quaest. Rom. 65 [mor. 279 F]). Auch bei den Persern aß der Bräutigam einen Apfel, bevor er die Brautkammer betrat (Strab. 15, 3, 17, [733]). Vgl. Lugauer (1967), 61 ff.

[15] Belege bei Gaidoz (1902); Trumpf (1960); Lugauer (1967), 90 ff.; Brazda (1977), 35 ff.

[16] Erste literarische Erwähnung des Hesperidengartens: Hes. theog. 215 f. Heraklesabenteuer: Pherekydes von Athen, FGrHist 3 F 16; Diod. 4, 26, 2-4; Apollod. bibl. 2, 5, 11. Weitere Quellen und bildliche Darstellungen bei Brommer (1953/1986), 47 ff. Zur Symbolik der Hesperidenäpfel vgl. Lugauer (1967), 12 ff., 60 ff.; Brazda (1977), 89 ff.

[17] Pherekydes von Athen, FGrHist 3 F 16.

[18] Paus. 2, 17, 4.

[19] Um die Hochzeit wiederholen zu können, wurde nach argivischer Kulttradition Hera jährlich zur Jungfrau, indem sie in der Quelle Kanathos badete (Paus. 2, 38, 2). Die heiratende Hera repräsentierte anscheinend die heiratsfähigen Mädchen, die an den Festen der Göttin als Initiandinnen teilnahmen. Vgl. D. Baudy (1989), 13 ff.

[20] Heisig (1952/53); schon in die lateinische Kirchenväterliteratur zurückverfolgbar: Lugauer (1967), 40 ff.; Brazda (1977), 121 ff.

gebe davon dem Bullen ab, und wenn dieser davon gegessen habe, vereinige er sich mit seiner Partnerin. Der männliche Elefant und seine Frau aber seien Abbilder Adams und Evas. Denn in der Zeit, als sie vor ihrem Sündenfall im Paradies weilten, kannten sie noch keinen Geschlechtsverkehr.[21]

Daß die Schlange der Paradiesgeschichte sicherlich mit Recht als phallisches Symbol verstanden worden ist[22], bedarf nach den bisherigen Ausführungen wohl keiner weiteren Begründung. Die Schlange ist, genauer gesagt, ein dämonisierter, ins Unheimliche verfremdeter Platzhalter des männliches Genitales. Unter einer psychologischen Perspektive könnte man sagen, die Schlange sei die projizierte Angst eines Mädchens vor der künftigen Hochzeitsnacht. Eine solche Deutung vermag sich in gewisser Weise auf das Märchen des Apuleius zu berufen, in dem das Mädchen Psyche nachts einen unbekannten Liebhaber empfängt, den es aufgrund der Einflüsterungen seiner mißgünstigen Schwestern zunächst für eine abscheuliche Schlange hält. Bei Lichte besehen, erweist die Schlange sich jedoch als reines Phantasiebild; der Liebhaber ist in Wahrheit ein schöner Jüngling.[23] Die mythische Projektion der Schlange vermag also weibliche Reifungsängste auszudrücken. Der Paradiesmythos lehrt nun, daß solche Ängste keine archetypischen Spontanerlebnisse der individuellen Psyche, sondern sozial determiniert sind. Denn als dämonisierte Gestalt des Phallos läßt die Schlange sich nicht trennen von dem Tabu, das über den Baum der Erkenntnis des Guten und Bösen verhängt ist. Gerade die Weigerung Gottes, den Menschen eine sexuelle Fortpflanzung zuzugestehen, verleiht dem biologisch gleichwohl heranreifenden männlichen Sexualorgan den Aspekt des Unheimlichen. Um aus dem Status der vom väterlichen Gott erzwungenen sexuellen Unmündigkeit herauszutreten, muß Eva erst der Faszination des Unheimlichen erliegen, statt sich davon abschrecken zu lassen. Der Ungehorsam gegen den Schöpfer, zu dem die Schlange selbst anstiftet, bewirkt eine Usurpation der göttlichen Geheimnisse. So fungiert die Jahwes Autorität mißachtende Neugierde als Katalysator menschlicher Selbstfindung und Kulturentwicklung.[24]

---

[21] Physiologus 43; dazu Michel (1988), 86; Rottzoll (1990), 386 ff. Eine sexuelle Deutung des ‚Sündenfall's' war in der theologischen Literatur der christlichen Antike durchaus üblich. Belege bei Neyton (1984), 50 ff. und Pagels (1988/1991), 84 f., 173 f., 198 f.

[22] Die Möglichkeit einer sexuellen Deutung (vgl. etwa Levy [1917/19]; McKenzie [1963], 166; Drewermann [1977], Teil I, 91 ff.; Teil II, 116 ff.) leugnen manche Theologen bis heute, z. B. Haag (1970), 52; Steck (1970/1982), 29, Anm. 43; Albertz (1992), 15.

[23] Apul. met. 5, 17, 3 ff. Merkelbach (1962), 17 ff. hat die Erzählung als Reflex eines Mysterienritus gedeutet.

[24] Vgl. vor allem die Deutungen von Schmidt (1931), Gordis (1967), Michel (1988) und Rottzoll (1990).

Hierbei verinnerlicht der postparadiesische Mensch das Verbot Jahwes, das ihn von seiner Sexualität distanzieren sollte, in Gestalt des Schamgefühls, das ihn fortan dazu treibt, seinen Genitalbereich zu verhüllen und zu diesem Zwecke Kleidung zu tragen, wie Jahwe sie Adam und Eva vor ihrer Verstoßung gab (3, 21). Der Fluch, der die Schlange trifft, die prophezeite Feindschaft zwischen ihr und Evas Nachkommen (3, 14–15), widerspiegelt den permanenten Konflikt zwischen dem Kulturmenschen und seinen ihn antreibenden, aber gleichzeitig unter Kontrolle zu haltenden Trieben. Psychoanalytisch gesprochen, repräsentiert Jahwe die Zensurinstanz des Über-Ich, die Schlange hingegen den Bereich des Verdrängten, des Es. Im Paradiesmythos artikuliert sich gewissermaßen ein fundamentales „Unbehagen in der Kultur".[25]

Christliche Theologen mögen sich zu einer solchen Deutung nur ungern entschließen, weil es mit dem gewünschten Bild eines gütigen Gottes nicht vereinbar erscheint, daß dieser den Menschen eine persönliche Reife und autonome Lebensgestaltung vorenthalten wollte.[26] Dagegen wurde geltend gemacht, daß Jahwe Adam und Eva doch gleich nach ihrer Erschaffung den Auftrag zur Fortpflanzung erteile (1, 28).[27] Diese Stelle gehört jedoch zu dem – gegenüber der ‚jahwistischen' Paradieserzählung völlig eigenständigen – Urzeitmythos der ‚Priesterschrift', in dem der Garten Eden fehlt. Suggeriert wird durch diese Parallelversion lediglich, Gott selbst hätte wohl irgendwann den Genuß der verbotenen Früchte freigegeben und damit einen in der sexuellen Differenzierung des Urelternpaars angelegten Schöpfungsplan aktualisiert. Die Menschen hätten ihre Autonomie demnach nur vorzeitig durchgesetzt. Eben das aber, so zeigt der Fortgang der Geschichte, führte zum Verlust des paradiesischen Daseins.

Vertreter der Gegenthese behaupten nun allerdings, daß die jahwistische Erzählung einen Geschlechtsverkehr im Garten Eden selbst impliziere, weil ja bereits die Schaffung Evas die Institution der Ehe begründe (2, 24). Doch der betreffende Satz bildet keinen Teil des Mythos; er ist vielmehr ein vorgreifender Kommentar des auktorialen Erzählers, der sich eindeutig auf postparadiesische Verhältnisse, nicht aber auf Adam und Eva selbst bezieht.[28] Zweitens – so meinte man – schlösse

---

[25] Freud (1929/30/1974). Zur Hierarchie des Seelenaufbaus s. bes. Freud (1923/1975).
[26] Theologische Exegesen geraten mitunter zu einer Art Theodizee, indem sie das menschliche Autonomiestreben mit dem Hybrisbegriff assoziieren, so etwa Steck (1970/1982), 105. Drewermann (1978), Teil III, kritisiert positive Deutungen des Sündenfalls durch verschiedene Philosophen. Gegen solche Tendenzen Crüsemann (1980).
[27] Feilschuss-Abir (1984), 192; Albertz (1992), 15, Anm. 16.
[28] Daß nicht Adam und Eva gemeint sind, beweist der Wortlaut, der bereits das Bestehen postparadiesischer Familienstrukturen voraussetzt (Gen. 2, 24): „Deshalb verläßt der Mann Vater und Mutter und bindet sich an die Frau, und sie werden ein Fleisch."

der Name des Baums, von dessen Früchten Adam und Eva essen, eine sexuelle Interpretation aus. Zwar könne das Verb „erkennen" in der Bibel den Geschlechtsverkehr bezeichnen, aber der Baum heiße eben nicht „Baum der Erkenntnis", sondern „Baum der Erkenntnis des Guten und Bösen".[29] Die Deutung dieser Begriffe ist freilich sehr umstritten. Die exegetischen Vorschläge, die sich alle auf einschlägige Parallelen im biblischen Sprachgebrauch berufen können, reichen von der Identifikation des „Guten" mit den erlaubten, des „Bösen" mit den verpönten Sexualpraktiken[30] bis zu sehr abstrakten Deutungen, in denen ‚gut' und ‚böse' zu Synonyma für ‚nützlich' und ‚schädlich'[31] oder zu polaren Ausdrücken eines göttlichen Weisheitswissens[32] werden. Mir scheinen diejenigen Interpreten am besten beraten zu sein, die den Begriffen gleichwohl eine ethische Dimension zugestehen.[33] Denn wie die folgende Geschichte des Brüderpaars Kain und Abel zeigt, soll die Erzählung vom Verlust des Paradieses auch die menschliche Schuldfähigkeit, das heißt die Möglichkeit zu moralisch einsichtsvollem Handeln, begründen. Das aber ist mit dem sexuellen Sinn des Mythos keineswegs unvereinbar. Denn schließlich bildet das Erlangen der vollen sozialen Verantwortlichkeit stets ein Epiphänomen der sexuellen Reproduktionsreife.[34]

Gegen die ontogenetische Beziehung des Paradieses auf die Kindheit wurde außerdem eingewandt, Gott habe den Menschen doch geschaffen, damit er den Garten Eden bebaue und hüte (2, 15).[35] Sollte denn, wer arbeitet, etwa nicht als Erwachsener gedacht sein? Es ist aber im Text nirgendwo die Rede davon, daß Adam und Eva im Paradies jemals gärtnerisch tätig und somit erwachsen geworden wären. Es handelt sich vielmehr um die Utopie einer nicht entfremdeten Arbeit in Gottes Nähe, eine Utopie, die uneingelöst bleibt, weil sie das Fortbestehen des ursprünglichen kindlichen Abhängigkeitsverhältnisses voraussetzte.

---

[29] Stoebe (1953), 196; Haag (1970), 52; Steck (1970/1982), 29 ff.
[30] Gordis (1967), 131 ff.
[31] Stoebe (1953); Steck (1970/1982), 30 ff.; Westermann (1974/1976), 328 ff.
[32] Westermann (1972/1993), 36; Albertz (1992), 15 ff.
[33] So z. B. W. M. Clark (1969).
[34] Entsprechend heißt es in einem Qumran-Text, der Novize solle sich vor Vollendung des zwanzigsten Lebensjahres des Geschlechtsverkehrs enthalten, wenn er erkenne, was Gut und Böse sei (1 QSa 1, 9–11). Eine mythische Projektion der mit der Geschlechtsreife erlangten geistigen Erwachsenenkompetenz ist die mit dem biblischen Paradiesmythos oft verglichene mesopotamische Erzählung von Ekidu (Gilgamesch-Epos, 1. Tafel, II, 35 ff.). Dieser wächst in der Wildnis unter Tieren auf, bis eine Dirne ihn zum Geschlechtsverkehr verführt. Dadurch büßt er die Gemeinschaft mit den Tieren ein und wird statt dessen „weise wie Gott" (1. Tafel, IV, 34).
[35] Feilschuss-Abir (1984), 192. Sogar der Umstand, daß Adam jedem Tier seinen Namen verleiht, gilt dem Autor dieses Beitrags als „ausgereifte geistige Leistung"!

Was viele Interpreten zu irritieren scheint, ist der Widerspruch, daß Jahwe die Menschen einerseits als zeugungsfähige Wesen erschafft und ihnen auf der andern Seite das Ausüben der Sexualität verweigern soll. Dieser Widerspruch ist aber keineswegs unerklärbar. Denn Jahwe verhält sich hier ja nicht anders als jeder Familienvater zu seinen Kindern. Der Antagonismus zwischen dem Gottvater und seinen menschlichen Geschöpfen widerspiegelt die gewöhnlichen Konfliktmuster realer Familien. In vormodernen Gesellschaften waren den Jugendlichen Sexualkontakte bis zum offiziellen Erlangen der Heiratsfähigkeit normalerweise nicht erlaubt. Die autoritative Verfügungsgewalt des Familienvaters verzögerte sexuelle Initiativen seiner Kinder weit über den Zeitpunkt hinaus, ab dem sie biologisch dazu in der Lage waren.

Soziale Steuerungen der sexuellen Reproduktion gibt es seit jeher, und der Schritt vom unmündigen Jugendlichen zum heiratsberechtigten Erwachsenen wird oft dramatisch inszeniert durch Rituale des lebensgeschichtlichen Statuswechsels. Zu solchen Ritualen gehört typischerweise ein demonstratives Durchbrechen normativer Sperren, und zwar als symbolisches Wiederholen eines mythischen Urfrevels.[36] Dieser war wiederum nichts anderes als das in die archetypische Urzeit zurückprojizierte periodische Übergangsritual. Zu fragen wäre daher, ob nicht auch die biblische Paradieserzählung dem Vorbild lokaler Initiationsriten nachgebildet ist.

Verschiedene Forscher haben als Hintergrund der biblischen Erzählung die westsemitischen Kulte des Baal und der Astarte vermutet.[37] Für diese Kulte kennzeichnend waren orgiastische Riten in heiligen Hainen, Riten, an denen zur Verärgerung jahwetreuer Propheten auch Israeliten teilnahmen. Vor allem die Paradiesschlange wurde als Reflex kanaanäischer ‚Fruchtbarkeitsriten' gedeutet.[38] Zugunsten dieser Herleitungstheorie läßt sich anführen, daß Jahwe in der Paradieserzählung Elohim

---

[36] Zwei Beispiele aus dem altgriechischen Bereich: Ein illegitimer Beischlaf, den ein Jüngling mit einem Mädchen im Artemistempel von Patrai vollzog, begründete im aitiologischen Mythos die städtischen Jugendweihen (Paus. 7, 19; dazu Massenzio [1968]). Die Vergewaltigung der Jungfrau Kassandra im Tempel der Athena bildete ein analoges Aition lokrischer Initiationsriten: Graf (1978).

[37] Vor allem Schmidt (1931), 29 ff. und Michel (1988), 80 ff.

[38] Die Baal und Astarte (bzw. Aschera) verehrenden Israeliten opferten dem ehernen Bildnis einer Schlange, die eine Stange (d. h. ein Baumsymbol) umwand (2 Kön. 18, 4); dem nationalen Mythos zufolge hatte Moses dieses Kultobjekt angefertigt (Num. 21, 9). Eine Herkunft der Paradiesschlange aus der kanaanäischen Religion postulierten unter anderen Soggin (1962), Brandon (1963), 129; McKenzie (1963), 166; Loretz (1968), 87 ff., 117, 121; Drewermann (1977), Bd. I, 55. Die beliebte Vorstellung, die negative Bewertung der Schlange sei historisch sekundär gegenüber einer ursprünglichen Vergöttlichung, ist zurückzuweisen: Auch wo die Schlange kultisch verehrt wird, basiert diese Einstellung auf einer ethologisch erklärbaren Faszination durch das Unheimliche. Zur angstauslösenden Wirkung von Schlangen vgl. Morris (1965), 201 ff.

genannt wird. Hinter der Pluralform dieses Gottesnamens schimmert noch eine polytheistische Konzeption durch. Jahwe spricht hier denn auch in der ersten Person Plural von sich, so als gäbe es wenigstens noch eine weitere Gottheit neben ihm (Gen. 3, 22). Aufgrund dieser Beobachtung hat Diethelm Michel die These aufgestellt, der Schöpfergott habe in der ursprünglichen Gestalt dieses Mythos noch eine weibliche Gottheit neben sich gehabt, mit der er sich sexuell vereinigt habe. Die Geschlechtsfunktion aber hätten die Götter für sich allein reserviert, bis sie ihnen schließlich von den Menschen geraubt worden sei, und eben dafür seien diese dann bestraft worden.[39] Der Autor hält es für möglich, daß der Mythos seinen genuinen Sitz im Leben im Kult des Baal hatte.[40]

Ich lasse die spezielle These Michels hier undiskutiert, greife aber die verschiedenen Forschungshinweise auf die westsemitischen Baalkulte gerne auf. Mir scheint nämlich, daß wir, wenn wir diesen Anregungen weiter nachgehen, in der Tat eine plausible ritualistische Erklärung des biblischen Mythos gewinnen. In diesem Mythos ist bekanntlich allein Eva mit der Schlange konfrontiert. Ihre Begegnung mit dem phallischen Symbol nimmt eine sexuelle Zeugung vorweg, die erst nach dem Sündenfall außerhalb des Paradieses erfolgt. Die Schlange vertritt also den künftigen Bräutigam Adam. Der Kontakt mit dieser Schlange antizipiert symbolisch die Hochzeit. Nun war aber einer der Vorwürfe, den die israelitischen Propheten gegen die Baalreligion erhoben, der, die Baalverehrer machten ihre eigenen Töchter in heiligen Hainen zu Dirnen.[41] Wollte man dieser Polemik Glauben schenken, so hätte es in der freien Natur einen vorehelichen, gegen die sozialen Alltagsnormen eklatant verstoßenden Geschlechtsverkehr gegeben. Genau die gleichen sexuellen Bräuche unterstellten die Griechen später dem hellenistischen Nachfolgekult des Gottes Baal, der jetzt Adonis hieß. Im phönizischen Adoniskult mußten die Mädchen, bevor sie heirateten, sich angeblich einem Fremden sexuell hingeben, um so ihre Aussteuer zu verdienen.[42]

---

[39] Michel (1988); zustimmend Rottzoll (1990).
[40] Michel (1988), 88 ff.
[41] Hos. 4, 13–14. Allgemeiner Vorwurf sexueller Orgien bei Hos. 5, 3–4; Ez. 18, 6, 11 und 15; 22, 9–11; Jes. 57, 5, 7.
[42] So nach unbekannten älteren Quellen Iust. (= Pompeius Trogus) 18, 5, 3–4 (vgl. Hdt. 1, 199); Luk. de dea Syr. 6; Sokr. hist. eccl. 1, 18 (PG 17, col. 124). Adonis galt als Frucht der inzestuösen Schwängerung eines Mädchens durch den Vater. Die schwangere Tochter verwandelt sich in einen Baum, aus dessen Stamm dann Adonis geboren wird (z. B. Ant. Lib. met. 34; Ov. met. 10, 476 ff.; Apollod. bibl. 3, 14, 4). Im zyprotischen Mythos soll Adonis' Vater Kinyras die kultische Prostitution im Rahmen des Aphroditekults eingeführt haben (Firm. Mat. de err. prof. rel. 10, 1; seine Töchter galten als Urbilder der Prostituierten (Apollod. bibl. 3, 14, 3). Zum folgenden vgl. Verf. (1992), 38 ff.

Im letzteren Fall aber können wir erkennen, welchen realen Hintergrund solche Bezichtigungen hatten.

Im Adoniskult waren die geschlechtsreifen Mädchen menschliche Ebenbilder der Astarte bzw. – wie die Griechen sie nannten – der Aphrodite, jener Göttin also, die den Jüngling Adonis außerehelich geliebt hatte. Dem Vorbild der Göttin sollten die Mädchen Folge leisten.[43] Was bedeutete es nun aber konkret, Aphrodite nachzuahmen und Adonis zu lieben? Dazu müssen wir wissen, daß Adonis von bestimmten geheimen Kultobjekten repräsentiert wurde, die bis zum Festtag in sakralen Behältern, die als Särge des Gottes galten, aufbewahrt wurden. Genau die gleiche Brauchtumsform besaß die ägyptische Osirisreligion; daher konnten Ägypter, die als ethnische Minderheit in der phönizischen Hafenstadt Byblos wohnten, die dortigen Adonisriten ohne weiteres für solche des Osiris halten.[44] Wie Aphrodite den Adonis, so liebte die ägyptische Isis ihren Brudergatten Osiris.

Aufschlußreich ist ein bei Plutarch überlieferter Mythos, der auf dieser synkretistischen Gleichung basiert. Isis, so heißt es hier, sei auf der Suche nach dem ermordeten bzw. lebend in einen Sarg (Larnax) gesperrten und darin übers Meer getriebenen Brudergatten in die Stadt Byblos gekommen, wo jener Sarg gelandet war. Sie fand ihn dort eingeschlossen im Stützpfeiler des Königspalastes. Dieser Pfeiler bestand aus dem Stamm eines Baumes, der in der freien Natur um den gelandeten Gottessarg herumgewachsen und dann gefällt und als architektonisches Element in den Palast integriert worden war. Was der Mythos Palast nennt, war im byblischen Kult ein Tempel, und zwar derjenige, in dem die Leiche des Adonis-Osiris bis zum Fest der Sargöffnung aufbewahrt wurde. Der Pfeiler, der den Gottessarg umschloß, war in Wirklichkeit ein Kultschrein, der durch den aitiologischen Mythos die symbolische Geltung eines Baumes erhielt. In Plutarchs Erzählung nahm die Göttin Isis den Sarg des Osiris aus dem Pfeiler heraus, brachte ihn ins Freie und öffnete ihn, sobald sie sich allein und unbeobachtet glaubte, worauf sie den Toten umarmte und küßte.[45] Der altägyptische Mythos weiß hier Drastischeres zu berichten: Isis setzte sich auf den Phallos ihres toten Brudergatten.[46] Wie die Griechen erzählten, hatte Isis selbst das Zeugungsorgan des zerstückelten Osiris, das sie unter seinen eingesammelten Gliedmaßen nicht mehr finden konnte, durch einen künstlichen Phallos ersetzt, den sie dann an einem geheimen Ort versteckte. Zu-

---

[43] Epiphan. ancor. 104, 7 (I p. 125 f. Holl). Zum phönizischen Ursprung der griechischen Aphrodite vgl. Herter (1960).
[44] Luk. de dea Syr. 7.
[45] Plut. de Is. et Os. 13–17 (mor. 356–357).
[46] Pyramidentexte, Spruch 366, § 632, in deutscher Übersetzung bei G. Roeder (1960), 171. Vgl. Verf. (1992), 39.

gleich institutionalisierte sie seine kultische Verehrung.⁴⁷ Was Isis mit dem Sarg des Osiris, das tat im phönizisch-griechischen Mythos die Göttin Astarte bzw. Aphrodite mit dem Sarg des Adonis.

Für die Mysterien der Aphrodite ist ausdrücklich ein künstlicher Phallos bezeugt, der den Eingeweihten zusammen mit etwas Salz übergeben wurde.⁴⁸ Die Analogie der Isis-Osiris-Riten erlaubt den Schluß, daß dieser Phallos in einem pränuptialen Initiationsritus den Jüngling Adonis repräsentierte und daß dieser Gott jener Fremde war, dem die Mädchen sich in einer symbolischen Vorwegnahme des Geschlechtsverkehrs hinzugeben hatten. Ein solcher Ritus hatte die gleiche Funktion wie die heutige Sexualaufklärung. Er stattete die Mädchen mit dem nötigen Grundwissen über den Mechanismus von Zeugung und Geburt aus, um sie darauf vorzubereiten, daß sie bald vom einem Phallos geschwängert werden und dann ein Kind gebären würden. Einem Pfeiler, der einen Baum repräsentierte, entnommen, verkörperte das gleiche Kultobjekt sowohl den phallischen Bräutigam ‚Adonis' als auch den von einer Baummutter soeben geborenen Adonisknaben.⁴⁹ Indem die Mädchen mit einem solchen Objekt die Fortpflanzungsfunktion gewissermaßen ‚erlernten', erfuhren sie zugleich auch, daß sie selbst einst von einem gleichartigen Phallos gezeugt worden waren. Auf der Insel Zypern symbolisierte das phallische Kultobjekt daher letztlich das mythische Urbild aller männlichen Geschlechtsorgane: das abgeschnittene Genitale des Uranos, das einst Aphrodite gezeugt hatte. Die Göttin sollte dem Meer als Schaumgeborene entstiegen sein.⁵⁰ Dort aber, wo das geschehen war, am Strand der Insel, erwarteten die phönizischen Mädchen ihren aus der Fremde kommenden Freier, dem sie sich angeblich vor der Heirat hingeben mußten.⁵¹ Die von einem im Meer treibenden Phallos gezeugte, in Zypern neugeboren an Land gestiegene und hier zur Geliebten des Adonis gewordene Göttin war offenbar das Urbild der Mädchen, die die offizielle Heiratsfähigkeit erlangten, indem sie durch ein Bad im Meer eine symbolische Neugeburt erlebten und dann am Strand einem phallischen Bräutigam begegneten.⁵² Der spielerische Vorvollzug

---

⁴⁷ Diod. 1, 22, 6; Plut. de Is. et Os. 18 (mor. 358 B).
⁴⁸ Clem. Al. protr. 14, 2; Arnob. adv. nat. 5, 19.
⁴⁹ In einer Version des Mythos tritt der in einer Larnax liegende Adonis denn auch nicht als toter Jüngling, sondern als neugeborener Knabe auf: Panyassis in Epic. Graec. Fragm. F 22 Davies (= Apollod. bibl. 3, 14, 4). Vgl. dazu Verf. (1992), 36 f.
⁵⁰ Hes. theog. 188 ff. Der abgeschnittene Uranosphallos läßt sich deuten als archetypische Projektion der auf Zypern gebräuchlichen Mysterienphalloi.
⁵¹ Iust. (= Pompeius Trogus) 18, 5, 3-4.
⁵² Ein historisiertes Aphrodite-Adonis-Ritual ist die legendäre Vorgeschichte Karthagos: Die am Strand versammelten Initiandinnen der Insel Zypern werden von tyrischen Kolonisten, ihren späteren Ehemännern, entführt, die mit ihnen zusammen dann Karthago gründen (Iust. [= Pompeius Trogus] 18, 5, 3 ff.). Der Romanautor Achilleus Tatios hat aus einem gleichartigen Initiationsfest der Stadt Tyros eine – vom Raub

der Heirat vermittelte ihnen zusammen mit dem Wissen über ihre künftige Mutterrolle zugleich das Wissen über ihre eigene Entstehung.

Riten analoger Art können wir auch für die Baal-Astarte-Kulte des Festlands voraussetzen. Denn die polemischen Prostitutionsvorwürfe der israelitischen Propheten basieren anscheinend auf den gleichen Kultfiktionen, denen später auch griechische Ethnographen bei der Darstellung phönizischer Bräuche folgten. Was im Ritual bloß der Idee nach geschah, stellten außenstehende Berichterstatter aus verschiedenartigen Motiven als realiter vollzogen dar. Das gilt auch für die Kinderopfer, die in diesen Kulten angeblich praktiziert wurden. Den Baalanbetern wurde nachgesagt, sie hätten ihre Söhne und Töchter verbrannt.[53] Was es in Wahrheit damit auf sich hatte, verrät eine andere Formulierung: Die Väter ließen ihre Söhne und Töchter „durchs Feuer gehen".[54] Die Kinder bzw. Jugendlichen sprangen also durch ein Opferfeuer hindurch.[55] Weil dies ein symbolischer Tod war, der ihre alte Identität (die Kindheit) gewissermaßen im Feuer vernichtet zurückließ, brauchte eine feindliche Propaganda die Ritualfiktion bloß aufzugreifen, um reale Kinderopfer zu suggerieren.

Die in den heiligen Hainen vollzogenen sexuellen Handlungen dürften den betreffenden Opferriten unmittelbar vorausgegangen sein[56]; letztere erst errichteten eine endgültige Barriere zwischen Kindheits- und Erwachsenenstatus. Im biblischen Paradiesmythos postiert Jahwe zwei Kerubim mit einem Flammenschwert am Eingang des Gartens Eden, die den erwachsen gewordenen Menschen die Rückkehr verwehren (Gen. 2, 24). Das Paradies konstituiert sich dadurch als ‚unbetretbarer Ort' – ein mythisches Paradigma sowohl der heiligen Haine[57] als

---

der Europa mythisch präfigurierte – Mädchenentführung vom Strand einer kleinen Insel herausgesponnen (2, 16, 2 ff.): Die Entführer verkleiden sich als Frauen (2, 18, 3), ein bekannter antiker Initiationsbrauch. Das Fest war offenbar dem ‚Herakles' (= Melqart) geweiht (2, 14, 2).

[53] Meist werden nur die Söhne genannt (Jer. 19, 5; Ez. 16, 21; 20, 31; 2 Kön. 16, 3; 17, 31; 2 Chron. 28, 3), daneben aber auch Söhne und Töchter (Jer. 3, 24; 7, 31; Ez. 16, 20).

[54] Jer. 32, 35; 2 Kön. 16, 3; 17, 17; 21, 6; 2 Chr. 33, 6. Obwohl verschiedene Forscher aufgrund dieser Stellen Menschenopfer mit Recht geleugnet haben, verteidigt die neueste einschlägige Monographie immer noch deren Realität (Day [1989] 15 ff.).

[55] Was im Feuer tatsächlich geopfert wurde, waren Tiere: Bezeichnenderweise fraß Baal nach Jer. 3, 24 „Schafe und Rinder" ebenso wie „Söhne und Töchter". Auch an griechischen Initiationsfesten vertraten Schlachttiere Jugendliche, die im Opferfeuer symbolisch starben. Vgl. z. B. Furley (1990/91), 114 ff.

[56] Ezechiel nennt sakrale Prostitution und Menschenopferriten in einem Atemzug (16, 20–21; 23, 37). Nach Hosea feierten die „Dirnen" mit den Priestern Schlachtopfer (4, 14).

[57] Die Septuaginta übersetzt den Garten Eden bezeichnenderweise mit dem persischen Lehnwort Paradeisos, das den umfriedeten Park bezeichnet, den altorientalische Herrscher angeblich (wie Jahwe) eigenhändig zu pflanzen pflegten. Vgl. Fauth (1979). Solche Gärten dienten, Tempeln angegliedert, verschiedentlich als Wildparks, die der

auch der erbauten Gotteswohnungen, der Tempel.⁵⁸ Das Feuerschwert der Kerubim läßt sich als Stiftungsaition von Scheiterhaufen (bzw. Opferfeuern) deuten, welche die Initianden beim Verlassen der heiligen Haine überspringen mußten.

Auch der Paradiesmythos der tyrischen Tradition, auf den Ezechiel 28 Bezug nimmt, scheint einen solchen Hintergrund zu haben: Der König von Tyros, heißt es hier, habe einst im Göttergarten gewohnt und sei zwischen feurigen Steinen umhergegangen. Gott aber habe ihn vom Götterberg verstoßen und verbrannt.⁵⁹ Mit dem König von Tyros ist der Baal dieser Stadt gemeint: der Gott Melqart (den die Griechen Herakles nannten); denn auch dieser sollte im Feuer verbrannt sein⁶⁰ – ein Urbild der einen symbolischen Verbrennungstod erleidenden Initianden.⁶¹ Was im Kult periodisch geschah, wurde als einmaliger Vorgang in die Vergangenheit zurückprojiziert und in den tyrischen Gründungsmythos eingetragen. Als ‚Erinnerung' an den Übergang vom kulturlosen Urzeitleben zur städtischen Existenzform stand in einem heiligen Bezirk der Stadt das Kultobjekt eines ‚brennenden' Ölbaums, den eine Schlange umwand⁶²: ein Analogon des biblischen Paradiesbaums.

Ich meine daher in der Tat, daß die biblische Paradieserzählung dem Modell westsemitischer Initiationsriten verpflichtet ist. Wenn Eva in einem Gottesgarten einer Schlange begegnet und danach zur Frau Adams wird, so präfiguriert sie die geschlechtsreifen Mädchen, die in heiligen Hainen auf ihre bevorstehende Ehe vorbereitet wurden. Daß im Paradiesmythos anstelle eines Phallos eine Schlange erscheint, entspricht einer bis in die Spätantike lebendig gebliebenen Codierungskonvention. So haben beispielsweise die Naassener einerseits den Osirisphallos als das große Weltgeheimnis bezeichnet, das in den ägyptischen Tempeln

---

biblischen Paradiesvorstellung mit das Modell lieferten. Vgl. Andrae (1947/52); Fischer (1966); Fauth (1979) und (1987), 58 ff.
⁵⁸ Dazu Gęse (1974), 107; Haag (1982), 37; Fauth (1987), 62.
⁵⁹ Zur Einordnung in die Tradition des Paradiesmythos: May (1962); Habel (1967); Fauth (1987), 60 ff.; Auffarth (1991), 97 ff.
⁶⁰ Ps. Clem. recogn. 10, 24 (PG 1, col. 1434); Caes. Naz. dial. 2 (PG 38, col. 993). Eine Anspielung auf Melqart, nicht aber auf seine kultische Selbstverbrennung erkennt darin Bonnet (1988), 42 ff. – Mit dem heiligen Hain verbunden war auch Tammuz, das babylonische Pendant des westsemitischen Baal/Adonis: Widengren (1951), 8 ff.; Fauth (1987), 59. Die für Tammuz und Adonis typische Trauerklage gehörte ebenso zu den westsemitischen Baalkulten (Mich. 1, 10–11; Jer. 3, 21; Jes. 15, 2; Sach. 12, 11; Ez. 8, 14; Mal. 2, 13). Beklagt wurde der Gott von seiten der Frauen als Repräsentant der symbolisch sterbenden, das heißt den sozialen Status wechselnden und dadurch zu potentiellen Heiratspartnern der initiierten Mädchen werdenden Jünglinge. Vgl. Verf. (1986), 41 ff. und (1992), 40 f.
⁶¹ Sexuelle Initiationsriten des Melqartkults macht uns der Roman des Achilleus Tatios faßbar (s. o. Anm. 52).
⁶² Nonn. Dion. 40, 470 ff.; vgl. Ach. Tat. 2, 14, 5.

zugleich verhüllt und enthüllt sei; auf der anderen Seite war für sie die Schlange das Symboltier sämtlicher Mysterien der Erde.[63]

Besondere Beachtung verdient das Junktim zwischen Ehe und Ackerbau, das der biblische Mythos herstellt. Denn auch dafür gab es eine Deckungsgrundlage in den soeben herangezogenen Initiationsbräuchen. Wir wissen, daß jene sakralen Behälter, in denen die Phallen des Adonis-Osiris lagen, noch etwas anderes bargen: keimende Getreidekörner, welche die Leiche des Gottes darstellten.[64] Dadurch wurde suggeriert, der Gott habe sich nach seinem vorzeitigen Tod in die Nutzpflanzen der bäuerlichen Kultur verwandelt. Dem Mythos nach lebten sowohl Osiris als auch Adonis an der Schwelle zum Ackerbauzeitalter. Ihr Tod und ihre Metamorphose ins Getreide bildeten somit die mythische Voraussetzung der Agrikultur. Jenes Urgetreide aber, in das der Gott sich jeweils verwandelt hatte, offenbarte sich gewissermaßen jährlich neu, wenn die Mädchen die heiligen Gefäße öffneten, so daß das keimende Getreide mit dem darin liegenden phallischen Kultbild sichtbar wurde. Das zeigt, daß eine ausschließlich sexuelle Deutung dieses Brauchtums zu kurz griffe: Der künstliche Phallos repräsentierte außer dem männlichen Zeugungsorgan noch etwas anderes, nämlich den die Erde schwängernden Pflug, jenes Instrument also, mit dem der erwachsene Mann die lebensnotwendige Getreidenahrung produzieren sollte.[65] Der pränuptiale Bräutigam der Mädchen, der sich in den mystischen Behältern offenbarte, vertrat den künftigen Ehemann demnach nicht bloß in einem sexuellen Sinne; er war vielmehr eine göttliche Präfiguration des bäuerlich arbeitenden Familienvaters, der einerseits mit dem Phallos Kinder zeugte und andererseits mit dem Pflug das Feld bestellte.

Die kultischen Miniaturbeete erklären sich als ritualisierte Formen einer Saatgutprüfung, wie sie im östlichen Mittelmeerraum nach der Getreideernte durchgeführt wurde. Von dem experimentellen Keimerfolg machten die Bauern die Auswahl des Saatguts für die kommende Ackerbausaison abhängig. Insofern waren die kultischen Versuchssaaten des Hochsommers eine symbolische Vorwegnahme der im Herbst erfolgenden Feldbestellung. An dieses Muster konnten sich erntezeitliche Initiationsriten anlehnen, welche Herbstpflügung und Heirat in Form kultischer Spielhandlungen antizipierten, Riten, welche das mythische Entstehen der beiden Institutionen Ackerbau und Ehe simultan wiederholten.[66] Jährlich nach der Getreideernte, wenn das Ackerbaujahr sein Ziel

---

[63] Hippol. ref. omn. haer. 5, 9, 12 (Schlange); 5, 7, 23 (Phallos). Die Beziehung wurde übersehen von Frickel (1984), 67.
[64] Zu den Belegen und Deutungen s. Verf. (1986), 13 ff.; (1992), 34 ff.
[65] Vgl. Verf. (1992), 39 f.
[66] Das rasche Verwelken der Versuchsbeete („Adonisgärten"), das den vorzeitigen Tod des Adonis ‚wiederholte', machte die Adonisgärten zu antiken Symbolen der Kurzlebigkeit und Sterilität. Das führte in der modernen Forschung zu einem völligen Ver-

erreicht hatte, wenn eine vorübergehende Zeit der Fülle einkehrte, wenn die sozialen Hierarchien sich auflösten und allenthalben in Baumhainen Feste gefeiert wurden[67], erfolgte gewissermaßen eine allgemeine Regression in ein präcerealisches Milieu, dessen utopische Projektion das urzeitliche Paradies war. Die Vorstellung, die Menschen seien aus dem Paradies einst vertrieben worden, konnte sich aus jenen Initiationsriten entwickeln, weil diese noch während der Erntefeste die Weichen für die Zukunft stellten, einerseits für die kommende Anbausaison und andererseits für das bäuerliche Erwachsenenleben.

Der unerfüllbare Wunsch, ins verlorene Paradies für immer zurückzukehren, äußerte sich in der Antike bezeichnenderweise in infantilen Visionen eines Nahrungsüberflusses und einer absoluten Geborgenheit, welche teils verklärte Kindheitserinnerungen waren, teils auch episodische Erfahrungen der Erntefeste imaginär steigerten und auf Dauer stellten. Nach Jesaja würde im künftigen messianischen Reich nicht nur Friede zwischen den Tieren herrschen[68], sondern es endete auch die Feindschaft zwischen Mensch und Schlange: Wie in der Zeit vor dem ‚Sündenfall‘ spielten Kinder wieder sorglos mit Schlangen.[69] Entsprechend prophezeit ein Sibyllinisches Orakel, Schlangen würden im endzeitlichen Paradies mit Säuglingen schlafen und ihnen kein Leid zufügen.[70] Die Vermutung liegt nahe, daß die Motivkonstellation Schlange–Kind aus erntezeitlichen Initiationsriten abgeleitet ist. Ich möchte dafür eine Parallele heranziehen aus einer anderen Gegend des antiken Mittelmeerraums: aus Athen. Hier verband sich ein isomorphes Initiationsbrauchtum überdies mit einem homologen Kulturentstehungsmythos.

Der athenische Privatkult hatte spätestens in klassischer Zeit das westsemitische Adonisbrauchtum rezipiert. Von jeher aber besaßen die Athener einen einheimischen Kult des gleichen Typs, der der Stadtgöttin Athena geweiht war. Nachdem die emotional wirksamere, weil aus-

---

kennen ihrer agrarischen und sozialen Funktion: Detienne (1972) sah in den Adonien bloß ein Hetärenfest, an dem die Frauen gegen Ackerbau und Ehe opponiert hätten. Davon beeinflußt, deutete zuletzt Winkler (1990), 205 f. die Adonisgärten und die mit ihnen verbundene Klage der Frauen um Adonis gar als Verhöhnung der männlichen Zeugungsfunktion, die als weniger wichtig als die weibliche dargestellt worden sei! Winkler ignoriert, daß der Jüngling Adonis als mythischer Stellvertreter männlicher Initianden in das weibliche Initiationsfest eingebaut war (vgl. o. Anm. 60), und so vermag er die Klage der Frauen nicht als ritualisierte Form eines realen Trennungsschmerzes zu verstehen.

[67] Eine berühmte literarische Darstellung eines solchen Festes sind Theokrits *Thalysien* (id. 7, 131 ff.). Hesiod datiert das im Baumschatten gefeierte Fest auf den Frühaufgang des Sirius (op. 582 ff.). Dieser markierte im östlichen Mittelmeerraum das Ende der Getreideerntesaison, wenn die Versuchsgefäße mit dem keimenden Saatgut geöffnet wurden (s. Verf. [1986], 13 ff.).

[68] Jes. 11, 6–8.

[69] Jes. 11, 8.

[70] Or. Sib. 3, 794 f.

drucksstärkere orientalische Ritualistik des Aphrodite-Adonis-Kults die privaten Nischen besetzt hatte, beschränkte sich der staatliche Athenakult, was die Erntefeste anging, weitgehend auf repräsentative signalgebende Funktionen.[71] Was wir darüber wissen, ist im wesentlichen folgendes[72]: Auf der Akropolis der Stadt, im Kultbezirk der Athena, wurde ein Heros namens Erichthonios verehrt, der den gleichen Doppelbezug zur sexuellen und agrarischen Sphäre aufwies wie der semitische Adonis. Dieser Erichthonios war dem Mythos nach ein Sohn der Erdmutter, die ihn gleich nach seiner Geburt der Jungfrau Athena zur Pflege übergeben hatte. Athena legte das neugeborene Kind in einen Korb – griechisch *kiste* –, den sie mit einem Deckel verschloß. Diese Kiste überreichte die Göttin den drei Töchtern des athenischen Urkönigs Kekrops, die bei ihr auf der Akropolis wohnten, mit dem ausdrücklichen Befehl, den Behälter auf keinen Fall zu öffnen. Doch kaum hatte die Göttin sich entfernt, setzten zwei der Schwestern sich aus fataler Neugierde über das Verbot hinweg. Aus dem geöffneten Korb schoß eine Schlange heraus, die die Mädchen entweder tötete oder in Wahnsinn versetzte, so daß sie sich die Akropolis hinabstürzten.[73]

Dieser Mythos war die Projektion einer jährlich nach der Getreideernte wiederholten heiligen Handlung. Zwei – Arrhephoren genannte – Mädchen, die acht Monate lang auf der Akropolis gewohnt hatten, um das heilige Gewand der Athena zu weben, erhielten von der Athenapriesterin Gegenstücke des mythischen Deckelkorbs auf den Kopf gesetzt. Sie durften nicht wissen, was in den ihnen anvertrauten Körben lag. Mit diesen geheimnisvollen Kisten stiegen sie den Burgberg hinab, um sie an einem unterirdischen Ort abzustellen. Von dort kehrten sie beide mit in Tüchern gehüllten Objekten zurück und waren darauf aus dem Dienst der Athena entlassen.[74]

Walter Burkert hat die sexuelle Bedeutung dieser Zeremonie einleuchtend aus dem Mythos rekonstruiert[75]: Wie ihre mythischen Vorbilder, die Kekropstöchter, müssen auch die realen Mädchen die mystischen Körbe geöffnet und eine Schlange, das heißt ein männliches Genitalsymbol, erblickt haben. Der Todessturz der Kekropstöchter wiederholte sich symbolisch durch den Abstieg der Arrhephoren von der Akropolis. Das in Tücher gehüllte Objekt, das die aus dem Dienst ausscheidenden Mädchen am Ende in den Armen trugen, evozierte das neugeborene Erichthonioskind. Burkert deutet diese Zeremonie als stellvertretende Mädcheninitiation, welche in die Geheimnisse der Zeu-

---

[71] Zur näheren Begründung dieser Rekonstruktion s. Verf. (1992), 34 ff.
[72] Quellen und Forschungsliteratur in Verf. (1992), 1 ff.; außerdem: D. Baudy (1992).
[73] Eine Sammlung der literarischen Versionen in Powell (1906), 56 ff.
[74] Paus. 1, 27, 3.
[75] Burkert (1966/1990).

gung und Mutterschaft einweihen und dadurch auf die Ehe vorbereiten sollte. Die betreffenden Mädchen waren zwar noch sehr jung, nämlich 7 bis 11 Jahre alt[76], sie standen also noch vor der Pubertät, aber in der griechischen Antike galt ein Mädchen bald nach Erreichen der biologischen Geschlechtsreife als prinzipiell heiratsfähig. Eine rituelle Vorbereitung mit Aufklärungscharakter hatte also ihren guten Sinn.

Wenn die Erichthoniosschlange die allzu neugierigen Mädchen im Mythos tötete, so zeigt das, daß auch die realen Mädchen der Ritualfiktion nach starben, wenn sie durch das Öffnen der mystischen Kisten ein sexuelles Aufklärungswissen erlangten. Sie starben jetzt als unschuldige Kinder, um in einer neuen Identität fortzuleben. Erichthonios wurde teils mit der Schlange identifiziert, teils als menschengestaltiges, von der Schlange umwundenes und bewachtes Kind aufgefaßt; nach dem gewöhnlichen Mythos aber war Erichthonios ein Knabe mit dem Unterleib einer Schlange. Ein entsprechendes Objekt muß demnach in jedem der heiligen Deckelkörbe gelegen haben. Zeugung und Geburt ließen sich mit einem solchen Gegenstand einprägsam imitieren. Den schlangenhaften Unterleib, den Erichthonios hatte, schrieb die athenische Überlieferung nun aber auch dem Kekrops zu, dem Vater der mythischen Mädchen, der als Erfinder der Ehe galt. Kekrops war also eine parallele Projektion jenes Kultobjekts, das den künftigen Bräutigam und den Sohn, der mit ihm gezeugt werden sollte, in einem vertrat. Sinn macht diese Doppelung deshalb, weil die Mädchen durch das Kennenlernen der männlichen Zeugungsfunktion ja zugleich erfuhren, wie sie selbst entstanden waren.[77]

Bei diesem Ritual handelte es sich keineswegs um die menschliche Fortpflanzungsfunktion allein. Da Erichthonios zur Saatzeit im Ackerland gezeugt und zur Erntezeit von der Erde geboren worden war, repräsentierte er auch das Getreide und konnte folglich von Getreidekörnern symbolisch dargestellt werden. Wie im Osiris- und Adoniskult dürften solche Körner, die um einer Saatgutprüfung willen zum Keimen gebracht wurden, neben den phallischen Symbolen in jenen geheimnisvollen Kisten gelegen haben, welche die Mädchen jährlich nach der Ernte von der Priesterin empfingen, damit sie sie zu einem unterirdischen Ort trugen.[78]

Dem spielerischen, auf die Saatzeit vorausweisenden Charakter solcher Versuchssaaten entsprechend, lebte Erichthonios im mythischen Bauplan der athenischen Urgeschichte unmittelbar vor der Einführung des Ackerbaus.[79] Ursprünglich sollte die Mutter Erde die Nahrungs-

---

[76] Siehe Verf. (1992), 8, Anm. 39.
[77] Vgl. ebd., 13 f.
[78] Vgl. ebd., 21 ff.
[79] Vgl. ebd., 45 ff.

pflanzen ebenso freiwillig geboren haben wie die Bewohner des Landes. Die Athener lebten damals in entlasteter paradiesischer Kindheit. Mit der Gründung der Stadt durch Athena trat die athenische Nation gewissermaßen in ihre Pubertät ein und lernte nun, Kinder und Nahrungspflanzen selbst zu erzeugen. Die Mutter Erde lehrte, wie Platon es ausdrückt, einst die athenischen Frauen durch ihr eigenes Beispiel Zeugung und Geburt, und sie schickte den Athenern göttliche Lehrmeister, die sie in allem Lebensnotwendigem unterrichteten.[80] Die wichtigste Lehrmeisterin aber war die Stadtgründerin Athena, die den jungfräulichen Status konservierte, den angeblich alle Athenerinnen zum Zeitpunkt der Stadtgründung noch innehatten. Die Jungfrau Athena war zugegen, als Erichthonios gezeugt und geboren wurde. Als sie dann den schlangengestaltigen Heros im Deckelkorb den Königstöchtern übergab, vermittelte sie den Athenerinnen die von der Erdmutter empfangene Zeugungskompetenz weiter. Wie in der biblischen Paradieserzählung entstanden nun nach einer neugierverschuldeten Verbotsübertretung durch die Offenbarung einer Schlange Ackerbau und Ehe zugleich. Die im Athenakult verankerten Initiationsriten der Mädchen machten diesen doppelten Übergang zu einer periodisch wiederholbaren Lernerfahrung. Die mystischen Körbe umschlossen die zentralen Reproduktionsmittel der bäuerlichen Gesellschaft. Jedes Jahr, wenn die Mädchen das urzeitliche Sakrileg der Korböffnung nachspielten, veranlaßten sie die kulturschaffenden geheimen Symbole dazu, sich neu zu offenbaren. Beim lebensgeschichtlichen Übergang von der Kindheit zur Pubertät wiederholte sich so geistig die Entstehung der Ackerbaunation Athen insgesamt.

Daß dieses Ritualsystem über den östlichen Mittelmeerraum hinaus verbreitet war, mag zum Schluß ein kurzer Seitenblick auf Italien lehren. Aus der Stadt Lanuvium, einer Gemeinde in Latium, besitzen wir Nachrichten über ein Mädchenritual, dessen Ähnlichkeit mit dem soeben behandelten Athenakult sofort in die Augen springt.[81] Im heiligen Hain der lanuvischen Ortsgöttin Iuno Sospita befand sich eine Höhle, in der angeblich eine riesige Schlange hauste. Zu dieser Schlange mußten jährlich zwei Jungfrauen, bleich vor Angst, hinabsteigen, um sie mit Honigkuchen zu füttern. Nur wenn die Mädchen noch unberührt waren, nahm die Schlange die Honigkuchen an. Anschließend kehrten die beiden zu ihren Eltern zurück, und jetzt riefen die Bauern, wie Properz

---

[80] Plat. Menex. 238ab.
[81] Wir besitzen zwei literarische Quellen: Prop. 4, 8, 3–14 und Ail. nat. an. 11, 16 (hier wird der Kult fälschlich in Lavinium lokalisiert). Forschungsliteratur: Böttiger (1795/1837); Maehly (1867), 13; Douglas (1913); Thulin (1917); Rein (1919); Philipp (1924); Brelich (1949), 31 ff.; Hetzner (1963), 25; Fabian (1978), 106 ff.

schreibt: „Das Jahr wird fruchtbar sein!"[82] Schlangenfütternde Mädchen sind auch auf Münzbildern dargestellt, die sich auf den Kult der Iuno Sospita beziehen.[83]

Was bedeutet dieses Ritual? Daß sich die Fruchtbarkeit der Getreidefelder durch das Schlangenfüttern erneuern sollte, macht Properz selbst explizit. Wieso aber mußten die Mädchen jungfräulich sein? Eine Erklärung hierfür ergibt sich nur, sofern wir die betreffende Zeremonie als pränuptialen Initiationsritus deuten, wenn der Kontakt mit der Schlange also eine die Entjungferung andeutungsweise vorwegnehmende Handlung implizierte, die dem Pflügen des Ackerlandes analog war. Dann nämlich versteht es sich von selbst, daß nur Jungfrauen an dieser Zeremonie teilnehmen durften.

Die altertumskundliche Forschung hat sich den Weg zu einer solchen Initiationsdeutung unnötig versperrt, weil sie in eklatanter Unkenntnis zoologischer Tatsachen überhaupt keinen Grund sah, an der Existenz honigkuchenfressender Schlangen zu zweifeln.[84] Schlangen verschlingen jedoch keine Honigkuchen, und somit kann das Schlangenfüttern nur ein euphemistischer Ausdruck für eine nicht direkt mitteilbare heilige Handlung gewesen sein. Wir wissen, daß für bestimmte antike Ackerbaukulte Kuchen in der Form männlicher und weiblicher Genitalien gebacken wurden.[85] Ich nehme an, daß so etwas auch in Lanuvium geschah und daß jene Honigkuchen, mit denen die Mädchen angeblich eine Schlange fütterten, weibliche Genitalien repräsentierten. Die Schlange selbst war dann nichts anderes als das männliche Pendant zu diesen weiblichen Gebäckstücken. Mit solchem Ritualgebäck haben die Mädchen, wie ich meine, einen symbolischen Koitus vollzogen, der ihre künftige Entjungferung sowie die herbstliche Pflügung des Ackerlandes spielerisch vorwegnahm.[86] Auf diese Weise wurden auch sie gewisser-

---

[82] Prop. 4, 8, 14: *Fertilis annus erit!* – Wegen der Erwartung einer guten Ernte datierte die bisherige Forschung das Ritual durchweg in den Frühling. Doch das ist, wie etwa das analoge athenische Erntebrauchtum zeigt, nicht zwingend. Bereits nach der jährlichen Getreideernte versuchten die antiken Bauern mit rituellen Mitteln, den Ernteerfolg der kommenden Ackerbausaison sicherzustellen.

[83] E. A. Sydenham, The Coinage of the Roman Republic, revised by G. E. Haines, ed. by L. Forrer/C. A. Hersh, London 1952, 152, 177, 161: M. H. Crawford, Roman Republican Coinage, Bd. I, Cambridge 1984, 439; dazu Abb. Bd. II, S. L.

[84] So läßt noch etwa Robertson (1983), 256 ff. aufgrund der lanuvischen Parallele auch die athenischen Arrhephoren lieber Schlangen füttern, als daß er Burkerts Deutung des athenischen Mädchenrituals akzeptierte und für eine Deutung des italischen Kults nutzbar machte. – Im neunzehnten Jahrhundert gab es eine weitere groteske, nur als ‚Männerphantasie' erklärbare Fehldeutung der antiken Initiationssymbolik: Die Tempelschlangen seien zu gewissen obszönen Bräuchen förmlich dressiert worden (Nagele [1887], 275)!

[85] Zeugnisse s. Verf. (1992), 23 f. Weiteres bei Krenkel (1979), 165 f.

[86] Analoge Riten lassen sich für das griechische Saatfest der Thesmophorien erschließen. Dazu D. Baudy (1989), 26, Anm. 94, sowie Verf. (1992), 23 ff.

maßen von einer Schlange in das Geheimnis der Fortpflanzung eingeweiht. Die verhüllende Kultsprache bezeichnete die Annäherung des weiblichen an das männliche Sexualsymbol kurzerhand als Schlangenfüttern. Das war Eingeweihten ohne weiteres verständlich, in Außenstehenden aber erweckte es ein Grausen, das religiös durchaus erwünscht war, hielt es doch Fremde und Uneingeweihte davon ab, den heiligen Ort eigenmächtig zu betreten.

Durch solche Tarnsprachen verstanden es die antiken Kulte, ihre Geheimnisse vor den Augen Unbefugter zu schützen, und das ist ihnen, wie man sieht, mitunter auch ganz gut gelungen. Sie waren jedenfalls erfolgreich genug, daß wissenschaftliche Voyeure letztlich auf Hypothesen angewiesen bleiben, wenn sie ins Unbetretbare respektlos eindringen und das einst von Schlangen gehütete Unsagbare nachträglich auf den Begriff bringen wollen.

Literatur

Albertz, Rainer (1992), „,Ihr werdet sein wie Gott' (Gen 3, 5)", in: F. Crüsemann/Ch. Hardmaier/R. Kessler (Hrsg.), *Was ist der Mensch ...? Beiträge zur Anthropologie des Alten Testaments. H. W. Wolff zum 80. Geburtstag*, München, 11-27.

Andrae, Walter (1947-52), „Der kultische Garten", in: *Die Welt des Orients* 1, 485-494.

Armstrong, John (1969), *The Paradise Myth*, London.

Auffarth, Christoph (1991), *Der drohende Untergang. „Schöpfung" in Mythos und Ritual im Alten Orient und in Griechenland*, RGVV 39.

Baudy, Dorothea (1989), „Das Keuschlamm-Wunder des Hermes (Hom. Merc. 409-413). Ein möglicher Schlüssel zum Verständnis kultischer Fesselung?", in: *Grazer Beiträge* 16, 1-28.

– (1992), „Ein Kultobjekt im Kontext: Der Erichthonios-Korb in Ovids Metamorphosen", in: *Wiener Studien* 106, 1993, 133-165.

Baudy, Gerhard (1986), *Adonisgärten*. Studien zur antiken Samensymbolik, Beiträge zur klassischen Philologie 176.

– (1992), „Der Heros in der Kiste. Der Erichthoniosmythos als Aition attenischer Erntefeste", in: *Antike und Abendland* 38, 1-47.

Böttiger, Carl August (1795/1837), „Die Jungfernprobe in der Drachenhöhle zu Lanuvium", in: ders., *Kleine Schriften archäologischen und antiquarischen Inhalts* I, Dresden, Leipzig, 178-186.

Bonnet, Corinne (1988), *Melqart. Cultes et mythes de l'Héraclès Tyrien en Méditerranée*, Leuven.

Brandon, Samuel G. F. (1963), *Creation Legends of the Ancient Near East*, London.

Brazda, Monika Karola (1977), *Die Bedeutung des Apfels in der antiken Kultur*, Diss. Bonn.

Brelich, Angelo (1949), *Die geheime Schutzgottheit von Rom*, Albae Vigiliae, NF 6.

Brommer, Frank (1953/1986), *Herakles. Die zwölf kanonischen Taten des Helden in antiker Kunst und Literatur*, Darmstadt.

Burkert, Walter (1966/1990), „Kekropidensage und Arrhephoria. Vom Initiationsritual zum Panathenäenfest", in: ders., *Wilder Ursprung. Opferritual und Mythos bei den Griechen*, Berlin, 40–59.

Clark, W. Malcolm (1969), „A Legal Background of the Yahwist's Use of ‚Good and Evil' in Genesis 2–3", in: *Journal of Biblical Literature* 88, 266–278.

Crüsemann, Frank (1980), „Autonomie und Sünde. Gen 4, 7 und die ‚Jahwistische Urgeschichte'", in: W. Schottroff/W. Stegemann (Hrsg.), *Tradition der Befreiung*, Bd. 1, München u. a., 60–77.

Day, John (1989), *Molech. A God of Human Sacrifice in the Old Testament*, Cambridge u. a.

Detienne, Marcel (1972/1989), *Les jardins d'Adonis. La mythologie des aromates en Grèce*, Paris.

Douglas, E. M. (1913), „Iuno Sospita of Lanuvium", in: *Journal of Roman Studies* 3, 61–72.

Drewermann, Eugen (1977–1978), *Strukturen des Bösen. Die jahwistische Urgeschichte in exegetischer, psychoanalytischer und philosophischer Sicht*, 3 Bde., München, Paderborn, Wien.

Fabian, Klaus-Dietrich (1978), *Aspekte einer Entwicklungsgeschichte der römisch-latinischen Göttin Iuno*, Diss. Berlin.

Fauth, Wolfgang (1977/78), „Widder, Schlange und Vogel am Heiligen Baum. Zur Ikonographie einer anatolisch-mediterranen Symbolkonstellation", in: *Anatolica* 6, 129–155.

– (1979), „Der königliche Gärtner und Jäger im Paradeisos. Beobachtungen zur Rolle des Herrschers in der vorderasiatischen Hortikultur", in: *Persica* 8, 1–53.

– (1987), „Der Garten des Königs von Tyros bei Hesekiel vor dem Hintergrund vorderorientalischer und frühjüdischer Paradiesvorstellungen", in: *Kairos* 29, 57–84.

Feilschuss-Abir, A. S. (1984), „‚... da werden eure Augen geöffnet und ihr werdet sein wie Gott, wissend Gutes und Böses' (Gen 3, 5)", in: *Theologie und Glaube* 74, 190–203.

Fischer, Hugo (1966), „Der mythische Ursprung des Gartens", in: *Antaios* 7, 12–29.

Freud, Sigmund (1900/1972), *Die Traumdeutung*, Fischer Studienausgabe II, Frankfurt a. M.

– (1923/1975), „Das Ich und das Es", in: *Fischer Studienausgabe III*, Frankfurt a. M., 273–330.

– (1929/30/1974), „Das Unbehagen in der Kultur", in: *Fischer Studienausgabe IX*, Frankfurt a. M., 191–270.

Frickel, Josef (1984), *Hellenistische Erlösung in christlicher Deutung. Die gnostische Naassenerschrift*, Nag Hammadi Studies 19.
Furley, William D. (1980/81), *Studies in the Use of Fire in Ancient Greek Religion*, Diss. Cambridge.
Gaidoz, Henri (1902), „La réquisition d'amour et le symbolisme de la pomme", in: *Annuaire de l'École Pratique des hautes Études*, 5–33.
Gese, Hartmut (1974), „Der bewachte Lebensbaum und die Heroen: Zwei mythologische Ergänzungen zur Urgeschichte der Quelle J", in: ders., *Vom Sinai zum Zion. Alttestamentliche Beiträge zur biblischen Theologie*, 99–112.
Gordis, Robert (1967), „The Knowledge of Good and Evil in the Old Testament and the Qumran Scrolls", in: *Journal of Biblical Literature* 76, 123–138.
Graf, Fritz (1978), „Die lokrischen Mädchen", in: *Studi storico-religiosi* 2, 61–79.
– (1990), „Heiligtum und Ritual. Das Beispiel der griechisch-römischen Asklepieia", in: *Entretiens Fondation Hardt* 37, 159–203.
Greßmann, Hugo (1921), „Die Paradiessage", in: *Festgabe A. von Harnack*, Tübingen, 24–42.
Gunkel, Hermann (⁵1922), *Genesis*, Göttingen.
Haag, Ernst (1970), *Der Mensch am Anfang. Die alttestamentliche Paradiesvorstellung nach Gn 2–3*, Trierer Theologische Studien 24.
– (1982), „Der Weg zum Baum des Lebens. Ein Paradiesmotiv im Buch Jesaja", in: L. Ruppert/P. Weimar/E. Zenger (Hrsg.), *Künder des Wortes. Beiträge zur Theologie der Propheten*, Würzburg, 35–52.
Habel, Norman C. (1967), „Ezechiel 28 and the Fall of the First Man", in: *Concordia Theological Monthly* 38, 516–524.
Harrison, Jane E. (1911/1977), Themis. *A Study of the Social Origins of Greek Religion*, London.
Hegel, Georg Wilhelm Friedrich (1831/1969), *Vorlesungen über die Philosophie der Religion*, II (Theorie Werkausgabe Suhrkamp 17), Frankfurt a. M.
Heisig, Karl (1952/53), „Woher stammt die Vorstellung vom Paradiesapfel?", in: *Zeitschrift für Neutestamentliche Wissenschaft* 44, 111–118.
Herter, Hans (1960), „Die Ursprünge des Aphroditekultes", in: *Éléments orientaux dans la religion Grecque ancienne*, Paris, 61–76.
Hetzner, Udo (1963), *Andromeda und Tarpeia*, Beiträge zur klassischen Philologie 8.
Kant, Immanuel (1964/1978), „Mutmaßlicher Anfang der Menschengeschichte", in: ders., *Schriften zur Anthropologie, Geschichtsphilosophie, Politik und Pädagogik* 1 (Suhrkamp Werkausgabe XI), Frankfurt a. M., 85–102.
Krenkel, Werner A. (1979), „Masturbation in der Antike", in: *Wiss. Zeitschr. d. Univ. Rostock* 28, 159–178.
Krause, Ernst (1893), *Die Trojaburgen Nordeuropas*, Glogau.
Küster, Erich (1913), *Die Schlange in der griechischen Kunst und Religion*, RGVV 13, 2.
Leisegang, Hans (1939/40), „Das Mysterium der Schlange. Ein Beitrag zur Erforschung des griechischen Mysterienkultes und seines Fortlebens in der christlichen Welt", in: *Eranos-Jahrbuch* 5, 151–250.

Levy, Ludwig (1917–1919), „Sexualsymbolik in der biblischen Paradiesgeschichte", in: *Imago* 5, 16–30.
Loretz, Oswald (1968), *Schöpfung und Mythos. Mensch und Welt nach den Anfangskapiteln der Genesis*, Stuttgarter Bibelstudien 32.
Lugauer, Manfred (1967), *Untersuchungen zur Symbolik des Apfels in der Antike*, Diss. Erlangen-Nürnberg.
Maehly, Jakob (1867), *Die Schlange im Mythus und Cultus der classischen Völker*, Basel.
Massenzio, Marcello (1968), „La festa di Artemis Triklaria e Dionysos Aisymnetes a Patrai", in: *Studi e materiali di storia delle religioni* 39, 101–132.
May, Herbert G. (1962), „The King in the Garden of Eden. A Study in Ezek. 28.12–19", in: B. W. Anderson/W. Harrelson (Hrsg.), *Israel's Prophetic Heritage. Essays in Honor of James Muilenburg*, London, 166–176.
McKenzie, John L. (²1963), *Myth and Realities. Studies in Biblical Theology*, Milwaukee.
Merkelbach, Reinhold (1962), *Roman und Mysterium in der Antike*, München und Berlin.
Meves, Christa (1972), „Austreibung als Anstoß zur Reife. Eine tiefenpsychologische Deutung des Sündenfalls", in: J. Illies (Hrsg.), *Die Sache mit dem Apfel. Eine moderne Wissenschaft vom Sündenfall*, Freiburg im Breisgau, 56–76.
Michel, Diethelm (1988), „Ihr werdet sein wie Gott. Gedanken zur Sündenfallgeschichte in Genesis 3", in: D. Zeller (Hrsg.), *Menschwerdung Gottes – Vergöttlichung von Menschen*, Novum Testamentum et Orbis Antiquus 7, 61–87.
Morris, Ramona and Desmond (1965), *Men and Snakes*, London.
Nagele, Anton (1887), „Der Schlangen-Cultus", in: *Zeitschrift für Völkerpsychologie und Sprachwissenschaft* 17, 264–289.
Neyton, André (1984), *L'âge d'or et l'âge de fer*, Paris.
Nilsson, Martin P. (1955/³1967), *Geschichte der griechischen Religion* I, München.
Pagels, Elaine (1988/1991), *Adam, Eva und die Schlange. Die Theologie der Sünde*, Hamburg.
Philipp (1924), Art. „Lanuvium", in: *RE* 23. Hlbbd., 694–695.
Powell, Benjamin (1906), *Erichthonius and the Three Daughters of Cecrops*, Ithaca/New York.
Rein, Edvard (1919), *Die Schlangenhöhle von Lanuvium*, Helsinki.
Robertson, Noel (1983), „The Riddle of the Arrhephoria at Athens", in: *Harvard Studies in Classical Philology* 87, 241–288.
Roeder, Günther (1960), *Mythen und Legenden um ägyptische Gottheiten und Pharaonen*, Zürich und München.
Rottzoll, Dirk U. (1990), „„... ihr werdet sein wie Gott, indem ihr ‚Gut und Böse' kennt'", in: *Zeitschrift für Alttestamentliche Wissenschaft* 102, 385–391.
Schmidt, Hans (1931), *Die Erzählung vom Paradies und vom Sündenfall*, Tübingen.
Soggin, J. Alberto (1962), „La caduta dell' uomo nel terzo capitolo della Genesi", *Studi e Materiali di Storia delle Religioni* 33, 227–256.

Steck, Odil Hannes (1970/1982), „Die Paradieserzählung", in: ders., *Wahrnehmungen Gottes im Alten Testament. Gesammelte Studien*, München, 9–116.
Stengel, Paul (1894), Art. „Abaton", in: *RE* 1, 20–21.
Stengel, Paul (1894), Art. „Adyton", in: *RE* 1, 441.
Stöcker, Christoph (1979), „Indische Schlangengötter in einer Alexandersage", in: *Würzburger Jahrbücher für Altertumskunde* NF 5, 91–97.
Stoebe, Hans Joachim (1953), „Gut und Böse in der Jahwistischen Quelle des Pentateuch", in: *Zeitschrift für Alttestamentliche Wissenschaft* 65, 188–204.
Thulin (1917), Art. „Juno, § 10: Juno Sospita", in: *RE* 19. Hlbbd., 1120–1121.
Trumpf, Jürgen (1960), „Kydonische Äpfel", in: *Hermes* 88, 14–22.
Van der Burg, Nicolas Marius Henricus (1939), **ΑΒΟΡΡΗΤΑ – ΔΡΩΜΕΝΑ – ΟΡΓΙΑ**. *Bijtrage tot de kennis der religieuze terminologie in het Grieksch*, Diss. Utrecht.
Westermann, Claus (1974/1976), *Genesis I* (BK I, 1), Neunkirchen-Vluyn.
Westermann, Claus (1972/1993), *Genesis 1–11*. Erträge der Forschung 7.
Widengren, Geo (1951), *The King and the Tree of Life in Ancient Near Eastern Religion*, Acta Universitatis Upsaliensis 4.
Winkler, John J. (1990), *The Constraints of Desire. The Anthropology of Sex and Gender in Ancient Greece*, New York und London.

Monika Reif-Hülser

Der Wille zum Wissen – die rücksichtslose Neugier und ihr Preis

Zu Henry James: *The Turn of the Screw*

> O homme! ce Dieu t'a donné l'entendement
> pour te bien conduire, et non pour pénétrer
> dans l'essence des choses qu'il a crées.
>
> (Voltaire)
>
> Speak Silence with thy glimmering eyes!
>
> (Blake)

I Annäherung – *an excursion into chaos*

Geheimnis und Neugier als Thema der Literatur? Bei dieser Frage drängt sich für mich sofort eine kleine, aber sehr verwickelte und mysteriöse Geschichte von Henry James in den Vordergrund, die im Jahr 1898 zum erstenmal veröffentlicht wurde. Sie trägt den verheißungsvollen Titel *The Turn of the Screw* und gehört zu jener Gruppe von Erzählungen und Kurzgeschichten der sogenannten späten Schaffensphase des Autors, in der er sich mit dem freien Spiel der Vorstellungskraft ebenso beschäftigt wie auch mit den Toleranzschwellen der Imaginationswilligkeit seiner Leser. Sein spätviktorianisches Publikum, das leichtere literarische Kost gewöhnt war, reagierte nicht sehr begeistert auf James' Romane, die ihm unerwartet komplizierte perspektivische Verfahren zumuteten. Vielleicht ist es als Antwort auf diese Ablehnung zu verstehen, daß Henry James in den späten Kurzgeschichten – allen voran *The Figure in the Carpet* und *The Turn of the Screw* – immer wieder Themen umkreist, die mit Interpretation, Bedeutungszuschreibung und Verstehensprozessen zu tun haben; in ihnen soll Verborgenes zum ‚Vor-Schein' gebracht, sollen Geheimnisse gelüftet und Rätsel gelöst werden. Diese Texte verbergen, indem sie benennen. Der Anreiz zur Lektüre liegt im Verweisen auf das Verborgene; und das Versprechen, das der Text für die Interpretation bereithält, beinhaltet Aufklärung und Wissen.

> The charm of all these things for the distracted modern mind is in the clear field of experience, as I call it, over which we are thus led to roam; an

annexed but independent world in which nothing is right save as we rightly imagine it. ... but the finer interest depends just on *how* it is kept up.[1]

Von all den vielen Geschichten, die Henry James erzählt hat, ist es vor allem der kleine Roman *The Turn of the Screw*, der mit den mit diesen Themen verknüpften menschlichen Eigenschaften wie Erwartung, Antizipation, Neugier, Wissenwollen oder Beherrschen spielt. Für ihn ist *The Turn of the Screw* „a piece of ingenuity pure and simple"; ein künstlerisches Machwerk „of cold artistic calculation", „an amusette", das seine Verfahren an klare Absichten bindet: nämlich all jene Leser in seinen Bann zu ziehen, die sich nicht leicht beeindrucken lassen; „to catch those not easily caught (the ‚fun' of the capture of the merely witless being ever but small), the jaded, the disillusioned, the fastidious".[2]

James hält nicht sehr viel vom ‚gebildeten' Publikum seiner Zeit, da es sich nach seiner Einschätzung neuen literarischen Texten ohnehin nur gelangweilt zuwendet, weil ‚alles schon einmal dagewesen' ist und ‚man' die Neuerscheinungen eben zu kennen hat. Deshalb scheint James schockieren zu wollen, und er erreicht dies, indem er Vertrautes so verfremdet, Bekanntes so verrätselt, daß es bedrohlich wirkt. In *The Turn of the Screw* läßt James die Grenzen zwischen Wirklichem und Phantastischem, zwischen Dargestelltem und Vorgestelltem verschwimmen, um eine Erfahrungsdimension zu eröffnen, die denjenigen, der sich ihr aussetzt, packt, nicht mehr losläßt und schließlich verändert. „The thing was to aim at absolute singleness, clearness and roundness", schreibt James und befindet sich damit völlig in Übereinstimmung mit dem ‚Vater' der Kurzgeschichte, Edgar Allen Poe, für den die wichtigste Überlegung bei der Komposition einer Kurzgeschichte die Frage nach der damit beabsichtigten „Wirkung" (effect) war. Allerdings möchte James – und darin geht er weit über Poe hinaus – innerhalb des von ihm vorgegebenen kompositorischen Rahmens eine Vorstellungsaktivität erzeugen, die diese Begrenzung ständig überbordet; „an imagination working freely, working (call it) with extravagance".

„It is an excursion into chaos", schrieb James über seine Erzählung, wobei das Chaotische als das Überschreiten von Grenzen auftaucht. Vor allem die Literatur ermöglicht solche Grenzüberschreitung, sei es als Normverletzung, als Stil- und Gattungswandel oder als Durchbrechen von Erwartungshorizonten. So dürfe beispielsweise auch das Böse nicht *im* Text dargestellt werden, denn dies schaffe nur die Möglichkeit der Distanzierung. Es müsse vielmehr nur *durch* den Text hindurch *aufscheinen* und seine Konkretisation im Bewußtsein der Leser finden;

---

[1] Henry James, *The Novels and Tales of Henry James*, New York Edition, Bd. XII, New York 1936, p. XVI–XVII.
[2] Ibid.

Only make the reader's general vision of evil intense enough ... and his own experience, his own imagination, his own sympathy (with the children) and horror (of their false friends) will supply him quite sufficiently with all the particulars. Make him *think* the evil, make him think it for himself, and you are released from weak specifications.[3]

Für das Böse und Geheimnisvolle gibt es in der Geschichte von *The Turn of the Screw* genug Spielraum. Eine junge Frau, die auf einem einsamen Herrensitz die Stelle der Gouvernante annimmt, erlebt dort äußerst merkwürdige Dinge. Sie sieht Gestalten, von denen nicht klar ist, ob andere sie auch sehen; sie entwickelt zu den beiden ihr anvertrauten Kindern ein eigenartiges Verhältnis, sehr intim, fast schon erotisch, das sogar in einer besonders dramatischen Szene den Tod des Jungen zur Folge hat. In dieser Novelle geht es auf vielfältige Weise um Geheimnisse, die sich seit ihrem Erscheinen in zahlreichen kritischen Lektüren als „offene Fragen" herumtreiben. Wen liebt diese Gouvernante, wenn sie denn ‚wirklich' liebt – ihren mysteriösen Arbeitgeber, der ihr jeden Kontakt mit ihm verboten hat; oder Miles, den kleinen Jungen? Ist sie hysterisch? Sieht sie Gespenster, oder hat sie Halluzinationen? Welchen Status haben jene Gestalten, die sich ihr auf Türmen, am anderen Seeufer, oder vor den Fenstern zeigen? Will sie die Kinder vor Unheil bewahren, oder will sie sie aus verdecktem Machthunger zerstören, indem sie sie ihrem Erwachsenenwillen unterwirft? Oder geht es vielleicht gar nicht um solche Inhalte in dieser Geschichte, sondern um die Selbstthematisierung des literarischen Textes? Ist der Text ein Rätsel, das es zu lösen gilt? Vielleicht steht die Gouvernante, die wissen will, wer sich hinter den Erscheinungen verbirgt, die wissen will, was sie bedeuten, für den interpretationswilligen und interpretationsfähigen Leser der Geschichte, der nicht nur sehen, sondern *etwas als etwas* sehen will? Wir könnten die Fragen und Vermutungen noch lange fortsetzen, und sie ließen sich nicht so schnell erschöpfen.[4]

Zweifellos bildet die Gouvernante das strukturelle und thematische Zentrum der Novelle. Als narrative Instanz ist sie jene „central intelligence", die James in seinen erzähltheoretischen Schriften, vor allem in seinen „Prefaces" zu *The Portrait of a Lady* und *The Ambassadors*, als

---

[3] Ibid., p. XXI-XXII.
[4] Cf. dazu beispielsweise J. C. Rowe, *The Theoretical Dimensions of Henry James*. London 1984, darin: „Psychoanalytical Significances. The Use and Abuse of Uncertainty in ‚The Turn of the Screw.'" B. E. Fleming, „Flaundering about in Silence. What the governess couldn't say", in: *Studies in Short Fiction* 1989 H. 26 (2), pp. 135-143. P. M. Cohen, „Freud's Dora and James's *Turn of the Screw*: Two Treatments of the Female Case", in: *Criticism* 1986 H. 28 (1), pp. 73-87. M. Bell, *Meaning in Henry James*. Cambridge 1992; darin das Kapitel zu *The Turn of the Screw*. Chr. Brooke-Rose, *The Rhetoric of the Unreal. Studies in Narrative and Structure*, esp. of the *Fantastic*. Cambridge 1981; hier: *The Turn of the Screw*: Mirror Structures as Basic Structures, pp. 158-187.

perspektivischen Fluchtpunkt eines narrativen Zusammenhangs postuliert und gefordert hat, aus deren Blickwinkel alles Geschehen der Erzählung zur Darstellung kommt. In *The Turn of the Screw* gestaltet Henry James die Annäherung an diese „central intelligence" des Textes ganz analog dem hindernisreichen und gefahrvollen Weg, der im Mythos oder in Initiationsgeschichten zurückgelegt werden muß, ehe der oder die Suchende an den Ort des Geheimnisses vordringen darf. Gefahren, Unbilden, oder Mutproben aller Art verzögern beispielsweise im Märchen das Aufdecken des Verborgenen; und auch hier, in James' Geschichte, müssen wir an mehreren Erzählern vorbei, von denen jeder eine Stufe auf dem Weg zum Wissen markiert. Erst wenn wir alle Prüfungen bestanden, alle Erzählerinstanzen hinter uns gelassen haben, erreichen wir den magischen Ort der Erzählung, die Stimme der Gouvernante selbst. Wenn sie dann schließlich erzählt, hat sich eine starke Erwartung von Authentizität aufgebaut; wenn nicht sie, wer sonst sollte wissen, *was* sie erlebt hat? Ihre Perspektive müßte also an das Geheimnis heranführen.

Die Geschichte der Gouvernante präsentiert sich innerhalb einer Rahmenhandlung, deren Thema das Erzählen von Geschichten und das Eintreten in Geheimnisse ist. Im ersten Teil meiner Überlegungen betrachte ich zunächst die Rahmenhandlung, die mit Blick auf mein Lektüreinteresse alle wichtigen Themen einführt; und im zweiten Teil konzentriere ich mich auf die Binnenerzählung und die Figur der Gouvernante, deren prägnantestes Kennzeichen ihre Neugierde ist.

Das Interesse meiner Lektüre von *The Turn of the Screw* richtet sich auf das Zusammenspiel von Geheimnis und Neugier. Dieses Wechselverhältnis möchte ich aus einer kulturhistorischen Perspektive betrachten und fragen: Werden in der Figur der Gouvernante unterschiedliche Formen der Neugierde ausgeleuchtet, und wird die Neugierde in ihrer Bezogenheit auf das Geheimnis als ein signifikanter Faktor des kulturellen Prozesses dargestellt?

II Erzählung – *the Story won't tell*

Die Atmosphäre, in der die Erzählung einsetzt, ist heimelig-unheimlich.[5] In einem alten Haus hat sich an einem Weihnachtsabend eine Gesellschaft um den Kamin des Salons versammelt, um sich Geschichten zu erzählen, die das Gruseln lehren und dabei einen wohligen Schauer über den Rücken laufen lassen. Eine dieser Geschichten, sagt der Erzähler, war so spannend, daß sie den Zuhörern „einigermaßen den

---

[5] Cf. dazu Sigmund Freud, „Das Unheimliche", *Studienausgabe* Bd. IV, *Psychologische Schriften*, Hg. A. Mitscherlich, A. Richards, J. Strachey. Frankfurt 1970, pp. 241–274.

Atem verschlagen" hatte; sie war gruselig, „wie es sich ja für eine am Weihnachtsabend in einem alten Hause erzählte sonderbare Geschichte durchaus gebühre".[6] Wie durch das Feuer in der Mitte wird die Runde durch ihre Neugier zusammengehalten. Die Rede unter den Beteiligten ist von „Erscheinungen" und dem gesteigerten Schauer, der „dreadful pleasure", die sich unweigerlich einstellen, wenn Kinder in solche Unheimlichkeiten involviert sind. Es fügt der ganzen Angelegenheit eine eigenartige Nuance hinzu. Erwachsene sind in ihrem Leben den Versuchungen des Bösen auf die eine oder andere Weise schon einmal begegnet und haben ihre Erfahrungen damit sammeln können. Deshalb sind sie ja auch in der Lage, den Reiz und die Lust auszukosten, die aus der Manipulation von Distanz und Nähe, Akzeptanz und Abwehr entstehen. Das erwachsene Subjekt, so scheint Henry James sagen zu wollen, muß wissen, worauf es sich einläßt, wenn es mit Verführung spielt. Bei Kindern ist das anders; gesellschaftlich als Repräsentanten der Unschuld betrachtet, sind sie den Strategien des Bösen zunächst ungewappnet ausgeliefert. Angesichts dieser gesellschaftlichen Codierung kann der Erzähler seine Zuhörer auch in Spannung versetzen, wenn er fragt: „Wenn [ein] Kind als eine weitere Drehung der Schraube wirkt, was sagt ihr dann zu zwei Kindern ...?" Die Reaktion kommt prompt: „Dann sagen wir natürlich, daß zwei Kinder eben als zwei Schraubendrehungen wirken!" Diese Einstellung nutzend, treibt er die Spannung unter den Gästen ins beinahe Unerträgliche, indem er ihre Neugier durch Teilinformationen anstachelt. Die sind so geartet, daß sie, indem sie zu enthüllen scheinen, das Geheimnisvolle nur noch bestärken. Aus dieser Strategie des Ankündigens und Vorenthaltens resultiert eine besondere Art von Macht, die Henry James seine Erzählerfigur auch genießen läßt. In seinen Äußerungen und Andeutungen charakterisiert er das, wovon die Erzählung handelt, und die Erzählung selbst als „unaussprechlich", „unbeschreibbar", „unsagbar". Indem er aber trotzdem davon sprechen will, versetzt er sich in die Position dessen, der das Geheimnis der Geschichte kennt und deshalb auch über die angemessenen Mittel zu ihrer Darstellung verfügt.

Der Ich-Erzähler der Rahmenhandlung registriert diesen Anspruch und erinnert sich deshalb an Mimik, Gestik und Körperhaltung des „Eingeweihten" lebhaft: „Ich sehe Douglas noch, die Hände in den Hosentaschen, mit dem Rücken zum Feuer vor dem Kamin stehen und auf

---

[6] Henry James, *The Turn of the Screw; And Other Short Novels.* New York 1980; dt. *Die Drehung der Schraube.* Übers. von Harry Kahn. München: dtv (Manesse) 1993; alle Zitate aus der Novelle sind der deutschen Ausgabe entnommen, wobei die Seitenangaben im fortlaufenden Text in Parenthese erscheinen. An den Stellen, an denen das Deutsche Unschärfen für das Argument aufweist, wurde der Originaltext mitzitiert.

den Sprecher hinabblicken" (8). Und Douglas selbst läßt an seiner Position keinen Zweifel, wenn er sagt: „Außer mir hat bisher niemand etwas darüber gehört. Es ist viel zu schauerlich" (9). Auf ungeduldiges Drängen der Zuhörer betont Douglas noch einmal das Unheimliche dessen, was er erzählen will. Er bereitet ebenso „ruhig wie kunstvoll seinen Triumph" vor, „indem er seinen Blick über uns hinlaufen ließ und fortfuhr: ‚Es übersteigt alles. Nichts mir Bekanntes reicht daran heran'" (9). So wie Henry James seinen Erzähler Douglas „ruhig und kunstvoll" agieren läßt, so erweitert er selbst als Autor „ruhig und kunstvoll" die Gruppe der Ausgegrenzten, indem er seine Leser mit einbezieht. Douglas inszeniert für seine Zuhörer die Machtposition dessen, der das Wissen um ein Geheimnis besitzt. Im gleichen Moment, in dem er beginnt, sein Geheimnis preiszugeben, spaltet er die Welt in zwei Lager: die Eingeweihten, die wissen, und die anderen, die durch ihr Nicht-Wissen ausgegrenzt sind.

Die am Weihnachtsabend des Jahres 1897 um das Feuer versammelte Gruppe und die von Douglas inszenierten Initiationsrituale machen deutlich, daß es bei der Enthüllung des Geheimnisses jenes Textes, den Douglas unter großem retardierendem Aufwand schließlich herbeischafft[7], nicht um bloßes Aufdecken von Verborgenem geht, sondern vielmehr um die Qualität der Teilhabe und Initiation. Diejenigen, die den Schrecken der Erzählung durchlebt haben, werden danach nicht mehr dieselben sein. Nicht voyeuristischer Zeitvertreib oder interesseloses Wohlgefallen ist es, worauf Douglas abzielt. Er beabsichtigt, seine Zuhörer einer extremen Erfahrung auszusetzen, weil für ihn selbst das Erzählen seiner Geschichte, die er jahrzehntelang in sich eingeschlossen hatte, eine solche Grenzerfahrung bedeutet. Deshalb ist der begeisterte Aufschrei einer der anwesenden Damen „Ach, das ist ja entzückend" völlig unangebracht als Reaktion auf das Ankündigen des zu erwartenden Geheimnisses, das „an Grauen ... an ... Grauenhaftigkeit" nicht zu übertreffen ist. Die sich wiederholende Nennung des Schreckens und des Entsetzens durch Douglas liest sich wie eine Beschwörungsformel, die im Kontext eines magischen Rituals immer beides meint: das beschwörende Herbeirufen des Übernatürlichen, aber ebenso auch das Aussprechen eines Banns gegen die bösen Geister. Dieselbe Ambivalenz als Spiel zwischen Freiheit und Begrenzung, zwischen Grenzüberschreitung und Kontrolle als Bedingung für ästhetische Erfahrung hatte Henry James schon im „Preface" zu *The Turn of the Screw* skizziert. Dort sagte er, daß es darauf ankomme, absolute Einzigartigkeit, Klarheit und Stimmigkeit zu erzielen, wobei aber dennoch das freie Spiel der Imagination gewährleistet sein müsse.

---

[7] „I can't begin. I shall have to send to town" oder: „The story's written. It's in a locked drawer – it has not been out for years."

The thing was to aim at absolute singleness, clearness and roundness, and yet to depend on an imagination working freely, working (call it) with extravagance; by which law it would n't be thinkable except as free and would n't be amusing except as controlled.[8]

Mit Douglas' Entscheidung, sein eigenes, wohlgehütetes Geheimnis preiszugeben, indem er vom Geheimnis der Gouvernante erzählt, hat sich die Atmosphäre der versammelten Runde verändert: was am Anfang unverbindlicher, genüßlich-neugieriger Schauer war, ist persönlicher, wertender, moralischer geworden; es hat „an allgemeiner Unheimlichkeit, Abscheulichkeit, Entsetzlichkeit, Schmerzlichkeit" zugenommen (9).

„Die Geschichte ist niedergeschrieben", sagt Douglas und signalisiert damit, daß es nicht nur um seine individuelle oder private Erinnerung geht, sondern daß durch das Aufschreiben etwas ent-äußert wurde, das heißt als Text aus dem privaten Raum heraustritt und öffentlich wird. Douglas' Hinweis darauf, daß die Geschichte „niedergeschrieben" ist, soll erklären, weshalb das Manuskript nicht augenblicklich verfügbar ist; er verweist aber gleichzeitig darauf, daß ein Text, selbst wenn er aufgeschrieben ist, verborgen bleibt; nämlich dann, wenn er nicht gelesen wird. Es gibt zwei Texte dieses Geheimnisses. Der eine, manifeste, ist „mit alter, verblichener Tinte und in der allerschönsten Hand" geschrieben. Es ist derjenige, der gelesen wird, bei dem es aber nur eine Frage der Zeit ist, wann die Tinte ganz verblaßt und die Schrift unleserlich sein wird. Dieser Text wird dann aufgehört haben zu existieren und mit ihm das Gedächtnis der Gouvernante als Zeuge ihrer Geschichte. „Das Manuskript befindet sich in einer verschlossenen Schublade; seit Jahren ist es nicht daraus herausgekommen" (10). Die Geschichte, die das Geheimnis birgt, ist dreifach verschlüsselt. Sie wurde erzählt, und Douglas war ihr erster Zuhörer. „‚Ich habe das Ganze *hier* ... aufgenommen', dabei schlug er auf sein Herz. ‚Und bin es nie mehr losgeworden.'" Dann wurde sie aufgeschrieben, das heißt in Sprache und literarische Form eingefangen, und schließlich in einer verschlossenen Schublade aufbewahrt. Der dreifachen Verschachtelung zum Zweck des Verbergens entsprechen in umgekehrter Textbewegung die drei Stufen der Aufdeckung über die Erzählerinstanzen. Wenn Douglas den Text vorgelesen haben wird, sind alle Mitwisser. Die individuelle Erinnerung jener „ganz bezaubernden Person" wird dann im kollektiven Gedächtnis jener Gruppe aufgehoben sein, die ihrer Geschichte an jenem Weihnachtsabend zugehört hat.

Neben dem manifesten Text, „niedergeschrieben ... in einer verschlossenen Schublade" aufbewahrt, gibt es also noch einen zweiten,

---

[8] „Preface", p. XVII.

latenten Text, ohne feste Konturen und Formen, der im Gedächtnis weiterlebt und der so lange von seinem Geheimnis erzählen wird, solange es Neugierige gibt, die ihn lesen wollen. Douglas nennt diesen latenten Text „Eindruck" („impression"), der sich in die Erinnerung eingegraben hat und der nie mehr verlorengehen kann.

Die Gouvernante, die er, wie wir *en passent* erfahren, sehr geschätzt, wenn nicht gar geliebt hat mit der Liebe eines Jungen zu einer erwachsenen Frau, hat ihn für seine Zuneigung belohnt. Sie hat ihm ihre Geschichte erzählt und ihn dadurch in das Geheimnis ihres Lebens eingeweiht. Dadurch wurde eine Intimität geschaffen, die weit über andere Varianten von Nähe hinausgeht und eine besondere Form der Kommunikation erlaubt. „Niemandem hat sie je davon erzählt. Das war keine bloße Redensart von ihr, nein, ich wußte, daß sie nie darüber gesprochen hatte. Ich war dessen sicher; ich konnte es erkennen" (12).

Auch in dieser Sequenz inszeniert Henry James das in seinem Vorwort angesprochene Wechselspiel zwischen Spannungspolen auf unterschiedlichen Ebenen: latenter und manifester Text; schriftliche und mündliche Überlieferung; Prozeduren des Verbergens und Enthüllens.

Douglas beginnt zu lesen – und damit sind wir dem Geheimnis der Gouvernante einen Schritt näher gekommen. Der Perspektivenwechsel vom Ich-Erzähler der Rahmengeschichte zur Ich-Erzählerin der „eigentlichen Geschichte" zeichnet sich ab. Die Annäherung an das „Eigentliche" muß uns nun auch der Enthüllung näher bringen – wird es das wirklich?

Mrs. Griffin, eine Dame aus dem Zuhörerkreis, bringt das naive Bedürfnis nach Wissen zur Sprache, das James verhalten ironisiert. „Trotzdem drängte Mrs. Griffin nach etwas mehr Aufklärung. ‚In wen war sie denn verliebt?'" möchte sie wissen. Wenn der Erzähler die Ungeduld der Zuhörer zu besänftigen versucht und sagt: „Das wird schon aus der Erzählung hervorgehen", korrigiert Douglas ihn sofort: „Aus der Erzählung wird es *nicht* hervorgehen ... nicht im wörtlichen, gemeinen Sinn" (13). Geschichten erzählen *etwas*, und dieses *etwas* ist uns normalerweise spätestens dann bekannt, wenn die Geschichte zu Ende ist. Douglas unterläuft mit seiner Entgegnung, aus der Geschichte werde es eben *nicht* hervorgehen, Erwartungen dieser Art. Geschichtenerzählen, so kann man Henry James verstehen, führt vor, wie wir zu fragen gewohnt sind und welche Art von Antworten wir auf unsere Fragen zu erwarten gelernt haben; aber Geschichtenerzählen beleuchtet ebenso die Fiktionalität einer solchen selbstverständlichen Erwartung. „Make him [sc. den Leser] *think* the evil, make him think it for himself", steht im „Preface" zu The Turn of the Screw geschrieben, womit alle Substantialität von Geheimnissen und ihren Enthüllungsversuchen zurückverwiesen wird in den Leser, der dann auch die Verantwortung für seine Lektüre und die sich daraus ergebenden Resultate übernehmen muß.

Der Status dieses Problems für die gesamte Geschichte von *The Turn of the Screw* wird schon dadurch signalisiert, daß es die Erzählung durchzieht und auch einrahmt. Wie am Anfang, so wird auch kurz vor Ende der Geschichte die Frage nach der Verantwortung für Lektüreprozesse noch einmal ganz deutlich im Text gestellt. Als die Gouvernante nach vielen unheimlichen Erlebnissen und von Angst dominierten Situationen schließlich glaubt, die Kinder dem Einfluß des Bösen entrissen, sie auf ihre Seite gezogen zu haben und deshalb über die unerklärlichen Erscheinungen triumphieren zu können, demonstriert sie noch einmal ihren Anteil an der Entwicklung der Geschichte. Sie versucht, dem kleinen Miles zu suggerieren, daß er keine Angst zu haben brauche, wenn sie bei ihm sei, um ihn zu beschützen – und zieht damit die Macht über die Situation an sich, weil sie die Richtung der Interpretation vorgibt und dadurch die Situation emotional kontrolliert. „Was kommt es nun noch auf ihn [gemeint ist Quint, eine der bedrohlichen Erscheinungen] an, mein einziger Junge? Was kommt es je noch auf ihn an? *Ich* habe dich" – schleudert sie der Erscheinung am Fenster entgegen. Und um ihre Macht sprachlich zu manifestieren, fährt sie fort: „doch er hat dich für immer verloren" (238). Der Preis, den die Gouvernante für ihren Einsatz und ihre Lesart der Geschehnisse riskiert und den sie am Ende auch entrichten muß, ist hoch: Flora hat sie verloren, und Miles ist tot.

In *The Turn of the Screw* sind nicht so sehr die Dinge selbst wichtig, als vielmehr der Raum zwischen den Dingen, der sich der Interpretation öffnet. Jeder Blick, jede Geste, jede unbedachte Äußerung einer der Figuren setzt ein ganzes Kaleidoskop von Bedeutungsmöglichkeiten in Gang. Kaum scheint sich ein Formenspiel als Bild zu erkennen zu geben, löst es sich schon wieder auf, um sich sofort neu zu organisieren: auch in diesem Sinne dreht sich die Schraube weiter.

Der Ich-Erzähler und Douglas gehen von unterschiedlichen Prämissen zur Einschätzung und Bewertung dessen aus, was im Verlauf der Geschichte als „Entsetzen", „Grauen", „Geheimnis" oder „Erzählung" bezeichnet wird. Dabei ist es aufschlußreich, daß alle diese Begriffe (im Englischen: „dreadfulness", „horror", „secret" oder „tale") nahezu als Synonyme eingesetzt sind, so daß „Erzählung / tale" beispielsweise als „Grauen / horror" oder „Geheimnis / secret" gelesen werden kann. Wenn wir uns daran erinnern, welch nachdrückliche Betonung Henry James in seinem „Preface" auf die Dimension der Erfahrung gelegt hat, so geben diese begrifflichen Verschränkungen Einblick in die Wirkungsstrukturen des Textes. Darüber hinaus machen sie auch die vielen, eingangs genannten Lektüreweisen von *The Turn of the Screw* einsichtig. Die Differenz, die zwischen dem Ich-Erzähler und Douglas mit Blick auf das Verständnis von „Erzählung / tale" aufscheint, reflektiert James' eigene kritische Position gegenüber der Erzähltradition und Erzählpraxis seiner Zeit. „Wenn wir schon Romane so schreiben, wie sollen wir denn dann Geschichte schreiben?" fragt James anläßlich eines Kommentars zu George Eliots *Middlemarch*, einem Roman aus dem Jahr 1871, der in jeder Hinsicht, vom Umfang bis zum Thema, gerade das Gegenteil zu *The Turn of the Screw* darstellt. Der Ich-Erzähler richtet seine Neugier, das Wissen-Wollen[9] auf etwas, was außerhalb oder vor der Erzählung existierte, was in der Narration quasi wie in einem Schrein aufbewahrt ist und was durch die Sprache der Erzählung ans Licht gelangt. Für Douglas hingegen eröffnet das Erzählen nur eine weitere Dimension des Geheimnisses, es enthüllt nichts. Es zeigt das Verfahren des Verbergens, aber es überläßt die Verfahren des Aufdeckens der Lektüre. Oder, wie Frank Kermode es in seinem Buch *The Genesis of Secrecy* formuliert: „Outsiders see but do not perceive. Insiders read and perceive, but always in a different sense. We glimpse the secrecy through the meshes of a text"[10] – aber wir erreichen es nicht.

Für den Ich-Erzähler handelt es sich bei den Andeutungen und Versprechungen von Douglas um „dunkle, vorläufig nicht durchschaubare Sätze, die aber später einmal aufgeklärt werden und so ... dann den eigentlichen Forderungen der menschlichen Vernunft nach Einsicht und Durchschaubarkeit genügen"[11]. Für Douglas selbst aber hat das, woran er die anderen teilhaben lassen will, die Geschichte der Gouvernante nämlich, einen qualitativ ganz anderen Status; sie wird ihr Geheimnis nicht preisgeben – „The story won't tell." Oder wie Karl Rahner über den Begriff des Geheimnisses und seine Geschichte ausführt: „... das Geheimnis wird schon im ersten Ansatz als die Eigentümlichkeit eines Satzes betrachtet", wobei nicht ausgeschlossen wird, daß auch Inhalte von Sätzen Geheimnisse sein können. Diesem Aspekt werden wir in der „eigentlichen" Geschichte von *The Turn of the Screw*, der Erzählung der Gouvernante, noch einmal begegnen. Aber, so fragt Rahner weiter, ist das Geheimnis außer an diesen wesentlich sprachlichen Charakter auch immer an die aufklärerische Vernunft gebunden? Bedeutet Geheimnis immer eine Negation von Wissen? „Wie, wenn das Geheimnis gar nicht als das bloß vorläufige, sondern als das Ursprüngliche und Bleibende verstanden werden muß, so sehr, daß ... das Sichherumtreiben im scheinbar Durchschauten und Begriffenen sich als das Vorläufige zeigt ...?"[12] „The story won't tell, not in any literal, vulgar way."

---

[9] Zitiert nach Hans Blumenberg, *Der Prozeß der theoretischen Neugierde*. Frankfurt 1973, pp. 216 und 251.
[10] Frank Kermode, *The Genesis of Secrecy. On the Interpretation of Narrative*. Cambridge (Mass.) und London 1979, pp. 143–144.
[11] Karl Rahner, *Schriften zur Theologie*, Bd. IV, *Neuere Schriften*. Köln 1964, pp. 56–57.
[12] Ibid.

III Geheimnis – *determined to have all my proof*

„Nicht daß ich ... nicht mehr erwartet hätte, denn ich war ebenso stark gebannt wie erschüttert. Gab es auf Bly ein ‚Geheimnis' – einen rätselhaften Udolpho oder einen Wahnsinnigen, einen in ungeahntem Gewahrsam gehaltenen Verwandten, von dem man nicht sprach", sinniert die Gouvernante nach ihrer erschreckenden Erfahrung der ersten Erscheinung von Quint, jenes Bediensteten, der zusammen mit Miss Jessel vor unserer Heldin auf Bly war, um sich um das Gut und die Kinder zu kümmern, und der, ebenso wie Miss Jessel, unter merkwürdigen Umständen verschwand – so jedenfalls berichtet Mrs. Grose, die Hausangestellte und Vertraute der Gouvernante.

„Und was wurde aus ihm?" [Mrs. Grose] zögerte so lange, daß mir alles noch geheimnisvoller vorkam. „Er ging auch", brachte sie schließlich heraus. „Ging ... Wohin?" Da nahm ihr Gesicht einen ganz absonderlichen Ausdruck an. „Gott weiß, wohin! Er starb." – „Starb?" schrie ich fast auf. Es schien geradezu, als recke sie sich in die Breite, als pflanze sie sich fester auf den Boden, um dem Wundersamen der Angelegenheit Nachdruck zu verleihen. „Ja, Mr. Quint ist tot." (70)

Die Art und Weise, mit der Henry James diesen Höhepunkt „... schrie ich fast auf" ausklingen läßt in eine bodenständige Geste der Mrs. Grose, so als wolle sie sich mit der ganzen materialen Kraft ihres Körpers gegen jenes körperlose Entsetzen von Halluzinationen oder übersinnlichen Phänomenen stemmen, zeigt den Unterschied zwischen den beiden Frauen, der für den Fortgang der Geschichte relevant wird. Die eine ist neugierig und möchte wissen – die andere will die Dinge so belassen, wie sie sind.

„Gab es auf Bly ein Geheimnis?" hatte die Gouvernante sich gefragt – und sie hatte ein Zeichen bekommen. Von nun an wird sie sich bemühen, alle Zeichen auf das „Geheimnis von Bly" zuzuordnen, sie zu deuten und auf diese Weise das Netz immer dichter zu weben, immer enger zu ziehen, bis es ihr möglich sein wird, die Frage nicht nur daraufhin zu beantworten, *daß* es ein Geheimnis auf Bly gibt, sondern auch *worin* dieses besteht. Dabei wird sie ganz deutlich von der unausgesprochenen Überzeugung getrieben, daß sie, je mehr Informationen sie sich verschaffen, je mehr Deutungen sie anbieten kann, auch desto näher an jenes Verborgene heranrückt. Sie legt eine sehr selbstbewußte Neugier an den Tag; denn sie legitimiert sie damit, daß nach der Enthüllung von Miles' Geheimnis die Schatten vertrieben sein werden und Bly für sie und die Kinder ein verwandelter, lebensbejahender Ort sein wird. Die Kehrseite dieses Selbstbewußtseins allerdings ist einerseits der deutlich aufblitzende, aber sofort wieder verdrängte Zweifel an der Verantwortbarkeit ihres Vorgehens – andererseits die klare Einsicht in die enge Verknüpfung von Neugierde und Gewalt, von Wissen und Macht. „Er [sc. Miles] lächelte mich beinahe an in all der Trostlosigkeit über seine Waffenstreckung, die allerdings nunmehr in der Tat so vollständig war, daß ich es dabei hätte bewenden lassen sollen" (234). Aber aus der Neugierde als dem Reiz des Unbekannten ist die Begierde nach Wissen als Macht geworden, deren Dynamik sich ungebremst entfaltet: „Doch ich war verblendet – blind vor Siegesgefühl." Die letzte Szene zwischen der Gouvernante und Miles erinnert in ihrer Gestaltung an die Choreographie eines *Pas de Deux*, in dem Annäherung und Distanz, Berührung und Abstoßung spielerisch ausagiert werden. Die fortwährende Bewegung der beiden Körper im Raum ebenso wie die häufigen Blickwechsel verleihen der Szene jene sinnliche Dimension, in der schließlich Erotik und Tod verschmelzen.

In dem Prozeß der sich verdichtenden Abhängigkeiten von Neugier als Wissenstrieb und Manifestationen des Geheimnisses als dem ‚Anderen' etabliert sich eine ähnliche Spaltung, wie wir sie schon in der Rahmenerzählung an der Figur des Douglas gesehen haben: es gibt Eingeweihte und Außenseiter. Gegenüber der Rahmenhandlung allerdings entfaltet sich die Qualifizierung der Neugier als Trieb in seiner vollen Ambivalenz: die Gouvernante durchläuft (fast wie im Zeitraffer) verschiedene signifikante Stadien der Neugier, bis sie in jenem Machthabitus gipfelt, der dem Jungen ihre Perspektive aufzwingt, seine eigene erstickt und ihn tötet.

> „Ich war so entschlossen, den völligen Beweis zu erhalten, daß ich mich kopfüber ins eisige Wasser stürzte, um ihn [sc. Miles] herauszufordern ... Unter der blitzartigen Erkenntnis des Verlusts, auf den ich so stolz war, stieß er den Schrei eines Geschöpfes aus, das einen Abgrund hinuntergestürzt wird, und der Griff, mit dem ich ihn wieder an mich nahm, war, als ob ich ihn im Fallen auffinge. ... Wir waren allein mit dem stillen Tag, und sein kleines Herz hatte, erlöst, zu schlagen aufgehört." (238–239)

Ursprünglich wollte die Erzählerin das Geheimnis von Bly ergründen, um die Kinder zu beschützen; am Ende ihrer Geschichte wird der Wunsch nach Wissen, der keine Distanzierung im Sinne einer „reflektierten Neugier"[13] mehr zuläßt, zur Obsession. Von der Neugierde als Destruktions- und Todestrieb spiegelt sich in der Figur der Gouvernante die Geschichte der Neugierde als Legitimationsprinzip der aufklärerischen Vernunft, wie Nietzsche sie verstanden hat, als er von der „rücksichtslosen Neugier" als Kennzeichen der Neuzeit sprach.[14] Miles

---

[13] Der Begriff stammt von Jürgen Mittelstraß; cf. „Bildung und Wissenschaft. Enzyklopädien in historischer und wissenssoziologischer Betrachtung", in: *Die wissenschaftliche Redaktion* 4. Mannheim 1967, pp. 81–104.

[14] Friedrich Nietzsche, „Jenseits von Gut und Böse", *Sämtliche Werke* (Kritische Studienausgabe Bd. 5), Hrsg. G. Colli, M. Montinari. München, Berlin, New York 1980; pp. 108–110.

ist diesen Ansprüchen ausgeliefert, deshalb gilt für ihn: diejenigen, die kein Geheimnis bewahren dürfen, leben ungeschützt. Oder anders formuliert: Durch entsprechende Rationalisierungsverfahren läßt sich Neugierde unter den Prämissen der Aufklärung als Wissenstrieb um jeden Preis legitimieren. Im Falle der Gouvernante ist es das Argument der Fürsorge für die Kinder, mit dem sie ihr eigenes Machtbedürfnis ummäntelt. In seiner literarischen Analyse der Dialektik zwischen Neugierde und Geheimnis in *The Turn of the Screw* bleibt Henry James nicht bei dieser moralischen Botschaft stehen, sondern er geht noch einen Schritt weiter. In der Entfaltung der Beziehung zwischen Miles und der Gouvernante und der Art, wie sich das Geheimnis um die Figur des kleinen Jungen rankt und wie sie versucht, ihm Stück für Stück dessen zu entlocken, was sie selbst vermutet, wird auch deutlich, daß es die Neugierde ist, die sich ihr Geheimnis allererst erschafft. Im letzten Kapitel der Novelle will die Gouvernante Miles dazu bringen, ihr einzugestehen, weshalb er von der Schule verwiesen wurde und nicht mehr dahin zurück darf, wie sie am Anfang der Erzählung durch einen Brief der Schulleitung erfahren hatte. Der Brief selbst informiert nur über die Sanktion, nicht aber über den Grund dafür. Auslöser für den dramatischen Höhepunkt der Geschichte ist ein zweiter Brief, ein Brief nämlich, den die Gouvernante – trotz des Kontaktverbots bei ihrer Anstellung – nach London an den Besitzer von Bly geschrieben hatte, um ihm von den Ereignissen, die ihr über den Kopf zu wachsen drohen, zu berichten. Dieser Brief nun war von der Gouvernante auf dem Tisch für den Postausgang gelegt worden, von wo Miles ihn an sich genommen hatte, wie Mrs. Grose verrät. Von der Gouvernante bedrängt, gesteht Miles, den Brief ‚entwendet' zu haben, um zu sehen, was sie über ihn berichte. „Und du hast nichts gefunden!" jubelt sie. Die Anwort von Miles ist ein „unendlich kummer- und gedankenvolles Kopfschütteln". „Nichts", sagt er (231). Die Briefe in James' Geschichte sind doppeldeutig. Sie tauchen an solchen Punkten der Erzählung auf, wo sie bedeutende Informationen oder Geheimnisse zu beinhalten scheinen; wenn sie aber geöffnet werden, so zeigt sich „Nichts". Sie sind Gefäße, in die die einzelnen Figuren, je nach Bedürfnis oder Interesse, ihre Version oder Gestalt von ‚Geheimnis' projizieren; und nur so lange kann das ‚Geheimnis' als Anreiz für die entdeckerische Neugierde wirken, solange es im Verborgenen bleibt.

Hier, im inneren Kern der Geschichte von *The Turn of the Screw* werden Flora und Miles, die der Gouvernante anvertrauten Kinder, zu den Trägern des Geheimnisses von Bly, während Mrs. Grose und vor allem die Gouvernante Ausgegrenzte sind. „That is the fate of the outsider, who sees without perceiving and hears without understanding", sagt Kermode in *The Genesis of Secrecy*. Diejenige, die sich nach dem Modell der Erkenntnis als Akkumulation von Wissen in den Besitz des Geheimnisses zu bringen versucht, treibt sich nur herum im „scheinbar Durchschauten und Begriffenen", im Vorläufigen.

IV Blicke – *You see how he could see*

Mit Blick auf die dialektische Verschränkung von Ans-Licht-bringen-Wollen und Verhüllen ist es nur konsequent, wenn Henry James das Thema von Wissen oder Wissen-Wollen fast immer auf die eine oder andere Weise mit Sehen oder Blicken verknüpft. So wünscht sich die Gouvernante auf ihren einsamen Spaziergängen zu Beginn ihres Aufenthalts, daß sie unerwartet jemanden treffen möge. Dieser „Jemand" ist, wie wir erfahren, ihr Arbeitgeber, den sie anläßlich ihrer Einstellung nur zweimal sah und der ihr dabei ausdrücklich untersagt hatte, ihn jemals mit Fragen oder Bitten, Bly oder die Kinder betreffend, zu behelligen. Er will sie nicht mehr sehen und auch von ihr nicht mehr gesehen werden. Trotzdem – oder vielleicht gerade deshalb – denkt sie, ganz mit sich und der Art, wie sie die Aufgabe auf Bly bewältigt, zufrieden, „daß es so zauberhaft wie in einem Zaubermärchen sein würde, plötzlich auf jemanden zu stoßen. Dort an der Wegbiegung würde jemand erscheinen, vor mich hintreten und anerkennend lächeln" („I only asked that he should know; and the only way to be sure he knew would be to see it") (46 bzw. 310). Und nicht nur das. In ihrer Phantasie möchte sie, daß er erkennt, wie es in ihr aussieht; „Ich begehrte nur, daß er im Bilde sei; und das einzige Mittel darüber Sicherheit zu gewinnen, ... wäre, es an seinem schönen Gesicht und dessen gütigem Leuchten abzulesen" (46). Damit hat sie das Programm ihrer Weltsicht formuliert, nach dem sie sich gegenüber den zahlreichen Unheimlichkeiten und „Geheimnissen" auf Bly auch verhält. Wissen wird hier ganz deutlich an Sehen, an Wahrnehmen von ‚Bildern' gebunden, wobei der semantische Gehalt des Wissens gar nicht enthüllt zu werden braucht. Als Mrs. Grose den kleinen Miles beschreibt und ihn vor den Anschuldigungen von seiten der Schule in Schutz nimmt, läßt Henry James sie sagen: „Sehen Sie ihn erst, Miss. Und *dann* glauben Sie mal dran", daß er verdorben sei.

Aber nicht nur in dieser Sequenz spielt das Schauen eine zentrale Rolle. Der Text differenziert mehrere Weisen des Sehens und ordnet sie jeweils bestimmten Themen zu. Die Blickwechsel zwischen der Gouvernante und Mrs. Grose sind fast alle so präsentiert, daß man sich nie des Gefühls erwehren kann, man brauche nur den Kopf zu wenden und irgend etwas Bedrohliches zeige sich – wie dies ja auch immer wieder der Gouvernante widerfährt. Als Mrs. Grose die Gouvernante überrascht, nachdem diese gerade die Erscheinung Quints vor dem Fenster gesehen hatte, äußert sie erschrocken: „Sie sind weiß wie ein Leintuch. Sie sehen entsetzlich aus" (63). Es folgt ein Dialog zwischen den beiden Frauen, bei dem Blicke, und nicht Inhalte, die entscheidende Rolle dafür spielen, daß eine Atmosphäre des Unheimlichen entsteht.

> Was war es denn? – Ein ungewöhnlicher Mann, der hereinschaute. – ... – Mrs. Grose blickte sich vergebens nach allen Seiten um. ... Hatten Sie ihn vorher schon gesehen? – Ja. ... – Sie warf mir darauf nur einen schärferen Blick zu ... Mrs. Grose runde Augen widersetzten sich dieser Zumutung. ... Sie haben den Mann sonst nirgends auf dem Turm gesehen? – ... Mrs. Grose blickte sich wieder rundum. – Er stand einfach da und schaute auf mich herunter. – Was ist er überhaupt? Er ist ein Schreckgespenst. – ... Mrs. Grose blickte sich abermals rundum; sie heftete die Augen auf die in stärkerem Dämmer liegende Ferne, dann riß sie sich zusammen und sagte ganz unvermittelt: „Es ist Zeit, daß wir in die Kirche kommen." (65–66)

Mehrmals in dieser Sequenz ist die Rede vom Sehen, das „Nichts" erblickt. Eine weitere Passage am Ende des Zwiegesprächs zwischen der Gouvernante und Mrs. Grose scheint das Thema des Blicks und die damit einhergehende perspektivische Bindung geradezu pointiert zusammenzufassen:

> Langsam wandte sie mir wieder ihr Gesicht zu. ‚Fürchten Sie für die Kinder?' – Wir tauschten wieder einen langen Blick aus. ‚Sie nicht?' Statt darauf zu antworten, trat sie näher an das Fenster heran und brachte ihr Gesicht dicht an die Scheibe. ‚Sie sehen, wie er sehen konnte', sprach ich inzwischen weiter. (67)

Durch den dominanten Einsatz des Blicks erreicht James die ästhetische Darstellung seines narratologischen Programms: der Fokussierung der Erzählung auf eine „central intelligence". Die Thematisierung des Blicks als dramatisches Mittel verstärkt die Perspektivierung, den „point-of-view", als technisches Mittel – und umgekehrt. Es können nie zwei Personen ein und denselben Gegenstand zur selben Zeit auf dieselbe Weise sehen; dem steht ihre Körperlichkeit entgegen. Sie sehen den fraglichen Gegenstand immer entweder raumversetzt oder zeitversetzt; deshalb ist die Perspektive auch an die jeweilige Subjektposition gebunden. Wenn die Gouvernante entweder Mrs. Grose oder den kleinen Miles beschwört, ihr doch zu bestätigen, daß sie die geheimnisvolle Figur auch sähen, dann wird eine solche Restriktion der menschlichen Wahrnehmungs- und Erkenntnismöglichkeiten deutlich. Wir können nie dasselbe sehen, was ein anderer sieht; was wir sehen können, ist das *Sehen* des anderen – wie dies beispielsweise durch die Perspektive im literarischen Text, durch den Aufnahmewinkel in Film und Photographie oder durch die Perspektive in der Malerei *sichtbar* gemacht wird. Für die Gouvernante provoziert diese Einsicht das Gefühl der völligen Isolation; daher bringt sie das Sehen, das Wissen-Wollen, die Ein-Sicht mit dem Tod in Verbindung. „Es war, als ob, während ich dessen inne wurde, wessen ich inne wurde, der ganze übrige Schauplatz vom Tod befallen sei" (49). Wenn sich die Bedeutung dieses Satzes nicht nur in dem Verweis auf die destruktive Aura einer Halluzination erschöpft, dann läßt sich darin auch die – zuzeiten bedrohliche – Verflechtung von Neugier und Geheimnis lesen. Die Rücksichtslosigkeit, mit der die Gouvernante in der spannungsgeladenen Schlußszene von *The Turn of the Screw* die Ich-Grenzen eines anderen Subjekts durchbricht und in seine Gedanken einzudringen versucht, läßt Analogien zu ganz anderen Bereichen aufscheinen, in denen die Neugierde im Dienste der Wahrheit nahezu alle Grenzen des Respekts und der Achtung vor dem Unbekannten eingerissen hat. „Die Wahrheit ist für die Neuzeit auch zum Resultat eines Verzichts geworden, der in der Trennung von Erkenntnisleistung und Glücksertrag liegt ... die Rücksichtslosigkeit gegenüber dem Glück wird zum Stigma der Wahrheit selbst, zur Huldigung an ihren Absolutismus."[15]

Von Mrs. Grose, der einzigen Person, mit der die Gouvernante außer den Kindern überhaupt sprechen kann und die ebenso wie sie selbst Nicht-Eingeweihte ist, erhofft sie sich Bestätigung der Visionen: „Ich packte den Arm meiner Hausgenossin. ‚Da ist sie, da ist sie!'... Sehen Sie sie denn nicht genau, wie wir sie sehen ...? Sie wollen sagen, Sie sehen sie nicht ... jetzt, eben jetzt? Sie ist ja so groß wie eine hochlodernde Flamme!" Erst das Sehen, und zwar das gemeinsame Sehen, würde den Schleier zerreißen, das Entzogene erkennbar machen und die Isolation aufheben. Aber Mrs. Grose zeigt nur „Verneinung, Abwehr, Mitgefühl" und entgegnet: „Was für ein schauerlicher Einfall, Miss, wahrhaftig! Wo, um Himmels willen, sehen Sie denn etwas?" (196). Sie weist das Ansinnen der Gemeinsamkeit, der Beteiligung zurück. Um über Geheimnis sprechen zu können, braucht es die Zeugenschaft von anderen, die entweder ‚Mit-Wisser' oder durch ‚Nicht-Wissen' ausgegrenzt sind.

Am Ende der Erzählung verknüpfen sich die einzelnen Geheimnisse von Rahmenerzählung und Binnengeschichte wie die Fäden eines Stoffes zu einem dichten Gewebe, das sich über die Geschichte legt, die ihr Geheimnis trotz aller „Beweise" (proofs) und Deutungsversuche nicht preisgegeben hat. „We glimpse the secrecy through the meshes of a text; this is divination, but what is divined is what is visible from our angle", schreibt Frank Kermode in *The Genesis of Secrecy*. Auch wenn wir uns heftig bemühen, viele Detailkenntnisse zu erwerben – wir können doch nie das Ganze in den Blick nehmen. Die Wißbegier der Gouvernante, die als Tugend begann, hat sich am Ende ihrer Geschichte als „rücksichtslose Neugier" demaskiert.

---

[15] Blumenberg, p. 215.

An der Schwelle zum – damals – neuen Jahrhundert hat Henry James in seiner Novelle *The Turn of the Screw* das große Thema der vielfältigen Verflechtungen von Neugierde, Aufklärung und Wissen in ihrem Verhältnis zu ihrem Anderen, dem Geheimnis, in Szene gesetzt. Er hat eine Welt beschrieben, die unter dem Diktat einer Neugierde steht, die Geheimnisse generiert und aufzehrt. Für die Anerkennung eines Nichtwissens gibt es in dieser Welt keinen Platz.

„Wie", so fragt Karl Rahner, „wenn es ein Nichtwissen gibt, ein um sich selbst und um das Nichtgewußte wissendes Nicht-Wissen, das gegenüber dem Wissen ... gar nicht die bloße Negativität ist, gar nicht einfach eine leere Abwesenheit bedeutet, sondern als positive Auszeichnung eines Verhältnisses eines Subjekts zu einem anderen sich gibt?"[16]

Literatur

Adorno, Th. W. (1980) *Ästhetische Theorie*, hrsg. von Adorno, G. und Tiedemann, R. Frankfurt.
Alweyn, R. (1974) „Die Lust an der Angst", in: *Probleme und Gestalten. Essays.* Frankfurt.
Bell, M (1992) *Meaning in Henry James.* Cambridge (Mass.).
Blumenberg, H. (1973) *Der Prozeß der theoretischen Neugierde.* Frankfurt.
Brooke-Rose, Ch. (1981) *The Rhetoric of the Unreal. Studies in Narrative and Structure; esp. of the Fantastic.* Cambridge.
Colpe, C. und Schmidt-Biggemann, W. (Hrsg.) (1993) *Das Böse. Eine historische Phänomenologie des Unerklärlichen.* Frankfurt.
Duerr, H. P. (Hrsg.) (1981) *Der Wissenschaftler und das Irrationale.* Bd. I, Frankfurt.
Foucault, M. (1977) *Über Sexualität, Wissen und Wahrheit.* Berlin.
ders., (1973) *Wahnsinn und Gesellschaft.* Frankfurt.
Frank, M. (1980) *Das Sagbare und das Unsagbare. Studien zur neuesten französischen Hermeneutik und Texttheorie.* Frankfurt.
Fuhrmann, M. (Hrsg.) (1971) *Terror und Spiel. Probleme der Mythenrezeption.* (Poetik und Hermeneutik IV), München.
Hume, D. (1978) *Ein Traktat über die menschliche Natur.* Bd. 2, Buch II/III. Übers. von Th. Lipps. Hamburg.
Kermode, F. (1979) *The Genesis of Secrecy. On the Interpretation of Narrative.* Cambridge und London.
Koselleck, R. und Stempel, W. D. (Hrsg.) (1973) *Geschichte – Ereignis – Erzählung.* (Poetik und Hermeneutik V.), München.
Kristeva, J. (1990) *Fremde sind wir uns selbst.* Frankfurt.

---

[16] Rahner, p. 57.

Lévi-Strauss, C. (1968) *Das wilde Denken*. Frankfurt.
Miller, J. H. (1990) *Versions of Pygmalion*. Cambridge (Mass.) und London.
Nietzsche, Fr. (1980) *Jenseits von Gut und Böse; Zur Genealogie der Moral. Sämtliche Werke* (Kritische Studienausgabe Bd. 5) Colli, G. und Montinari, M. (Hrsg.) München, Berlin, New York.
Rahner, K. (1964) *Schriften zur Theologie*. Bd. IV. Neuere Schriften; hier: „Über den Begriff des Geheimnisses in der katholischen Theologie". Köln.
Rowe, J. G. (1984) *The Theoretical Dimensions of Henry James*. London.
Sloterdjik, P. (1983) *Kritik der zynischen Vernunft*. Bd. 1. Frankfurt.
Toker, L. (1989) *The Mystery of Literary Structure*. Ithaka und London.
dies., (1993) *Eloquent Reticence. Withholding Information in Ficitonal Narrative*. Lexington (Ken.).
The Complete Notebooks of Henry James. (1987) New York und Oxford.
The Novels and Tales of Henry James. (1936) Edel, L. und Powers L. H. (Hrsg.) New York.
Zur Philosophie der Gefühle. (1993) Fink-Eitel, H. und Lohmann, G. (Hrsg.) Frankfurt.

Mario Erdheim

Die Geheimnisse der Sphinx und die Neugierde des Psychoanalytikers

1. Geheimnisse, Rätsel und Lügen

Von der Psychoanalyse heißt es, sie habe ein enges Verhältnis zum Geheimen. Ihr Gegenstand, das Unbewußte, entzieht sich dem Bewußtsein und erhält dadurch etwas Geheimnisvolles. Der Analytiker, der sich therapeutisch mit den „Geheimnissen des Alkovens" beschäftigt, unterliegt dem „Arztgeheimnis". Der Psychoanalyse und den Organisationen, die sie vertreten und lehren, wird aber auch vorgeworfen, undurchsichtige Geheimgesellschaften zu sein, die sich jeder rationalen und wissenschaftlichen Kontrolle entziehen. Von einem Psychoanalytiker erwartet man also, daß er in einem intimen Verhältnis zum Geheimnis steht. Und ich vermute, daß ich dieser Erwartung auch die Einladung verdanke, in Ihrem Kreis zu sprechen.

Tatsächlich bietet die Psychoanalyse eine ganze Reihe von Ausgangspunkten, um sich dem Problem des Geheimnisses anzunähern. Wir können zum Beispiel mit dem genetischen Gesichtspunkt anfangen und fragen, in welcher Entwicklungsstufe des Subjekts die Fähigkeit auftaucht, Geheimnisse zu haben. Dabei stoßen wir auch auf den Zusammenhang zwischen Geheimnis und Lüge. Die Fähigkeit zu lügen ist ein wichtiger Erwerb der kindlichen Entwicklung. Lügenkönnen bedeutet, daß das Kind (in der Regel zwischen dem zweiten und dritten Lebensjahr) imstande ist, den Standpunkt des anderen einzunehmen, um aus dessen Sicht etwas darzustellen, wovon das Kind weiß, daß es eigentlich nicht stimmt. Das Lügen steht im Dienst der Autonomie: indem es lügt, versucht das Subjekt, sich und seine Interessen von den anderen abzugrenzen. Die Lüge schafft gewissermaßen einen eigenen verborgenen Raum, von dem aus der Standpunkt des anderen überblickbar ist. Aber das ist nur die eine, wir könnten sagen die progressive Funktion der Lüge; ihre andere Funktion – wir könnten sie die konformistische nennen – steht im Dienst der Anpassung: ich lüge, weil ich mich vor Liebesverlust fürchte. Es geht hier also nicht um einen eigenen Raum, sondern vielmehr darum, eine befürchtete Aussperrung zu vermeiden.

Das Geheimnis steht in einem besonderen Verhältnis zur Lüge. Um wahr zu erscheinen, muß sich jede Lüge mit einem Geheimnis umhüllen; wird dieses durchschaut, so wird die Aussage als Lüge erkannt und verfehlt ihre ursprüngliche Intention. Geheimnis und Lüge sind also eine Art Komplizen. Man könnte auch sagen, daß jedes Geheimnis im Geruch steht, eine Lüge zu sein. Das ist kein Zufall, denn die Mechanismen der Geheimhaltung tendieren ja auch dazu, das, was sie verbergen, vor einer Konfrontation mit der Realität zu schützen, das heißt also, genau das zu tun, was schon immer im Interesse der Lüge stand.

Einen anderen psychoanalytischen Zugang zum Geheimnis könnte der Traum bieten. Freud bezeichnete den Traum als „Königsweg zum Unbewußten": Die Traumdeutung erlaubt uns, die Bewegungen der Wünsche im Unbewußten zu verfolgen und die Traumarbeit, welche sich entlang der Verbote bewegt, die den Zugang zum Bewußtsein versperren, zu rekonstruieren. Es ist die Traumarbeit, welche die verpönten Wünsche durch Unbewußtmachung zum Geheimnis macht. Hier taucht auch die Verwandtschaft zwischen Geheimnis und Rätsel auf. Freud verglich die Träume nämlich mit Bilderrätseln (1900: 284), die es zu lösen gelte. Mich hat dieser Vergleich schon immer gestört, und zwar deshalb, weil Rätsel für mich eine künstliche intellektuelle Leistung darstellen, deren Lösung meist auf etwas Banales hinausläuft. Die Kunst des Rätsels besteht in der Regel darin, etwas Offensichtliches und Banales so zu verschlüsseln, daß es unkenntlich und deshalb auch geheimnisvoll wirkt. So betrachtet, sind Träume eigentlich keine Rätsel, sondern Geheimnisse: sie verbergen etwas, was für den Träumer wesentlich, aber auch so gefährlich und angsterregend ist, daß er keinen Zugang dazu finden kann.

2. Die Psychoanalyse und ihre Geheimnisse

Wir können das Problem des Geheimnisses aber auch angehen, indem wir vom selbstreflexiven Ansatz der Psychoanalyse ausgehen und fragen, wie die Psychoanalyse selbst mit Geheimnissen bzw. mit ihrem geheimnisvollen Ruf umgeht. Dazu möchte ich an die Geschichte von Ödipus anknüpfen und den Versuch unternehmen, verschiedene Richtungen der Psychoanalyse durch die Bilder zu unterscheiden, die sie sich von der Sphinx und ihren Geheimnissen machen. Ein solcher Versuch bietet sich auch deshalb an, weil Ödipus zusammen mit der geheimnisvollen Sphinx ja im Emblem der psychoanalytischen Gesellschaften auftaucht, die in der Internationalen psychoanalytischen Vereinigung organisiert sind.

2.1. Die Sphinx als Neurose:
„Ödipus, der das große Rätsel löste und gewaltig war vor uns"

Gewissen Analytikern erscheint die Neurose des Analysanden als Sphinx und seine Krankheitssymptome als Rätsel, das sie als Ödipus lösen müssen. Findet ein solcher Ödipus-Analytiker die richtigen Interpretationen, so stirbt die Sphinx-Neurose. Löst er das Rätsel jedoch nicht, so verwirkt er in der Regel nicht sein Leben. Diese Auffassung der Analyse, die sich auch heute noch einer gewissen Popularität erfreut, kommt sehr schön im Film „Geheimnisse einer Seele" zum Ausdruck, den Pabst 1926 mit Werner Krauss gedreht hat. *„Ein Wissenschaftler, der bislang eine glückliche Ehe geführt hat"*, lautet die Zusammenfassung im „Lexikon des Internationalen Films", *„ steigert sich, ausgelöst durch verschiedene Erlebnisse, in eine schwere seelische Krise. Dem fast unwiderstehlichen Drang, seine Frau zu erstechen, versucht er zunächst durch einen Selbstmordversuch zu entgehen; ein Psychoanalytiker deckt schließlich die Ursachen seiner Krankheit auf"* (Brüne 1987: 3, 1254).

Eine Szene ist mir hier in bleibender Erinnerung: Der gequälte Wissenschaftler sitzt unruhig im Kaffeehaus, steht schließlich auf und geht hinaus. Ein anderer Mann folgt ihm und spricht ihn an: „Sie haben Sorgen und wollen nicht nach Haus –" „Woher wissen Sie das", fragt der Mann, und der geheimnisvolle Verfolger stellt sich vor: „Ich bin Psychoanalytiker." Der Analytiker erklärt nun, er habe gesehen, wie der Mann seine Schlüssel auf dem Kaffeehaustisch vergessen habe, und aus dieser Fehlleistung habe er geschlossen, daß er eigentlich gar nicht nach Hause gehen wolle. Verblüfft von soviel Scharfsinn, willigt der kranke Wissenschaftler in eine psychoanalytische Behandlung ein.

Das Paradoxe an einem *Stumm*film über die Psychoanalyse verweist uns auf die Bedeutung des Hörens bei der Aufschlüsselung von Geheimnissen. Wir können uns gewiß eher einen blinden als einen tauben Analytiker vorstellen. Interessant ist auch, daß das Sehen grundsätzlich unmittelbarer mit Teilnehmen und mit Gleichzeitigkeit verbunden ist, während das Hören, zumal das Hören einer Erzählung, mit Verspätung und Nachträglichkeit zu tun hat. Morgenthaler bezeichnete den Analytiker in diesem Zusammenhang als „verspäteten Gast": *„In der analytischen Beziehung entwickelt sich immer aus dem emotionalen Angebot des Analytikers ein emotionales Echo des Analysanden. Dieses emotionale Echo enthält die Reste und trägt die Spuren der Gäste, die am einst frisch gedeckten Tisch des Kindes, das der Analysand einst war, gesessen, gegessen, gefressen, gewütet, gefastet, verachtet, verschlungen, gespuckt, gestohlen und getrunken haben. Das alles ist in der Vergangenheit versunken. Als Analytiker bin ich der verspätete Gast, der von all dem, was da einst vorging, nichts weiß und nichts versteht"* (1978: 90).

Wenn der Psychoanalytiker zu einem Ödipus wird, der die Rätsel der Sphinx zu lösen hat, so bekommen die Sprache bzw. das Wortspiel oft eine außerordentliche Bedeutung: Je weniger und je rätselhafter der Analytiker in der Analyse spricht, desto esoterischer, nur den Eingeweihten zugänglich, werden seine schriftlichen Erzeugnisse. Didier

Anzieu spricht in diesem Zusammenhang von einer „*Orgie der Wörter*" und kritisiert die Lage der Psychoanalyse in Frankreich folgendermaßen: „*Wir haben es mit jenen, zumindest in Frankreich immer stärker wuchernden psychoanalytischen Schriften zu tun, die stilistische Schönheiten dazu benützen, die Banalität ihrer Gedanken zu verbergen und sie narzißtisch auszuschmücken ...*" (zitiert nach Grunberger 1900: 539).

Eine weitere bedenkliche Konsequenz der Sphinx-Ödipus-Rollenaufteilung besteht schließlich darin, daß hier der Mann (als Ödipus) mit Neugierde und die Frau (als Sphinx) mit Geheimnis assoziiert wird. Ich bin der Ansicht, daß die Schwierigkeiten der Psychoanalyse mit einer Theorie der Weiblichkeit hier eine ihrer Wurzeln hat. Im psychoanalytischen Prozeß sollte der Analytiker zudem nicht neugierig sein, was dem Verfolgen von eigenen Interessen gleichkäme, sondern den Analysanden beim freien Assoziieren, das dessen eigener inneren Logik folgt, begleiten.

2.2. Die Geheimnisse der Sphinx und die vergessenen Verbrechen:
„*Die Sphinx, Herr, zwang mit ihren Rätseln uns zuerst aufs nächste unser Aug zu richten*"

In Analogie zu der Tragödie von Sophokles, in der es ja auch um die Aufdeckung des Königsmordes geht, kann der Analytiker, der sich mit Ödipus identifiziert, auch zum Detektiv und Richter werden. Dabei kann er sich ebenfalls auf Freud berufen, der in seiner Schrift „Tatbestandsdiagnostik und Psychoanalyse" (1906) die Hysteriker mit Verbrechern verglichen hat. „*Bei beiden handelt es sich um ein Geheimnis, um etwas Verborgenes. Aber, um nicht paradox zu werden, muß ich auch gleich den Unterschied hervorheben. Beim Verbrecher handelt es sich um ein Geheimnis, das er weiß und vor Ihnen verbirgt, beim Hysteriker um ein Geheimnis, das auch er selbst nicht weiß, das sich vor ihm selbst verbirgt*" (a. a. O.: 8), schrieb er und fuhr fort: „*Die Aufgabe des Therapeuten ist aber die nämliche wie die des Untersuchungsrichters; wir sollen das verborgene Psychische aufdecken und haben zu diesem Zwecke eine Reihe von Detektivkünsten erfunden, von denen uns also jetzt die Herren Juristen einige nachahmen werden*" (a. a. O.: 9).

Erich Fromm nahm diese Überlegungen von Freud in einem Aufsatz von 1931 wieder auf und empfahl die Psychoanalyse als eine Wissenschaft, die ähnlich wie die Chemie oder die Medizin „*dazu verhelfen soll, festzustellen, ob ein Angeschuldigter der Täter ist oder nicht*" (Fromm 1970: 142).

Die Möglichkeit, mit Hilfe der Psychoanalyse Schuldige zu suchen und zu finden, hat wesentlich zu ihrer Popularität beigetragen. So meinten etwa Wilhelm Reich und die an ihm anknüpfende antiautoritäre Bewegung, daß die Familie und ihre patriarchale Struktur an der sexuellen Unterdrückung und damit am Unglück der Menschen schuld seien. Wenn es nur gelänge, die familiären Strukturen aufzubrechen, so stünde dem Glück nichts mehr entgegen. Die Suche noch den Schuldigen wurde noch weiter getrieben, so daß man auf die Mütter stieß. Nun war es nicht mehr die Familienstruktur, sondern die Mutter, die für alles Elend verantwortlich war: Hätte Hitlers Mutter dem kleinen Adolf mehr Verständnis entgegengebracht, so wäre er nicht der fürchterliche Führer Deutschlands geworden. Das Geheimnis des Glücks schien sich in der mütterlichen Zuwendung zum Kleinkind zu verbergen. Kultur und Kreativität entwickelten sich, wie zum Beispiel Winnicott postulierte, im Rahmen der Familie, aus dem Spiel zwischen Mutter und Kind, nach der Devise „Zuhause muß beginnen, was leuchten soll im Vaterland".

Was aber wird aus einem Geheimnis, wenn es mit der Schuldfrage verlötet wird? Die Antwort fällt leicht: Das Geheimnis wird zu einem Über-Ich-Problem bzw. zu einem Problem, das in den Zuständigkeitsbereich des Über-Ichs gehört. Infolgedessen treibt nicht mehr die triebhafte Neugierde das Subjekt an, das Geheimnis anzugehen, sondern das Streben nach Rache und Gerechtigkeit, hinter dem sich ja auch sadistische Impulse verbergen können. Es ist dann gleichsam der Todestrieb und nicht mehr Eros, der das Geheimnis lösen will. Übrigens kann auch die Pathologisierung des Geheimnisses die Lösungsanstrengung auf das Über-Ich verweisen, nach Maximen wie „Heilenwollen tut gut", „Geheimnisse machen krank" oder „Offenheit ist gesund".

2.3. Die Sphinx und die andere Seite der Mutter

Verschiedene Autoren haben bereits auf Affinitäten zwischen der Sphinx und der Mutter von Ödipus hingewiesen (van der Sterren 1948; Vogt 1989). Eine ist besonders hervorzuheben: die Sphinx stirbt, nachdem Ödipus ihr Rätsel lösen kann, und Iokaste tötet sich, als die ganze Wahrheit offenbar wird. Grunberger beschreibt die Sphinx und ihre Symbolik folgendermaßen: *„Auf seinem Weg begegnet Ödipus der Sphinx, einem Ungeheuer, das – halb Tier, halb Frau und ausgestattet mit männlichen und weiblichen Eigenschaften – dem entspricht, was wir mit dem Ausdruck ‚phallische Mutter' zu bezeichnen pflegen. [...] Sie ist kastrierend und verführerisch zugleich, die Urmutter. Sophokles gibt ihr den Namen ‚grausame Sängerin', während sich ein anderer Abschnitt von ‚Ödipus Rex' auf das Monstrum als Dichter bezieht: ‚Wie kam es, daß du, als die Hündin hier ihre Verse euch vortrug, zu den Thebanern das erlösende Wort nicht sprachst?' zweifellos eine Anspielung auf die mit dem Erlernen der Sprache verbundene mütterliche Funktion"* (1980: 531).

Wir treffen hier auf eine spezifische Form der psychoanalytischen Interpretation, die darin besteht, die Phänomene, die sie deutet, auf die

Erfahrungen der frühen Kindheit zurückzuführen. Es geht also um die Ursprungsfrage: was war im Anfang? *„In der Sphinx"*, schreibt Vogt in seinem Buch „Psychoanalyse zwischen Mythos und Aufklärung", *„wird die Mutter (Iokaste) für das Unbewußte des Kindes (Ödipus) zu einer Angst einflößenden ‚Verfolgerin' (Melanie Klein). Die Sphinx, die in einer Version bezeichnenderweise aus dem Kithairongebirge stammt, dem Ort, wo Ödipus ausgesetzt wurde, repräsentiert diesen Anteil der Iokaste, die Ödipus als Neugeborenen aussetzt und töten lassen will. In diesem Zusammenhang ist es sehr auffällig, daß Laios und Iokaste dem drei Tage alten Kind, das sich nicht allein fortbewegen kann, die Fußgelenke durchbohren lassen. [...] Die durchbohrten Füße sollen auch die Unfähigkeit, sich fortzubewegen, das heißt, sich zu trennen, ausdrücken. Das Ausgestoßensein in der frühen Kindheit, das Weglaufen als Adoleszent (von Korinth) und das Wiederausgestoßensein im reifen Mannesalter (aus Theben) bei gleichzeitiger lebenslänglich ungelöster Bindung an beide Eltern ist das charakteristische Schicksal von Ödipus. Die Sphinx ist demnach die verfolgende destruktive Mutter, die ihn durch die frühe Verstoßung für immer an sich bindet und die er ständig in sich abwehren muß, um nicht in Depression und Selbstzerstörung zu verfallen. [...] Er stürzt die Sphinx in die Tiefe, das heißt, er verdrängt die bösen Aspekte der Mutter ins Unbewußte. Der Weg zu Iokaste, der verführerischen ödipalen Mutter, ist zunächst frei"* (1989: 79).

Die Zurückführung des Geheimnisses auf Ursprungsfragen, auf das Verhältnis des Kleinkindes zu Mutter und Vater, führt zu einer einseitigen Fixierung der psychoanalytischen Theorie auf die Familie, auf die frühe Kindheit und auf homogene Konzepte, unter Vernachlässigung von Freuds Überlegungen zur Zweizeitigkeit der sexuellen Entwicklung und zur Bedeutung der Adoleszenz. Dies erschwert eine Wiederaufnahme und Weiterentwicklung von Freuds kulturtheoretischen Überlegungen und damit auch den Zugang zu einer Theorie der Weiblichkeit.

2.4. Strategien von Geheimnissen

Die Frage, von der wir ausgegangen sind, lautete: Wie geht die Psychoanalyse mit Geheimnissen um? Dabei ging es mir nicht so sehr um die Probleme von Diskretion und Geheimhaltung, sondern um ihre Art, Geheimnisse zu definieren und aufzulösen. Ich habe drei Möglichkeiten aufgezeigt: Erstens die Verwandlung des Geheimnisses in eine Krankheit, die mittels Interpretationen behandelt werden kann. Man könnte hier von Sprachzauberei sprechen, die nicht zuletzt dazu führt, daß der Analytiker, ähnlich dem Orakel, nur noch in Rätseln spricht. Zweitens die Verwandlung des Geheimnisses in eine Schuldproblematik. Der Analytiker wird hier zum Detektiv und Richter, der das Verbrechen in der Regel auf die Familie und dort mit Vorliebe auf die Mutter zurückführt. Drittens die Versetzung des Geheimnisses in die Dunkelheit der Ursprünge. Die Welt reduziert sich dabei auf die Erfahrungen des Säuglings und wird zum Produkt urprünglicher Phantasmen.

Obwohl die Psychoanalyse eigentlich auf den Umgang mit Geheimnissen spezialisiert sein sollte, gelingt ihr dieser offenbar nicht immer entsprechend ihren ursprünglich deklarierten Absichten der Aufklärung und Bewußtmachung: Die Sprachzauberei verwandelt den Analytiker in eine Art Schamanen oder Guru und verhindert, daß sich in Tat und Wahrheit etwas verändert, sei es nun im Leben des Analysanden oder in dem des Analytikers. Die Schuldproblematik erlaubt die Eröffnung eines unendlichen Diskurses über das Böse der Familie, während das Subjekt weiterhin in der Position des Kindes verharren kann, in welcher Glück und Unglück lediglich von den Eltern herrühren. Die Frage nach dem Ursprung erlaubt schließlich die Flucht aus der Gegenwart, und damit meine ich auch eine Flucht vor den ursprünglich exzentrischen, kulturkritischen Konzepten der Psychoanalyse in ihre Popularisierung, Medizinisierung und Institutionalisierung.

Literatur

Brüne, K. (1987): Lexikon des Internationalen Films, Reinbek.
Freud, S. (1900): Die Traumdeutung. In: Gesammelte Werke II–III: 1–642.
Freud, S. (1906): Tatbestandsdiagnostik und Psychoanalyse. In: Gesammelte Werke VII: 3–15.
Fromm, E. (1931): Zur Psychologie des Verbrechers und der strafenden Gesellschaft. In: Fromm, E. (1970): Analytische Sozialpsychologie und Gesellschaftstheorie, Frankfurt a. M.
Grunberger, B. (1980): Von der Analyse des Ödipus zum Ödipus des Analytikers. In: Psyche 1982, Jg. 36: 515–540.
Morgenthaler, F. (1978): Technik. Zur Dialektik der psychoanalytischen Praxis. Frankfurt a. M.
van der Sterren, D. (1948): Ödipus nach den Tragödien des Sophokles, München 1974.
Vogt, R. (1989): Psychoanalyse zwischen Mythos und Aufklärung, Frankfurt a. M.
Winnicott, D. W. (1966): Die Lokalisierung des kulturellen Erlebens. In: Ders.: Vom Spiel zur Kreativität. Stuttgart 1973: 111–120.

Joachim Küchenhoff

„Aus allen Poren dringt ihm der Verrat"
Die Neugierde des Psychoanalytikers und das Geheimnis des Analysanden

1. Der Ödipusmythos im Kontext von Geheimnis und Neugierde

Der grundlegende Mythos der Psychoanalyse, der Ödipusmythos, ist für das Verhältnis von Geheimnis und Neugierde höchst aufschlußreich. Bei Sophokles' „König Ödipus" sind die Geheimnisse kunstvoll ineinander verschachtelt, das Geheimnis des Fluchs über Theben, das Geheimnis der eigenen Herkunft des Ödipus, das Rätsel der Sphinx, das Geheimnis des Inzests und des Vatermords. Ödipus ist neugierig in dem Sinne, daß er einen starken Wunsch zu wissen hat, er möchte die Wahrheit des anderen herausfinden. Damit aber findet er zugleich zu sich selbst. Indem er das Rätsel der Sphinx löst, löst er das Rätsel des menschlichen Lebens, also auch sein eigenes. Indem er den Fluch löst, der über Theben herrscht, klärt er seine eigene Herkunft und seine Verbrechen auf. Aufklärung fremder Geheimnisse ist zugleich Selbstaufklärung. Es ist nicht möglich, nur die Rätsel der anderen zu lösen, ohne sich selbst zu verändern. *Das Geheimnis des einen ist das Geheimnis des anderen*, Neugierde, die sich auf den anderen richtet, wird zugleich zur Selbsterkenntnis.

Aus diesem Grund gilt Ödipus vielen als Heros: „Die Sphinx erregt Neugier und droht mit Tod als Strafe für ein Versagen bei deren Befriedigung ... Ödipus repräsentiert den Triumph von entschlossener Neugier über Einschüchterung und kann deshalb als Symbol für wissenschaftliche Integrität gebraucht werden" (Bion 1992, 81). Der Gräzist Bernard Knox sieht in der „Freiheit des Erforschens", die Ödipus sich nimmt, „ein heroisches Beispiel der *Hingabe des Menschen an die Erforschung der Wahrheit, der Wahrheit über sich selbst.* Darin besteht vielleicht, so scheint das Stück zu sagen, die einzige menschliche Freiheit, doch könnte es keine edlere geben" (Knox 1991, 143). Was aber wird aus dem Anderen? Die entschlossene oder heroische Neugier des Ödipus führt zum Tod, zunächst der Sphinx, später der Mutter, Jokaste, und schließlich zur eigenen Blendung. Damit zeigt uns das Drama die zerstörerischen Seiten der Aufklärung, ihre Kehrseite. Ist Neugier immer zerstörerisch, unter welchen Umständen wird sie es? Ödipus – darauf weist Vogt (1986) hin – gibt als Antwort auf das Rätsel der Sphinx, wer denn am Morgen vierbeinig, am Mittag zweibeinig und am Abend dreibeinig gehe: „Der Mensch". Er hätte, nach Vogt, auch „ich" sagen können, diese Antwort hätte etwas ganz anderes bedeutet, nämlich „ich, jetzt in diesem Moment, in dieser Situation – Die Sphinx wäre damit zu einem Du geworden, und ein Dialog hätte mit ihr beginnen können ... Was hätte Ödipus erkennen können, wenn er keine objektivistische Antwort gegeben hätte, sondern eine, die ihn und die Sphinx einbezieht? Es wäre ihm deutlich geworden, daß die Sphinx mit ihrer Vierfüßigkeit zum Morgen seines Lebens, zu seiner Kindheit, gehört, als er selbst noch auf 4 Füßen ging" (Vogt 1986, 75).[1]

Später wird Ödipus das Schicksal der Jokaste ebensowenig reflektieren wie das der Sphinx. Als sie – im Drama des Sophokles – versucht, seine Fragen doch noch aufzuhalten und ihn beschwört „Ist dir dein Leben lieb, laß das Gefrage! Quäle mich nicht weiter", setzt Ödipus entgegen: „Soll brechen, was da will! Doch meine Herkunft, / und sei sie noch so niedrig, will ich wissen" (Sophokles 1962, 364 f.). Auch hier also wird Neugier und Aufklärung destruktiv, weil der Andere nicht einbezogen wird in einen Dialog. Daß sein Geheimnis auch das von Jokaste sein könnte, sieht Ödipus nicht. Daß er sie quält, ist ihm gleichgültig gegenüber seinem Wunsch nach unbedingter Erkenntnis. – Aufklärung hat Grenzen, und die liegen genau dort, wo die Neugier dem anderen sein Geheimnis entreißt, ohne es wertschätzen zu können und das Schützenswerte an ihm zu reflektieren.

2. Der neugierige Freud

Sigmund Freud veröffentlicht 1905 seine „Bruchstücke einer Hysterieanalyse", der Fall Dora sollte zu einer seiner berühmtesten Krankengeschichten werden.

Freud analysiert die sexuellen Geheimnisse eines 18jährigen Mädchens, das an einer Vielzahl hysterischer Symptome leidet. Er erläutert dabei die Konversionsmechanismen und die Übertragung. Er zeigt sich in dieser drei Monate dauernden Therapie als Aufklärer im Sinne jenes Ödipus am Anfang des Sophokleischen Dramas, der Licht in ein Geheimnis bringen will. Die hymnische Sprache des folgenden Zitats ist verräterisch, sie deutet eine Identifizierung mit Ödipus an: „Als ich mir

---

[1] Ödipus hätte guten Grund gehabt, das Rätsel auf sich persönlich zu beziehen, denn es hat „unheimliche Wort-Beziehungen auf sein Schicksal (sein Name im Griechischen ist Oidipous, und dipous ist das griechische Wort für „zweifüßig" im Rätsel, abgesehen von der letzten Weissagung des Teiresias, daß er Theben als ein blinder Mann verlassen werde, „vortastend mit dem Stabe wird er wandern") (Knox 1991, 132).

die Aufgabe stellte, das, was die Menschen verstecken, nicht durch den Zwang der Hypnose, sondern aus dem, was sie sagen und zeigen, ans Licht zu bringen, hielt ich die Aufgabe für schwerer, als sie wirklich ist. Wer Augen hat zu sehen und Ohren zu hören, überzeugt sich, daß die Sterblichen kein Geheimnis verbergen können. Wessen Lippen schweigen, der schwätzt mit den Fingerspitzen; aus allen Poren dringt ihm der Verrat" (Freud 1905e, 241). Wie wir wissen, ist diese kurze Behandlung nicht sehr erfolgreich verlaufen, die Patientin brach die Therapie ab. Freud selbst sagt uns, womit das Scheitern zusammenhängt: „Es gelang mir nicht, der Übertragung rechtzeitig Herr zu werden" (a. a. O., 282). Indem er die pathogenen Erinnerungen und unbewußten sexuellen Phantasien des Mädchens analysiert, vergißt er zu berücksichtigen, welche Rolle seine Person im Geschehen spielt. Völlig unreflektiert bleibt seine Gegenübertragung, seine heroische Attitüde detektivischer Überwältigung. Für den Freud der Dora-Analyse gilt also, was das Verhältnis von Geheimnis und Neugier angeht: *Das Geheimnis ist immer und nur das Geheimnis des Anderen, das es zu entschlüsseln gilt.* Es gilt also nicht mehr: das Geheimnis des einen ist das Geheimnis des anderen; nur einer hat ein Geheimnis, der andere die Neugier, die dazu führt, daß das Geheimnis enthüllt wird. Die Neugier ist dann immer eine Form der Überwältigung des anderen. Die Totalisierung von Neugierde gebiert Gewalt. Dann darf es keinen geheimnisvollen Ort geben, keinen gesetzlosen Raum; in ihm würde sich bloß Anarchie breitmachen:

„Aber man bedenke, wenn bei uns ein Asylrecht z. B. für einen einzigen Platz in der Stadt bestünde, wie lange es brauchen würde, bis alles Gesindel der Stadt auf diesem einzigen Platz zusammenträfe. Ich behandelte einmal einen hohen Funktionär, der durch seinen Diensteid genötigt war, gewisse Dinge als Staatsgeheimnisse vor der Mitteilung zu bewahren und scheiterte. ... Die psychoanalytische Behandlung muß sich über alle Rücksichten hinaussetzen, weil die Neurose und ihre Widerstände rücksichtslos sind" (Freud 1913c, 470).

Rechtsfreie Räume, Verrat, Diensteid: Von hier aus ist es nicht mehr weit zur Detektivarbeit oder sogar zur Analogie mit dem Richteramt. Es lassen sich viele weitere Textstellen anführen, wo die Sprache Freuds Metaphern aus dem Bereich des Rechtswesens aufgreift.

„Beispiele des Verrats pathogener Phantasien bei Neurotikern" – so lautet der Titel einer kleinen, einseitigen Arbeit (Freud 1910j, 228). In einer anderen, „Tatbestandsdiagnostik und Psychoanalyse" (Freud 1906c), wird, und das kann nun nicht mehr erstaunen, der psychisch Kranke, hier: der Hysteriker, explizit mit dem Verbrecher verglichen:

„Beim Verbrecher handelt es sich um ein Geheimnis, das er weiß und vor Ihnen verbirgt, beim Hysteriker um ein *Geheimnis, das auch er nicht weiß,* das er vor sich selbst verbirgt ... Die Aufgabe des Therapeuten ist aber *die nämliche wie die des Untersuchungsrichters;* wir sollen das verborgen Psychische aufdecken und haben zu diesem Zwecke eine Reihe von *Detektivkünsten* erfunden ... Der Kranke wird dann aufgefordert, sich seinen Einfällen zu überlassen ... Wenn der Kranke es *nicht mehr wagt*, die ihm gegebene Regel zu verletzen, so merken wir doch, daß er zeitweilig in der Reproduktion seiner Einfälle stockt, zögert ... Wir *lauern bei ihm geradezu* auf Reden, die ins Zweideutige schillern ... Es ist schließlich nicht schwer zu verstehen, daß ein sorgfältig gehütetes Geheimnis sich nur durch feine, höchstens durch zweideutige Andeutungen verrät ..." (Freud 1906c, 3 ff.).

Der Psychoanalytiker als Detektiv: über diese säuberliche Rollenverteilung zwischen Analytiker und Analysand ist viel geschrieben worden, ich verweise auf Carlo Ginzburg (Ginzburg 1980), der den Kunstexperten Morelli, der Techniken entwickelt, gefälschte Gemälde von Originalen zu unterscheiden, den Meisterdetektiv Sherlock Holmes und den Analytiker gleichsam als semiotische Geschwister beschreibt: der Analytiker sichert Spuren, achtet auf Kleinigkeiten, scheinbare Belanglosigkeiten wie Versprecher, Träume oder assoziative Wortbeziehungen, ähnlich wie Morelli in der Kunst die scheinbar nebensächlichen Details untersucht, um die Autorenschaft eines Malers klären zu können, ähnlich wie Sherlock Holmes vorgeht, nämlich mit Phantasie nebensächliche Details mit der Hauptlinie der kriminalistischen Spur zu verknüpfen.

In diesem einen Punkt ist der Vergleich stimmig: Detektiv und Analytiker verwenden abduktive Verfahren in ihrer Schlußbildung. Aber es wäre verhängnisvoll, die Haltung des Psychoanalytikers darauf zu reduzieren. Sherlock Holmes ist der Prototyp des positivistischen Detektivs, dessen Spurensuche untrüglich zu einer und nur einer Lösung führt. Dieses Verfahren entspricht nicht den hermeneutischen Suchvorgängen in der Analyse, bei denen eine naturwissenschaftlich exakte Beweisführung weder nötig noch auch möglich ist (cf. Spence 1993, 109).

Die Sherlock-Holmes-Metapher verdankt sich – metapsychologisch gesprochen – dem szientistischen Selbstmißverständnis der Psychoanalyse. In einer klinischen Perspektive liegt das Selbstmißverständnis des Psychoanalytikers, der sich als Detektiv versteht, darin, zu übersehen, daß er eine bestimmte Interaktionsfigur in der Analyse verabsolutiert, eine Interaktionsfigur, die ihm die Rolle des Neugierigen, dem Patienten die Rolle des Geheimnisträgers zuschreibt. Diese Interaktionsfigur läßt sich zweifelsohne bei einigen Analytikern finden. Mann kann den Analytikern dann nur raten, daß Verführungsangebot der Patienten, das Angebot: „Entlarve mich", zu analysieren, statt es – fälschlich – zum Prinzip der analytischen Haltung zu erheben. Der Analytiker muß sehen, daß der Patient ihn in diese Position des Entlarvers situiert: das eigentliche Geheimnis bestünde also darin, herauszufinden, warum der Patient ihn mit Geheimnissen immer wieder lockt, er sich umgekehrt aber auch immer wieder locken läßt. Daß jemand ein Geheimnis hat, auf das der andere neugierig werden kann, ist also nicht in erster Linie inhaltlich interessant, sondern als Beziehungsangebot und Beziehungsdefinition: ich möchte entdeckt werden, oder: ich möchte versteckt bleiben und ähnliches. Deshalb betont Freud an einer anderen Stelle: „Die richtige psychoanalytische Technik heißt den Arzt seine Neugierde unterdrücken und läßt dem Patienten die freie Verfügung über die Reihenfolge der Themata in der Arbeit" (Freud 1909d, 398).

Das Verhältnis von Neugier und Geheimnis beschreibt eine Interaktionsfigur, die man auf die Formel bringen könnte: *die Neugier des einen ist das Geheimnis des anderen*. Gerade hatten wir gesehen, daß es wichtig ist, die Konstellation „Patient entzieht sich dem Analytiker und macht ihn zum Detektiv" als Beziehungsangebot zu deuten, das sich unschwer als ein hysterisches Spiel um das Sich-Verhüllen und Entdecktwerden erweist. Eine zweite Beziehungskonstellation ist möglicherweise häufiger, für den Analytiker vielleicht auch schwieriger zu durchschauen: der Patient ist neugierig auf das Geheimnis des Analytikers. Zumindest psychoanalytisch gesehen, ist diese Umkehrung sinnvoll und vernünftig; in „Triebe und Triebschicksale" (1915c) stellt Freud dar, daß prägenitale Triebregungen prinzipiell umkehrbar, die Rollen in diesem Spiel vertauschbar sind: wer Träger der Neugierde, wer Träger des Geheimnisses ist, das ist sekundär gegenüber der Tatsache, daß es die Beziehungskonstellation von Geheimnis und Neugierde gibt. – Betrachten wir also diese Beziehungskonstellation: „*das Geheimnis des Analytikers und die Neugier des Patienten*". Viele Patienten nehmen an, daß der Analytiker sie durch-schaue, im doppelten Sinn: daß er sie durchschaue, alles erkenne, daß er aber auch durch sie hindurchsehe, sie nicht beachte; denn er wird als jemand phantasiert, der – ebenso wie die frühen Eltern – alles kann und weiß, der aber nicht ausspricht, was er weiß, der nicht konkret und wirklich hilft, obgleich er es könnte. Diese Konstellation entspricht einer analen Beziehungsstruktur, in der es um Themen der Macht und Ohnmacht geht. – Die Psychoanalyse aber hat eigentlich ein ganz anderes Ziel, das diesem Phantasma des Geheimnisses des Analytikers diametral entgegengesetzt ist: die Irrealität der Geheimnisvermutung aufzudecken. „Das Begehren des Analytikers besteht darin, das Begehren des Analysanden zu wecken und *am Leben zu erhalten*. Damit durchkreuzt er dessen Ansprüche auf volle Erfüllung ... das Begehren [gilt] nicht der vollen Befriedigung, sondern der Aufrechterhaltung des Negativen, der Nicht-Erfüllung" (Widmer 1992, 180 f.). Die volle Befriedigung, das wäre Ersticken, Wahnsinn, Tod. „Im Interesse des Mangels hält der Analytiker an seiner Ethik des Sprechens fest; was er zu geben hat, ist sein Mangel" (Widmer, a. a. O.). Denn nicht er hat die Möglichkeit, die Fragen des Analysanden zu beantworten, seine Wünsche zu befriedigen, er kann sie nur mit ihm zusammen betrachten, erlebbar machen. – Die Konstellation „Geheimnis des Analytikers/Neugierde des Patienten" enthüllt sich als ein Phantasma. Wenn der Analysand glaubt, daß der Analytiker im Besitz von Macht, Einfluß, Wissen ist, stattet er ihn mit einem Geheimwissen aus, das dieser gar nicht hat. Auch das psychoanalytische Grundmuster der Begegnung, die Übertragung, läßt sich so beschreiben: wenn der Analysand im Analytiker wesentliche Beziehungsmuster generiert und wiederholt, macht er den Anderen zum Objekt seiner kindlichen Begierde, in dem Glauben, das wiederzufinden, das er schon als Kind nicht gehabt hat, aber sich wünschte. Es ist ein Schleier, der gelüftet werden soll, hinter dem aber nichts ist, außer daß der Schleier das Geheimnis selbst erzeugt. Strindberg hat in seinem „Traumspiel" die illusionäre Verstrickung von Geheimnis und Neugierde in einer schönen Szene verdichtet dargestellt; die Vertreter der vier klassischen Fakultäten streiten sich darüber, was hinter einer verschlossenen Tür sei. Nur solange die Tür verschlossen ist, ist sie bedeutsam, sie fordert den Disput der Fachleute heraus; sie ist wertlos, als sie geöffnet wird und deutlich wird, daß dahinter nichts ist. Die Mitglieder der Fakultäten verhalten sich denn auch ganz konsequent: jeder zweifelt aus seiner Perspektive die Tatsache an, daß nichts hinter der Tür sei; mit den Mitteln des Diskurses, der nur unter dieser Voraussetzung weitergehen kann, wird sie wieder verschlossen.

3. Zur Metapsychologie der Neugierde

In einem kurzen Exkurs soll nun dargestellt werden, welchen theoretischen Stellenwert die Neugier in der Geschichte der Psychoanalyse innehatte. Es gibt keine ausgefaltete Theorie der Neugierde in der Psychoanalyse, noch viel weniger eine des Geheimnisses oder gar ihrer Wechselbeziehungen. Die Darstellung wird einige generelle Probleme psychoanalytischer Theorie aufzeigen:
– Wenn überhaupt, wird in der psychoanalytischen Theorie die Neugier thematisiert und nicht das Geheimnis, weil Neugier in das triebpsychologische Konzept der Psychoanalyse besser paßt als das Geheimnis.
– Die Bindung an die Sexualtheorie verbirgt für einige Zeit die aggressiven Dimensionen der Neugier.
– Die zu ausschließliche Konzentration auf die individuelle Psychodynamik läßt die Beziehungsdynamik von Neugier und Geheimnis erst spät erkennbar werden.

Die frühen Psychoanalytiker gingen davon aus, daß die Neugierde zunächst mit der kindlichen Sexualität verbunden ist, also ursprünglich Sexualneugier im Rahmen des Ödipuskomplexes ist. Die Neugier des Kindes richtet sich auf drei fundamentale Geheimnisse: Woher komme ich, das heißt, wie bin ich entstanden? Woher kommt die Sexualität? Wie entsteht der Geschlechtsunterschied?

Die Antwort, die sich das Kind selbst zu geben versucht, sind die drei Urphantasien, nämlich die von der Urszene, also den elterlichen Koitus beobachtet zu haben, von der sexuellen Verführung durch die erwachsenen Angehörigen und von der Kastration, daß ein ursprünglich einheitliches Geschlecht sich in zwei Geschlechter durch Kastration aufgeteilt habe.

Die Sexualneugierde ist mit dem Blick verbunden; das Kind möchte die Eltern beim Verkehr beobachten, möchte sehen, ob die Mutter einen Penis hat oder nicht. Deshalb ging die psychoanalytische Metapsychologie zunächst davon aus, daß die Wurzel der Neugierde im Schautrieb (der vor allem von Lacan als eigenständiger Trieb postuliert wurde) liegt. Gehemmte Neugierde entspricht der Hemmung des Schautriebs. Ein Psychoanalytiker der ersten Generation, Karl Abraham (1914/1982), hat in einem lesenswerten Aufsatz aus dem Jahre 1913 mit dem Titel „Einschränkungen und Transformationen der Schaulust beim Neurotiker" klinische Folgen der Hemmung der Sexualneugier und der Schaulust beschrieben. Klinische Symptome wie Photophobie, Augenzwinkern oder neurotische Blindheit lassen sich durch Einschränkungen des Schautriebs erklären: die Kastrationsangst ist aufs Auge verschoben, das heißt, das Sehen wird, zur Strafe für allzu große Sexualneugierde, eingeschränkt. Aber er beschreibt auch Transformationsprozesse der Neugierde, z. B. in Zwangssymptomen: der zwanghafte Impuls, immer wieder etwas nachzuprüfen, darüber endlos zu grübeln, zeigt den Kampf zwischen Neugierde und Verbot an: der Zwangskranke kann sich von dem Objekt seiner Neugierde nicht lösen, aber er wird zugleich dafür bestraft.

Wenn die Neugierde gehemmt ist, kann sie sich nicht mehr auf ein äußeres Objekt richten, sie verpufft in einem Grübelzwang, das heißt, sie wird innerlich erfolglos zu bekämpfen versucht. Im Grübelzwang wird sie auf nebensächliche Objekte verschoben; Nunberg, dem wir die ausführlichste Kasuistik zu einem Fall pathologischer Neugier verdanken (Nunberg 1961), beschreibt einen Patienten, dessen Neugier sich in ein zwanghaftes Frageverhalten umwandelt. Er kann nicht aufhören zu fragen, wobei eine Frage die andere ablöst. Eine typische Fragesequenz im Rahmen solcher Zwangsgedanken ist folgende: „Was ist Sprechen? Wie funktioniert das Sprechen? Wie beginnt es? Was ist ein Beginn?" Sein Wissensdrang ist unproduktiv, er verausgabt sich, weil er auf Grund einer Verschiebung sein wahres Objekt nicht kennt; in der Analyse stellt sich heraus, daß die Frage nach dem Ursprung eigentlich die Frage nach dem Ursprung des Lebens oder der Geburt ist und mit den bereits genannten Urphantasien verknüpft ist, bei einem Mann, der vor allem von seinem Vater nicht ins Leben eingeführt wurde, der keine sexuelle Identität erwerben konnte. Was den Patienten krank macht, ist nach Ansicht Nunbergs die Unfähigkeit zur Sublimierung der Neugierde; anders gesagt: der „Wißtrieb" bleibt an den Sexualfunktionen haften, umkreist diese und sonst nichts; erst im Verlaufe der Analyse ist es dem Patienten möglich geworden, diesen überaus starken Wißtrieb für konstruktive, wissenschaftliche und geschäftliche Zwecke zu nutzen. Das Kausalitätsbedürfnis dieses Patienten war dann nicht mehr beschränkt auf die Fragen des kleinen Jungen nach der Sexualität. – Wenn wir uns ein solches Frageverhalten vorstellen, ist evident, daß dieses unentwegte Fragen den anderen quält, der immerfort Rede und Antwort stehen muß, ohne je die richtige Antwort zu geben. Neugier ist nicht nur als sexuelle Neugierde zu begreifen, sondern kann eine Umwandlungsform der Aggressivität sein; „der Wißtrieb", so Freud, „ist ein ins Intellektuelle gehobener Sprößling des Bemächtigungstriebes" (Freud GW VIII, 450). Wenn es nun gelingt, bei dem beschriebenen Patienten die Neugierde aus ihrer Fixierung zu befreien, sind noch nicht alle Probleme gelöst, durch diese Desexualisierung kann die aggressive Seite der Neugier um so deutlicher in Erscheinung treten. Nunberg beendet seine Monographie mit folgenden Sätzen zum Verhältnis von Neugierde und Destruktivität, die vielleicht gerade im Universitätsbereich nicht gleichgültig sind: „Es gibt Menschen, deren Wissensdrang unbegrenzt ist und deren Ich die Kontrolle über diesen Drang verliert und zu seinem Gefangenen wird. Solche Menschen können durch und durch rücksichtslos in ihrer Wißgier werden und für die möglichen Folgen ihrer Suche völlig blind sein ... Neugier kann einerseits ein Segen sein und die höchsten intellektuellen Leistungen hervorbringen; andererseits kann sie zu Zerstörung führen, wenn sie mit zu viel Aggression verbunden ist" (Nunberg 1961, 78 f.).

Die aggressive Dimension der Neugier läßt sich nicht ausreichend im Kontext ödipaler Hemmungen erklären. Die ödipale Perspektive setzt voraus, daß das Selbst und der Andere voneinander gut abgegrenzt sind, der Andere unter der Perspektive des begehrten oder gefürchteten Anderen erscheint. Aber der Schautrieb setzt nicht erst ein, wenn der Geschlechtsunterschied realisiert werden kann, sondern früher. O. Fenichel (1935/1985) verbindet das Schauen mit der Oralität und der Identifizierung; dann ist Neugier mit Aneignung verbunden. Die Redewendung von dem Wunsch, den anderen mit den Augen zu verschlingen, zeigt diese orale Bemächtigung und die Aggressivität, die in ihr liegt, an. „Looking implies identification": das heißt den, den ich anschaue, nehme ich durch den Blick in mich auf, er wird zu einem Bestandteil meiner selbst. Neugier wird so zu einer wesentlichen Voraussetzung der Identitätsbildung, und zwar nicht nur der sexuellen Identität. Wenn ich nicht neugierig sein kann, entwickele ich mich nicht. Aber allzu neugierig zu sein kann auch prekär werden. Wenn die Faszination zu stark wird, werde ich nicht den anderen in mich aufnehmen und mich bereichern, sondern meine eigenen Konturen oder Bewegungsmöglichkeiten verlieren: wer das Haupt der Medusa anschaut, wird fasziniert, das heißt, der verwandelt sich in Stein – eine magische frühkindliche Erfahrung, in den Bann eines als omnipotent phantasierten Objektes zu geraten und nicht mehr herauszufinden. Aus Aneignung wird so Enteignung.

Wie soll man das von frühester Lebenszeit an wache Bedürfnis, das nach der Erfassung von Neuem strebt, die faszinierte Neugier nennen? Der Psychoanalytiker Léon Wurmser (1993) hat in den letzten Jahren, gerade um die enge Verbindung zwischen Neugier und Sexualität zu lösen und um die frühe, identitätsstiftende, aber auch -bedrohende Funktion der Neugier hervorzuheben, zwei eigenständige Triebe postuliert, die Theatophilie als das Begehren, zu beobachten, zu bewundern, fasziniert zu sein und durch Blicke zu verschmelzen bzw. zu kontrollieren, und die Delophilie als das Begehren, andere zu faszinieren, sich zu zeigen, Neugier zu wecken. Wurmser will diese beiden Haltungen als Triebe verstanden wissen, die mit spezifischen Konflikten verbunden sein können:

Der Wunsch, die Neugier der Anderen zu wecken, ihre Blicke zu faszinieren, kann als Macht erlebt werden und als Fähigkeit, sich der Zuneigung der Objekte zu vergewissern; er kann aber auch als Auslieferung erlebt werden, die intensive Schamaffekte auslöst, als Entmächtigung durch die Blicke der Anderen. Ebenso kann die Neugier aktiv und passiv erlebt werden: als Möglichkeit, in die Geheimnisse der anderen einzudringen, sie zu kontrollieren, aber auch als Unfähigkeit, sich vom anderen zu lösen, eben als die Tatsache, fasziniert zu werden.

Dieser kurze Überblick über einige Entwicklungslinien der psychoanalytischen Metapsychologie sollte folgendes zeigen: Zwar gibt es keine ausgefaltete psychoanalytische Theorie der Neugier, sie wäre erst noch zu schreiben. Dennoch läßt sich, wenn man die Geschichte der impliziten Theorien zu Geheimnis und Neugierde überblickt, eine zunehmende Existentialisierung im Verhältnis von Geheimnis und Neugierde konstatieren: die anfängliche Verbindung zur Sexualneugier bzw. Sexualhemmung wird relativiert, die aggressiven und zerstörerischen Seiten der Neugier geraten mehr in den Blick, zugleich die identitätsbildenden Momente an ihr. Das ist kein Wunder, hat es doch die Psychoanalyse heute nicht mehr nur und vorrangig mit der Aufklärung gut abgewehrter und unbewußter sexueller Geheimnisse zu tun, sondern mit sogenannten frühen Störungen der Identitäts- und Selbstbildung. Die Polarität von Geheimnis und Neugierde gehört dann zu einem gewandelten Kontext, nämlich zur Frage der Autonomie des Subjektes, zu seinen Möglichkeiten, sich vom anderen abzugrenzen, der Neugier des anderen zu entkommen, aber auch zu seinen Möglichkeiten, sich durch die eigene Neugier nicht im anderen zu verlieren oder ihn zu zerstören. Die Rolle der Aggressivität und die Frage nach dem Verhältnis von

Nähe und Distanz, nach der Grenzziehung zwischen sich und anderem sind die heute klinisch relevanten Dimensionen der Polarität von Neugier und Geheimnis.

4. Versuch über die Schwierigkeit, Geheimnisse zu haben

Was passiert, wenn Patienten befürchten müssen, keine Geheimnisse mehr wahren zu können, wenn sie durchschaubar werden? Alle Patienten bemühen sich, auch wenn die Grenzen zwischen Selbst und Anderem noch so fließend werden, darum, eine Eigenwelt aufrechtzuerhalten, zu der der andere keinen Zugang hat.

Sartre hat in seiner Analyse des Blicks in „Das Sein und das Nichts" (Sartre 1943/1993) beschrieben, wie der Blick des anderen die eigene Welt dezentriert und zu einer „inneren Hämorrhagie" führt. Für Sartre bleibt dem Subjekt nur übrig, seinerseits zu schauen, der Entmächtigung durch den Blick mit einem eigenen Blick zu antworten, woraus dann ein permanenter Kampf der Blicke entsteht. Man könnte sagen, Neugier werde mit Neugier beantwortet. „Ich kann das mir zugefügte Außer-mir-sein, meine Verdinglichung durch den Blick des anderen in einem Akt der Befreiung abweisen ... Entweder macht der andere mich [sc. durch den Blick] zum Objekt und entfremdet mich meiner Freiheit oder umgekehrt" (Düsing 1986, 22; cf. dazu Theunissen 1965, 222 ff.).

Dieser Kampf der Blicke ist vielen Menschen nicht möglich, sie müssen zu anderen Formen Zuflucht nehmen, eine Welt des Geheimnisses zu bewahren, gegen die Intrusion, die grenzverletzende Eindringlichkeit der signifikanten Anderen.

Helene Deutsch hat den Begriff der Als-ob-Persönlichkeit geprägt, um die Menschen zu charakterisieren, die immer und überall ein Gefühl mangelhafter Authentizität haben, die nie wirklich „bei der Sache sind", die nur so tun, als ob sie teilnehmen am Leben, das sie führen. Wie viele Begriffe der Persönlichkeitspsychologie ist auch dieser Begriff mißverständlich, er könnte zu denunziatorischen Zwecken mißbraucht werden. Winnicott (1960/1984) hat für das gleiche Phänomen eine klügere Beschreibung gewählt: er spricht vom System eines falschen Selbst, das sich die Patienten aufbauen – aber nicht, weil sie nichts Eigenes, Authentisches hätten, sondern um einen Kern des wahren Selbst zu bewahren, und gerade dadurch, daß sie diesen Kern systematisch aus der Kommunikation mit anderen ausschließen.[2] Es handelt sich dann um

---

[2] Cf. Stork (1983, 18): „Gelingt die Anpassung der Mutter an die frühkindlichen Bedürfnisse des Kindes nicht, so kommt die Besetzung äußerer Objekte nicht in Gang und der Säugling bleibt isoliert ... Er wird in eine falsche Existenz gezwungen, zum Sich-Fügen verführt. ... Dann reagiert ein gefügiges falsches Selbst auf die Umwelt-

Menschen, die jeder Kommunikation mißtrauen, weil sie sich von frühester Kindheit an nicht mit eigenen Anliegen in einer Interaktion gesehen fühlen oder gar behaupten konnten. Nur der Ausschluß der eigenen Wünsche aus der Kommunikation kann also ein Geheimnis wahren, das ansonsten den Interessen und der Macht der anderen geopfert werden würde. Was sich den als zerstörerisch imaginierten Blicken der anderen bietet, ist also gleichsam eine Attrappe, eine Ablenkung des Blickes, der an die Medusasage erinnert: Medusa, bei deren Anblick alle versteinern, kann von Perseus nur überwunden werden, indem er sie nicht direkt anschaut, sondern nur über einen Spiegel.

Eine ähnliche Konstellation findet man bei psychosomatischen Patienten, die als alexithym beschrieben worden sind, also als unfähig, ihr Gemüt, ihre Affekte zu artikulieren. Dieses Konzept ist in Mißkredit geraten, weil damit eine ursprüngliche Defizienz auf letztlich biologischer Basis verknüpft worden ist. Es behält seine Bedeutung, wenn man es als – allerdings verzweifelte – Abwehrformation versteht. J. McDougall (1985) hat die Haltung der Patienten mit Hilfe des bekannten Songs von Simon and Garfunkel beschrieben: I touch no one and no one touches me. I am a rock. I am an island. And a rock feels no pain and an island never cries. Die Patienten versteinern affektiv, weil sie sich nur so vor dem Eindringen des Anderen schützen können, weil sie sonst eventuell befürchten müssen, psychotisch zu werden. Wenn ich zwischen mir und anderen keine Differenz mehr sehe, wenn alle Menschen als gleich oder normal angesehen werden, gibt es keine Neugier, keine Besetzung des Anderen mit Interesse mehr. – Man könnte – um in der Blickmetaphorik zu bleiben und weiter mit der für die zerstörerische Kraft des Blickes so bedeutsamen Medusasage[3] zu arbeiten – sagen, die Patienten versteinern vorsorglich, nicht als Strafe, sondern zum Schutze vor der Faszination des medusenhaft Anderen. Sie opfern ihre Lebendigkeit, oft auch ihre Gesundheit, um nicht verschlungen zu werden. Die Versteinerung als Schutz: dieser Aspekt ist unter Umständen sogar aus dem Mythos selbst herauslesbar: „Die Versteinerungen sind, was ihr Blick [sc. der Medusa] herstellte ... und doch sind sie ebenso Versteinerungen aus sich heraus, nur abwehrende Antworten auf ihren Blick, Festungen gegen die Gefahr, von ihren Blicken durchdrungen zu werden" (Bahr, 48).

---

forderungen, und ein falsches System von Beziehungen baut sich auf mit dem Ziel: das wahre Selbst zu verbergen und zu schützen. Das falsche Selbst muß Bedingungen schaffen, die es dem wahren Selbst ermöglichen zu überleben und der Vernichtung zu entgehen."

[3] Ausführliche Interpretationen des Medusamythos bieten Freud: Das Medusenhaupt, GW XVII, 47 f.; K. Heinrich (1991) Das Floß der Medusa. In: Schlesier, R. op. cit., 334 ff.

II. Das verratene Geheimnis

Im Falle dieser Patientengruppen, der Als-ob-Persönlichkeiten und der psychosomatischen Patienten, wird – sehr zum Schaden der Patienten – der verzweifelte Versuch gemacht, sich vor der Neugier der anderen zu schützen, wenn sie als das größere Übel, als zerstörerisch und überwältigend erlebt wird. Borderline-Patienten, also Menschen an der Grenze zwischen Neurose und Psychose, oder psychotisch kranke Menschen zeigen uns, was es bedeutet, keine Geheimnisse mehr haben zu können, den Innenraum zu verlieren, der es erlaubt, zwischen eigener Phantasie in foro interno und der nach außen gerichteten Handlung zu unterscheiden, der es ermöglicht, eigene Gedanken zu haben, die nicht gehört, entzogen, beeinflußt werden können.

Welche Aufgabe stellt sich für die Analyse bei diesen Patienten? Es geht nicht mehr darum, Geheimnisse des Patienten aufzudecken. Zunächst sind die Versuche des Patienten, Geheimnisse zu bewahren, anzuerkennen und – um einen Ausdruck Benedettis zu entlehnen (z. B. Benedetti 1992, 234) – zu positivieren. Abwehr ist dann ein Mittel der Selbstverteidigung, als Selbstschutz zu verstehen. Möglicherweise muß dieser Schutz nicht geraubt, sondern verstärkt werden. Manchmal muß der Therapeut dem Patienten allererst dazu verhelfen, überhaupt erst einmal „geheimnisfähig" zu werden oder hilflose Formen der Wahrung des eigenen Geheimnisses gegen effektivere, flexiblere zu vertauschen.

Wenn man sich fragt, woher diese existentielle Bedrohtheit durch den anderen kommt, so stößt man auf die eindringende Neugier der Anderen. Es läßt sich vermuten, daß die frühen Bezugspersonen dem später Erkrankten keinen eigenen Spiel- oder Freiraum gelassen haben. Zu stark sind diese an seiner Entwicklung inter-essiert, in sie verwickelt gewesen. Das kann damit zusammenhängen, daß deren Neugierde eine intrusive, zerstörerische Härte angenommen hat, daß sie eine archaisch-orale, verschlingende Form zurückgewonnen hat.

Hier scheint es sinnvoll, auf das Verhältnis von Neid und Neugier einzugehen. Diese Frage läßt sich in einem weiteren, auch politisch hochaktuellen Kontext stellen: wann kippt die Faszination am Fremden in seine Verfolgung um? Wir wissen, daß das Exotische und Orientalische als geheimnisvoll erlebt wird, solange es weit weg ist. (Deshalb sagt Effi Briests Vater: Ein Chinese ist schon an und für sich ein Geheimnis.) Nähe und Geheimnis vertragen sich aber nicht miteinander – wegen des mit der Annäherung einsetzenden Vergleichens und des aus dem Vergleich entspringenden Neids. Aus der Nähe betrachtet, hat der exotisch andere Qualitäten, die mich neidisch machen, Neugier kann dann in Neid umschlagen. Die Neugierde ist zunächst mit der Entdeckung verbunden, daß der andere etwas haben könnte, das interessant ist. Neugierde nähert sich dem anderen zunächst noch ohne den Zerstörungswillen, sie kann sich aber zu Neid steigern, der dadurch charakterisiert ist, daß er dem anderen das absprechen/abnehmen möchte, was er hat. – Wenn nun Eltern oder Bezugspersonen nicht als neugierig, sondern als permanent neidisch erlebt werden, ist das Kind in ständiger Sorge, eine Eigenschaft zu zeigen oder sogar zu entwickeln, weil sie ihm entrissen werden könnte; wenn überhaupt, muß diese Eigenschaft – oder die Kapazität, Eigenschaften zu entwickeln – verborgen werden.

5. Das Gleichgewicht von Geheimnis und Neugierde

Es gibt wohl ein empfindsames *Gleichgewicht von Neugierde und Geheimnis*, dessen Imbalancen sich psychoanalytisch beschreiben lassen: ein *Zuviel von Neugierde* zerstört das Geheimnis und damit auch die Entwicklungsfähigkeit des Anderen. Ein Zuviel an Neugierde entreißt dem anderen das Geheimnis, zerstört seine Individualität, seine Unverwechselbarkeit mit anderen, den Bereich, den er nur für sich hat, unterhöhlt seine Autonomie und Identität.

Um dieser intrusiven Neugier zu entkommen, kann ein *Zuviel an Geheimnis* aufgebaut werden. Ein Geheimnis zu haben, sich zu verbergen kann einen Kampf ums psychische Überleben bedeuten. Der Wunsch, ein Geheimnis zu bewahren, kann so überhandnehmen, daß kein Platz mehr bleibt für den Austausch mit anderen. Ich muß, um mich ganz vor dem anderen zu schützen, den Arkanbereich meiner Autonomie immer weiter ausdehnen. Ich kann vom anderen nichts mehr annehmen, auch Alltägliches nicht, ich muß meine Angewiesenheit und Abhängigkeit völlig verleugnen. Das Extrembeispiel hierfür ist die Anorexia nervosa, wo eines der alleralllgemeinsten Medien des Austausches mit der Umwelt einem Arkanbereich verfällt: ich darf nichts mehr essen, höchstens wenn ich allein bin, nicht aber in Gesellschaft anderer, und ich erlebe den heimlichen Triumph, wenn ich andere bekoche, wenn ich sehe, daß sie sich von mir in eine existentielle Abhängigkeit bringen lassen.

Das Zuviel an Geheimnis *ist mit einem Zuwenig von eigener Neugier* gepaart. Die Intrusivität des Anderen, so fürchten die Patienten, zerstört vor allem ihr eigenes Begehren, ihre Wunschwelt, ihre Neugierde. Ich muß mein Interesse am anderen ganz zurückschrauben; wenn ich dem anderen Interesse entgegenbringe, frißt er mich auf: ich gebe den kleinen Finger, er nimmt die ganze Hand, so könnte diese Angst vor Übermächtigung versprachlicht werden.

Aber die Verhältnisse sind noch komplizierter; denn die Angst vor Übermächtigung durch die Neugier des Anderen kann ihrerseits Folge einer Projektion sein. Die Abwehr der Neugier kann einem Zuviel eigener Neugier, die den Anderen zerstören könnte, entspringen. Wieder sind Magersüchtige ein gutes Beispiel, weil sich in Analysen mit ihnen enthüllt, wie stark und wie gefährlich eigene orale Tendenzen erlebt werden, also Wünsche, den anderen zu verschlingen, und das Dilemma beim „Zum Fressen gern haben" ist ja bekanntlich, daß das Objekt, einmal aufgefressen, nicht mehr vorhanden ist, so daß der zu Gierige unweigerlich mit massiver Verlassenheitsangst konfrontiert ist. Dann hat ein Zuwenig eigener Neugier auch das Ziel, den anderen zu bewahren und zu retten, wo er als durchgängig zu schwach und widerstandsfähig erlebt wurde.

Woher schließlich ein *Zuwenig an Geheimnis* kommt, hatten wir bereits gesehen; es entspringt einem Mangel an Abwehr: ich bin den Blicken der Anderen schutzlos ausgeliefert, meine Welt erleidet im Sinne Sartres eine innere Blutung, läuft zum anderen hin aus. Zu denken ist hier an psychotische Gefühle der Überwältigung in Verfolgungsideen.

Aber auch hier gibt es eine Wunschseite, die die Dinge verkompliziert. Denn nicht nur Abwehrschwäche ist immer für den Verlust der Geheimnisse verantwortlich zu machen, sondern auch ein symbiotischer Wunsch: keine Geheimnisse zu haben, das bedeutet auch, im anderen aufzugehen, sich in ihm aufzulösen. Das Motiv kann ein Verschmelzungsbedürfnis sein, aber auch ein masochistisches Bedürfnis nach Unterwerfung.

6. Eine Ethik zwischenmenschlicher Beziehungen auf der Basis von Geheimnis und Neugierde

Von hier aus wäre eine Ethik der zwischenmenschlichen Beziehung zu erstellen, die auf der Balance von Neugier und Geheimnis aufbaute. Sie müßte davon ausgehen, daß Beziehungen davon leben, daß der andere Geheimnisse hat. Georg Simmel hat darauf hingewiesen, daß es eine Kulturleistung ist, Geheimnisse haben zu können. Bezogen auf den Anderen, läßt sich diese Aussage erweitern: Es ist eine Kulturleistung, Geheimnisse beim anderen wahrzunehmen und beim Anderen, für den Anderen zu bewahren. Nur dann ist es möglich, sich miteinander zu entwickeln, wenn ich mir des anderen nicht sicher sein kann, weil er morgen eben schon ein klein wenig anders als gestern sein kann, so daß ihn immer ein Geheimnis umgibt, das es lohnend macht, auf ihn zuzugehen. Unauslotbare Stellen müssen im anderen bestehen bleiben, will die Beziehung nicht unendlich flach werden. Das ist das Heimtückische an übermäßig kontrollierenden Beziehungen: sie pressen dem anderen das Geheimnis aus – Sicherheit ist dann mit Leere gleichzusetzen. Das, was man besitzt, ist nicht mehr geheimnisvoll, deshalb auch nicht mehr attraktiv. So entstehen Machtbeziehungen, anale Konfigurationen, und das Anale – darauf hat Chasseguet-Smirgel (1986) zu Recht hingewiesen – ist die Welt der Homogenisierung, des Zerkleinerns und Gleichmachens.

Ohne Neugier aber wäre jede Beziehung von vornherein verunmöglicht, es gäbe kein Interesse, Beziehungen überhaupt aufzunehmen. Beziehungen, sollen sie fruchtbar sein, brauchen etwas, das ich Geheimnisarbeit nennen möchte. Geheimnisse liegen nicht vor, Geheimnisse werden konstruiert, indem Bekanntes in einen neuen Kontext transferiert wird, der jenes ent-fremdet, fremd und damit auch: verlockend macht. Geheimnisarbeit besteht also darin, den Anderen zu be-fremden, ihn fremd zu machen, um ihn in seiner Fremdheit als einen Anderen wieder zum Gegenstand der Neugierde machen zu können.

Die Polarität von Geheimnis und Neugierde schreibt sich nun in einen anderen Diskurs ein, nämlich den Diskurs über den Fremden und die Alterität. Kein Diskurs ist politisch wahrscheinlich relevanter, und er wird ja auch geführt; ich verweise stellvertretend auf E. Lévinas (Huizing 1988) und J. Kristeva (1990). Wenn Kampits im Rahmen eines Vortrags über den Fremden die Ethik dieses Diskurses so zusammenfaßt: „Nicht im Aneignen des Anderen, sondern nur im Anerkennen seiner Andersheit können wir hoffen, den Anderen als ihn selbst zu finden" (Kampits 1992), ist in einem Satz die Nahtstelle zwischen den Diskursen benannt: Geheimnisfähigkeit berührt sich mit Andersheit und seiner Anerkennung, Neugier mit Aneignung und dem Auffinden des Anderen. Es ist aber zugleich ein zentrales ethisches Moment der Polarität von Geheimnis und Neugier berührt. Denn alles kommt darauf an, daß Neugierde nicht destruktiv wird, Ausdruck eines Neides, der dem Anderen seine Andersartigkeit nicht lassen kann, daß sie eben nicht „gierig", nicht verschlingend ist, sondern daß sie in aller Aneignung die Fremdheit des Anderen bewahrt und rettet.

Das Verhältnis von Geheimnis und Neugier hat eine paradoxe Struktur: Das Geheimnis treibt die Neugier an; jede Neugier ist die Neugier, den Schleier zu lüften, das Geheimnis aufzuklären, aufzudecken, aufzulösen – analyein/Analysis, die Auflösung der Selbstverborgenheit, in die Wahrheit/alätheia, die Unverborgenheit eintreten.

Was aber wäre ein Zustand, der geheimnislos wäre? Ein göttlicher Zustand? Nicht einmal das, weil Gott auch durch den Arkanbereich, durch die Absonderung, definiert ist: finis = Grenze; da wo es kein Geheimnis mehr gibt, gibt es keine Grenze mehr, und wo es keine Grenze mehr, gibt, gibt es keine Differenzierungen mehr, räumlich gesprochen, oder keine Entwicklung, zeitlich gesprochen.

Also muß es das Geheimnis geben, aber als eines, das immer dabei ist, mit der Neugier als Ansporn, gelöst zu werden, das zugleich nie aufgelöst wird.

Insofern übertreibt Ödipus, und am Ende dieser Übertreibung des Aufklärungswillens steht die Blendung, nicht einfach Symbol der Kastration, sondern Abschaltung der Neugier.

Ist eine Synthese von Neugierde und Geheimnis möglich, oder ist sie, wie Sartre sagt, ein Traum? Er gebraucht das Bild des „Jonas im Walfisch" als Bild einer unmöglichen Synthese, und dieses Bild scheint mir in unseren Zusammenhang genau zu passen: „Es kennzeichnet einen Traum von nicht zerstörender Assimilation. Das Unglück ist – wie Hegel bemerkte –, daß die Begierde ihren Gegenstand zerstört ... In Reaktion auf diese dialektische Notwendigkeit träumt das Für-sich von einem Gegenstand, der vollständig durch mich assimiliert wäre, der ich wäre, ohne sich in mich aufzulösen, indem er seine An-sich-Struktur bewahrte ... Und gleichzeitig ist es der Traum des Liebenden ..., sich mit dem geliebten Objekt zu identifizieren und ihm dennoch seine Individualität zu bewahren: der andere soll ich sein, ohne daß er aufhört, anderer zu sein ... Er bleibt außerhalb, erkennen heißt äußerlich essen, ohne zu verzehren ... Die Erkenntnis ist Eindringen und zugleich oberflächliche Liebkosung, Verdauung und distanzierte Betrachtung eines unverformbaren Gegenstands, Hervorbringen eines Gedankens durch fortwährende Schöpfung und Feststellung der totalen objektiven Unabhängigkeit dieses Gedankens" (Sartre 1943/1993, S. 993 f.). Diese Beschreibung bezeichnet einen Traum, weil hier der unmögliche Versuch erscheint, sowohl die Neugierde als auch das Geheimnis zu totalisieren, ohne daß das eine das andere vernichtet. Vielleicht ist dieser Traum aber auch als konstruktive Utopie lesbar, als Regulativ, das das utopische Ziel der Geheimnisarbeit kennzeichnet und das es erlaubt, auf die destruktiven Momente im Verhältnis von Geheimnis und Neugierde um so aufmerksamer zu werden.

Literatur

Abraham, K. (1914/1982) „Über Einschränkungen und Umwandlungen der Schaulust bei den Psychoneurotikern nebst Bemerkungen über analoge Erscheinungen in der Völkerpsychologie". In: Abraham, K., *Gesammelte Schriften Bd. II*, 226–284. Fischer Frankfurt.

Bahr, H. D. (o. J.), *Sätze ins Nichts. Versuch über den Schrecken.* Konkursbuch Verlag Tübingen.

Benedetti, G. (1992), *Psychotherapie als existentielle Herausforderung.* Vandenhoeck & Ruprecht Göttingen.

Bion, W. R. (1992), *Elemente der Psychoanalyse.* Suhrkamp Frankfurt.

Chasseguet-Smirgel, J. (1986), *Kreativität und Perversion.* Nexus Frankfurt.

Düsing, E. (1986), *Intersubjektivität und Selbstbewußtsein.* Dinter Köln.

Fenichel, O. (1935/1985) „Schautrieb und Identifizierung". In: Fenichel, O., *Aufsätze II*, 382–408. Ullstein Frankfurt, Berlin, Wien.

Freud, S. (1905e) „Bruchstück einer Hysterie-Analyse". In: Freud, S., *Gesammelte Werke*, London 1940–1952, deutsch Fischer Frankfurt (im folgenden als *GW* abgekürzt) GW V, 161–286.

Freud, S. (1906c) „Tatbestandsdiagnostik und Psychoanalyse". *GW* VII, 3–15.

Freud, S. (1909d) „Bemerkungen über einen Fall von Zwangsneurose". *GW* VII, 379–463.

Freud, S. (1910j) „Beispiele des Verrats pathogener Phantasien bei Neurotikern". *GW* VIII, 228.

Freud, S. (1913c) „Weitere Ratschläge zur Technik der Psychoanalyse". *GW* VIII, 453–478.

Freud, S. (1915c) „Triebe und Triebschicksale". *GW* X, 209–232.

Ginzburg, C. (1980) „Morelli, Freud und Sherlock Holmes: Clues and Scientific Methods", in: History Workshop 9, 7–36.

Huizing, K. (1988) *Das Sein und das Andere. Lévinas' Auseinandersetzung mit Heidegger*. Athenäum Frankfurt.

Kampits, P. (1992) „Ich und der Andere – Philosophische Perspektiven zur Erfahrung des Fremden", in: *Studium Generale: Erfahrungen des Fremden*, 9–22. Heidelberger Verlagsanstalt.

Knox, B. (1991) „Die Freiheit des Ödipus", in: Schlesier, R. (Hrsg.) *Faszination des Mythos*, 125–144. Stroemfeld/Roter Stern Basel, Frankfurt.

Kristeva, J. (1990), *Fremde sind wir uns selbst*. Suhrkamp Frankfurt.

McDougall, J. (1985), *Plädoyer für eine gewisse Anormalität*. Suhrkamp Frankfurt.

Nunberg, N. (1961), *Curiosity*. Int Univ Press New York.

Sartre, J. P. (1943/1993), *Das Sein und das Nichts*. Rowohlt Reinbek.

Schlesier, R. (Hrsg.) (1991) Faszination des Mythos. Stroemfeld/Roter Stern Basel, Frankfurt.

Simmel, G. (1993) „Das Geheimnis. Eine sozialpsychologische Skizze", in: Simmel, G., *Aufsätze und Abhandlungen 1901–1908*, 317–324. Gesamtausgabe Bd. VIII, Suhrkamp Frankfurt.

Sophokles (1962) *Die Tragödien*. Übersetzt und eingeleitet von Heinrich Weinstock. Kröner Stuttgart.

Spence, D. (1993) „Die Sherlock-Holmes-Tradition: Die narrative Metapher", in: Buchholz, M. (Hrsg.), *Metaphernanalyse*, 15–71. Vandenhoeck & Ruprecht.

Stork, J. (1983) „Versuch einer Einführung in das Werk von D. W. Winnicott", in: Winnicott, D. W. (1983), *Von der Kinderheilkunde zur Psychoanalyse*, 9–29. Fischer Frankfurt.

Strindberg, A. (1963), *Traumspiel*. Deutsch von Peter Weiss. Suhrkamp Frankfurt.

Theunissen, M. (1965), *Der Andere*. de Gruyter Berlin.

Vogt, R. (1986), *Psychoanalyse zwischen Mythos und Aufklärung*. Qumram Verlag.

Widmer, P. (1992) „Demokratie und Psychoanalyse", in: Gürtler, S. (Hsrg.), *Spontaneität und Prozeß*, 172–182. Europäische Verlagsanstalt Hamburg.

Winnicott, D. W. (1960/1984), „Ich-Verzerrungen in Form des wahren und des falschen Selbst", in: Winnicott, D. W., *Reifungsprozesse und fördernde Umwelt*, 182–199. Fischer Frankfurt.

Wurmser, L. (1993), *Die Maske der Scham. Die Psychoanalyse von Schamaffekten und Schamkonflikten*. Springer Berlin, Heidelberg, New York.

III. Geheimnisbewahrung/ Geheimniszerstörung

Aleida Assmann

An we had the trick to see't
Geheimnis und Neugierde in Shakespeares *Hamlet*

> Die Leidenschaften sind die Pforten der Seele. Das praktischste Wissen besteht in der Verstellungskunst. Wer mit offenen Karten spielt, läuft Gefahr, zu verlieren. Die Zurückhaltung des Vorsichtigen sei der Schild gegen das Aufpassen des Forschenden: gegen Luchse an Spürgeist, Tintenfische an Verstecktheit.
> (Gracián, Handorakel Nr. 98)

Einleitung: Gedächtnis und Geheimnis oder Ohr und Auge

In Shakespeares *Hamlet* treten zwei Sinnesorgane in Konflikt miteinander: Ohr und Auge. Durchs Ohr dringt die Stimme des Vaters, des Gesetzes, des Gewissens. So spricht im ersten Akt Laertes zu Ophelia, Polonius zu Laertes, der Geist zu Hamlet. Die direkte, eindringlich belehrende und autoritativ fordernde Stimme ist dazu bestimmt, verbatim internalisiert zu werden. Dafür gibt es im Stück eine besonders prägnante Illustration, nämlich die Schreibszene, in der Hamlet versucht, die Worte seines Vaters materialiter auf die Tafeln seines Herzens, seines Gedächtnisses zu schreiben. Wir dürfen das Ohr deshalb das Organ der Weisung und des Befehls, kurz: der „normativen Erinnerung" nennen. Die eindeutigen Formulierungen der Verhaltens-Gebote gilt es zu beherzigen und zu befolgen. In dieser Dimension gibt es nichts zu rätseln und zu deuten, und somit keine Spur von Geheimnis.

Neben das Zeugnis des Ohrs tritt im Hamlet das des Auges. Mit diesem Organ verlassen wir den Boden der Gewißheiten und betreten ein terrain vague. Denn so klar und unmißverständlich das Zeugnis des Ohrs ist, so unzuverlässig ist das des Auges. An dieser Unsicherheit entzündet sich die Kraft der Neugierde, die bekanntlich vom Ungewissen ausgeht und zur Gewißheit strebt. Bei Shakespeare ist die Neugier ans Auge gebunden.

Wo es keine Sicherheiten des Sehens gibt, müssen Techniken der Entzifferung her. Diese bestimmen sich nach der jeweiligen Qualität des Geheimnisses. Bestimmte Arten von Geheimnis stimulieren bestimmte Arten von Neugier. Auf drei solche Komplexe von Geheimnis und Neugier möchte ich im folgenden eingehen. Da ist erstens die Allianz von *Geheimnis und Verbrechen*, die den prüfenden Blick des Detektivs auf den Plan ruft. Da ist zweitens die Allianz von *Geheimnis und Intransparenz*, die einen indirekten Blick stimuliert. Und da ist drittens die Allianz von *Geheimnis und Schein*, die den durchdringenden Blick herausfordert. Sicherlich lassen sich diese Zuordnungen von Geheimnis und Blick im Drama nicht immer säuberlich voneinander trennen. Dennoch scheint mir der Versuch sinnvoll, unterschiedliche Akzente in diesem Feld herauszuarbeiten.

1. Geheimnis und Verbrechen – der prüfende Blick

Als in der Schlußszene die Königin, die aus dem Giftbecher getrunken hat, ohnmächtig niedersinkt, glaubt Hamlet noch, aufklärendes Licht in das Dunkel des Komplotts bringen zu können. Mit der Resolutheit eines Polizei-Kommissars ruft er aus:

> O, villainy! Ho! let the door be locked.
> Treachery! seek it out. (V. 2.296–297)[1]

Da Hamlet aber bereits selbst mit dem tödlichem Gift infiziert ist, bleibt ihm für die angekündigte Untersuchung keine Zeit mehr. Um so mehr Zeit hat er sich zuvor für derartige Prüfungen genommen. Und nicht nur er. Fast alle Personen sind in diesem Stück um Aufklärung bemüht und mit der methodischen Durchleuchtung dunkler Sachverhalte beschäftigt: Claudius, Polonius, Laertes, Rosencrantz und Guildenstern. Die ersten drei Akte des Stücks stehen ganz im Zeichen von Untersuchungen, die die handelnden Personen gegeneinander durchführen. An die Stelle der vertraulichen Interaktion tritt die mißtrauische Inter-Inquisition, die trickreiche Erschließung dessen, was der andere sorgfältig verborgen hält. Die Figuren sind gegeneinander opak; Reden und Zeichen vermitteln keine wirklichen Aufschlüsse. Jeder hütet eifersüchtig sein Geheimnis, während er darauf bedacht ist, es dem anderen mit List und Tücke zu entreißen.

---

[1] Zitiert nach: William Shakespeare, Hamlet. Herausgegeben von Cyrus Hoy, A Norton Critical Edition. New York, London 1963.

Am Hofe von Dänemark herrscht also das Gebot der strategischen Verstellung und die ihr zugeordnete Hermeneutik des Mißtrauens. Das ist keineswegs unüblich, sondern der Normalfall höfischer Verkehrsform. Baldassare Castigliones *Libro del Cortegiano* von 1528, das 1561 von Thomas Hoby ins Englische übersetzt wurde, schreibt Verstellung als eine Norm höfischen Verhaltens vor. Das Theater avancierte zur Leitmetapher des höfischen Verkehrs; Verstellung, Spiel und Erscheinung wurden die Schlüsselworte einer neuen Verhaltenkunst, die einerseits die Ästhetisierung der Interaktion vorschrieb und andererseits davon ausging, daß egoistische Ziele am besten durchzusetzen sind, wenn man sie vor den Konkurrenten verschleiert. So entstand aus strategischen Interessen heraus ein Verhaltensstandard, der Selbstdistanz, Körperbeherrschung und die Domestikation der Affekte einübte. Auf diese Kompetenzen konnte man auch unter veränderten soziokulturellen Bedingungen im bürgerlichen Zeitalter nicht mehr verzichten; der höfliche Verhaltenskode konnte unmittelbar an den höfischen anschließen.[2]

Am dänischen Hof geht es jedoch noch um anderes als um strategische Verstellung und die Verschleierung egoistischer Absichten im Konkurrenzkampf um die Gunst des Fürsten; hier gilt es obendrein, ein Verbrechen aufzudecken, es geht um so unhöfische Dinge wie Aufklärung und Wahrheit. Während die moderne Kriminalgeschichte sich in einer klaren epistemologischen Situation entfaltet, wo Subjekt und Objekt, Detektiv und Verbrecher klar voneinander getrennt sind, entfaltet sich dieser Kriminalfall im höfischen Milieu allgemeiner Verstellungen, und das heißt: in einer epistemologischen Situation des diffus gewordenen Geheimnisses. Wo das Geheimnis die Choreographie zwischenmenschlicher Beziehungen organisiert, tritt an die Stelle der Interaktion die entschlüsselnde Hermeneutik. Man spricht nicht miteinander, sondern ist damit beschäftigt, sich gegenseitig zu lesen. Solche Entzifferung steht nicht im Dienste kommunikativen Verstehens, sondern strategischen Durchschauens. Man versucht, dem anderen auf die Schliche zu kommen und ihm sein Geheimnis abzujagen. Das bedeutet, daß in diesem Drama jeder je nach Perspektivierung sowohl Subjekt als auch Objekt der Untersuchung, sowohl Täter als auch Detektiv ist. Neugier stei-

---

[2] Die Verstellung (,dissimulatio') spielt auch in späteren Verhaltenslehren noch eine wichtige Rolle. Balthasar Graciáns *Oráculo manual y arte de prudenza* vom Anfang des sechzehnten Jahrhunderts formuliert Verhaltensanweisungen und -deutungen für eine Welt des Scheins, in der es keinerlei Sicherheiten gibt. Diese Schrift ist unterschwellig unter dem mainstream einer protestantisch eingefärbten Aufrichtigkeitskultur bis in die Moderne einflußreich geblieben. Verallgemeinernd läßt sich sagen, daß Verstellung immer dann in den Rang einer Norm erhoben wird, wenn eine pessimistische Anthropologie oder Kosmologie vorherrscht. Vgl. für das achtzehnte Jahrhundert: Ursula Geitner, Die Sprache der Verstellung, Tübingen, 1992, und für das zwanzigste Jahrhundert: Helmut Lethen, Verhaltenslehren der Kälte, Frankfurt a. M., 1994.

gert den wahrnehmenden Blick zum kritisch prüfenden Blick, aus Sehen wird Beobachten.

In Shakespeares Drama ist also jeder der Neugier des anderen ausgeliefert. Auf Hamlet, den Detektiv des Dramas, hat der Täter Claudius seinerseits seine Detektive angesetzt. Neben Polonius sollen Rosencrantz und Guildenstern ihm sein Geheimnis entreißen. Um sich vor der Neugier seiner Verfolger zu schützen, setzt sich Hamlet selbst in Szene. Sein gespielter Wahnsinn dient zur Verwirrung der Zeichen. Er ist eine Selbstschutz-Maßnahme, ein Panzer, an dem die neugierig prüfenden Blicke abprallen sollen. So scheitern dann auch Rosencrantz und Guildenstern an dieser Aufgabe, wie sie selbst zugeben müssen:

> Nor do we find him forward to be sounded,
> But with a crafty madness keeps aloof
> When we would bring him on to some confession
> Of his true state. (III. 1.7–9)

Ebenso wie der prüfende Blick Verfolgern und Verfolgten eignet, so stehen hier auch Täter und Opfer gleichermaßen unter dem Gebot der Geheimhaltung. Ein Verbrechen zieht logischerweise Verstellung und Geheimhaltung nach sich, im Drama jedoch springt die Last der Geheimhaltung von den Tätern auf die Opfer über. Hamlets erster Monolog schließt mit dem Satz: „But break my heart, for I must hold my tongue" (I. 2.159). Wo der Verkehr zwischen Herz und Zunge blockiert ist, ist auch die Verbindung zu den Mitmenschen unterbrochen. So bleiben ihm nur die Monologe als freie Artikulationsmöglichkeiten, die schonungslose Selbstreflexion im Stile der moralistischen Tradition praktizieren. Ein Selbst im Sinne eines harten Kerns der Innerlichkeit geben allerdings auch sie nicht preis.

Ebenso wie später Hamlet steht bereits der Geist seines Vaters unter einem Schweigegebot.

> But that I am forbid
> To tell the secrets of my prison house
> I could a tale unfold ... (I. 5.13–15)

Die Geheimnisse der Toten unterliegen einem absoluten Tabu. Aber auch die Geheimnisse der Lebenden entstehen durch Redeverbote. Die Geschichte, die der Geist Hamlet anvertraut, behält dieser strikt für sich. Alle Zeugen der Szene werden zur Geheimhaltung verpflichtet: „Give it an understanding but no tongue" (I. 3.247). Nicht genug damit: sie müssen erklären, nichts über Hamlet zu wissen („That you know aught of me" I. 5.178) und die Komplizenschaft ihres Schweigens obendrein mit einem dreifachen Schwur besiegeln. Nicht Kommunikation verbindet die Figuren dieses Stücks miteinander, sondern das einsam oder gemeinsam gehütete Geheimnis, die Komplizenschaft im Wissen. Mit Ausnahme der Beziehung zwischen Hamlet und Horatio gibt es in diesem Stück keinen intimen, entspannten Austausch. Selbst der Liebesdiskurs ist von Theaterspiel und Verstellung gezeichnet. Der Ausbruch authentischer Gefühle kommt zu spät, und gerinnt in Gesten einer hyperbolischen Theatralität.

Wo immer ein Geheimnis vorliegt, da wird die Neugier angestachelt, die ihrerseits die Form einer Hermeneutik, einer methodischen Prüfung annimmt. Das Wunderbare, Unverständliche ruft die Operationen des Verstandes auf den Plan; das Geheimnisvolle wird zum Exerzierplatz der Rationalität. Im Drama gibt es Experten der Zeichenkunde. Polonius brüstet sich damit, jedem Geheimnis auf die Spur kommen zu können. Er hält seine Entzifferungskunst für absolut unfehlbar. In den folgenden Versen spricht er den Anspruch aller großen Detektive des neunzehnten und zwanzigsten Jahrhunderts aus;

> If circumstances lead me, I will find
> Where truth is hid, though it were hid indeed
> Within the centre. (II. 2.156–158)

Nicht anders als Polonius betätigt sich Hamlet als Spurenleser und Fallensteller. Während Polonius allerdings bestrebt ist, das Geheimnis auf triviale und griffige Eindeutigkeit zu reduzieren, wachsen Hamlet die Geheimnisse bald über den Kopf. Je mehr er untersucht, desto dichter wird der Vorhang; je klarer das Ergebnis, desto größer auch die Zweifel, desto unmöglicher die Aktion. Er ist ein durch und durch unsicherer und verunsicherter Leser. Zum Beispiel verfügt er nicht über die Zeichenkompetenz seines Freundes Horatio, der weiß, daß die nächtliche Geistererscheinung nach den Deutungsregeln der Divination ein Zeichen für den Sturz der Dynastie und den Untergang einer Epoche ist. Für Hamlet bleiben die Zeichen unklar; er weiß nicht, ob sie ihm vom Himmel oder aus der Hölle geschickt wurden: „The spirit I have seen may be a devil" (II, 2. 565–566). Nicht die Sicherheit der Deutung, sondern die Radikalität des Zweifels bestimmt die Bewegungen seiner Hermeneutik.

2. Geheimnis und Intransparenz – der indirekte Blick

Auf dem Boden einer Anthropologie, in der Menschen als gegeneinander grundsätzlich verschlossen gedacht sind, gibt es keine direkten Wege des Verstehens. Um überhaupt etwas zu sehen, muß man erst einmal indirekt sehen lernen. Indirektes Sehen ist solches, das den Standort des Betrachters aus der Interaktion herausverlegt. Der von der Szene verbannte Blick ist der Blick des Beobachters, der selbst nicht gesehen wird. Es ist der neuzeitlich neugierige Blick sowohl des Naturforschers als auch des Theater-Zuschauers, den Shakespeare hier auf die Bühne holt. Die Struktur dieses Blicks ist vermittelt; sie heißt nicht: ‚ich sehe etwas', sondern: ‚ich sehe etwas, worin ich etwas sehe'.

Die Kompetenz des indirekten Blicks ist in den höfischen Verhaltenslehren geschult worden. Polonius der Meisterspion weiß sehr gut, daß zuverlässige Informationen über eine Person nur indirekt gewonnen werden können. Zu diesem Zweck zieht er sich aus der Szene zurück und tritt als Beobachter in den Hintergrund, von wo aus er das Verhalten Hamlets entziffert wie ein Leser einen geschriebenen Text. Hermeneutik verlangt diesen gebrochenen, den neugierig ob-szönen, wörtlich: von der Szene verbannten Beobachter, der durch sein Draußen-Stehen zugleich die Ränder der Szene bzw. des Textes markiert. Ungesehen sehen, „seing unseen" lautet die Devise (III. 1.32). Wer hier lesen will, muß sich seinen Text gewissermaßen selbst zurichten. Solche ‚Texte' können die Begegnungen gelten, die Polonius zwischen Hamlet und Ophelia sowie zwischen Hamlet und seiner Mutter inszeniert. Nur bleibt die Lektüre nicht ungestört; Hamlet unterbricht bekanntlich die Leser-Distanz, indem er den Beobachter mit einem tödlichen Hieb in die Szene zurückholt.

In einer kleinen Szene, die für die Entwicklung der Handlung selbst keinerlei Konsequenzen hat, stellt Polonius seine Verfahrensweise vor (II. 1). Diese Szene zeigt in Reinkultur, was man den „Modus der Indirektion" nennen könnte. Polonius mißtraut seinem Sohn, der sich in Paris aufhält; er vermutet einen ausschweifenden Lebenswandel. Deshalb schickt er einen Spion nach Frankreich, der diese negativen Erwartungen als Tatsachen verbreiten soll, in der Annahme, daß sie von anderen bestätigt und so hinterrücks ratifiziert werden. Auf diese Weise kann man über den Umweg der Lüge zur Wahrheit gelangen:

> Your bait of falsehood takes this carp of truth,
> And thus do we of wisdom and of reach,
> With windlasses and with assays of bias,
> By indirections find directions out (II. 1.63–66)

Was Polonius recht ist, ist Hamlet billig. Auch er macht Gebrauch vom indirekten, gebrochenen Blick, auch er arrangiert Inszenierungen mit genauen Formulierungsvorgaben. Im Gegensatz zu Polonius bedient er sich dafür sogar professioneller Schauspieler und einer literarischen Fiktion. Er selbst überbietet das Szenario, indem er sich als Beobachter des Beobachters postiert. Sein falscher Köder fängt auch prompt einen echten Karpfen: was Claudius durch seine Verstellungskunst verborgen gehalten hatte, das spiegelt der überrumpelte Affekt für einen Moment an die Oberfläche. Die Menschen zeigen sich niemals als das, was sie sind, doch mit einer ausgeklügelten Taktik kann man ihnen ihr Geheimnis entreißen.

Dieses Verfahren stößt allerdings auch an Grenzen. Es gibt ein Geheimnis der individuellen Person, das schon deshalb nicht entlockt und enträtselt werden kann, weil es der Person selbst nicht zugänglich, geschweige denn verfügbar ist. Hamlets allererste Rede handelt von der Diskrepanz zwischen Schein und Sein. Er belehrt seine Mutter darüber, daß man nicht zuverlässig von den äußeren Zeichen der Trauer, von Kleidung, Gebärden und Mienenspiel auf innere Gefühle schließen kann. Da alle äußeren Zeichen ja auch dem Schaupieler zu Gebote stehen, lassen sie sich jederzeit willkürlich simulieren. Die Essenz, das wahre Selbst, das Innere verbleibt grundsätzlich im Jenseits der Zeichen – verschlossen, unzugänglich, unauslotbar. Hamlet widerspricht hier einer Zeichenlogik wie der des Polonius, die mit bestimmten Tricks vom Äußeren (circumstances) auf das Innere (centre) zu schließen beansprucht.

> 'Tis not my inky cloak, good mother, [...]
> Together with all forms, moods, shapes of grief,
> That can denote me truly. These indeed seem,
> For they are actions that a man might play,
> But I have that within which passes show (I. 2.76, 82–85)

Das Geheimnis des menschlichen Herzens entsteht in der Dialektik von Schein und Sein. Indem die Außenseite zur falschen Verstellung wird, wächst in Entsprechung dazu die Idee eines wahren Innen. Nur bleibt vorerst noch ganz unklar, was es mit diesem Innen auf sich hat. Zwischen Außen und Innen besteht kein Kommerz, keine Korrespondenz, auch keine Taktik der Verstellung, sondern ein schlechthinniger Bruch. Das Individuum selbst bleibt eine black box, weil es ‚ineffabile', sprachlos ist. Klaus Reichert hat Hamlet als die Tragödie eines Cortegiano bezeichnet; er manifestiert einen Strukturwandel des Individuums zwischen Vormoderne und Moderne, höfischer und bürgerlicher Kultur. Reichert bringt die Differenz zwischen beiden Wertwelten mit folgenden Worten zum Ausdruck:

> Die Kunst des höfischen Verhaltens ist also keine Selbstmodellierung im Sinne der Konstruktion einer persönlichen Identität, einer Individualität, sie ist, im Gegenteil, die Instrumentalisierung des ‚Sich-Gebens', seine extreme Exteriorisation, um gewünschte Wirkungen zu erzielen: Sie ist der Kunstgriff einer ‚persona', einer Maske. Das Innere einer so zivilisierten Person ist eine Leerstelle.[3]

Bevor die Puritaner sich daranmachten, diese innere Domäne der Schrift anzuvertrauen und ihr Selbst durch methodische Introspektion zu konstituieren, blieb Individualität eine konturlose Kategorie. Aus höfischer Sicht jedenfalls blieb diese Domäne unterbelichtet, sie erschien als amorph und gefährlich. Es führt kein Weg vom *Renaissance Self-Fashioning* zur modernen Subjektivität.[4] Diese Sperre bezeichnet Reichert

---
[3] Klaus Reichert, „Hamlets Falle. Das Paradox der Kultiviertheit", in: *Der fremde Shakespeare*, München 1998, 64.
[4] Stephen Greenblatt, Renaissance Self-Fashioning, Chicago 1980.

als „Hamlet's trap". Die Privatsphäre der Person, das Geheimnis ihrer Individualität wurde von der Renaissance noch nicht mit positiven rousseauistischen Werten wie Aufrichtigkeit, Unmittelbarkeit und Wahrheit ausgestattet, sie wurde mit Negationen umschrieben und als Mangel bewertet,

> Ein unspezifischer, inkohärenter, regelloser Bereich noch namen- und sprachloser, folglich zutiefst beargwöhnter und bedrohlicher und beunruhigender Vorgänge. Diese Sprachlosigkeit, die Sprachlosigkeit der Privatsphäre, scheint mir die Falle zu sein, in der Hamlet sitzt.[5]

In einer Szene mit Guildenstern macht Hamlet so etwas wie ein ‚Menschenrecht auf Geheimnis' geltend. Er drückt dem verdutzten Freund eine Blockflöte in die Hand und fordert ihn auf, dem Instrument einen Ton zu entlocken. Guildenstern, der niemals auf diesem Instrument zu spielen gelernt hat, weigert sich hartnäckig. Diese Handlung dient Hamlet als ein Gleichnis für die schlechthinnige Intransparenz, für das unerforschliche Geheimnis des menschlichen Herzens:

> Why, look you now, how unworthy a thing you make of me! You would play upon me, you would seem to know my stops, you would pluck out the heart of my mystery, you would sound me from my lowest note to the top of my compass; and there is much music, excellent voice, in this little organ, yet you cannot make it speak. 'Sblood, do you think 1 am easier to be played on than a pipe? (III. 3.336–343)

3. Geheimnis und Schein – der durchdringende Blick

Hamlet nimmt ein Menschenrecht auf Geheimnis für sich in Anspruch. Dieses Menschenrecht gilt im Stück natürlich nicht für den mutmaßlichen Verbrecher Claudius, aber es gilt auch nicht für die Frauen Gertrude und Ophelia. Während Hamlet dem Verbrecher mit der Technik des indirekten Blicks auf den Leib rückt, unterwirft er die Mutter und die Geliebte einer unverschämt direkten Introspektion. Er bedient sich dabei des durchdringenden Blicks, eines Blicks, der sein Objekt nicht beleuchtet, sondern durch-leuchtet. Der durchdringende Blick gehört zu einer negativen Hermeneutik, die Bedeutung nicht konstituiert, sondern destruiert. Die Vielfalt der Erscheinungen wird dabei mit monotoner Konsequenz auf ein immergleiches Grundprinzip zurückgeführt. Die einzige Sicherheit, zu der diese Hermeneutik gelangt, ist die Gewißheit von der Nichtigkeit aller Dinge und der menschlichen Existenz überhaupt. Dieser Blick durchdringt nicht nur alle Schleier des Scheins,

---

[5] Klaus Reichert, „Hamlets Falle. Das Paradox der Kultiviertheit", in: *Der fremde Shakespeare*, München 1998, S. 60.

sondern auch gleich noch die Erscheinungen selbst; er macht vor nichts halt, bis er vom Nichts angehalten wird.

Hamlet, der in der Gattungstradition der Revenge-tragedy als Detektiv und Rächer angetreten ist, um ein Verbrechen aufzuklären und zu sühnen, verfällt im Laufe des Stücks immer mehr der Gravitation dieser negativen Hermeneutik. Er kann bald gar nicht mehr anders als aufzudecken, zu entlarven, Geheimnisse zu zerstören, kurz: die Welt zu entzaubern. Zu den Geheimnissen, die in den Strudel seiner negativen Hermeneutik geraten, gehört das Geheimnis des Weibes und das des Grabes.

Ophelia ist das erste Opfer dieser Hermeneutik. Sie beschreibt im 2. Akt ihre Begegnung mit Hamlet in Worten, die an die Geistererscheinung im 1. Akt gemahnen. In der Physiognomie Hamlets liest sie noch einen Abglanz von dieser Szene: „As if he had been loosed out of hell / To speak of horrors" (II. 2.83–84). Hamlet mimt einen Geist, indem er stumm bleibt; statt mit ihr zu sprechen, nimmt er sie mit unverschämter Konzentration in Augenschein. Ihre lebendige Person mißachtend, macht er sie zum Objekt seiner intensiven Lektüre, indem er ihr gegenüber die Pose wissenschaftlicher Beobachtung oder künstlerischer Kontemplation annimmt:

> He took me by the wrist, and held me hard,
> Then goes he to the length of all his arm,
> And with his other hand thus o'er his brow,
> He falls to such perusal of my face
> As 'a would draw it. Long stayed he so. (II. 1.87–91)

Die Mutter wird einer ähnlich unerbittlichen Prüfung unterzogen wie Ophelia:

> You go not till I set you up a glass
> Where you may see the inmost part of you. (III. 4.18–19)

Diese Worte klingen so drohend, daß die Königin um ihr Leben fürchtet: „What wilt thou do? Thou wilt not murder me?" Hamlet dringt schonungslos in ihr Innerstes vor, um ihr ein verdrängtes Bild von sich zu präsentieren, dem sie nicht standzuhalten vermag.

> O Hamlet, speak no more!
> Thou turn'st my eyes into my very soul (III. 4.89–90)

Was Hamlet als „very soul" Gertrudes entziffert, ist die Essenz aller Frauen. Auf dem Grunde der mütterlichen Seele entdeckt er, was der männliche Blick von Augustin bis Nietzsche dort zu finden pflegt. Unter gemalten Schichten und gespielter Unschuld kommt zuletzt immer die korrupte Natur, der hemmungslose, nicht domestizierbare sinnliche Trieb zum Vorschein. Gewiß ist diese pessimistische Anthropologie nicht ausschließlich auf Frauen gemünzt, aber in diesem Drama sind sie es, die von diesem schonungslosen Licht angestrahlt werden. Diese männliche Optik bestimmt ebenso die brüderliche und väterliche Erziehung. Der Bruder dringt mit drohenden Worten auf strikte Keuschheit; der Vater entzaubert ihre Liebe. Beide Erzieher wissen freilich, daß die Frau nicht reformierbar ist. Unter einer dünnen Fassade des Wohlverhaltens lauert im konstitutionell vernunftschwachen Weibe der undomestizierbare Trieb. Deshalb besteht die einzige Sicherheit der Frau in ihrer strikten Zurückgezogenheit (III. 1.51).

> Fear it, Ophelia, fear it, my dear sister,
> And keep you in the rear of your affection,
> Out of the shot of danger and desire.
> The chariest maid is prodigal enough
> If she unmask her beauty to the moon.
> Virtue itself scapes not calumnious strokes.
> The canker galls the infants of the spring ... (I. 3.36–39)

Hamlet bringt diese Erziehungsmaxime auf die kürzeste Formel. Dann heißt sie: „Get thee to a nunnery" (III. 1.134).

Gelenkt von dieser pessimistischen und obendrein misogynen Anthropologie, dringt Hamlets Blick durch die konkrete Person Ophelias hindurch und trifft auf den universalen Grund des Weibes. Seine Souveränität glaubt der Mann darin zu finden, daß er das Geheimnis des Weibes durchschaut. Er weiß, daß die Verstellungskünste des Weibes gleich nach denen des Teufels kommen. Die Falschheit der Frau zieht daher den entlarvenden männlichen Blick auf sich. Sinnbild dafür ist die Kosmetik, die die Diskrepanz von Schein und Sein hervorkehrt („The harlot's cheek, beautified with plast'ring art".) Hamlet attackiert Ophelia mit diesem Bild von Weiblichkeit, nach dem Schönheit und Ehrlichkeit unvereinbar sind.

> I have heard of your paintings well enough. God hath given you one face, and you make yourselves another. You ... make your wantonness your ignorance. (III. 1.139–142)

Keine konkrete Frau kann diesem genetischen Bild des Weibes entkommen; Geliebte und Mutter sind nur Varianten eines einzigen Bildes. „Donna e mobile" – nicht nur in Shakespeares Hamlet, auch in Hamlets Schauspiel wird dieser Topos der „shallow changing woman" weidlich ausgekostet.

Der männliche Blick der negativen Hermeneutik durchbohrt die Frauen und findet auf dem Grund des Weibes das, wovor er sich in seinem eigenen Inneren fürchtet. Durch Abspaltung dieses Anderen und Projektion auf die Frau hat sich der Mann in der abendländischen Kulturgeschichte seine Überlegenheit bestätigt. Das gilt auch für Hamlet: Je schärfer er in Ophelia oder seiner Mutter liest, desto tiefer verkennt er sich selbst. Zu seinen eigenen Gefühlen hat er keinen Zugang. Um so verdrehter wirkt das Wort des Polonius, dem Ophelia ihre stumme Begegnung mit Hamlet anvertraut hat: „This is the very ecstasy of love"! (II. 1.102).

Mit demselben durchdringenden Blick, mit dem er die Frauen ins Visier nahm, nähert sich Hamlet dem Grabe. So wie das Geheimnis der Frauen sich für ihn auf Verführungskunst, Verstellung und Lust reduzierte, so reduziert sich das Geheimnis des Grabes auf Erde und Staub.

In der Friedhofszene geben sich der Totengräber und sein Gehilfe Rätsel auf: wer baut für die Ewigkeit? Die richtige Antwort soll lauten: der Totengräber. Das Geheimnis des Todes hat für sie das handliche Format einer Scherzfrage. Hamlet dagegen betritt den Friedhof mit einem Katarakt von Fragen. Seine Neugier ist nicht zu zügeln. Wer mag hinter diesem Schädel gesteckt haben? Wo sind die Besitztümer jenes Skeletts? Wie lange hält sich überhaupt eine Leiche? Was bleibt von den Scherzen des alten Yorick übrig und was von der Macht des großen Alexander? So vielfältig die Fragen sind, so monoton ist die eine und einzige Antwort: Staub. Horatio kann diese Antwort nicht widerlegen, aber er verbietet sich und Hamlet solche Fragen: „'Twere to consider too curiously to consider so" (V. 1.183). Es gibt Dinge, vor denen die Neugier gezügelt werden muß, die man sich lieber nicht allzu klar macht. Das Grab sollte man ruhig im Status eine Geheimnisses belassen. Hamlets Fragen sind nicht gerade originell, sie kommen aus der ubi-sunt-Topik und der christlichen Vanitas-Rhetorik. Doch auch hier steht Hamlet im Niemandsland zwischen Vormoderne und Moderne. Die mittelalterlichen Christen konnten der Realität des Todes so haarscharf ins Auge sehen, weil sie sich noch an das Geheimnis des Jenseits halten konnten. Bei Hamlet ist diese metaphysische Rückendeckung verlorengegangen, aber der unerbittliche Scharfblick für Schädel und Würmer übriggeblieben. Das Geheimnis des Todes ist für ihn entzaubert; der neugierige Blick löst alles auf, er ruht nicht, bis er auf den letzten Grund des Nichts gestoßen ist.

Schluß: Erkenntnis oder Illusion?

Die negative Hermeneutik ist destruktiv. Hamlets Fall macht deutlich, daß hinter den Schleiern des Scheins nicht nur die Wahrheit liegt, sondern auch der Wahnsinn. Dieser Verdacht ist Hamlet allerdings schon selbst gekommen. Das Drama hat eine Gegenbewegung zur negativen Hermeneutik eingebaut, die wir als ‚Nobilitierung der Fiktion' bezeichnen wollen. Die reduktive Optik der Entäußerung und Entblößung wird gekreuzt von einer konstruktiven Optik des Aufbaus und der Einkleidung. Einer Anthropologie des nackten Menschen steht eine Anthropologie des eingekleideten Menschen gegenüber. Neben den Geheimnissen der Geistererscheinung und des Verbrechens, des intransparenten Herzens, des Weibes und des Todes gibt es noch ein weiteres Geheimnis im Drama, das Geheimnis der Illusion.

Spiegelsymmetrisch zur negativen Hermeneutik entdeckt Hamlet eine positive Hermeneutik. Während erstere darin besteht, ein Etwas durch radikale Reduktion als nichts zu erweisen, besteht letztere darin, ein Nichts mit Bedeutung zu investieren und damit als ein Etwas zu erweisen. Die beiden Beispiele für die positive Hermeneutik sind die Schauspieler und die Soldaten. Ihnen gelten die beiden großen Monologe des zweiten und des vierten Akts, die den Monolog über Sein oder Nichtsein im dritten Akt axialsymmetrisch flankieren. Was haben diese beiden Gruppen gemeinsam? Beide machen aus nichts etwas: die Schauspieler mobilisieren für das fiktive Schicksal einer antiken Königin eine ganze Skala wirklicher Gefühle; die Soldaten mobilisieren für die Eroberung eines wertlosen Stückchens Boden Kampfesmut bis zur Todesbereitschaft. Die Imagination des Schauspielers, der aus fiktiven Worten echte Gefühle hervortreibt, und die Ehre der Soldaten, deren fiktive Werte echte Handlungen hervorbringen, fasziniert Hamlet nachhaltig. Sind es doch Fälle, an denen seine eigene Schulweisheit – die negative Hermeneutik der destruktiven Neugierde – an ihre Grenzen stößt. Diese Beispiele bringen ihm einen anderen Modus des Geheimnisses zu Bewußtsein, das Geheimnis, das nicht darauf wartet, zerstört zu werden, sondern das darin besteht, daß man es kultiviert. Wie das eine Geheimnis durch die Neugierde zersetzt wird, so wird dieses Geheimnis durch Illusion konstituiert. Die Illusion der Schauspieler wie die der Soldaten, so stellt Hamlet fest, ist nicht einfach Selbstbetrug, sondern eine positive Leistung. Sie erfordert eine hohe Konzentration und jene geistige Anspannung, ohne die Handeln unmöglich ist.

Hier deutet sich eine Trennung an, die seit Shakespeares Zeit noch erheblich vertieft worden ist. Es gibt eine Art von Geheimnis, das durch Neugierde zergliedert und aufgelöst wird, und eines, das durch Illusion, Aufmerksamkeit oder Andacht hervorgebracht wird. Das eine assoziieren wir mit der Wissenschaft, das andere mit der Kunst. Zwischen einer Wissenschaft, die auf Ent-schleierung beruht, und der Kunst, die auf Ver-schleierung beruht, hat sich Nietzsche bekanntlich für letztere entschieden. Er hat Hamlet zum Propheten seiner Lehre gemacht, welche da lautet. „Erkenntnis tötet das Handeln, zum Handeln gehört das Umschleiertsein mit Illusion."[6] Erkenntnis oder Illusion? Ist das die Frage? Oder vielleicht eher: wieviel Erkenntnis? und wieviel Illusion? Auf alle

---

[6] Friedrich Nietzsche, „Die Geburt der Tragödie aus dem Geiste der Musik", in: Werke in drei Bänden, hrsg. von Karl Schlechta, München 1962, Band 1, 48.

Fälle macht das Drama deutlich, daß der Standard einer absoluten Wahrheit nicht das gesündeste Klima für menschliche Beziehungen ist. Im Himmel, so weiß Claudius, gibt es keine Augenwischerei, dort herrscht unerbittliche Wahrheit:

> There is no shuffling, there the action lies
> In his true nature (III. 4.61–62)

– aber eben nur im Himmel.

Viola Altrichter

„Genomania"
Gentechnologie als Gral der Wissenschaft

Als Autorin beschäftige ich mich seit längerer Zeit mit der Gentechnologie: in dem Feature über moderne Fortpflanzungstechnologien ICH BIN DIE ERKENNTNIS ZU DER DIE FRAGE NACH MIR FÜHRT sowie in dem Entwurf für das Theaterstück GENOMANIA.

Schwerpunkt meiner künstlerischen Auseinandersetzung mit dem Wissenschaftszweig der modernen Fortpflanzungstechnologie ist ihre gesellschaftliche Auswirkung auf die Familie und im besonderen die Auflösung der sozialen Rolle der Frau als Gebärerin, Mutter und Ehefrau. Dabei interessiert mich diese Thematik vorrangig auf der historisch-strukturellen Ebene. Das heißt: Wie und seit wann hat sich rationalistischer (männlicher) Logos gegen die Natur und damit gegen den Körper und die Frau etabliert? Wo sind die historischen Wurzeln für einen „männlichen Gebärneid" zu suchen, und welche Auswirkungen hat dieser durch die Jahrhunderte der europäischen Neuzeit hindurch für die Frauen gehabt?

Mein Theaterstückentwurf basiert theoretisch auf folgenden Thesen, die, künstlerisch umgesetzt, Eingang in die Handlung und die Konzeption des Stückes finden:
– Die Renaissance, sich selbst definierend als zweite Auflage der Antike, übernahm auch deren Auffassung von der Differenz der Geschlechter. In der Renaissance verfestigte sich auf vielen Ebenen, was sich in langer patriarchaler und monotheistischer Tradition vorbereitet hatte. Die Vorbereitung bestand in dem anhaltenden Versuch, das Geheimnis weiblicher Gebärfähigkeit und damit des Lebens mythologisch und später ideologisch umzudeuten, zu ent-zaubern und zu bannen: sei es in dem griechischen Mythos vom gebärenden Mann Zeus (seine Kopfgeburt Athene, seine Schenkelgeburt Dionysos), eine bis ins neunzehnte Jahrhundert (bis zur Entdeckung des weiblichen Eis) wirksame aristotelische Zeugungstheorie, die das lediglich „stofflich" Weibliche und das „schöpferisch, geistig, unstofflich" Männliche gegeneinander ausspielte. Später verfestigte sich diese Haltung in der jüdischen wie christlichen Tradition, sei es in dem Phantasma der aus Adam geborenen Eva, der durch Eva die Welt geißelnden Erbschuld und Erbsünde (die für den Menschen unumgängliche geschlechtliche Vereinigung), die Jungfrauengeburt oder die Orientierung an aus-

schließlich männlichen Stammbaumketten im Alten und Neuen Testament.

– Mit den ersten Ansätzen einer sich systematisierenden Naturwissenschaft in Kombination mit der katholischen diskursiven Trennung von Sexualität und Fortpflanzung radikalisiert sich die Trennung von Natur (= weiblich) und Gesellschaft (= männlich) immer mehr: Hebammen werden als Hexen verbrannt, Paracelsus macht seine Homunculus-Experimente, erste Züchtungstheorien für Söhne und Genies sowie ernsthafte Erwägungen von Eheprüfungskommissionen erscheinen mit Juan Huarte im sechzehnten Jahrhundert, für Descartes ist die Fortpflanzung wie der Mensch und das Universum ausschließlich maschinellen Gesetzen unterworfen – spätere Golem- und Frankensteinlegenden, noch später die Zuchtfabriken und Menschenexperimente der Nazis ... diese Phänomene sind Vorläufer der modernen Human-Eugenetik.

– Vordergründig mag das alles wie ein männlicher „Gebärneid" erscheinen. Auf einer tieferen Ebene verbirgt sich vielleicht eine spezifisch männliche Angst vor dem Tod, weil das Mysterium des Gebären-Könnens und Leben-Schenkens bis jetzt den Frauen vorbehalten blieb.

– Die Molekularbiologie könnte den Menschen vollends zur „Informationsmaschine" machen. Nach der Dekodierung des Genoms wird er eine Ansammlung von Informationen, eine kybernetische Veranstaltung sein. Dann verlagert sich die „Mensch-Maschine-Schnittstelle", die ab der Renaissance bis heute nur äußerlich sein konnte, in den Körper, in jede Zelle hinein. Dann ist das Descartessche Menschenmodell vom Körper als Maschine in der Roboter- und Replikantenforschung Wirklichkeit geworden.

– Die Medien und die Informationstechnologie haben die Gentechnologie in einem gewissen Sinne vorbereitet. In beiden Bereichen geht es um die Auflösung des seit der Renaissance lebendigen Subjektivitäts- und Individualitätsbewußtseins. Die Informationstechnologie entindividualisiert mental, die Fortpflanzungstechnologie biologisch. Beide Bereiche leiten auf verschiedene Weise den Prozeß der Kollektivierung, des „Gleichmachens" ein, bei gleichzeitiger Superspezialisierung weniger mit bestimmten Fähigkeiten (das Euter ohne Kuh, das Hirn ohne Körper usw.); die finale Trennung von Leib und Geist, der sinnlichen Wahrnehmung und dem Logos wären erreicht.

– In der Reproduktions- bzw. Gentechnologie empfängt sich der Mensch als künstliches, manipuliertes „Schein- und Ersatz-Double" bis hin zum Replikanten. In der Informationstechnologie mit ihren künstlichen Räumen (Cyberspace) werden Bilder als „Schein- und Ersatzwelt", als Simulakren empfangen. In beiden Bereichen geht es um Empfängnis. Mit dem Biochip, der in den Körper eingepflanzten Information, wird sich die Nahtstelle von Informations- und Gentechnologie schließen. Die äußere Welt wird zur inneren und umgekehrt. Sind erst alle

Grenzen verschwunden, wird es keine schlüssigen Definitionen des Menschen und seiner Geheimnisse mehr geben.
– Mit dieser technischen Möglichkeit haben sich nicht nur bestimmte Utopien, einschließlich der Aufklärung, eingelöst und die Neuzeit damit beendet, sondern auch die dem Patriarchat seit seiner Entstehung immanente projektive Vorstellungswelt, die von Frauen und Männern, wissenschaftlich wie privat im Laufe der Jahrhunderte verinnerlicht wurde. Diese ist charakterisiert durch das lineare Denken, das Denken im Wunschmodell, über Unsterblichkeit sowie die Etablierung des von den Sinnen abgespaltenen Logos und damit gegen „die" Natur und „die" Frau. Dieses projektive Denken setzte sich mit der Entwicklung der Schrift gegen das spiegelbildliche Denken der vorangegangenen matrilinearen Kulturen ab. Diese definierten sich über einen Glauben an die sinnliche Wahrnehmung, das Wissen um die Gleichsetzung von Anfang und Ende, das heißt ein Denken in zirkulären zusammenhörigen, der Akzeptanz von Sterblichkeit und Dualität, einem Prinzip, das allen Schöpfungsakten der Natur zugrunde liegt und an die Gleichwertigkeit von Mann und Frau (vgl. hierzu auch Ch. von Braun, IchNichtNichtIch).
– Hinter dem Versuch der Etablierung der Mutterschaft des Logos (Aischylos, Aristoteles), der Utopie von der technischen Herstellbarkeit von Kindern (Zeus' Kopfgeburt Athene, Paracelsus' Homunculi, künstliche Gebärmutter) geht es nicht nur um die Vereinnahmung der Gebärfähigkeit der Frau durch den Kopf des Mannes. Hinter dem projektiven Denken des Logos steht letztlich die Utopie von einer Neuschöpfung der Natur, der Weltschöpfung einer synthetischen Natur.
– In den künstlich hergestellten Körpern (Mehrlingen, geklonte Geschöpfe usw.) gibt es nur einen Feind des Logos, das ist das Bewußtsein, der Geist, die Seele, die Phantasie des einzelnen. Und so bedarf der Kunstkörper eines Kunstgeistes. Hierfür erfüllt der Computer seine Funktion in der Rolle des künstlichen Dus, das ein Spiegelbild des Ichs sein soll. Mit den Computern vermitteln sich Bilder, die anders als die Schrift nicht die Vorstellung einer anderen, imaginären Wirklichkeit vermitteln, sondern als Spiegelbild der Realität begriffen werden sollen.
– Um diesem gegenwärtig drohenden synthetischen Spiegelbild einer künstlich hergestellten Wirklichkeit reflektierende Bilder entgegenzusetzen, arbeite ich an einem Theaterstück, das die Spuren vergegenwärtigen soll, die zu diesem Prozeß geführt haben und noch von anderen „Spiegelungen", vergangenen und zukünftigen, kündet.

Thesen zum Genom als Mysterium und Heiliger Gral

– Die zentrale Kategorie in dem Prozeß der technischen, finalen Einlösung aller historischen Anläufe ist, wie die Gentechnologie selbst beschwört, „der Gral der Wissenschaft": das Genom. Das Genom enthält alle Erbinformationen eines Lebewesens. Mit seiner Dekodierung, Entgeheimnissung ist Optimierung, Auswahl, Vorherbestimmung und Manipulation allen zukünftigen Lebens möglich geworden. Alle Geheimnisvarianten, über die wir auf diesem Symposium bis jetzt sprachen, sind in diesem Geheimcode enthalten.

– Dieses Genom, zusammen mit dem Gebrauch der in Zukunft einsetzbaren künstlichen Gebärmutter, ließe beliebige Mischformen zwischen den Arten zu. Das Weibliche wäre ersetzt, die Natur mit ihrer Trennung der Arten und ihren evolutionären Korrektiven überlistet, der Mensch hundertfach geklont unsterblich, die Welt seine Schöpfung.

– International, weltweit hat eine verbissene Konkurrenz um die Vormachtstellung in der Gentechnologie eingesetzt. Dahinter sitzen Multikonzerne, Billionen und das Militär. Informationen für die Bevölkerung kommen nicht nur tröpfchenweise. Im Gegenteil. Um so brisanter sich die Forschung relativ ungehemmt ihren Experimenten hingibt, ihre Neugier befriedigt, um so weniger dringen Informationen an die Öffentlichkeit. Es soll und darf keine Neugier entfacht werden. Die letzte Runde zwischen „Eingeweihten", „Wissensträgern" und den vom „Wissen Auszuschließenden" hat begonnen. Falsche Wissensvermittlung, Untertreibungen sind an der Tagesordnung. Die Labore sind militärisch geschützt. Gentechnologiegegner werden verfolgt. Künstliche Geschöpfe patentiert. Patentierungen stehen unter Verschluß. Versuchsreihen sind geheim, weil sie höchst gefährlich sind. Es steht außer Frage: Die Gentechnologie in ihren gesellschaftlichen Auswirkungen ist ein Secretum: es geht um ein spezifisches Wissen, ein vorenthaltenes Wissen, um Herrschaftswissen.

– Einzig das von den Gentechnikern heruntergespielte „Restrisiko" weist in intellektualisierter und rationalisierter Form auf das Mysterium hin, das in der Gentechnologie verborgen liegt. Mit dem nichtssagenden Begriff „Restrisiko" umschreibt man einen möglichen ökologischen oder gesellschaftlichen Supergau. Nie können alle Verbindungen im voraus berechnet werden, die z. B. gentechnologisch manipulierte Mikroorganismen und Bakterien in der freien Natur oder im menschlichen Körper eingehen werden. Der Idealparameter einer krankheits- und sterbensfreien Welt muß notwendig mitproduzieren, was sich seinem Plan entzieht. Der verdrängte Widerspruch des Mysteriums selbst klagt sich als verleugnetes Leben, als Katastrophe ein. Das „Restrisiko" entsteht aus dem „Wissen, daß wir nicht wissen können", das nicht kalkulierbar ist, das nicht ausgeschlossen werden kann. Im „Restrisiko" ist ein Rest des unspezifisch Geheimnisvollen enthalten, das sich im Mysterium verbirgt. Wird das Geheimnis nicht geachtet, wird es nicht geschützt von „um das Nicht-Wissen-Können"-wissenden Dienern des Geheimnisses, wird nicht die „richtige Frage" an den Lebenscode, die

Lebensschrift gestellt, schlägt die uns erhaltende Lebenskraft in Zerstörung um.
– Warum nun berufen sich führende Gentechnologen unbewußt/bewußt auf den mittelalterlich-christlichen Grals-Mythos, wenn sie jubelnd verkünden, daß „die Entschlüsselung des Genoms der Heilige Gral der Wissenschaft sei?" In meinen Überlegungen dazu beziehe ich mich auf mehrere Gralsmythen (Robert de Boron, Christien de Troyes, Wolfram von Eschenbach).
– Das Gralsreich und das Gralsrittertum repräsentiert die patriarchale Idee eines obersten Weltzentrums von königlich-geistiger, übergeordneter Autorität, hinter der sich der Gedanke an eine Weltherrschaft verbirgt. Hinter ihr erhebt sich der entleibte Logos, die Macht einer Idee, die Utopie, die Welt nach einer Idee erschaffen zu wollen, das Diktat des reinen Geistes, die bewußte Entfernung und Entwertung sinnlicher Wahrnehmungen und Realitäten.
– Der Urberg, die Urburg, die Sonnenburg oder die Unsterblichkeit verleihende Insel aus Glas, auf der sich der Gral befindet, ist unerreichbar, unzugänglich und unantastbar für Unbefugte. Nur Eingeweihte dürfen den Heiligen Ort betreten.
– Nur ein Mann, der die richtige Frage stellt, alle männlichen Initiationsriten bestanden hat, darf die Nachfolge des Gralshüters übernehmen. Nur ein Mann, der sich von seiner Mutter losgesagt hat, darf den Gral hüten bzw. sich seiner Kraft bedienen. Das Prinzip des männlich geklonten, deswegen unsterblichen Mannes, die Garantie einer männlichen Genealogie ist mit der Gentechnologie unter Ausschaltung des Mütterlichen erreicht. Die Gentechnologie löst gleichsam Gralsideen wie biblische Bilder ein, z. B. den unsichtbaren, aber wahren Vater / die Mutter, die wie Eva aus dem Mann geboren wurde / die Jungfernzeugung (wie das Klonen bei Mäusen genannt wird) und die Ebenbildlichkeit des Erzeugten mit seinem geistigen Erzeuger. Mit der Gentechnologie ist die Gebärmutter als Ort des ersten und letzten Geheimnisses entzaubert. Der Uterus ist angekommen, wohin der Logos seit seiner Geburt strebt: er befindet sich im Kopf des Mannes.
– Der Gral zeigt sich in drei Formen: Er ist unstofflich, birgt die Heilige Schrift, den Lebenscode in sich und kann nur von Eingeweihten gelesen werden. Er ist ein Stein, ein Himmelsstein, ein Stein des Lichts, ein Edelstein, von der Taube des heiligen Geistes durch eine Oblate mit geistiger Kraft erfüllt. Er ist eine Schale, das Gefäß der Empfängnis, gefüllt mit dem guten Blut Christi in Abgrenzung zum bösen Blut der fruchtbaren Frau und ist damit das Symbol der Retorte selbst.
– Dem Gral werden folgende Kräfte zugeschrieben: Er hat Leuchtkraft, erleuchtende Kraft, von der Gnade des heiligen Geistes angestrahlt. Er ist der sich ins Licht erhebende Logos. Er gibt Nahrung, er gibt Leben, er ist das Leben. Er heilt, er erneuert Leben und kann auf

übernatürliche Weise Leben verlängern. Er verleiht Sieges- und Herrschaftskraft (auch als Symbol des Siegerseins). Von dem, der die Gralsprobe besteht, heißt es bei Wolfram: „Nunmehr gibt es kein Wesen in der Welt, das dich an Edelsinn und Ehre übertreffen wird. Du bist Herr aller Geschöpfe. Die höchste Gewalt wird dir übertragen werden." Der Gral kann auch zerstören, läßt erblinden, schlägt wie ein Blitz ein, kann der Abgrund sein, für den, der sich ihm unerlaubt nähert. Die Kraft des Grals zerstört alle, die sich seiner ohne geeignete Befähigung zu bemächtigen versuchen, , alle, die ihn in Wiederholung der titanischen, luziferischen oder prometheischen Gebärde usurpieren wollen. (Eine Gefahr, der sich die Besten der Gentechnologen durchaus bewußt sind und deshalb auch aussteigen, z. B. E. Chargaff oder J. Rifkin.)

– Für Unbefugte ist der Gral so schwer, daß ihn dreihundert Männer nicht tragen können. Eine Jungfrau aber trägt ihn in einer Hand wie eine Feder. Hierin spiegelt sich die Grundidee der Gentechnologie. In der Fetischisierung des Jungfräulichen, die im Marienkult gipfelt, feiert das Patriarchat das Sinnbild männlicher Mutterschaft. Die Jungfrau hat nichts mehr mit der Großen Mutter gemein. Sie ist geschlechtslos. Eben weil sie keine Frau ist, wird die Madonna, die Jungfrau zum Ideal der Mütterlichkeit. Das asexuelle Mutterbild bietet den Beweis, daß Mutterschaft nichts mit dem Geschlecht zu tun hat. Sie bezeugt, daß auch der Mann Mutter werden kann (deshalb auch das Dogma von der unbefleckten Empfängnis). Und weil sie ein Sinnbild der männlichen Mutterschaft ist, wurde 1950 das Dogma der leiblichen Himmelfahrt verkündet. Die Jungfrau, die Madonna ist Sinnbild des gebärenden Phallus (vgl. hierzu auch Ch. von Braun).

– In bestimmten Mythen ist der Gral ein Edelstein, der aus der Krone Luzifers gefallen ist – dessen Sünde darin bestand, sein zu wollen wie Gott. Dieses Luziferische, das dem Gral auch anhaftet, wird als die Wunde bezeichnet, unter der das Männliche leidet. Es ist die Frau selber, die als luziferische Versuchung (in der Wiederholung des Sündenfalls) die Ursache der Verletzung „geistiger" Männlichkeit ist, die Amfortas lähmt.

– Von seinen Dienern fordert der Gral Keuschheit. Die Gralsdiener üben Ritterschaft, aber nicht im Frauendienst, sondern sie verteidigen die Zugänge der Gralsburg, und zwar auf Tod und Leben. Die Liebe und auch die Minne sind ihnen verboten. Die Vereinigung mit dem Weiblichen ist verboten. Mit der Gentechnologie wird die Wahl eines Liebespartners unnötig. Mit ihr ist die Trennung von Fortpflanzung und Liebe vollzogen. Nur der König, spricht der Gral, darf heiraten. Das Königspaar, der Forscher, der Arzt, der Staat ist das Elternpaar elternloser Kinder. Die übrigen Gralshüter bilden eine ritterliche Bruderschaft. Das Zölibat, längst schon das christliche Eheideal, löst sich voll-

ends ein. Die Entsexualisierung der patriarchalen Gesellschaft ist ein Stratagem zur Entmaterialisierung des Logos und zur Entleiblichung des Geistes, um sich der Ewigkeit und Unsterblichkeit zu versichern.
– Im Mythos vom Heiligen Gral wird entworfen, was die Gentechnologie final einlöst. Die Angst vor dem Tod und der Mutter, beide Geheimnisträger der letzten und ersten Station des Menschen, sind die entscheidenden Triebfedern für die Verwirklichung eines einseitigen projektiven Denkens, der Auflösung der Geschlechtlichkeit, der Etablierung des geistigen Ichs und der linearen Zeitvorstellung. War die Frau früher das Gleichnis für Natur und Regeneration, so ist sie im Laufe der Zeit das Symbol für Sünde und Tod geworden. Mit der Gentechnologie wird der synthetische, der künstliche, durchsichtige, kontrollierbare, geheimnislose Mensch in einer ebenfalls ihrer Geheimnisse beraubten und vom Logos beherrschten Welt möglich.

Exposé zur Theater-Farce: GENOMANIA

Die unfruchtbare ROSA, die Leihmutter AMMA, die Selbstbefruchterin ISOLA und der Samenspender SPÖRM treffen sich im großen „Welttheater der Fortpflanzung". Dieses steht zu Füßen des Tempels der GROSSEN MUTTER, der Verkörperung des Ursprungs, der Erde, der Natur sowie der Bipolarität von Leben und Tod, von Zeit und Zeitlosigkeit, vom Schweigen der Dinge und der Lebensschrift in allen Dingen. Von der obersten Plattform ihres Tempelthrongerüstes aus verwaltet sie Symbole und Riten menschlichen Sterbens und Lebens. Aus einer neben ihr stehenden Schatzkiste der Menschheit zaubert sie noch einmal die Symbole der Vereinigung, der Ehe, der Hochzeit, der Geburt und der Kindheit hervor. Zusammen mit ihren Helferinnen, der Närrin LILITH und der Chimäre ANDROGYNA, den Grenzgängerinnen zwischen den geistigen und körperlichen Welten, kommentiert sie witzelnd die Experimente im Weltlabor zu ihren Füßen. Die voranschreitende Entwicklung bei der künstlichen Befruchtung sowie der Herstellung von elternlosen Mehrlingen und geklonten Mischwesen veranlaßt sie, die sinnlos gewordenen Symbole auf die Erde zu werfen. ROSA, AMMA, ISOLA und SPÖRM vertrauen sich zum Teil mit wachsender Euphorie, zum Teil mit wachsendem Widerstand den Verführungs- und Überzeugungskünsten des Befruchtungsfetischisten Doktor ZEUS an. Dieser paart sich mit seiner Kopfgeburt ATHENA, der Forscherin, in der Absicht, die Welt mit neuem, unsterblichem, optimalem Erbgut zu beglücken. ATHENA, die Vatertochter, ist mit ihren Fortpflanzungsexperimenten der GROSSEN MUTTER, der bisherigen Hüterin des Lebens, auf der Spur. Langsam, aber sicher nimmt sie deren Platz als Schöpferin – nun des künstlichen Lebens – auf der Tempelplattform ein. Deshalb zwingt sie die anfänglich widerstrebende GROSSE MUTTER auf die Erde herab, die in einem Akt magischen Rollentausches nun den Gegenaspekt ihrer selbst auslebt. Da die GROSSE MUTTER die elementare Ur-Intelligenz ist, die alle Lebenscodierungen nicht nur kennt, sondern selber geschaffen hat, kann sie das „luziferische Prinzip" (es kommt ja aus ihr und handelt immer im Dienste einer Heilsbotschaft) mit Teilgeheimnissen ihres universalen Wissens spielen lassen. Zwischen der GROSSEN MUTTER des Lebens und ATHENA, der Mutter des künstlichen Lebens, steht nur noch die unentdeckte „Heilige Schrift", der „Heilige Code des Lebens", das Genom.

Die vorläufig letzte Runde eines bereits seit Jahrhunderten währenden Kampfes um den „Stein des Weisen", den „Heiligen Gral der Wissenschaft", das „Wasser des Lebens" beginnt. Die Vorreiter dieses Kampfes betreten einer nach dem anderen die Bühne, um teilzunehmen an der Ernte der Frucht, deren Samen sie einst säten: CHYMUS, der alchimistische Retortenkünstler, MECHANICUS, der Maschinenfetischist, Utopist und Seelenignorant, SELECTUS, der Züchtungsexperte und Eheprüfungskommissar – alles Repräsentanten einer sich etablierenden neuzeitlichen Naturwissenschaft des sechzehnten und siebzehnten Jahrhunderts, sowie AQUINUS, der Kirchenfürst und Sex- und Sündenspezialist.

Bis hierher liegt Ihnen der Text im Entwurf vor.

Die GROSSE MUTTER läßt unter Warnungen und Verwünschungen das Geheimnis des Genoms von ATHENA und den Vertretern der „alten" und der „neuen" Wissenschaft entschlüsseln. Für ZEUS, ATHENA, SELECTUS, CHYMUS und MECHANICUS ist ihr Ziel erreicht: alles kann neu erschaffen, mit allem vermischt, geklont, optimiert und unsterblich gemacht werden. Die Grenzen zwischen Pflanzen, Tieren und Menschen, zwischen Wirklichkeit und Alptraum, zwischen Leben und Tod, zwischen Bewußtsein und Wahn, zwischen Utopie und Chaos verwischen. Euphorisch wird an den neuen Möglichkeiten genippt: ISOLA bekommt ihr Retortenkind sofort fertig aus der Tiefkühltruhe, SPÖRM wird uralt und unsterblich, ROSA wird mit Zwanziglingen beglückt, und AMMA begegnet sich zweimal in geklonter Gestalt. Das Heilsversprechen der Gentechnologie des ZEUS in Zusammenarbeit mit dem von MECHANICUS entworfenen Biochip verkehrt sich aber in sein Gegenteil. Unter Wehklagen der GROSSEN MUTTER und Spott und Hohngelächter von LILITH und ANDROGYNA verwandelt sich das Retortenkind von ISOLA in einen Kretin, SPÖRM will sterben und kann es nicht, die Zwanziglinge sind lebensuntauglich, und AMMA weiß angesichts ihrer geklonten Abziehbilder nicht mehr, wer sie ist.

Die Weichen sind neu gestellt, aber anders, als man es sich erhofft hatte. Jeder – die Wissenschaftler, ZEUS und ATHENA eingeschlossen

– findet nicht sein Ideal, sondern den Schatten seines Ideals, nämlich genau das, was seinem Wunsch als Verdrängung zugrunde lag und was er mit Hilfe von Utopie und Wissenschaft in sich zu vernichten trachtete: Der Onanist SPÖRM wird Theologe und schwafelt vom Zölibat. Die Selbstbefruchterin ISOLA wird zur Nymphomanin und verliebt sich unglücklich in SPÖRM. Die Leihmutter AMMA wird zur Kindsmörderin. Die überangepaßte Gattin und Kinderfetischistin ROSA wird zur lesbischen Rebellin. Die Geniefabrik des ZEUS wird zur Brutstätte von Idioten. Das systemstabilisierende Erbgut des SELECTUS gerät zur subversiven Chaosschmiede. MECHANICUS verändert sich von einem die Seele verleugnenden Technokraten in einen Verkünder dämonischer Zwischenwelten. ATHENA, die bedingungslose Rationalistin und Vatertochter, wird zur Vatermörderin und exzessiven Esoterikerin. AQUINUS, der Verwalter von Keuschheit und Moral, predigt Polygamie, Inzest und Orgien.

In diesem entstehenden Chaos stürzt das Gerüst der GROSSEN MUTTER quer über die Bühne und begräbt alle Symbole der Geschichte und die in Raserei und Wahnsinn verfallenen Menschen in Dunkelheit unter sich. Langsam befreit sich aus den Trümmern des gestürzten Muttertempels ein schillerndes, funkelndes „Restrisiko". Es ist das letzte Überraschungsprodukt aus der Retorte der der „schwarzen" Magie verpflichteten modernen Wissenschaft, der Spiegelmensch OMEGA, der letzte Sohn der GROSSEN MUTTER. Die ebenfalls langsam aus dem gestürzten Gerüst kriechenden Menschen schauen geblendet in das reflektierende Spiegelsystem von OMEGA. Seitenverkehrt erkennen sie sich ein letztes Mal in ihrer Endlichkeit und in ihrer Licht- und Schattenexistenz. OMEGA spricht von dem Körper, der die Seele ist, und dem Jenseits in der Gegenwart, von der Verspiegelung des Universums mit der Erde und der Unzerstörbarkeit des Lebens. Das Risiko der Moderne erweist sich als der Durchbruch des kryptischen und apokryphen Wissens von den letzten Dingen. Das „reflektierende" Kind der Forschung, OMEGA, erweist sich als das größte Hemmnis im Getriebe dessen, das ihn schuf.

Der Kreis von Magie, Mystik und Mentalität ist geschlossen. Die Welt der GROSSEN MUTTER, in der sie erkannt und verehrt und deshalb verleugnet und verraten wurde, hat sich erfüllt. Sie mischt neue Karten, „Lebensschriften" und Codes für eine neue Runde auf dieser Erde. Danach entkleidet sie sich all ihrer Gewänder und verläßt nackt die Bühne. OMEGA setzt sich auf die Trümmer ihres Gerüstes, und tausend Lichtprismen seiner Spiegelhaut verwandeln sich in blendende Reflexe.

III. Geheimnisbewahrung/Geheimniszerstörung

Personen

GROSSE MUTTER, der Ursprung, die bipolare Ur-Intelligenz, die Natur, das Leben, die Geburt, der Tod, die Vereinigung, die Trennung, die Weisheit, die Unwissenheit, die Zeit, die Zeitlosigkeit, die Lebensschrift / LILITH, Gespielin der Großen Mutter, die Närrin, Kassandra, die Hexe, Schattenbildnerin, Grenzgängerin zwischen den geistigen Welten / ANDROGYNA, Gespielin der Großen Mutter, die Chimäre, der Zwitter, Hermaphrodit, Grenzgängerin zwischen den Körpern / AMMA, Bauchverschenkerin, dick und arm / ISOLA, Selbstbefruchterin, jung und dünn / ROSA, Kinderwünscherin, ängstlich und frustriert / SPÖRM, Spermaverkäufer und Routineonanist / ZEUS, Fortpflanzungsfetischist, Vater und Liebhaber der Forscherin Athena / ATHENA, Experimentenfanatikerin, Rationalistin, der Großen Mutter auf der Spur, Vater-Tochter / OMEGA, Jesus-Verschnitt in der Forscherkrippe, der „Spiegelmensch", der von sich sagt: Ich bin, worin ihr euch erkennt / CHYMUS, kirchenbefangener Alchimist, Verteidiger der „Chymischen Hochzeit" und Retortenkünstler des sechzehnten Jahrhunderts / MECHANICUS, Seelenignorant, Maschinenkonstrukteur, Biochip-Fan und Utopist des siebzehnten Jahrhunderts / AQUINUS, christlicher Kirchenfürst, Sex- und Sündenspezialist / SELECTUS, Züchtungsexperte, Eheprüfungskommissionskommissar und Kopfsortierer des sechzehnten Jahrhunderts / ANATOM, Melancholiker / Weitere „Lebewesen": DAS BLUTIGE HOCHZEITSLAKEN, DER MYRTHENKRANZ, DER BRAUTSCHLEIER, DIE EHERINGE, DIE WIEGE, DAS TAUFBECKEN, DIE ERDBEERE, DIE KIRCHE, DER SARG, DER VIDEOAPPARAT, EIN NASSER LAPPEN.

Auftakt

Der feuerrot glühende Vorhang ist geschlossen. Auf ihm sieht man ein riesiges Labyrinth, einen „Weltbauch mit seinen verschlungenen Eingeweide-Irr-Wegen", in dessen Mitte der Stiermensch Minotaurus steht. Der Vorhang öffnet sich genau in dieser Mitte einen Spalt, und heraus tritt die Närrin LILITH. Sie trägt ein grelles buntes, abgetragenes Gauklerkostüm, ihre Haare sind wirr, ihr Mund knallrot. Bei jedem Schritt klingen die Schellen an ihrem Kostüm. Sie begleitet pantomimisch ihren Text vor dem geschlossenen Vorhang.

Lilith: *Aus einem Guß, aus einem Fluß, drei Burschen krochen aus der Nuß. Zwei sind nackt und bloß. Einer ohne Hemd und Hos. In der Brusttasche des nackten Burschen fand ich drei Groschen. Die nahm ich und ging damit auf den Markt. Dort werden Melonen verkauft, so groß wie Pini-*

enzapfen. Ganz unmöglich, sie aufzuheben oder gar unter den Arm zu nehmen. Ich kaufte eine Melone. Als ich sie aufschnitt, rutschte mein Messer hinein. Wie ich das Messer herausziehen will, plumpste meine Hand hinein. Drinnen in der Melone hob ich meinen Kopf. Während ich nach rechts und links schaute, gab mir ein Mann eine Ohrfeige. Mein Kopf riß ab und eilte auf den Holzmarkt, um dort Zwiebeln und Knoblauch zu verkaufen. Ich lief ihm sogleich hintendrein und holte ihn auch ein. Da kam es zu einem gewaltigen Hickhack. „Du bist mein Kopf!" „Ich bin nicht dein Kopf!" Wir zankten und stritten und brachten die Sache schließlich vor den Richter. Der Kadi war nicht zu Hause. Er war auf dem Linsenfeld gegenüber seinem Haus und pflückte Linsen. Ich ging zusammen mit meinem Kopf dorthin. Vom höchsten Wipfel des Baumes rief er uns was zu. Seine Stimme war nur schwach zu vernehmen. Er sagte: „Euer Prozeß ist ein wichtiger Prozeß. Bringt vierzig Blatt Papier und vierzig Armvoll Schreibrohr! Dann sucht nach einer Leiter mit vierzig Stufen, damit ich da heruntersteigen kann." Mein Kopf und ich in der Melone machten uns auf, besorgten vierzig Blatt Papier, schleppten vierzig Armvoll Schreibrohr herbei. Begaben uns auf die Suche nach der vierzigstufigen Leiter, fanden auch die, trugen sie herbei und lehnten sie an den Linsenbaum. Und wie der Kadi heruntersteigt, bricht doch tatsächlich die Leiter entzwei. Der Kadi ist verschieden. Mein Kopf ist mir geblieben. Außerhalb von mir.

Erste Szene (Entwurf)

Vorhang auf. Die Bühne ist stockdunkel. Schemenhaft erkennt man vier Gestalten auf der vom Zuschauer aus gesehenen rechten Bühnenhälfte. Die linke Bühnenhälfte ist vollkommen dunkel. Drei Frauen und ein Mann sitzen hinter der schwach beleuchteten Rampe auf Schemeln. Im Zentrum der Bühne, genau in der Mitte steht ein großes, mit mehreren Querbalken untereinander verbundenes Holzgerüst. Dort hockt die GROSSE MUTTER auf der Plattform, durch die Dunkelheit aber noch nicht erkennbar. Sie ist in viele Stoffe gehüllt, so daß der Eindruck entsteht, als handle es sich um einen Berg alter Kleidung. Neben ihr befindet sich eine große geöffnete Kiste in der Form eines Sarges. Das Gerüst ist am Anfang in der Dunkelheit nur zu ahnen. Auf dem schemenhaft erkennbaren Gerüst wühlt während des folgenden Dialogs die Große Mutter in ihrer Kiste herum und murmelt ab und zu Unverständliches.

III. Geheimnisbewahrung/Geheimniszerstörung

Scheinwerfer auf AMMA. AMMA ist eine Underclass-Frau, ist im neunten Monat schwanger, bunt und geschmacklos gekleidet, raucht eine Zigarette nach der anderen, strähniges Haar und müdes Aussehen.
Amma: *Mir ist schlecht.*
Scheinwerfer auf ISOLA. Isola ist Mitte Zwanzig, trägt kurzes Haar, Hosen, ein mit großen roten Tulpen gemustertes Hemd, sie ist dürr und romantisch. Sie spielt mit einer roten Tulpe in der Hand.
Isola: *Was werden die mit uns machen?*
Scheinwerfer auf ROSA. Rosa ist eine Upperclass-Frau, blond gelockt, gepflegt, ganz in rosa gekleidet, rosa Strümpfe, rosa Schuhe, rosafarbenes Schwangerschaftskleid mit Rüschen. Sie trägt einen Schnuller und eine Rassel an einer Kette um den Hals.
Rosa: *Blau. Das ganze Zimmer blau. Der Boden. Die Wände. Die Wickelkommode. Das Bettchen. Alles blau. Himmelblau. Nein. Taube. Ohne Grün. Leuchtend.*
Scheinwerfer auf SPÖRM. Spörm ist studentisch lässig gekleidet. Er sitzt auf einem Schemel. Sein Oberkörper ist bis zur Taille von einer großen, geräumigen Glaskugel umschlossen. Diese ist so angebracht, daß er seine Arme frei bewegen und laufen kann, ohne daß diese herunterfällt.
Spörm: *Praktisch. Abwaschbare Wände. Abwaschbarer Fußboden. Plastikbecher auf dem Waschbrett. Sexposter an der Wand. Nicht übel.*
Amma: *(zu Rosa) Sie wissen ja: mein Bauch gehört Ihnen. Mit Haut, Nabel und allen Falten.*
Rosa: *Zuhause habe ich keinem etwas hiervon gesagt.*
Spörm: *Das Onanieren macht mir eigentlich keine Schwierigkeiten. War noch nie mein Problem.*
Isola: *Weiß jemand, wo das Klo ist?*
Rosa: *Blau und sauber muß alles sein.*
Spörm: *Aber hier ist es verdammt heiß.*
Amma: *Zur Geburt fahre ich dann in eine andere Stadt.*
Rosa: *(an ihrem Schnuller nuckelnd) Hoffentlich wird es ein Junge.*
Isola: *Vielleicht gibt es hier gar kein Klo.*
Spörm: *Die 200 Mark kann ich gut gebrauchen für mein Studium.*
Rosa: *(nachdenklich) Ich hatte eine Fehlgeburt nach der anderen.*
(Von hier ab sollen die Regieanweisungen simultan zu den Dialogen verstanden werden. Die Dialoge werden durch die parallel laufenden Handlungen weder bestimmt noch unterbrochen. Die Personen nehmen keine Notiz von ihnen, es sei denn, es wird extra darauf hingewiesen.)
Spörm macht ein Türchen in seiner gläsernen Onanierzelle auf und stellt einen Pappbecher auf eine äußerlich angebrachte Abstellmöglichkeit.

Amma:	Wenn ich dann zurückkomme und die Leute mich fragen „wo ist denn dein Baby geblieben?", dann werde ich sagen „Es ist gestorben."
Rosa:	Friedhofsbauch. Friedhofsbauch haben die zu mir gesagt.
Isola:	Wie lange sollen wir denn hier noch sitzen?
Amma:	Endlich mal eine große Sache. Endlich mal etwas Außergewöhnliches: jemandem helfen, der keine Kinder kriegen kann. Mit meinem B a u c h .
Isola:	Ihr Laichgewerbe finde ich ekelhaft.
Rosa:	(mit der Rassel spielend) Sind Sie zuerst dran oder ich?
Spörm:	Also, wenn Sie mich fragen: Ich tue es auch für Deutschland.
Rosa:	(mit der Rassel spielend) Ich denke nur noch an eins.
Spörm:	Für unser Vaterland.
Rosa:	Ich will ein Kind.
Spörm:	Die Deutschen sollen nicht aussterben.
Rosa:	Es soll ganz einfach sein: Bauch auf. Licht rein. Ei raus. Samen rauf. Bauch zu. Basta.
Isola:	Nein. – Ei bleibt drin. Same rein.
Rosa:	Der muß aber von Peter sein.
Amma:	Da kann man Lieber Gott spielen! Jemandem ein Kind schenken! Wer denkt denn dabei an Geld.
Rosa:	(zu Amma) Und unser Vertrag? 28 000 DM kriegen Sie von uns.

Spörm macht ein Türchen in seiner gläsernen Onanzierzelle auf und stellt einen Pappbecher auf eine äußerlich angebrachte Abstellmöglichkeit. Er klingelt und schließt das Türchen wieder.

Amma:	(zu Rosa) Wer hat, der hat. M e i n Bauch ist in Ordnung. Staatlich geprüft. Mit Zertifikat. Ausgesucht für I h r Kind, vom Doktor persönlich.
Rosa:	Peter geht andauernd ins Kino.
Spörm:	Eigentlich ist es genauso wie Blutspenden.
Isola:	Ich schieb mir's selber rein.
Amma:	Erste Rate bei Feststellung der Schwangerschaft. Zweite Rate sechs Wochen vor der Geburt.
Isola:	Mit einem Pessar geht das ganz leicht.
Rosa:	(immer erregter) In den letzten drei Jahren habe ich 400 Blutuntersuchungen hinter mir! Jeden Tag Temperaturmessen. Jede Woche Hormonspritzen. Alle vier Wochen Eileiter durchblasen, und als Dank dafür sitzt Peter nur noch im Kino! (Hysterisch) Ich kann nicht mehr!

Eine schwarzverhüllte Gestalt kriecht im Zeitlupentempo das im Halbdunkel stehende Gerüst hoch.

Amma:	Dritte Rate sechs Wochen nach der Geburt. Vierte Rate,

III. Geheimnisbewahrung/Geheimniszerstörung

nachdem Sie (zu Rosa) Ihr Kind aus meinem Bauch adoptiert haben.

Isola: Ich hab's schon mal versucht. Wir trafen uns im Café zum „Wilden Hirschen" in der Spessartgasse. Kennzeichen: Rote Tulpe. Er stellte sich kurz vor. Wir plauderten. Seine Fingernägel waren dreckig.
Rosa: I gitt! Und von so jemandem ein Kind?
Isola: Seine Augen waren grün, glaube ich.
Rosa: Nicht blau?
Isola: Grün. Der Schlips grau. Mit schwarzen Streifen. Seine Stimme ...
Amma: Wie Elvis?
Isola: ... sympathisch. Er überreichte mir, nachdem er die Cola ...
Amma: Ach Gottchen. Cola!
Isola: ... die i c h bezahlt hatte ...
Rosa: Das konnte doch nicht gutgehen!
Isola: ... das Reagenzglas im Styropor-Kühler mit frischen Samen.
Rosa: Und?
Isola: Damit lief ich schnell nach Hause.

Die GROSSE MUTTER läßt von ihrer Gerüstplattform langsam ein riesiges, wie von innen glühendes, schlohweißes Laken herabrollen, welches in der Mitte mit riesigen Blutflecken bedeckt ist. Es hängt bis zur Hälfte des Gerüstes herab.

Amma: Und? hat's geklappt?
Isola: (seufzt) Dabei war er Computerfachmann. Gutes Material, hat Doktor Zeus gesagt. Greifen Sie zu, hat Doktor Zeus gesagt. IQ 110, hat Doktor Zeus gesagt.
Spörm: Bei dreißig Schuß ist Schluß, sagt Doktor Zeus. Leider.
Amma: Fünfte Rate nach Feststellung der Vaterschaft.
Rosa: Peter und Sie haben ja wohl oft genug, oder?
Spörm: Sonst gibt es zu viel Material von einem Spender, hat Doktor Zeus gesagt.
Amma: Ihr Peter war ein Stümper. Ein ganz großer Stümper! (nachäffend) „Wir müssen schon miteinander schlafen. Künstliches wollen meine Frau und ich nicht", sagte Ihr werter Gatte.
Rosa: Und ich? (hysterisch) Und ich? Ich wartete währenddessen unten im Hotel auf ihn, während ihr beide da oben ... Widerlich!

Aus dem unteren, noch vollkommen dunklen Teil des Gerüstes rollt eine riesige, knallrote Erdbeere auf die linke, dunklere Bühnenhälfte und bleibt leuchtend dort liegen.

Amma:	*(kühl) Daß der nicht plötzlich im Kreißsaal hockt.*
Rosa:	*Er schaut Ihnen ja nicht ins Gesicht. Er will doch nur sehen, wie unser Baby rauskommt.*
Spörm:	*Wenn alle meine Kinder, später, ohne zu wissen, daß sie Geschwister sind, wieder miteinander ...*
Amma:	*(zu Rosa) Mein Gott, war Ihr Peter langweilig. Und das halten Sie aus?*
Isola:	*Das kann mir nicht passieren. Ich sage nur: Pessar.*
Rosa:	*Und Samen von Idioten, was?*
Spörm:	*Alles geprüft, zentrifugiert, gewaschen, kältegetestet, mikroskopisch durchleuchtet, computermäßig erfaßt!*
Rosa:	*Sie auch?*

Plötzlich steht der Arzt ZEUS in leuchtendem, weißen Kittel, weißen Handschuhen, weißen Schuhen, goldenem Haar direkt neben Spörm. Ein großes Blitzenblem zuckt in lebendiger Lichterkette über seine Brust und auf seinem Rücken. Er wischt sich oft den Schweiß von der weißen Stirn, er ist fahrig und nervös.

Zeus:	*Heiß hier. Nun mache doch einer das Fenster auf! Heiß. Und weiß! Ich hasse weiß. Oben weiß. Unten weiß. Links weiß. Rechts weiß. Ich weiß. – Schon wieder einer. (zu Spörm) Unsere Kartei platzt aus allen Nähten von armen Studenten! Und jetzt auch noch Ausländer! (Zeus stellt sich direkt vor Spörm) Sie, mein Lieber, haben eine zu große Nase. Und zu große Ohren. (er grapscht an Spörms Beine) Sind Sie gemütskrank?*
Spörm:	*Wer nicht.*
Zeus:	*Familiäre Krebsbelastung? Kleiner als 175 cm?*
Spörm:	*174 Komma 5 cm.*
Zeus:	*Neigen Sie zu Dickbäuchigkeit?*
Spörm:	*Als ich drei war.*
Zeus:	*Sind Sie über 35? (jetzt greift Zeus durch zwei Türchen im Glaskasten und betatscht alle Körperteile; Spörm lacht und krümmt sich)*
Spörm:	*(lachend) Hören Sie auf. Ich bin kitzelig!*
Zeus:	*Sind Sie Alkoholiker?*
Spörm:	*(lachend) Nein, ich trinke nur.*
Zeus:	*Schwachsinn in der Familie?*
Isola:	*(rufend) Das sieht man doch!*
Zeus:	*Manisch depressives Irresein? Erbliche Fallsucht?*

Eine zweite schwarzverhüllte Gestalt kriecht im Zeitlupentempo das weiter im Halbdunkel verborgene Gerüst hoch.

Zeus:	*Veitstanz? Blindheit?*

III. Geheimnisbewahrung/Geheimniszerstörung

Spörm: (weiter lachend unter Zeus' Gekitzel) Wo sind Sie denn, Herr Doktor?
Zeus: Taubheit?
Spörm: Was haben Sie gesagt?
Zeus: Sind Sie drogensüchtig? Schwul? Gab es in Ihrer Familie Prostitution?
Spörm: In Ihrer nicht?
Zeus: Straftäter? Asoziale? Fremdrassige?
Athena: (noch unsichtbar, mit dunkler, verführerischer Stimme) Willst du nicht auf mich warten, Zeus?

ZEUS läßt augenblicklich von SPÖRM ab, dreht sich um und ruft:
Zeus: Athena! Endlich!

Eine von rotglühendem Licht umgebene, aufreizend geschminkte Frau in eng anliegendem, tief dekolletiertem schwarzen Kleid, hochhackigen schwarzen Pumps, schwarze Nägel, schwarze Lippen, schwarze offene lange Haare, lehnt lässig an den unteren Pfählen des Gerüstes. Sie schwenkt den gefüllten, funkelnden Gralskelch. Auf ihrem Kopf trägt sie den goldenen, griechischen Helm der Pallas Athene. Ihre Stimme ist dunkel, und ihre Bewegungen sind absolut lasziv und beherrscht. Es ist die Vater-Tochter Athena, die Forscherin.

ZEUS geht freudig auf ATHENA zu und umarmt sie. Die rotglühende Lichtaura um ATHENA verwandelt sich in eine gemeinsame, zeitlos eisblaue.

Athena: Wenn es dein Plan war, Zeus, daß Menschenart sich mehrt – ganz ohne Frauen –, sollte dies geschehen. In deinen Tempeln müßte man um Geld der Kinder Samen kaufen können!
Zeus: Die Mutter bringt, was uns ihr Kind heißt, nicht hervor. Sie ist nur frisch gesäten Keimes Nährerin. Der sie befruchtet – zeugt! Es gibt auch ohne Mutterschaft die Vaterschaft! (auf Athena weisend) Hier steht als Zeuge da die Tochter des Olympiers Zeus (Athena weist, sich verbeugend, auf ihn), die nicht genährt in eines Schoßes Finsternis! (sie leidenschaftlich umarmend) Und herrlich bist du wie keiner Göttin leiblich Kind. Meine Tochter!

ATHENA löst sich widerwillig aus ZEUS' Armen.
Athena: Genug. Hör auf mit diesem sentimentalen Gequatsche. Das war vor ein paar tausend Jahren. Die große Stümperei. Jetzt wollen wir die Sache mal auf den Punkt bringen!

Die eisblauen Lichtkegel normalisieren sich augenblicklich. ATHENA wendet sich den anderen zu. AMMA steckt sich eine Zigarette an.
Athena: (ihren Kelch schwenkend) Sind Sie auch alle nüchtern? Vor der Empfängnis muß man nüchtern sein.

Rosa: *Mein Gott, habe ich den Gashahn zuhause abgedreht?*
Zeus: *(euphorisch) Nichts ist natürlicher am Menschen als seine Veränderlichkeit, meine Damen und Herren!*
Rosa: *(nervös mit ihrer Rassel klappernd – zu Amma) Sie rauchen ja – das haben Sie mir verschwiegen. Das ist nicht gut für mein Kind.*
Amma: *(gereizt) Halten Sie Ihren Mund, Sie leerer Kanister. Schließlich mache ich das schon das zehnte Mal.*
Athena: *(zu Rosa) Sie gehen auf Nummer sicher, was? In vitro p l u s Leihmutter. Sehr gut. (zu Isola) Und Sie?*

GROSSE MUTTER auf ihrem Gerüst, immer noch im Halbdunkel, singt und summt ordinär und quäkend den Hochzeitsmarsch. Dabei läßt sie zwei große, halb ineinander verschlungene goldene Eheringe vom Gerüst schweben, welche als zwei leuchtende Reifen im dunkleren, linken Bühnenraum in der Luft stehen bleiben.

Isola: *Pessar. Ich dachte an ein amerikanisches Design und Samen: Klasse 1 dieses Mal. IQ 130!*
Spörm: *(lachend) Was streng ich mich dann so an? Wir könnten doch gleich ... hier ...*
Isola: *Auf solche Typen wie Sie habe ich gerade noch gewartet. Deshalb mache ich's ja alleine!*
Athena: *(schmunzelnd) Mich interessieren nur Embryonen. Nicht mehr und nicht weniger. Für meine bezaubernden kleinen neuen Geschöpfe.*

GROSSE MUTTER wirft mit einem lauten Knall fluchend eine große hölzerne Wiege von ihrer Gerüstplattform auf den Boden, welche angestrahlt auf dem Boden hin und her wippt. Dieses wippende, quietschende Geräusch bleibt leise im Hintergrund, auch nachdem die Wiege aufgehört hat zu wippen.

Zeus: *Das Wetter ist ausgezeichnet. Die Sterne stehen gut. Wieder ein kleiner Halbgott.*
Amma: *Ich bin arbeitslos. Schon seit Monaten.*
Athena: *Embryonen gezielt manipuliert: wunderbare hirnlose Organspender.*
Isola: *Ich muß mal.*
Athena: *Wenn Sie wüßten, wieviele Organe ungenützt zu Grabe getragen werden.*
Zeus: *Kommen Sie, meine Damen. Lassen Sie sich verführen. Lassen Sie uns tanzen und das Licht göttlicher Vernunft in den Bauch der Finsternis bringen.*
Große Mutter: *(von ihrer noch im Dunkel liegenden Gerüstplattform aus schreiend) Nein!!!!!!!!*

Plötzliche Dunkelheit.
Nach einem kurzen Moment taucht die ganze Szene schemenhaft wie-

der auf. Nur die GROSSE MUTTER (diese aber nur von hinten), AMMA, ROSA und ISOLA sind grell in zeitlos eisblaues Licht getaucht. Die beiden schwarz vermummten Gestalten halten mit Klettern inne und hängen sich in das Gestänge des Gerüstes gleich unter der Plattform. Die GROSSE MUTTER und die zwei Gestalten bilden ein Dreieck und sitzen mit dem Rücken zum Publikum. Im Hintergrund das quietschende Geräusch einer wippenden Wiege.

Große Mutter: *Ich bin das Sprechen meines Namens.*
Ich bin die Erste und die Letzte.
Ich bin der Anfang und das Ende.
Ich bin das Alpha und das Omega.
Ich bin die, die ihr zerstreut habt,
und doch habt ihr mich eingesammelt.
Ich bin das Herabkommen,
und man wird zu mir heraufkommen.

ROSA mit vollkommen verändertem, ernsten Gesichtsausdruck, würdiger Sitzhaltung und tragender lauter Stimme, blau durchlichtet:

Rosa: Ich bin die Glieder meiner Mutter.
Ich bin das Wissen und die Unwissenheit.
Ich bin gottlos und die, deren Gott groß ist.
Ich bin schamlos und beschämt.
Ich bin die Kühnheit und das Zittern.

GROSSE MUTTER wirft einen stacheligen Dornen-Myrthenkranz, um den ein überdimensional langer Brautschleier hängt, von ihrem Gerüst herab. Aber plötzlich schwebt er, von innen weiß glühend, langsam hinunter und bedeckt beinahe die gesamte linke Bühnenhälfte.

Das Wiegengeräusch mischt sich mit dem immer lauter werdenden tröstenden Hochzeitsmarsch.

ISOLA, wie ROSA

Isola: *Ich bin die Geehrte und Verachtete.*
Ich bin die, die in allen Ängsten lebt.
Ich bin die Dirne und die Ehrbare.
Ich bin die Mutter und die Tochter.
Ich bin die Frau und die Jungfrau.
Ich bin die, die viele Hochzeiten macht,
und doch habe ich keinen Gatten bekommen.

AMMA, wie ISOLA und ROSA

Amma: *Ich bin die Weisheit der Griechen und*
die Erkenntnis der Barbaren.
Ich bin die, die ihr gesucht habt,
und die, die ihr ergriffen habt.
Ich bin die, die man das Leben nennt,
und doch habt ihr mich den Tod genannt.

Ich bin die, die man das Gesetz nennt,
und doch habt ihr mich die Ungesetzlichkeit genannt.
Das immer lauter gewordene quietschende Geräusch der wippenden Wiege und der inzwischen ohrenbetäubende Hochzeitsmarsch enden augenblicklich mit dem Aufprall eines durchsichtigen großen Taufbeckens auf der rechten Bühnenhälfte.
Alle Lichter gehen aus.
Nur das Taufbecken steht für einen Moment von innen leuchtend allein auf der Bühne.
Dann vollkommene Dunkelheit.

Barbara Vinken

Das Geheimnis der Neugierde

Pascal und Freud

Die Geschichte der Neugierde stellt sich als eine typisch moderne Geschichte, wenn nicht als *die* Geschichte der Moderne dar; sie wird der vorherrschenden Rezeption nach als Geschichte der Emanzipation gefeiert. In der theoretischen Neugierde befreie sich der Mensch von den Fesseln der Autorität, löse er sich aus der Bevormundung. Kühn behaupte er sich selbst, indem er die Grenzen des Wißbaren erkundet, ja die Grenzen der bekannten Welt überschreitet und das Geheimnis, das sie zusammenhält, unvoreingenommen und vorurteilsfrei erforscht. Die so nobilitierte theoretische Neugierde ist im Gegensatz zu der nur geschwätzigen und sich auf die eher niedrigen Bereiche richtenden Neugierde nicht geschlechtsneutral, sondern männlicher Natur. Sie hat ihre alten Helden wie Odysseus und neue Märtyrer wie Galilei. Sie hat ihre Epoche, die Renaissance, und das durch sie gewonnene Licht der Erkenntnis bedeutet das Ende des dunklen Mittelalters. Es liegt nur in der Logik dieser Sache, daß in eben diesem finsteren Mittelalter der eindrucksvollste Neugierige, Odysseus, in der Hölle Dantes ganz unten landet, während an seinem späteren Ausgang Galilei seinen Erkenntnissen abschwören mußte.

Erste Anzeichen für ein älteres Unbehagen mit der Neugierde sind das schallende Lachen der Magd, als ihr Herr, die Sterne betrachtend, in den Brunnen fällt.[1] Anzeichen solchen Unbehagens finden wir aber auch in der Epoche, von der man annehmen sollte, daß sie die theoretische Neugierde auf ihre Fahnen geschrieben hätte, nämlich der Aufklärung. Rousseau schreibt mit seinem *Discours* zur Frage der Académie de Dijon „Si le rétablissement des sciences et des arts a contribué à épurer les mœurs" 1750 einen Traktat, der ganz in der calvinistischen Tradition *contra vanam curiositatem* steht.[2] Und auch Voltaire spricht sich, mit

---
[1] Vgl. Hans Blumenberg, *Das Lachen der Thrakerin – Eine Urgeschichte der Theorie*, Frankfurt 1987.
[2] Vgl. Barbara Vinken, *Der Ursprung der Ästhetik aus theologischem Vorbehalt: Theorien des Ästhetischen von Port-Royal bis Rousseau und Sade*, Ph. D. Yale University 1992.

anderen Gründen, gegen die forschende Neugierde aus, denn er sieht darin zwar nicht wie die Calvinisten ein Hindernis für das Heil der Seelen und nicht wie Rousseau den Grund der Korruption von Moral, aber eine Verunmöglichung des individuellen Glücks.

Ich will mich im folgenden zwei Paradigmen, die der theoretischen Neugierde den Prozeß gemacht haben, zuwenden. Die in Blumenbergs Titel – *Der Prozeß der theoretischen Neugierde* – angelegte Doppeldeutigkeit werde ich dabei in eine Richtung verstärken; der Aspekt der Entwicklung wird dem juristischen Begriff des „einer Sache den Prozeß machen" gegenüber in den Hintergrund treten. Die Paradigmen sind Pascal und im weiteren Sinne Port-Royal auf der einen und Freuds Abhandlung über Leonardo Da Vinci auf der anderen Seite. Zur Verhandlung stehen also ein semiotisches und ein psychoanalytisches Paradigma.

Was verbindet diese beiden Paradigmen, was trennt sie voneinander? Zunächst einmal, ganz offensichtlich, beurteilen sie die Neugierde entgegengesetzt: auf der einen Seite radikale Verdammung, auf der anderen Seite schon fast jubelnde Begeisterung. Ich möchte hier untersuchen, ob dieser Gegensätzlichkeit nicht eine tieferliegende Konvergenz zugrunde liegt. Was ist der Grund für die Verdammung der Neugierde durch Pascal? Die Neugierde ist für ihn ein Laster, weil der Neugierige der Versuchung nachgibt, alles nach Maßgabe seines Bildes erkennen zu wollen. Der Neugierige verleugnet damit, wie ich im folgenden zeigen will, den Zeichencharakter der Welt und die radikale Differenz, die das Göttliche darin ist. Der Neugierige stellt die Präsenz seines Bildes an die Stelle der Absenz, die es in den Zeichen zu entziffern gilt. Der Neugierige, kurz gesagt, glaubt die Wahrheit letzten Endes sehen zu können – nicht umsonst wird die Neugierde als *voluptas oculorum* bezeichnet – und nicht eventuell gar die Unlesbarkeit von Wahrheit lesen zu müssen. Was der Neugierige dabei Pascal zufolge, der sich hier ganz als Schüler des Augustinus erweist, zu verstehen verweigert, ist die Sichtbedingtheit, der er als Geschöpf unterliegt. Was er statt dessen als Wahrheit mißversteht, ist nur die Projektion dieser Verzerrung, in der das Ich an die Stelle Gottes rückt. Deswegen ist er, der sich im strahlenden Licht der Erkenntnis wähnt, völlig geblendet.

Soweit zu Pascal. Bei Freud hinwiederum gerät die Eloge des Forschertriebs des Leonardo in seinem Gelingen quasi unter der Hand zur Darstellung eines Scheiterns. (Mir kann es hier übrigens, *entre paranthèses*, nicht um eine Analyse des Falles Leonardo da Vincis gehen, und also auch nicht um die Falsifizierung der Freudschen Anaylse, sondern allein um die Lektüre seines Textes. Leonardo da Vinci meint hier immer nur Freuds Protagonisten.)

Was nährt Leonardos, der „forscht, anstatt zu lieben", unstillbaren, unendlichen und letzten Endes trotz aller Erkenntnisse unfruchtbaren Forschertrieb? Eine Verleugnung von Pascalschen Ausmaßen, wenn auch die Verleugnung eines womöglich noch grundlegenderen Mangels. Denn Leonardo sucht in der Natur das, was er im mütterlichen Körper nicht finden kann, und er muß es suchen, weil er diesen Mangel am Körper der Mutter, nämlich den Mangel des mütterlichen Phallus, verleugnet. Sein Forschertrieb nährt sich also aus der Verleugnung der Differenz der Geschlechter, sie ist fieberhaft von dem Wunsch angetrieben, alles nach seinem Bild zu schaffen, den Mann als einziges Geschlecht zu behaupten, die Differenz der Geschlechter zu negieren. Nach Freud liegt das Unbehagen an der Neugierde nicht zuletzt daran, daß der Neugierige befangen ist in dem Verlangen nach narzißtischer Präsenz, die Welt zum Spiegel seines Selbst macht.

Die Neugierde ist deshalb diesen Interpretationen zufolge letzten Endes vielleicht nichts als diese Verleugnung, die Verleugnung von Absenz, Differenz und der nicht literalen, sondern figürlichen Verfaßtheit der Welt. Der Neugierige macht unermüdlich die Welt zum Spiegel und ihre Erscheinungen zur Bestätigung seiner selbst.[3]

Das semiotische Paradigma (Pascal)

Mit Augustinus kommt die Neugierde als *concupiscentia oculorum* auf den Lasterkatalog. Im Kapitel 35 des 10. Buches der *Confessiones* widmet er sich der Neugierde als einer *alia forma tentationis*, der raffinierten Form der Augenlust (*Conf.* X, 35). Zu schauen statt zu lesen; die Welt zum Spiegel der Selbstbestätigung zu machen, statt in ihren Zeichen zu entziffern, worauf sie verweisen – nämlich nicht auf das Selbst, sondern auf Gott als Alterität und Absenz – das ist der Erfahrensmodus, der in der Neugierde verdammt wird.

Die Neugierde ist eine Leidenschaft, Leidenschaft eine Perspektive auf die Welt, die darin besteht, Zeichen unabhängig von ihrer Offenbarungsfunktion absolut aufzufassen. Es ist eine Lesart der Welt, die ihre Deutung um Gottes willen unterschlägt zugunsten des direkten Genusses um ihrer – oder seiner – selbst willen. „All things are to be used (*uti*), that is treated as though they were signs, God only has to be enjoyed as the ultimate signification", hat John Freccero die Zeichentheorie des Augustinus zusammengefaßt.[4] Der Mißbrauch dieser Welt, der in der Verblendung besteht, sie nicht als Verweis auf Gott, sondern um ihrer (oder um seiner) selbst willen zu lieben, ist Idolatrie. Idolatrisches Verfallensein an die Natur ist semiotischer Natur, ein Fehler im Lesen der Zeichen. Die leidenschaftliche Perspektive auf die Welt verwandelt

---

[3] Für die Literatur als Vorläufer der psychoanalytischen „metacuriosité" siehe Barbara Vinken, *Unentrinnbare Neugierde – Die Weltverfallenheit des Romans*, Freiburg 1991.
[4] John Freccero, *Dante – The Poetics of Conversion*, Cambridge MA 1986, S. 108.

die Zeichen, die bei aller Verheißung Spuren von Absenz tragen, in erfüllte Präsenz – und löscht folglich ihren Zeichencharakter. Denn Gott manifestiert sich in den Zeichen, aber er geht nicht darin auf. Die Spur der Absenz, die das Zeichen markiert, macht es allererst zum Zeichen, während die *fruitio* der Welt darin besteht, über ihren Zeichencharakter hinwegzutäuschen und die Illusion von Präsenz an die Stelle der Spur der Absenz zu setzen. In der neugierigen Aneignung der Welt wird die Welt nicht mehr als Zeichen gelesen, das auf Gott verweist, sondern als Selbstverweis genossen: die Neugierde, schreibt Blumenberg, „genießt eben nicht ihre Gegenstände als solche, sondern sich selbst durch das sich an ihnen bestätigende Wissenkönnen."[5]

Mit Port-Royal radikalisiert sich die Frage nach der Lesbarkeit der Welt, so daß es fast zu einem Entweder/Oder kommt zwischen Gott und der Welt: Entweder die Welt oder Gott. Die Welt ist für den in der Erbsünde Befangenen nicht länger per analogiam als Figur Gottes entzifferbar; aber diese neue Unlesbarkeit – die Welt verbirgt den Zugang zu ihrer letzten Wahrheit, und das heißt Gott – ist nicht mehr in der Welt zu entziffern, sondern wird nur im Geheimnis der Eucharistie offenbart.

Für die Theologen von Port-Royal ist die Eucharistie das diesem Stand der Dinge angemessene semiotische Paradigma; sie exemplifziert die semiotische Funktion als solche, macht sie offenbar und trägt dem pragmatisch beschränkten Stand der Erkenntnisfähigkeit Rechnung: sie enthüllt die Struktur der „Offenbarung" als verhüllte im Stande dieser Verhüllung. Christus offenbart sich im Brot, aber er tut es als versteckter, notwendig verhüllter, als verborgener Gott, dessen Verborgenheit er in seiner Menschwerdung offenlegt.

Nur das Geheimnis der Eucharistie gibt uns den Schlüssel der Entzifferung der Welt an die Hand, offenbart uns, wie die Welt gelesen werden kann, gibt das Geheimnis der Verschlüsseltheit Gottes in der Welt preis. Louis Marin hat angesichts dieses Stands der Dinge die Frage gestellt, ob in einer solchen Semiotik nicht jedes Zeichen die Struktur des Geheimnisses hat: „la structure de tout signe, dans son fonctionement signifiant, ne relève-t-elle pas, d'une manière ou d'une autre, de la structure du secret?" Diese Geheimnisstruktur besteht, zeichentheoretisch gesehen, in der dialektischen Doppelung der Zeichenfunktion: „car la même chose [...] peut chacher comme chose ce qu'elle découvre comme signe."[6]

Die alte Allegorie, die Anagogie der Dinge, ist in der Dialektik der

---

[5] Hans Blumenberg, *Der Prozeß der theoretischen Neugierde* (Die Legitimität der Neuzeit, Teil III), Frankfurt 1973 (1966), S. 106.
[6] Louis Marin, *La parole mangée et autres essais théologico-politiques*, Paris 1983, S. 133.

Zeichenfunktion auf ein Minimum zusammengeschmolzen. Indem das Brot der Hostie den Leib des Herrn verbirgt, verbirgt es, was es als Zeichen offenbart. Aber die Offenbarung dieses Zeichens ist der „Sache", dem Brot, nicht anzusehen oder abzulesen; sie liegt nicht in der Analogie der Dinge, sondern nimmt die Arbitrarität zum Zeichen für das in Welt gebrachte Erlösungswerk: sie ist allein durch die Einführungssituation der Eucharistiefeier garantiert, durch den performativen Akt der Einsetzung: „Hoc est enim corpus meum."

Aus einem analogischen Zeichen wird ein dialektisches, ein Zeichen, das zeigt, daß es verbirgt – und diese grundsätzliche Geheimnisstruktur des Zeichens wird in der Eucharistie offenbart. Konnte man in der mittelalterlichen Welt Gottes Wirken per analogiam in den Zeichen lesen, so liest man in der Pascalschen Welt bestenfalls immer nur dieselbe Unlesbarkeit. Sie muß als unlesbare gelesen werden, weil sie als blinder Verweis entscheidend ist. Die Figur wird damit für Pascal zu einer „chiffre à double sens: un clair ou il est dit que le sens est caché" (*Pensées*, #677). Klar ist nicht der Sinn, sondern klar ist, daß der Sinn verborgen ist. Das heißt aber, daß „choses figurantes" und „choses figurées" (#670) auseinandergebrochen sind, es zwischen beiden gerade keine Vermittlung gibt. In den „choses figurantes" kann erkannt werden, daß die „choses figurées" nicht erkannt werden können. Das Zeichen weist bei Pascal nicht durchsichtig oder analogisch auf das Bezeichnete hin, sondern ist eine Schranke, die Transzendenz zeigt, indem sie sie verweigert; eine Sperre, die man zu überschreiten trachten muß, aber in diesem nicht Leben überschreiten kann.

Der Neugierige nun entziffert nicht die Absenz Gottes immer wieder in den Dingen; er sieht die Dinge nicht als Mahnmal für Verlust und Entzug. Statt dessen macht er die Welt zum Spiegel seiner Fähigkeit, sie zu beherrschen und damit zum Spiegel seiner Vollkommenheit. In ruheloser Erforschung der Dinge sucht er die Bestätigung seines Wissens durch die Dinge. Dieses reflexive Verhältnis aber ist Pascal zufolge nur die Defiguration der unlesbaren Figuren; was im Spiegel erscheint, ist nicht die Wahrheit, sondern das verblendete Ich, das seine Unfähigkeit zu erkennen verleugnet, die Zeichen als Zeichen des Mangels und Gott als radikale Alterität verwirft; das im Anderen immer nur das eigene verkennt, es zur Bestätigung des Selben benützt. Das Selbst, das der Neugierige ruhelos als erkennendes und damit beherrschendes zu bestätigen sucht, ist nichts als die Allegorie der Defiguration. Der Neugierige ist blind für das Geheimnis der Offenbarung. Er will davon nichts wissen, denn aus dieser Blindheit schlägt er Kapital. Er setzt sich an die Stelle des abwesenden Schöpfers.[7]

---

[7] Vgl. Barbara Vinken, „The Concept of Passion and the Dangers of the Theater: Augustine and Port-Royal", *Romanic Review* 83 (1992), S. 43–59.

Das psychoanalytische Paradigma (Freud)

Freud, so könnte man, wieder frei nach Blumenberg, aber gegen den Trend seiner Darstellung sagen, erzählt den neuen, paradox-modernen Grundmythos der Neugierde, der sich an Leonardo kristallisiert. Freud selbst wird mit aller nur möglichen mythischen Aufgeladenheit als der große, hemmungslos Neugierige, als der Typus des modernen Neugierigen stilisiert.[8] Freud hört und liest allerdings, er deutet Zeichen und verfällt in diesem Sinne nicht der *voluptas oculorum* mehr. Und deswegen gelingt es ihm auch, das Geheimnis der Neugierde ganz gegen seine Intention an den Tag zu bringen. Freuds Neugierde ist eine Neugierde zweiten Grades, ist eine „metacuriosité" an der Neugierde.

Der Fall, an dem Freud das neugierige Forschen studiert, ist der Leonardo da Vincis, einer ödipalen Dreiecksgeschichte zwischen Vater, Mutter und Sohn. Das theologische Drama erscheint auf menschliche Dimensionen gebracht; die Beziehung zwischen Vater und Gott, zwischen *auctoritas* und Neugierde, zwischen Neugierde, Sexualität und Geheimnis in eine psychoanalytische Relation überführt. Dabei hat Freud die Neugierde mit Kastrations- und Ödipuskomplex verknüpft und sie als Frage nach dem Geschlecht – dem einen Geschlecht? ein und demselben Geschlecht? – erkannt.

Freuds Essay ist von merkwürdiger Widersprüchlichkeit. Auf der einen Seite ist er ganz vom Pathos der *curiositas* getragen, singt er ein Loblied auf die unerschrockene Kühnheit des Forschers, der unvoreingenommen nur seinen Erfahrungen und allein dem eigenen Urteil traut. Freud greift die klassischen Topoi der Aufklärung auf. Er verwendet nicht nur die Metapher des Lichts und des Öffnens der Augen für die Erkenntnis. Er benutzt auch die Vorstellungen vom dunklen Mittelalter und der lichten Antike. Sein Essay handelt nicht von ungefähr von der Neugierde der Renaissance. Diese neue Zeit, so Freud gleich zu Anfang, steht im Zeichen der Befreiung von überlieferter *auctoritas*, der Befreiung von Gott und Vater. Sie verspricht nicht nur Einsicht, sondern Glück: das Glück „des freien Erforschens des Körpers der Mutter". Aber bei dieser Befreiung geht etwas grundsätzlich schief; im Fortgang des Essays erweisen sich die Kosten als ganz unproportional hoch.

Hören wir Freud zunächst zur unverblendeten Vorurteilsfreiheit der Neugierde:

> Wenn jemand wie Leonardo in seiner ersten Kindheit der Einschüchterung durch den Vater entgangen ist und in seiner Forschung die Fesseln der Autorität abgeworfen hat, so wäre es der grellste Widerspruch gegen unsere Erwartung, wenn wir fänden, daß derselbe Mann ein Gläubiger geblieben ist

---

[8] Patrick Lacoste, „La prétexte et le mode – Notes sur curiosité et lecture", *La curiosité en psychanalyse*, ed. Henri Sztulman/Jacques Fénelon, Toulouse 1981, S. 203–218.

und es nicht vermocht hätte, sich der dogmatischen Religion zu entziehen. Die Psychoanalye hat uns den intimen Zusammenhang zwischen dem Vaterkomplex und der Gottesgläubigkeit kennen gelehrt, hat uns gezeigt, daß der persönliche Gott psychologisch nichts anderes ist als ein erhöhter Vater.[9]

Von Gott und Vater unbehelligt, konnte aus Leonardo ein kühner Forscher werden: Die Kühnheit und Unabhängigkeit seiner späteren wissenschaftlichen Forschung setzt die vom Vater ungehemmte infantile Sexualforschung voraus und setzt sie unter Abwendung vom Sexuellen fort (S. 145). Da der persönliche Gott nur die Überhöhung des Vaters ist, wäre Leonardo als erster seit der Antike nicht der mittelalterlichen *auctoritas* verfallen, sondern habe seinen eigenen Beobachtungen mehr getraut:

> Er gleicht, nach dem schönen Gleichnis Mereschkowkis, einem Menschen, der in der Finsternis zu früh erwacht war, während die anderen noch alle schliefen. Er wagte es, den kühnen Satz auszusprechen, der doch die Rechtfertigung jeder freien Forschung enthält: „Wer im Streit der Meinungen sich auf die Autorität beruft, der arbeitet mit dem Gedächtnis, statt mit seinem Verstand." So wurde er der erste moderne Naturforscher, und eine Fülle von Erkenntnissen und Ahnungen belohnten seinen Mut, seit den Zeiten der Griechen als der erste, nur auf Beobachtung und eigenes Urteil gestützt, an die Geheimnisse der Natur zu rühren. (S. 145)

Im Wissenstrieb sieht Freud eine sublimierte Form der frühkindlichen Sexualforschung. Was zunächst als Sublimierung beschrieben wird, in der die Triebenergie, unter Änderung des Triebziels, ohne Verlust erhalten bliebe, erweist sich im weiteren Verlauf des Aufsatzes als metaphorische Umbesetzung. Die „Natur" wird zur Metapher für den Körper der Mutter, das Interesse am „Fliegen" Metapher für das Interesse am Geschlecht. Entgegen seiner ursprünglichen Intention kann Freud hier also keine Theorie der Sublimation entwickeln.

Im Leonardo-Essay kommen zwei moderne Träume zusammen: der Traum von unbeschränkter Forschung und der Traum von freier Sexualität jenseits von Verbot, Tabu und Schuld. Das Feld dieser doppelten Befreiung ist der Körper der Mutter. Auf dem Spiel steht also das Inzestverbot, oder um es mit Lacan zu sagen, „le *non* du père", das Nein des Vaters.[10] Durch dieses Nein wird bekanntlich die symbolische Ordnung im Namen des Vaters – nom du Père – initiiert; und das heißt, auf die einfachste Formel gebracht, daß man die Dinge, wie sie sind, nicht sehen kann.

---

[9] Sigmund Freud, „Eine Kindheitserinnerung des Leonardo da Vinci" (1910), *Freud-Studienausgabe* X, Frankfurt 1969, S. 87–159, S. 145.
[10] Jacques Lacan, „D'une question préliminaire à tout traitement possible de la psychose" (1959), *Écrits*, Paris 1966, S. 575–580.

Daß dies „non du père" aber auch im Falle des kleinen Leonardo trotz abwesendem Vater funktioniert hat – Gott sei Dank, ist man versucht zu sagen, denn sonst wäre aus der Neurose eine Psychose geworden – erkennt man daran, daß der begehrte Körper der Mutter für eine böse Überraschung sorgt und wegen dieser bösen Überraschung verworfen wird.

Das freie Erforschen des Körpers der Mutter hatte nämlich eine von Freud schon geahnte, dunkle Rückseite. Denn „preisgegeben" – schutzlos preisgegeben, möchte man hinzufügen – findet Freud den kleinen Leonardo „dem weiblichen Einfluß" (S. 125), wehrlos ausgesetzt der ungehemmten Liebe der verlassenen jungen Frau, der außer dem unehelichen Sohn nichts geblieben war. Sein ganzes Leben lang muß Leonardo, „zu sexueller Frühreife emporgeküßt" (S. 153), für dieses „vollbefriedigende Liebesverhältnis" (S. 140) zu seiner Mutter bezahlen. Denn erstens büßt er Begehren und Männlichkeit in einer sublimierten Homoerotik ein, zeigt er „Frigidität" und „kühle Sexualablehnung" (S. 97), zweitens geht aber auch sein unstillbarer Forscherdrang nicht nur auf Kosten seiner Sexualität, die spurlos darin umgesetzt erscheint, sondern zu Lasten seiner künstlerischen Tätigkeit selbst und führt so zu einer fast durchgehenden Hemmung seiner schöpferischen Möglichkeiten. Die Liebe seiner Mutter, die ihm wegen des Fehlens des Vater ungeteilt in den Schoß gefallen ist, war nicht nur Geschenk, sondern Bedrohung.

Freuds Essay zeigt malgré lui, gegen die anfänglich investierten Intentionen, daß Leonardo keineswegs frei und unbeeinträchtigt von Kastrationsdrohungen den Körper der Mutter erforschen konnte. Vielmehr weist der Essay einen Zusammenhang zwischen Kastrationsdrohung, *auctoritas* und *curiositas* auf, ohne ihn explizit herzustellen. Diesen Zusammenhang verleugnet der Autor Freud einem Traum vom Glück zuliebe; dieser Traum vom Glück ist bei Freud eine doppelt nachträgliche narzißtische Phantasie, die nach Differenz und nach Kastration von phallischer Vollkommenheit träumt. Daß Freuds Leonardo die Kastrationsdrohung durchaus verstanden hat, zeigt sich darin, daß er die Zweigeschlechtlichkeit, und das heißt die Möglichkeit des Fehlens des eigenen Geschlechtes, ernst nimmt. Freuds Darstellung ist aufschlußreich:

> Da es [sc. das männliche Kind] nicht erraten kann, daß es noch einen andern, gleichwertigen Typus von Genitalbildung gibt, muß es zur Annahme greifen, daß alle Menschen, auch die Frauen, ein solches Glied wie er besitzen. Dieses Vorurteil setzt sich bei dem jugendlichen Forscher so fest, daß es auch durch die ersten Beoachtungen an den Genitalien kleiner Mädchen nicht zerstört wird. Die Wahrnehmung sagt ihm allerdings, daß da etwas anderes ist als bei ihm, aber er ist nicht imstande, sich als Inhalt dieser Wahrnehmung einzugestehen, daß er beim Mädchen das Glied nicht finden könn-

te. Daß das Glied fehlen könnte, ist ihm eine unheimliche, unerträgliche Vorstellung. [...] Unter dem Einfluß dieser Kastrationsdrohung deutet er seine Auffassung des weiblichen Genitals um; er wird von nun an für seine Männlichkeit zittern, dabei aber die unglücklichen Geschöpfe verachten, an denen nach seiner Meinung die grausame Bestrafung bereits vollzogen worden sei. (S. 121)

Allerdings hat Leonardo nun nichts eiligeres zu tun, als diese Möglichkeit zu verleugnen, die Drohung zu verdrängen, und nicht zu zittern. Leonardo verdrängt die Erkenntnis, daß das „heißbegehrte Objekt", der Penis des Weibes, den er im wunscherfüllenden Traum gesehen hat, fehlt. Er hält also an der phallischen Vollkommenheit des primären Narzißmus fest. Beugt sich Leonardo dem „non du père" und verzichtet er auf seine Mutter als Liebesobjekt, dann nur, um ihren Phallus – und daß heißt seine eigene Vollkommenheit – retten zu können. Er deplaziert den Topos seiner Suche und sucht ihren Phallus statt dessen in der Natur: „er konnte forschen, anstatt zu lieben" (S. 104). Das heißt, Leonardo sucht in der Erforschung der Natur die Bestätigung seiner eigenen Vollkommenheit. Er verläßt sich dabei weniger auf den eigenen Verstand, wie Freud meint, sondern behauptet vielmehr gegen besseres Wissen den Narzißmus des einen, männlichen Geschlechtes. So verleugnet er die Kastration und das heißt den Unterschied der Geschlechter, indem er sich seiner Mutter substituiert, sie als phallische restauriert und seine Objekte nach dem Vorbild der Objektwahl seiner Mutter aussucht. Er wird sich selbst zugleich Subjekt und Objekt. Er gibt sein Begehren den Ichtrieben zuliebe auf, für die er in seiner keineswegs vorurteilsfreien „Natur"-Erforschung Bestätigung sucht.

Der Neugierige treibt einen verbreiteten rhetorischen Fehler seiner letzten Konsequenz zu. Der Fehler ist rhetorischer Natur, weil er, was als Markierung dasteht, als Substanz erkennt, verkennt. Diese Verkennung ist in der Struktur des Phallus angelegt. Der Phallus „ist" nichts als die Markierung von Differenz, die in Körperteilen, normalerweise dem Penis, sich repräsentiert findet. Der Phallus markiert (den Mangel, die Differenz) und gibt sich zu diesem Zwecke als Essenz aus, als die er verkannt werden will. Indem die Neugier nach Freud die Differenz verleugnet, macht sie den Phallus zu dem, was er nicht ist, und legt alle Energien in eine permanente Bestätigung seiner phallischen Vollkommenheit. In völliger Blindheit befangen, dem Schein am vollkommensten ausgeliefert, bringt der Neugierige den rhetorischen Fehler doch am klarsten auf den Begriff.

Dem dialektischen Offenbarungszeichen Port-Royals, das durch völlige Unähnlichkeit zwischen Bezeichnendem (Brot) und Bezeichnetem („Leib des Herrn") die Arbitrarität der Zeichen ausstellt und die Struktur der Zeichen als eine des Geheimnisses offenbart – es bezeichnet, daß es verbirgt – steht ein paradoxes Täuschungszeichen, ein Simulacrum gegenüber, das der Natur der Sache nur allzu ähnlich ist, der Phallus. Er zeigt die Reduktion von Differenz zu einer Instanz der sichtbaren Wahrnehmung an, ist aber gleichzeitig das Resultat dieser Reduktion und also nur scheinbar der Wert, als der er sich selbst demaskiert. Er re-präsentiert das Unrepräsentierbare. Beide Zeichen problematisieren paradigmatisch das Zur-Anschauung-Kommen als ein Sichtbarwerden. Bleibt dies Zur-Anschauung-Kommen im ersten Fall ein Versprechen der Erlösung, und das heißt aufgeschoben auf eine unterstellte Zukunft, so ist im zweiten Fall das Sichtbarwerden alles andere als sicher, sondern als Nichtwahrnehmbarkeit im Sichtbaren für wahr zu nehmen. Der höchste Erkenntniswert, der in der Moderne erreichbar wäre, läge deswegen sicher nicht, und erst recht nicht nach der Aufgabe aller Transzendenz, im neugierigen Erforschen selbst, sondern im Durchschauen der unausweichlichen Täuschung, die die Neugierde *ist*.

IV. Geheime Orte und Zeiten

Hans Rudolf Picard

Ei, wie gut, daß niemand weiß, daß ich Rumpelstilzchen heiß'!
Das Geheimnis und seine Entdeckung im Märchen

Nahezu in allen Märchen Europas und in vielen anderen Kulturen sind Figuren Ereignissen oder Gestalten gegenübergestellt, die sie sich nicht erklären, nicht als das deuten können, was sie sind. Die Märchenfiguren befinden sich vor einer unbekannten Größe. Die auftauchende unbekannte Erscheinung kann die fremde, vorübergehend angenommene Gestalt eines göttlichen oder teuflischen Wesens, eines sich verstellenden Gegenspielers oder auch ein rätselhaftes Ereignis oder Phänomen sein. Dieser Befund hat sicher mit der sensitiven und geistigen Beschränkung des Menschen zu tun, der sich in einer Welt, die seine Wahrnehmung unendlich überschreitet, vorfindet. Der im Märchenerzählen sich vollziehende, also ästhetische Umgang mit der Situation vor dem Unbekannten, wie er im Märchen gegeben ist, kann als narratives Analogon jener menschlichen Beschränkung angesehen werden. Es ist eine ins Erzählerische abgemilderte Form von Beschwörung, in der Intention analog jenen magischen Handlungen, die die anthropologisch-existentielle Grundsituation vor dem Undurchschaubaren zu bewältigen versuchen. Einander von Menschen erzählen, die vor etwas Undeutbarem stehen und die dieses als ein Geheimnis erfahren, das sie lösen müssen, ist eine profane Strategie, die den zum Ritus geronnenen Strategien entspricht, mit denen Religionen des Menschen Befinden vor der schlechthin unbekannten Macht erträglich zu machen pflegen. Wenn auch Religionen funktional gesehen zum Ziele haben, die fremde Macht, das Numinose, erfahrbar zu machen, was sie durch spezifische Konkretion des Unfaßbaren, sei es animistisch oder personifizierend, leisten, so bewahren sie doch stets auch gerade das große Unbekannte als ein solches. Darauf deuten die Tötungen bei Verletzung von Tabus, die Praktiken der Mysterienbünde, das Geheimnis eines göttlichen Namens, das verschleierte Bild zu Sais, die Rede vom Deus absconditus, ja, ins mythisch Narrative gewendet, das Geheimnis des Baumes der Weisheit in Genesis II hin.

Im Märchen nun wird im Gegensatz zu dem skizzierten religionsphänomenologischen Befund die Entdeckung des Unbekannten zum Ereignis, was gewiß dadurch ermöglicht ist, daß das jeweilige Unbekannte von grundsätzlich partieller und also geringerer Mächtigkeit ist als diejenige des Verehrungsobjektes in Religionen. Im Märchen wird das Unbekannte im Vollzug des Erzählens in das Erkannte überführt. Der entlastende Genuß der Entdeckung kommt allerdings in der Regel nur den Hörern bzw. Lesern und nicht den Märchenfiguren selber zugute. Für diese letzteren ist die Entdeckung eines Geheimnisses oft nur ein Instrument, mit dem sie entweder ins Unglück geraten oder, wie es meistens der Fall ist, zu ihrem Glück gelangen. Für sie ist es nur Schicksalsphänomen und nicht Gegenstand einer Deutung. Die besondere Leistung des Märchenerzählens auf der Rezipientenebene liegt in dem freien, ja spielerischen Umgang mit Geheimnissen, die durchschaut werden. Auf der Aktantenebene indessen sind die Geheimnisse echte. Wenn ein Zauber, der ein Objekt in eine andere Gestalt überführt, durch Gegenzauber oder durch Helferfiguren aufgelöst wird, entsteht ein Zustand des Nicht-mehr-Bedrohtseins. Was für die Märchenfigur faktische Ereignisabfolge ist, ist für den Hörer Geschichte. Das Unbekannte, das Geheimnis, ist auf der Aktantenebene nur als aktuelles und vorübergehendes Handlungselement ein solches. Im Haushalt des fiktiven Geschehens jedoch hat es die Funktion, die Voraussetzung zu seiner Lösung zu sein. Die Lösung eines Geheimnisses im Märchen hat narrativ eine andere Funktion als in einer auf Spannung angelegten Narratio wie etwa dem Kriminalroman. In diesem ist es der Leser, der die kunstvolle Verzögerung der Entdeckung erleidet und die schließlich gewährte Lösung genießt. Im Märchen hingegen wird der Hörer oder Leser wie ein Komplize des Erzählers sogleich in das Geheimnis eingeweiht und kann dann das Irren der Märchenfigur von außen beobachten.

Märchenerzählen und Märchenhören ist, so gesehen, das Vergnügen an Aufdeckung, an der fiktiven Beseitigung des Zustands des Nicht-Erkennens. Es zelebriert ästhetisch eine Entlastung und hat insofern existentiell therapeutische Funktion.

Nun gilt es aber, die erzählerische Funktion und das Wesen des Geheimnisses im Märchen genauer zu betrachten. Rein narrativ theoretisch gesehen, ist das Noch-nicht-Bekannte, ist ein Geheimnis in vielen Märchen das die Erzählung Bewegende. Es gibt in den Märchen zahlreiche, den Märchenfiguren undurchschaubare Sachverhalte. Zum Geheimnis wird das Unbekannte aber erst, wenn seine Entdeckung für die Figur lebenswichtig, ja schicksalsbestimmend wird. Es handelt sich nicht mehr bloß darum, etwas nicht zu wissen, sondern darum, etwas dringend wissen zu wollen, ja wissen zu müssen. Zum Geheimnis gehört im Märchen komplementär die Neugier als aktives Verhalten, und zwar in der gesteigerten Form einer unwiderstehlichen Intensität oder gar einer Strategie des Überlebens. Dies wollen wir uns an Beispielen von drei Märchen aus unterschiedlichen Traditionslinien vergegenwärtigen.

In dem orientalischen Märchen „Ali Baba und die vierzig Räuber" aus *Tausend und einer Nacht* erkennt und enthüllt die Dienerin, die strukturell die Funktion der Helferfigur ausübt, die immer neuen Verstellungen und Verkleidungen des bösen Räuberhauptmanns, der Ali Baba nachstellt, da dieser das Geheimnis der Schatzhöhle der Räuberbande weiß, und führt durch ihr fortgesetztes Wissenwollen, wer der jeweils andere Fremde ist, die Rettung des gutgläubigen Helden herbei. Im Gegensatz zu der angespannten Neugier, die hier die Erscheinungsweise der weiblichen Intelligenz ist, hatte der Protagonist Ali Baba das Hauptgeheimnis des Märchens, nämlich das der Höhle, die sich durch den Ruf „Sesam, öffne dich" öffnet, durch Zufall, also passiv, entdeckt. Diese Entdeckung beschwor die Gefahr herauf, diente also dazu, narrativ die Not- bzw. Mangellage am Beginn der Märchenhandlung zu konstituieren.

In dem berühmten Märchen von Amor und Psyche, das in dem Roman *Der goldene Esel* von Apuleius als ältestes Kunstmärchen überliefert ist, wird Psyche, die mit dem launischen Sohn der Göttin Venus vermählt ist, von ihren neidischen Schwestern gedrängt zu erforschen, wer ihr Geliebter und Gemahl in der Jenseitswelt des hohen Berges sei. Dieser hatte ihr verboten, ihn nächtens zu erblicken. Sie kann jedoch schließlich der immer wieder geschürten Neugier nicht widerstehen und zündet ein Öllicht an, um den schlafenden Gemahl sehen zu können. Da fällt ein heißer Öltropfen auf die Haut des Schlafenden. Er erwacht, und das Glück des Paares ist dahin. Die frevelhafte Entdeckung des Geheimnisses des Liebesgottes führt die Katastrophe herbei, narrativ strukturell gesprochen die Notlage, die Psyche durch viele Fährnisse treiben und die schließlich nur durch einen Götterentscheid behoben wird.

Wie im orientalischen und im Kunstmärchen, so sind auch das Geheimnis und die Neugier, es zu entdecken, in der narrativen Ökonomie des Volksmärchens als Ursache der konfliktuellen Notlage auszumachen und damit die Voraussetzung für deren Beseitigung. Das eindringlichste Beispiel dafür ist Rumpelstilzchen, das bekanntlich der Müllerstochter bei der Lösung von drei Aufgaben übernatürlich hilft, wodurch diese Königin wird. Als Gegenleistung für die Hilfe fordert Rumpelstilzchen das erste Kind. Als dieses geboren war, weigert sich die Königin, es hinzugeben. Rumpelstilzchen ist bereit, es ihr zu lassen, wenn sie das Geheimnis seines Namens zu entdecken wüßte, ist es sich doch sicher, daß dies nie der Fall sein würde. Hier ist das Geheimnis im Tabu des Namens konkretisiert und wird auf intensivste Weise das zentrale Moment der dramatischen Märchenhandlung. Die Königin als menschliche Märchenfigur hat keinen übernatürlichen Helfer, der ihr den geheimen Namen verschaffen könnte, doch läßt die Macht der Narratio den Zufall wirken, hört doch, wie wir wissen, ein ausgesandter Jäger ‚zufällig' das schadenfrohe Jubellied des winzigen Dämons, der mit

> Heute back' ich, morgen brau' ich,
> übermorgen hol' ich der Königin ihr Kind;
> ach, wie gut, daß niemand weiß,
> daß ich Rumpelstilzchen heiß'!

unwissentlich selber das Geheimnis preisgibt. Das dämonische Helfermännlein gerät über den Verlust seines Geheimnisses derart in Wut, daß es sich selbst vernichtet: „... und stieß mit dem rechten Fuß so tief in die Erde, daß es bis in den Leib hineinfuhr, dann packte es in seiner Wut den linken Fuß mit beiden Händen und riß sich selbst mitten entzwei." Kann es einen eindrücklicheren mythischen Vorgang als diese Märchenszene dafür geben, daß Geheimnis Macht ist, wenn sein Verlust eine so vehemente Selbstvernichtung bewirkt? Hier ist Sprach- und Namenmagie narratives Ereignis geworden.

Wir stellten eingangs fest, daß das Geheimnis im Märchen konkret, aktualisierbar, während das Geheimnis des Numinosen in Religionen allgemein und unverfügbar ist. Das Märchengeheimnis ist auflösbar, so sehr, daß seine Entdeckung essentieller Bestandteil der Narratio ist. Insofern steht es dem Rätsel nahe. Die nach ihm fragende Neugier wird belohnt. Das numinose Geheimnis ist unauflösbar. Eine nach ihm fragende Neugier wird bestraft. Hat das erstere den Charakter von Performanz, so das letztere den von Potenz.

In dem symbolischen Märchen von Goethe, welches die letzte der *Unterhaltungen deutscher Ausgewanderter* ist, steht das Geheimnis als ein metaphysisches, als eines der Weltweisheit zwischen diesen beiden Extremen. Es wird märchenhaft aktualisiert und ist doch einer konkreten Lösung enthoben in dem Maße, wie es als symbolisches Geschehen vieldeutig komplex bleibt und nicht allegorisch eindeutig reduziert werden kann. Das Zusammenwirken mehrerer typischer Märchenmotive lenkt den Leser zu einer symbolischen Deutung in dem Sinne, daß eine böse Verzauberung allmählich aufgehoben wird. Die schöne Lilie, deren Reich jenseits eines Flusses liegt, ist unglücklich: alles, was sie anrührt, wird getötet. Zwei Irrlichter lassen sich vom Fährmann an das andere Ufer übersetzen, bezahlen mit Gold, das der Fluß, der Früchte der Erde will, nicht annimmt. Der Fährmann kippt die Goldstücke in eine Schlucht, wo sie von einer Schlange gefressen werden, woraufhin diese zu leuchten beginnt. Die Verbindung zur Jenseitswelt ist nur zur Mittagszeit auf dem Rücken der Schlange oder zur Abendzeit auf dem Schatten eines Riesen möglich. Verschiedene menschliche Figuren, ein Königssohn, ein Alter, eine Frau, sind an dem wunderbaren Übergang zu Lilies Reich beteiligt. Die erste Begegnung mit der todbringenden Schönen ist unheilvoll, da noch nicht die rechte Zeit gekommen ist. Doch opfert sich die Schlange, indem sie mit ihrem Leib einen Bogen über den Fluß spannt, auf dem die Menschen hinübergelangen. Das nahe Ende des Bannes wird angekündigt, doch löst dieser sich erst, wenn dreimal der bedeutungsvolle Ausspruch „Es ist an der Zeit" gefallen ist. Ein diesseitiger unterirdischer Tempel bewegt sich unter dem Fluß hindurch an die Stelle des Fährhauses, das nun zum Altar wird. Die Brükke wird zu einer vielbefahrenen, der Tempel zum „besuchtesten auf der ganzen Erde".

In solch einem nur sehr unvollkommen skizzierten, symbolischen Geschehen, in welchem eine Mangel- und Notsituation in eine Situation des Verfügens und der Harmonie überführt wird, ist nun ausdrücklich wiederholt von einem Geheimnis die Rede. In jenem zunächst sich noch diesseits des Flusses befindenden Tempel stehen vier Statuen von Königen aus unterschiedlichen Metallen: Gold, Silber, Erz und einer Mischung aus allen. Als der Alte in den Tempel trat, sagte der goldene König zu ihm:

„Wieviel Geheimnisse weißt du?" – „Drei", versetzte der Alte. „Welches ist das wichtigste?" fragte der silberne König. „Das offenbare", versetzte der Alte. „Willst du es auch uns eröffnen?" fragte der eherne. „Sobald ich das vierte weiß", sagte der Alte. „Was kümmert's mich!" murmelte der zusammengesetzte König vor sich hin.

„Ich weiß das vierte", sagte die Schlange, näherte sich dem Alten und zischte ihm etwas ins Ohr. „Es ist an der Zeit!" rief der Alte mit gewaltiger Stimme. Der Tempel schallte wider, die metallenen Bildsäulen klangen ..." Die drei Königsstatuen erheben sich, und damit treten „die Weisheit, der Schein und die Gewalt" ihre Herrschaft an. Sie überreichen die Herrschaftsinsignien dem Jüngling, jenem unglücklichen Königssohn, der durch die verhängnisvolle Berührung mit Lilie das Leben verloren hatte, doch nun, wo der Bann gebrochen ist, in erneuter Begegnung mit Lilie, mit der vierten Macht, mit der „Kraft der Liebe" ganz zu neuem Leben erwacht. Diese Erlösung ist auch das Geheimnis, das als viertes dem Alten von der Schlange ins Ohr gezischt worden war. Es wird nicht wie eines Rätsels Lösung ausgesprochen, sondern allmählich durch den symbolischen Verlauf der Dinge offenbar. Die Feier der Entstehung des Tempels auf der Uferseite des Reiches der Liebe und die durch die Selbstopferung der Schlange entstandene Brücke, auf der die Figuren zum Heiligtum wandeln, sind Bilder, fast in der Art von Tableaux, die das neue Leben bedeuten, eine neue Welt, in der Haß und Widersprüche aufgehoben sind. Es sind pathetische Bilder einer finalen Idylle. Das Märchen als ganzes mit seiner Teilung der Welt in zwei Bereiche, mit dem Hin- und Hergehen zwischen beiden, mit dem typischen dreimaligen Aussprechen des Beschwörungssatzes „Es ist an der Zeit", ja mit dem schließlich gebrochenen Bann ist Symbol der Bewegung von einem unvollkommenen zu einem vollkommenen Zustand. Insofern hat es einen Verlauf, der der Heilsgeschichte durchaus analog ist. Diese Einsicht wird weniger doziert als suggeriert. Solches finale Wissen ist nun zuvor als Geheimnis angedeutet, ohne tatsächlich genannt zu werden. Daß der Leser aber von dem Vorhandensein eines äußerst bedeutsamen Geheimnisses erfährt, zwingt ihn, es entdecken zu wollen. So wird er selber in das Geschehen involviert. Er ist nicht mehr wie im naiven Erzählmärchen Mitwisser des Erzählers, was die Inhalte der die Handlung bewegenden Geheimnisse angeht. Konnte er dort die Irrungen der Figuren von außerhalb einsehen, die Innenseite des Geheimnisses sehen, so ist er nun im ‚Märchen' von Goethe selber, wie jene Märchenfigur dort, zur Entdeckung des Geheimnisses aufgerufen.

In Goethes ‚Märchen' steht das ‚Geheimnis' dem Geheimnis in der Religion nahe. Es hat als metaphysisch generelle Mitteilung nicht mehr nur die Funktion eines die Handlung bewegenden Elements, das der Märchenheld entdecken muß und der Rezipient von Anfang an kennt. Die epische Überlegenheit ist dem Leser nicht mehr vergönnt. Er ist in der Sinnsuche des Geheimnisses selber zum neugierig suchenden Märchenhelden im Märchen des Lebens geworden. Indem das Märchen bei Goethe zur Analogie eines heilsgeschichtlichen Vorgangs wird, verläßt und überschreitet es die Verfahrensweise der narrativen Gattung Märchen als solcher. Für Märchen typische Figuren, wie die gefangene oder vom Zauber gebannte Schöne, der Prinz, der Alte, die Frau, und für das Märchen typische Motive, wie der Goldregen, das Tier als Helfer, die zauberhafte Verwandlung, verbinden sich nicht mehr zu einer einfachen Narratio, die als solche fortschreitet, sondern werden zu Symbolen, die in einer feierlich langsamen Bewegung ein Ganzes des Lebens spielen und bedeuten. Sie alle zusammen *sind* das Geheimnis, und ihr Zusammenspiel ist dessen progressive Entdeckung.

Das Geheimnis, das im Erzählmärchen konkret funktionalisiert und insofern eines der typischen Elemente des narrativen Repertoires der Gattung ist, wird bei Goethe zu einer bedeutungsvollen Allgemeinheit erweitert. So wie das Geheimnis von einem Handlungselement zu einer prophetischen Aussage anschwillt, so werden die Figuren und Motive aus der narrativen in eine symbolische Dimension gehoben. Sie tragen weniger zu einer sukzessiven Handlung als zu einer märchenhaften Atmosphäre bei. Die im europäischen Märchen vorherrschende Verlaufsbedingung selber, nämlich die Entwicklung von einer Not- oder Mangellage hin zu einer finalen Harmonie, wird zum Gesetz nicht mehr nur der Gattung, sondern des Lebens erhoben. Dies ist das Geheimnis, von dem innerhalb des Textes sibyllinisch und prophetisch die Rede ist. Die Struktur selber wird Aussage. Im Erzählmärchen indessen bleibt das Geheimnis nicht mehr als ein durch das Wunderbare bewirktes Element einer Handlung, die eine anfängliche Mangellage beseitigt und in einer Schlußidylle erstarrt. „Und wenn sie nicht gestorben sind, so leben sie noch heute." Die Geheimnisse der Zukunft sind Sache des Märchens nicht.

Olivier Blanchard

Die erzähltechnische Relevanz des Geheimnisses in den *Contes de ma mère l'Oye* von Charles Perrault

I. Vorbemerkungen

Schwerpunkt der nun folgenden Überlegungen sei die Betrachtung von Perraults moralischem Wertesystem in seinen *Contes de ma mère l'Oye* aus dem Jahre 1697. Nachdem hervorgehoben wurde, daß kein Märchen ohne Geheimnis und dessen Entdeckung durch die Neugierde auskommt, wollen wir nun versuchen, den zunächst nicht offensichtlichen Zusammenhang von Geheimnis/Neugierde und der daraus resultierenden Moral aufzudecken. Es wurde schon darauf aufmerksam gemacht, daß die Elemente Geheimnis und Neugierde gattungskonstituierend im Märchen wirken und daß durch die Entdeckung des Geheimnisses das weitere Geschehen der Erzählung überhaupt erst motiviert ist. Das Geheimnis und seine Aufdeckung (oder zumindest der Wille hierzu) müssen als Grundvoraussetzung für den Ablauf der Märchenerzählung auftreten.

Doch was bedeutet eigentlich Geheimnis? Wie ist ein solches überhaupt aufgebaut? Nun, ein Geheimnis setzt ein Wissen voraus, das innerhalb eines kleinen Personenkreises oder einer einzigen Person geheim bleiben soll und das für nicht Eingeweihte nicht erkennbar und nicht klärbar ist. Auffallend hieran ist die Dualität des Geheimnisses. Für den/die Geheimnisträger ist das Geheimnis offenbar, und es wird angestrebt, dieses für sich zu behalten. Diese Personen können sich durch die Innenperspektive in das Geheimnis hüllen. Den anderen Personen, die nicht eingeweiht wurden, wird eine Erkenntnisgrenze zuteil, und sie nehmen das Geheimnis von außen wahr. Aus diesem Wissensmangel resultiert die Neugierde als das Element, das dem anfänglichen Einsichtsgefälle entgegenwirkt.

Verbergen und Entdecken sind, da doch Geheimnis und Neugierde im Märchen immer aufzutreten scheinen, demnach Handlungselemente, die zu einem meist glücklichen oder in seltenen Fällen unglücklichen Schluß der Erzählung führen. Der Verlauf der Handlung der Erzählung wiederum ermöglicht es dem Leser, ein moralisches Urteil über die Aktanten abzugeben, denn die Märchen Perraults weisen die Eigenheit auf, daß – im Gegensatz zur weltweiten Gattung des Märchens der Erzählung – stets eine Moralität hinzugefügt ist, so wie es bei Fabeln der Fall ist. Der Autor verfolgt demnach offenbar die Absicht, in seinen Erzählungen Handlungsweisen der Protagonisten moralisch zu bewerten. Perraults illustrer Zeitgenosse La Fontaine nannte in seinem Vorwort zu den *Fables* den anekdotischen Teil der Narratio „Körper" (*corps*) und den didaktischen Teil, die Affabulatio „Seele" (*âme*).[1] Perrault übernimmt die Zweiteilung des Diskurses von der Fabel seines Zeitgenossen La Fontaine für seine Märchen, um diesen einen bestimmten Sinn, eine Lehre oder Lebenserfahrung beizugeben. Damit bringt er das Märchen in die Nähe der didaktischen Literatur.

Die moralischen Deutungen seiner Märchen reflektieren ein gewisses moralisches System, das denkbar einfach zu sein scheint:

> Partout la vertu y est récompensée, et partout le vice y est puni. Ils [les contesde nos aïeux] tendent tous à faire voir l'avantage qu'il y a d'être honnête, patient, avisé, laborieux, obéissant, et le mal qui arrive à ceux qui ne le sont pas.[2]

Durch die Analyse einiger der acht Prosa- und drei Versmärchen des untersuchten Corpus soll nun festgestellt werden, ob der Autor in den Narrationes tatsächlich dem moralischen Anspruch, Tugend werde belohnt und Laster bestraft, nachkommt. Es soll herausgearbeitet werden, erstens warum das Geheimnis als Instrument moralischer Wertung bedeutsam ist und zweitens auf welche Weise das moralische Ziel erzähltechnisch erreicht wird.

II. Das Geheimnis als Instrument zur Ergründung der Moral

Perrault behauptet, er werde, so wie schon allgemein gesagt, durch die Handlung der Aktanten ein differenziertes moralisches Urteil zu ebendieser Handlung abgeben. Das Handlungselement „Geheimnis" ist dabei der moralische Katalysator, das erzähltechnische Instrument, dem es durch die eigene Beseitigung, also durch die Entdeckung desselben, zukommt, bei den Aktanten „die Spreu vom Weizen zu trennen". Das heißt, die Aktanten werden in zwei – dem moralischen Wertesystem entsprechende – Kategorien eingeteilt, in lasterhafte oder tugendhafte Protagonisten. Hinter dem unbekannten Phänomen, dem Geheimnis, kann sich nun entweder etwas Günstiges oder etwas Schädigendes verbergen. Dies hängt von der Person bzw. Personengruppe ab, die jenes

---

[1] cf. La Fontaine; *Œvres complètes I. Fables et nouvelles*, Paris (Pléiade) 1991, p. 9: „L'apologue est composé de deux parties, dont on peut appeler l'une le corps, l'autre l'âme. Le corps est la fable; l'âme, la moralité."

[2] cf. Perrault; *Contes*. Édition de Jean-Pierre Collinet, Paris (Gallimard/folio) 1981, p. 51.

Geheimnis in die Welt setzt. Es gibt demnach zwei Arten von Geheimnis, welche ihrerseits wieder von zwei Arten von Menschen erforscht werden, nämlich zum einen von tugendhaften und zum anderen von lasterhaften.

Damit aber Perraults moralisches System zutrifft, muß eine Entsprechung von Aktant und Handlungsweise vorliegen. So kann nur ein sittlich Handelnder am Schluß belohnt und der lasterhaft Auftretende bestraft werden, nachdem durch die Handlung das unbekannte Phänomen auf die eine oder andere Weise (also tugendhaft oder lasterhaft) enthüllt worden ist.

La Peau d'âne, Perraults berühmtestes Versmärchen, ist ein Beispiel für die Entsprechung von tugendhafter Märchenfigur und anschließender Belohnung. Die junge Prinzessin, die vor den Inzest-Absichten ihres Vaters in einer furchtbar häßlichen Eselshaut bekleidet flieht, gelangt an einen Bauernhof, wo sie die unangenehmste Arbeit bereitwillig verrichtet, um der „Schandtat" zu entkommen. Mit einem Zauberstab, den ihre Patentante, eine Fee, ihr geschenkt hatte, verwandelt sich die Prinzessin an ihrem freien Tag – dem Sonntag –, in ihrer Kammer eingeschlossen, in die wunderschöne Jungfrau von einst. In dieser Pracht erblickt sie eines Tages ein junger Prinz durchs Schlüsselloch, der sich auf der Stelle in des Mädchens Schönheit verliebt. Nach einigen Erkundigungen wird *Peau d'âne* aufgefordert, dem mittlerweile liebeskranken Prinzen einen Kuchen zu backen, wobei sie einen ihrer prächtigsten Ringe verliert, den der Geliebte, wie es das Schicksal will, findet. Durch den Ring als Erkennungssymbol wird die Geliebte schließlich identifiziert, so daß den Umständen entsprechend geheiratet werden kann (sogar in Anwesenheit des ehemals lüsternen Vaters, der seine heftige Liebe in eine ebenso heftige zärtliche und väterliche Liebe gemildert hat).

Wo verbirgt sich das Geheimnis in dieser Erzählung? Nun, für den jungen Prinzen liegt es darin, nicht zu wissen, wer die Schöne ist und ob sie nicht nur ein Traumgebilde war. Denn was sollte eine Prinzessin auf einem Bauernhof verloren haben? Die Neugierde ist in ihm unverzüglich geweckt, obgleich es keinen Anhaltspunkt dafür gibt, daß seinem Glauben an diese Erscheinung eine Wirklichkeit entspricht. Trotz allem hält er an seiner Überzeugung, am unglaublichen Geheimnis fest. Das Geheimnis ist in diesem Fall die junge Prinzessin selbst, die sich dem höfischen Leben entzog, um die inzestuöse Beziehung zu ihrem Vater zu vermeiden. Ihr konnte das jedoch nur gelingen, indem sie in der Anonymität untertauchte. Die Prinzessin steht auf der Innenseite des Geheimnisses, während der Prinz das Geheimnis der Identität der Königstochter durch seine Neugierde lüftet und somit das Geheimnis von außen wahrnimmt. Dank dem Prinzen kann und muß die Prinzessin aus der Anonymität wieder auftauchen, nachdem sie bewiesen hatte, daß sie keine Mühen scheute, um dem Übel des Inzests auszuweichen.

Es verbirgt sich also hinter dem unbekannten Phänomen ein günstiges Element, das durch die tugendhafte Handlung des Prinzen enthüllt wird und somit zum glücklichen Ende des Märchens und zur Belohnung (in Form einer Hochzeit für die tugendhaften Aktanten) führt.

Perraults moralisches Wertesystem wird in diesem Märchen also mit Zuhilfenahme des Geheimnisses konsequent angewendet. Im Märchen *Cendrillon ou la petite pantoufle de verre*, der französischen Aschenputtel-Version, löst ein Prinz das Geheimnis in ähnlicher Weise. Die junge Cendrillon verwandelt sich nachts in eine junge Prinzessin, um – wie ihre beiden Stiefschwestern – am Ball im Palast teilnehmen zu können. Das Geheimnis liegt in der ihre Identität vertuschenden Verwandlung des jungen Mädchens, und die mitternächtliche Flucht desselben motiviert die Neugierde des Prinzen aufs höchste. Erst die Lösung des Geheimnisses durch das Erkennungssymbol des Schuhs führt nach langer Suche nach der Schönen zum glücklichen Ausgang. Ähnlich wie in *La Peau d'âne* liegt das Geheimnis im Mädchen selbst. Der Prinz seinerseits wird belohnt, weil er an die Unbekannte glaubt und durch seine Anstrengung das Geheimnis, hinter dem sich etwas Günstiges verbirgt, lüftet. Dem sittlichen Anspruch Perraults gemäß, wird die tugendhafte Märchenfigur, hier der Prinz, aufgrund seiner tugendhaften Handlungsweise, die ebenfalls seine Bewährung vor dem Geheimnis darstellt, belohnt. Das Verhalten der bisher betrachteten Protagonisten kann, so will es Perrault, in der Tat dazu benutzt werden, ein moralisches Urteil über ebendiese Aktanten abzugeben.

Betrachten wir nun den anderen Fall: In *Les Fées*, einer Art Frau Holle, bittet eine alte und ärmlich gekleidete Frau (es handelt sich in Wirklichkeit um eine Fee) ein junges Mädchen an einem Brunnen um Wasser. Diese wird aufgrund der liebenswürdigen Art, mit der sie dem Wunsch nachkommt, belohnt. Als die lasterhafte Stiefschwester der als tugendhaft Charakterisierten ebenfalls von der geheimnisvollen Macht der Alten profitieren möchte (und folglich unberechtigterweise, da sie ja nicht aus tugendhaftem Antrieb handelt!), ist ihr eine Belohnung nicht vergönnt. Dies liegt daran, daß die junge Frau nicht weiß, daß die jetzt sehr üppig und reich bekleidete Alte, die sie um Wasser bittet, dieselbe Fee ist. Die Fee entblößt durch die Verheimlichung ihrer wirklichen Identität die wahren Absichten der bösen Schwester, die nur auf die Belohnung ein Auge geworfen hatte, ohne zu berücksichtigen, daß diese Belohnung nur das Resultat ihres Handelns hätte sein können.

In dem vorgestellten Fall trifft Perraults moralisches Wertesystem genauso zu wie in den bereits besprochenen. Die Gleichung, lasterhafte Personen zu bestrafen, geht hier beispielhaft auf. Die Handlung der Protagonisten, die sich vor dem Geheimnis zu bewähren haben, führt zu ihrer Belohnung oder Bestrafung und stellt insofern die Voraussetzung dafür dar, daß der Hörer/Leser diese Handlung moralisch beurteilen kann. Sein Urteil wird in dem Sinne gelenkt, den Perrault in seiner *Préface* vorgegeben hat, nämlich auf die Belohnung der Tugend und die Bestrafung des Lasters.

III. Das Geheimnis als erzähltechnisches Instrument

Halten wir fest, daß die Aktanten Perraults System, in welchem das Geheimnis als „moralischer Katalysator" hervortritt, unterliegen. Ein Katalysator ist, chemisch gesprochen, ein Stoff oder eine Substanz, die die Reaktion ermöglicht oder beschleunigt, aus dieser Reaktion aber selbst unverändert heraustritt. Und analog hierzu können wir die Handlungen in den Narrationes von Perrault betrachten: zwei Elemente, Aktant und Situation, treffen aufeinander. Das Geheimnis als Katalysator beschleunigt den Prozeß der Moralfindung dabei, und es bleibt nur zu schauen, ob der betreffende Aktant bestraft oder belohnt wurde. Das eigentliche Geheimnis aber tritt nicht sonderlich verändert aus der Reaktion, wenn wir hierunter den Handlungsverlauf in der Narration verstehen, heraus. So wird sich der Prinz in *Peau d'âne* nie von selbst klar, weshalb die Prinzessin sich im Schweinestall aufhält: er bemüht sich nicht einmal, darüber zu reflektieren.[3] Es zählt für die Aktanten bloß, *daß* es so ist, und nicht, *warum* es so ist. Genauso ist es für die Aktanten nicht ersichtlich, daß ihre Handlungsweise mit der entsprechenden Belohnung bzw. Bestrafung eng verknüpft ist. Auf der Aktantenebene wird die moralische Entsprechung also nur erlebt, ohne in irgendeiner Weise gesehen zu werden. Es fällt demnach auf dieser Ebene – sublimes Paradox – die vollkommene Neugierdelosigkeit der das Geheimnis lüftenden Protagonisten auf. Diese hinterfragen die immerhin wunderbaren oder unverständlichen Hintergründe, das Geheimnis, nicht. Sie erfreuen sich lediglich an dem, was daraus resultiert, das heißt in *La Peau d'âne* und *Cendrillon* an der bevorstehenden glücklichen Ehe. Von daher sind die Protagonisten nicht befähigt, moralische Wendungen der Narrationes als Geschehensgerechtigkeit wahrzunehmen. Dies können aber wir, die Leser.

Das Geheimnis hat nicht nur die Aufgabe eines moralischen Instruments, es ist auch ein erzähltechnisches Instrument, um diese postulierte Geschehensgerechtigkeit zu verdeutlichen. Der Rezipient sieht im Gegensatz zum Aktanten die Entsprechung von tugendhafter bzw. la-

---

[3] Erst am Schluß wird der Grund für die Flucht der Prinzessin von ihrer „Fee-Patentante" verraten, als die konfliktuelle Ausgangssituation schon längst gelöst ist: „Dans ce moment la Marraine arriva / Qui raconta toute l'histoire, / Et par son récit acheva / De combler Peau d'Ane de gloire" (op. cit., p. 114). Das Motiv der Flucht führt dazu, das Opfer zu loben, statt den Täter zu tadeln. Doch hierzu später noch mehr.

sterhafter Handlungsweise und Belohnung bzw. Bestrafung des handelnden Aktanten. Da er dies sieht, ist er auch befähigt, ein sittliches Urteil zu fällen.

Am Beispiel von *Les Fées* läßt sich die Bedeutung, die das Geheimnis auf der Aktantenebene – im Gegensatz zur Einsicht auf der Leserebene – hat, ablesen. Für die böse Stiefschwester kann nämlich die Frau, die sie trifft, nicht dieselbe ärmliche Frau der ersten Begegnung sein. Die Fee stellt durch den Wandel ihrer Erscheinung den wahren Charakter der hochmütigen Stiefschwester bloß. Diese durchschaute das Geheimnis der ihr entgegentretenden Person nicht. Für ihre kaltherzige Antwort wird sie deshalb damit bestraft, daß ihr beim Sprechen nicht Gold und Edelsteine, sondern Kröten und Schlangen aus dem Mund kommen. Erst dadurch, daß das Geheimnis der Verwandlung ihr nicht bewußt wird und sie sich aufgrund dessen nicht so verhält, wie man es ihr gesagt hatte, kann sie bestraft werden. Der Leser aber weiß, daß dieselbe Fee in verwandelter Gestalt erscheint, um die Schwestern in ihren wahren Absichten zu durchleuchten. Der Rezipient ist somit im Besitz aller Informationen, um moralisch urteilen zu können. Diese handlungsgebundene Bewährung ermöglicht es dem Leser, eine inhärente Geschehensgerechtigkeit in der Erzählung nachzuvollziehen und selbst über die Handlung zu urteilen. Mit Märchen dieser Art werden vor allem Kinder dazu erzogen, ihre Urteilsfähigkeit zu konsolidieren, da sie zu einer Art Reflexbewegung werden soll.

IV. Lücken in Perraults moralischem Netz oder Das doppelte Spiel mit der Moral

Die Märchen Perraults, so wie alle anderen Märchen, stellen existentielle Probleme kurz und pointiert dar. In ihnen werden Laster und Tugend gegenwärtig. Das das Märchen lesende Kind lernt, Unterschiede zu fassen und zu begreifen. Entwicklungspsychologisch betrachtet, könnte man sagen, daß das Märchen den jungen Menschen dazu heranziehen soll, eines Tages selbst über bestimmte Sachverhalte sicher zu urteilen, indem ihm dies in kleinem Rahmen vorgeführt wird. Dabei liefert das Märchen einen Beitrag zur Entwicklung des Kindes. Doch nur für Kinder sind Perraults Narrationes sicher nicht bestimmt, wird in ihnen nicht *nur* dem moralischem Modell entsprechend gehandelt. Eine ganze (bisher verschwiegene) Kategorie von Protagonisten unterliegt dem System Perraults nicht. Ich meine damit die Väter- bzw. Männergestalten.

Kommen wir in diesem Zusammenhang zurück zu *La Peau d'âne*. Dort werden, wie wir gesehen haben, die tugendhaften Protagonisten belohnt. Was aber ist mit den lasterhaften Aktanten? Was geschieht mit dem Vater, der seine eigene Tochter zu ehelichen beabsichtigt? Ist des

Vaters Absicht ein tugendhaftes Element? Scheinbar ja, da doch dieser für sein Vorhaben nicht bestraft wird. Nun könnte man sagen, daß der Vater im letzten Moment einlenkt, da sein Begehren in väterliche Liebe geläutert wird.

In *Le petit Chaperon rouge*, der französischen Rotkäppchen-Variante, gibt es einen entscheidenden Unterschied zur deutschen Version der Brüder Grimm. Diese erfreuen nämlich den Leser durch das glückliche Ende, indem Rotkäppchen durch den aus der Romantik stammenden Jäger aus dem Bauch des Wolfes befreit wird. In der klassizistisch-französischen Fassung Perraults endet der narrative Diskurs damit, daß der Wolf, der lasterhafte Gegenspieler Rotkäppchens, sein Opfer frißt und dafür nicht einmal bestraft wird, während das kleine und naive Mädchen, das zum Wolf ziemlich bereitwillig ins Bett gestiegen ist, im Sinne der märchenhaften Geschehensmoral eben dadurch, daß es gefressen wird, sehr wohl bestraft wird. Sie büßt für ihre Neugierde dem Fremden gegenüber und für den Gang ins Bett mit ihrem Leben. Wir erkennen hier das Warnmärchen. Doch ändert dies nichts an der Tatsache, daß der lasterhafte Wolf – er ist ja schließlich der lasterhafte Versucher – ungestraft davonkommt.

Zuletzt sei auf *La Barbe bleue* hingewiesen. Blaubart stellt kurz nach der Eheschließung seine junge Frau auf die Probe, indem er ihr die Schlüssel zu allen Zimmern im Schloß aushändigt, mit der Bedingung jedoch, einer ganz kleinen Kammer am äußersten Ende eines langen Flures fernzubleiben. Indem er explizit darauf großen Wert legt, weckt er die Neugier der jungen, unerfahrenen Frau und lädt diese somit indirekt ein, das Verbot zu durchbrechen und das offensichtlich existierende Geheimnis zu lüften. Hierin liegt Blaubarts perverse Mordstrategie, die mit dem Faktor „Neugierde" spielt und rechnet. Als Blaubart erfährt, daß seine Gattin das Verbot brach und somit die Leichen ihrer Vorgängerinnen erblickte, bleibt ihm nur eine Lösung: er muß sie, wie die anderen auch, töten. Doch gelingt in dieser Erzählung im letzten Augenblick die Rettung durch die Brüder der traumatisierten Frau, die Blaubart umbringen. Vordergründig wird hier also die Tugend belohnt und das Laster bestraft, Blaubart wird ja schließlich beseitigt. Dennoch sei abschließend daran erinnert, daß Perraults Märchenerzählungen von nachgestellten Moralitäten bestückt sind. Im Fall von *La Barbe bleue* lautet die erste:

> *La curiosité malgré tous ses attraits,*
> *Coûte souvent bien des regrets;*
> *On en voit tous les jours mille exemples paraître.*
> *C'est, n'en déplaise au sexe, un plaisir bien léger;*
> *Dès qu'on le prend il cesse d'être,*
> *Et toujours il coûte trop cher.*[4]

---

[4] op. cit., p. 154.

Die zweite Moralität besagt, daß es heutzutage keinen Blaubart mehr gebe („un conte du temps passé"), da doch die Männer unter der Tyrannei der Frau lebten. Perrault kritisiert nicht, wie man es erwarten sollte, wenn man sich moralische Ziele steckt, den furchterregenden mordenden Blaubart, sondern dessen Gattin. Die Kritik an Blaubarts Verhalten entfällt, und somit wird ebendieses Verhalten als Handlungsgegebenheit hingenommen und toleriert. Die männlichen (Ab-)Arten werden als anthropologische Konstanten faktisch hingenommen.

Was Perrault damit bezweckt oder erreicht, läßt sich wohl nur spekulativ beantworten: diese Ausnahmen im moralischen Wertesystem demonstrieren die Komplexität des narrativen Textes, ja dessen Unausdeutbarkeit. Es stehen sich die Unendlichkeit des fiktiven Textes und die Endlichkeit des theoretischen Textes bzw. Anspruchs gegenüber. Daß die Handlungsweise nicht immer mit dem Wertesystem übereinstimmt, ist natürlich auch eine Lehre fürs Leben. Denn wo läßt sich ein solches System wirklich ausnahmslos durchsetzen? Die Weltwirklichkeit belehrt uns ja täglich eines besseren... Vielleicht ist die Nicht-Übereinstimmung von Aktant, Handlungsweise und entsprechender Konsequenz (Belohnung/Bestrafung) auch ein Mittel, zu zeigen, daß die allgemeingültige Moral selbst nicht unerschütterlich hingenommen werden kann oder muß, daß man unsere subjektiv geprägten moralischen Wertmaßstäbe auch relativieren muß. Es problematisiert das weite Feld von Schein und Sein der Moral, den die Moralistik des siebzehnten Jahrhunderts so eindrücklich durchleuchtete, und wirkt also hiermit wiederum ironisierend auf den Leser.

Was Perrault letztendlich hat ausdrücken wollen, indem er die eben besprochene Personengruppe aus seinem moralischen Wertesystem mit einem feinen Sinn für Ironie ausklammerte, bleibt ein Rätsel und ist sein Geheimnis, das er mit ins Grab nahm. Uns aber obliegt es durch unsere Neugier, zu dessen Lösung beizutragen.

Andreas Mathyl

Geheime Landschaften der Konfession
Rousseau und Bonaparte in den Vergy-Kapiteln
von Stendhals *Le Rouge et le Noir*

> Je regrette souvent qu'il n'y ait pas une langue sacrée connue des seuls initiés; un honnête homme pourrait alors parler librement, sûr de n'être entendu que par ses pairs.
> *Rome, Naples et Florence* (1826)[1]

Stendhals literarisches Werk markiert das Ende einer Epoche, deren Kunst in Frankreich vom höfischen Leben einer kontinuierlich erstarkten absolutistischen Monarchie bestimmt war. Es entsteht in einer Zeit ungeheurer gesellschaftlicher Umwälzungen, deren Dynamik ein neues, zahlreicheres Theaterpublikum, eine nicht mehr von der Forderung höfischer „bienséance" dominierte Zuschauerrolle und den Leser des modernen Romans hervorbringen wird. Ideengeschichtlich ist Stendhals Werk wesentlich der Tradition der Aufklärung verpflichtet, wie sie sich in den Schriften Destutt de Tracys und der „idéologues" fortsetzte, deren spätaufklärerische Philosophie für ihn maßgebend war.

Das Erscheinungsdatum von *Le Rouge et le Noir* wird nicht selten mit dem Beginn des realistischen Romans gleichgesetzt, der unsere Vorstellung von modernem Erzählen bis heute prägt. „Realismus", so W. Preisendanz, „ist ein dialektischer Begriff; er gewinnt seine Bedeutung weithin als Signatur einer literarischen Gegenposition oder Antithese."[2] Die-

---

[1] Stendhal (1973), 366. Diese Sehnsucht nach „einer heiligen Sprache, die nur Eingeweihten bekannt wäre" (8. Dezember 1816) kommuniziert mit den effektvoll unbedruckten Zeilen im darauffolgenden Eintrag zum 10. Dezember (ebd., 368), wo der Herzog von Modena angesprochen wird, der als der reaktionärste Souverän ganz Italiens bekannt war. Mit der implizierten geheimnisvollen Andeutung, er habe aus politischer Vorsicht auf den Abdruck verzichtet, versucht Stendhal offensichtlich, die Neugierde des Lesers zu wecken. *Rome, Naples et Florence* (1826) ist eine die Zeit der Restauration bereits nahezu panoramisch überschauende Wiederaufnahme und Ergänzung des halbfiktiven Reisetagebuches *Rome, Naples et Florence en 1817*.

[2] Preisendanz (1977), 221. Dies entspricht der fünften der von Preisendanz formulierten „Thesen zum Realismusproblem": „Dichtung und Dichtungstheorie des 19. Jahrhunderts zeigen [...], daß der Begriff Realismus ursprünglich vor allem in antithetischem Sinn verwandt wird: der Anspruch, realistisch zu schreiben, ist immer bezogen

se Gegenposition erringt Stendhal in seinen Romanen durch die Verabschiedung der von Rousseau und den Romantikern kultivierten Form monologisch orientierter Selbstdarstellung, welche sich mit der Epoche der Empfindsamkeit herauszubilden begann. Die postum veröffentlichten autobiographischen Schriften zeigen diese Dialektik aber auch als eine dem Gesamtwerk selbst innewohnende geheime Polarität von privater und öffentlicher Sphäre, die sich an den Aporien der sozialgeschichtlichen Ursprungsfiktion Rousseaus abarbeitet, am regressiven Intimitätsideal einer dem Geheimnis entzogenen, intersubjektiv transparenten Lebensform und der in ihr fundierten Überwindung aller Entfremdung.

Die „sensibilité", so der entsprechende französische Begriff, hatte ihre Hoffnung in ein Modell emphatischer „communication des âmes" gesetzt. Gegen dieses Kommunikationsmodell eines unverstellten Austausches edler und liebender Herzen bietet Stendhals Realismus eine Geisteshaltung auf, die sich – nicht ohne Einschränkungen – als Projekt einer aktualistischen ‚Moralistik' charakterisieren läßt. Berechtigte Vorbehalte gegenüber einer ahistorischern Applikation des Modells moralistischer Psychologie formulierte implizit bereits H. R. Jauß, für den Stendhals aktualistische Literaturtheorie das „Ende einer Tradition der Moralistik"³ anzeigt, an der sich die enorme Temporalisierung anthropologischer Reflexion nach 1815 veranschaulichen läßt. Doch bereits Jauß' eigenes Klassifikationsbemühen deutet an, daß die noch das achtzehnte Jahrhundert umfassende Endphase der Moralistik die mechanistische Psychologie Stendhals zu einem nicht unwesentlichen Teil mit einschließt. Deshalb wird sein Beschreibungsparadigma – ein Schwellenmodell im Zeichen des „Endes der Kunstperiode" – den Eigentümlichkeiten von Stendhals Werk nur partiell gerecht.

Die von Stendhal aktualisierten Vorbehalte moralistischer Rollenpsychologie betreffen insbesondere das Modell der „confession", wie es im Übergang⁴ von Madame de Lafayettes *Princesse de Clèves* (1678) zu

---

auf eine dichterische Gegenposition, die die eigentliche, die wahre Wirklichkeit verfehlt habe." Ebd., 218.
[3] Jauß (1970), 136. Vgl. ebd.: „Die Beschreibung der *mœurs de ce siècle*, von der La Bruyèreschen Form der ‚Charaktere' in den Roman übernommen, war darauf gerichtet, gerade das Bleibende, die menschliche Natur immer Kennzeichnende, das zwar an der Besonderheit der Erscheinung Erkannte, aber über den Augenblick hinaus Gültige aufzuzeichnen. Nachdem in der literarischen Revolution des neunzehnten Jahrhunderts die Geschichte in die Funktion eingetreten war, die bisher die Natur – dem Prinzip der Nachahmung gemäß – innehatte, wurde der moralistischen Tradition der Sittenbeschreibung der Boden entzogen. [...] die moderne Form der Zeit- und Gesellschaftsdarstellung setzt sich von der Wahrheit einer beschreibbaren, zeitlosen Natur des Menschen ab."
[4] Vgl. dazu Galle (1986), der diesen Übergang am Paradigma des Liebesgeständnisses belegt.

Rousseaus *Julie ou la Nouvelle Héloïse* (1761) das Jahrhundert des Briefromans und der Herzensergießungen der Empfindsamkeit bestimmt hatte. Unter den Vorzeichen der von Stendhal selbst erlebten und erlittenen bourbonischen Restauration kommen in seinem – ästhetisch gleichwohl am siebzehnten Jahrhundert und der Epoche vor 1789 orientierten – Gegenmodell vor allem „vanité" und „amour propre" zu neuen Ehren, mithin Zentralbegriffe der höfischen Anthropologie, wie sie die Moralistik und die *Réflexions ou Sentences et maximes morales* (1665) des Herzogs von La Rochefoucauld prägten.

Der ethische Blickpunkt der moralistischen Anthropologie La Rochefoucaulds war bestimmt vom um die Mitte des siebzehnten Jahrhunderts besiegelten Scheitern der letzten ständischen Revolte des Ancien Régime, der sogenannten Fronde. In der Folge dieses Scheiterns beklagten auch die jansenistischen Autoritäten einen allgemeinen moralischen Niedergang, und Moralisten wie La Rochefoucauld und La Bruyère beschrieben die gesellschaftliche Affektmaskierung[5] und den im Prozeß absolutistischer Verhofung entstandenen Rollenzwang von „la cour et la ville" im pessimistischen Horizont einer negativen Anthropologie.[6] Die höfische Anthropologie der Moralistik begreift die Tugenden, mit La Rochefoucauld gesprochen, als „verkleidete Laster"[7]. Im zum Selbstzwang verinnerlichten Fremdzwang, im „Kreislauf der Zwänge"[8] höfischer Kultur bestimmte die negative Menschenkunde des „siècle classique" ihren Untersuchungsgegenstand als ein allzumenschliches Mängelwesen, das seine Laster und Leidenschaften im Zeichen universeller „hypocrisie" und Rollenhaftigkeit nicht nur vor dem neugierigen Blick des anderen verbergen lernen muß, sondern auch – aufgrund von „amour propre" und „vanité" – unhintergehbar immer schon vor sich selbst kaschiert. Stendhal wird mit dem aktualisierten Instrumentarium dieser anthropologischen Negativität und im Kontrast zur zeitgenössi-

---

[5] Mit dem Begriff beziehe ich mich auf die Analysen vorrevolutionärer Affektmaskierung und -modellierung im französischen Absolutismus, die N. Elias an Honoré d'Urfés Schäferroman *L'Astrée* und der von ihm als „Zweifrontenschicht" bezeichneten Mittelklasse der nichthöfischen Aristokratie des 16. Jahrhunderts geleistet hat. Vgl. Elias (1983), 365–393.

[6] Zur in der französischen Moralistik zentralen, nur ex negativo, nämlich durch eine „negative Anthropologie" bestimmbaren Selbstentzogenheit des Subjekts vgl. Stierle (1985a und 1985b). Eine kritische Begriffsgeschichte der Bezeichnung „moraliste" bietet van Delft (1982), 17–37.

[7] „Nos vertus ne sont, le plus souvent, que des vices déguisés." La Rochefoucauld (1967), 7. Diese Maxime charakterisiert treffend das Gesamtprojekt der *Réflexions, ou Sentences et maximes morales*. Ihre herausragende, programmatische Bedeutung dokumentierte La Rochefoucauld selbst, indem er sie zum zentralen Motto erhob und als Epigraph der vierten Ausgabe voranstellte. Seit der fünften Ausgabe erscheint sie nur noch in dieser epigraphischen Funktion.

[8] Elias (1983), 392.

schen Romantik eine neue ästhetische Dimension literarischen Wirklichkeitsbezugs erschließen, die sich keineswegs erschöpft im aktualistischen Realismus der Widerspiegelung zeitgeschichtlicher Umbrüche.

I.

Im Fall von *Le Rouge et le Noir* springen diese Umbrüche gleichwohl besonders ins Auge. Das Buch erschien im November 1830, nur wenige Monate nach der Julirevolution. Im Zeitraum jener entscheidenden Wochen, in denen sich der Umsturz von Tag zu Tag deutlicher abzeichnete, war Stendhals Manuskript der Geschichte eines geheimen Widerstands gegen die Restauration bereits abgeschlossen. Er korrigierte schon die Druckfahnen, als am 27. Juli 1830 der Aufstand losbrach, der rund 2000 Menschen das Leben kostete. Die in den Restaurationsjahren angenommene pessimistische Haltung ließ ihn aber bis zum 28. Juli nicht daran glauben, daß die jüngsten Ereignisse seinen noch unveröffentlichten Roman eines Teils seiner zeitgeschichtlichen Aktualität und politischen Brisanz berauben könnten. Entsprechend überrascht reagierte Stendhal auf den Erfolg der Revolutionäre, was er im Rückblick der *Souvenirs d'égotisme* des Jahres 1832 folgendermaßen zusammenfaßte:

> Je n'ai commencé à estimer Paris que le 28 juillet 1830. Encore le jour des ordonnances, à 11 heures du soir, je me moquais du courage des Parisien et de la résistance qu'on attendait d'eux, chez M. le comte Réal. (1982, 451).

Seine räumlich-akustische Wahrnehmung der Schlacht um Paris notierte er am 28. Juli 1830 auf zwei Seiten seines Exemplars des Napoleon-Tagebuchs *Mémorial de Sainte-Hélène* (1823), auf denen die zum Teil von Stendhal selbst als siebzehnjähriger Dragoner miterlebten Italienfeldzüge Bonapartes beschrieben werden.[9] Stendhal hat sich auch literarisch mehrfach mit Bonaparte beschäftigt[10], den er als General „seines", also des zweiten Italienfeldzugs von 1800, „immer noch"[11] verehrte, womit angedeutet ist, daß er sich als Jakobiner später, nämlich seit dem Sündenfall des Konkordats von 1801, zu den Kritikern des Diktators zählte.

---

[9] Stendhal (1982), 131. Die Eintragungen Stendhals sind wiedergegeben im rekonstruierten *Journal (1818–1842)*.
[10] Vgl. dazu die Neuedition der erst postum veröffentlichten Napoleon-Biographie in Stendhal (1998).
[11] So und nicht im Sinne blinder Bedingungslosigkeit ist die von uns weiter unten noch einmal im Kontext zitierte Wendung „Napoléon (que toujours j'adorai)" aus den *Souvenirs d'égotisme* zu interpretieren. Vgl. Stendhal (1982), 431.

Im Jahr der Veröffentlichung von *Racine et Shakespeare N° I* (1823) war auch das Napoleon-Tagebuch *Mémorial de Sainte-Hélène* des Grafen de Las Cases erschienen, der Bonaparte in die Verbannung auf Sankt-Helena begleitet hatte. Zweifellos unter dem noch frischen Eindruck der Lektüre des *Mémorial* entwarf Stendhal in *Racine et Shakespeare N° II* (1825) spielerisch das Exposé eines Napoleon-Dramas mit dem Titel *Le retour de l'île d'Elbe*. Dessen Struktur verstößt vorsätzlich gegen die Regel der drei Einheiten, wie sie zuletzt die klassizistische Dramenpoetik La Harpes vertrat, im Einklang mit der nach 1815 wieder bourbonisch dominierten Académie française, an deren Adresse sich Stendhals Traktat richtet. Das Modell der von ihm erträumten „tragédie nationale et romantique en prose" entwirft 5000 Meilen voneinander entfernte Schauplätze und einen sieben Monate umfassenden Handlungszeitraum. Der letzte Akt endet mit der Stendhal zufolge durch die wiederaufkeimende diktatorische Hybris Bonapartes motivierten Niederlage von Waterloo; die letzte Szene zeigt die Ankunft auf dem „roc de Sainte-Hélène"[12] und schließt mit Napoleons „*vision prophétique*"[13] auf die sechs folgenden Jahre bis zu seinem Tod.

Bis zur feierlichen Überführung der sterblichen Überreste von Sankt Helena nach Paris (1840) wird man sich an Napoleon in mythisierender Verklärung beinahe wie an einen König Artus erinnern, der, auf eine zweite Insel Avalon entrückt, seiner sagenhaften Wiederkehr entgegensieht. Stendhals Roman *Le Rouge et le Noir* baut implizit auf diese von den Jahren der Restauration begünstigte politische Romantik des Mythos vom ‚Volkskaiser' Napoleon. Als deren ideologischer Vermittler erscheint in der Erzählung die Figur eines ehemaligen Stabsarztes des Bürgerheeres, der als älterer Cousin des Romanhelden Julien Sorel vorgestellt wird. Dieser pensionierte Feldchirurg der „Grande armée" kauft Julien buchstäblich von den bildungshemmenden Umständen seiner niederen Herkunft frei:

> Ce chirurgien payait quelquefois au père Sorel la journée de son fils, et lui enseignait le latin et l'histoire, c'est-à-dire ce qu'il savait d'histoire: la campagne de 1796 en Italie. En mourant, il lui avait légué sa croix de la Légion d'honneur, les arrérages de sa demi-solde et trente ou quarante volumes [...]. (1952, I, 233).

Die Julien von seinem Cousin vermittelten ‚Geschichtskenntnisse' bestimmt ein bonapartistischer Aktualismus, eine Art ‚Napoleon-Theologie', denn diese Kenntnisse beschränken sich auf die Geschichte des ersten Italienfeldzugs. Neben Abbé Chélan, dem alten Pfarrer von Verrières, bildet der ehemalige Stabsarzt die zweite jener zahlreichen Vater-

---
[12] Stendhal (1986), Bd. 37, 152.
[13] Ebd., 152.

figuren des Romans, die Julien dann auch im Hause de Rênal, im Priesterseminar von Besançon und im Hôtel de La Mole in Paris finden wird. Dieser bonapartistische Stabsarzt und Hauptmann der „campagne d'Italie" ist es, der für Julien die innere Verbindung zu dem durch die Kräfte der Restauration gleichsam hermetisch verschlossenen ‚anderen' Zeitraum des Empire als einer untergegangenen geheimen Republik aufrechterhält. Dank dieser Mittlerfigur kann Julien als unmittelbar Nachgeborener die jüngstvergangene, nur noch medial vermittelte Historie zum unerreichbaren Goldenen Zeitalter verklären.

In diesem Sinne schildert Stendhals Roman die politische Gleichzeitigkeit des historisch Ungleichzeitigen: die Koinzidenz des tabuisierten, aber je individuell bewahrten republikanischen Gedankengutes mit den auch von einem Teil des Großbürgertums begrüßten neuen Verhältnissen. Im programmatischen Widerspruch zur Regierungszeit der wiedereingesetzten Bourbonenkönige Louis XVIII und Charles X entwirft er einen jugendlichen Helden, der in die restaurative Übergangsperiode zwischen zwei Epochen hineinwächst. ‚Zwischen' diesen Epochen liegt eine fünfzehn Jahre währende historische Parenthese, in der auch die Geburtsjahre der französischen Romantik zu verorten sind, eine Zeitklammer zwischen der plebiszitären Diktatur des zum Franzosenkaiser erhobenen korsischen Bürgergenerals „Napolione Buonaparte" und der goldenen Zeit des Großbürgertums unter Louis-Philippe d'Orléans, der die Trikolore wiedereinsetzen und sich im Zeichen demokratischer Legitimation als „König der Franzosen" bezeichnen wird.

Das bourbonische Regime der Restaurationsjahre war zur ständischen Ordnung zurückgekehrt, die für die unteren Schichten den weitgehenden Verlust der zuvor errungenen Chancen bedeutete. Der Held von Stendhals Roman hat seinen Enthusiasmus für die untergegangene Glanzzeit sozialer Grenzüberschreitungen denn auch aufs strengste geheimzuhalten, weil er sich aus purem Opportunismus für eine kirchliche Laufbahn entscheidet, die unter den neuen Verhältnissen wieder vielversprechend scheint. Nur die Privatsphäre vermag sich zwischen 1815 und 1830 institutioneller Kontrolle und Zensur noch zu entziehen. *Le Rouge et le Noir* läßt sich vor diesem historischen Horizont als Dokument eines überlebensnotwendigen Rückzugs des republikanischen Ideals in die geheime Sphäre des Privaten begreifen.

II.

Nachdem Julien dank seiner mnemotechnischen Beherrschung des lateinischen Neuen Testaments zum Hauslehrer der Familie de Rênal aufgestiegen ist, sieht er sich gezwungen, nicht nur die Gegenstände seiner nächtlichen Lektüre zu verheimlichen, sondern bereits die Tatsache, daß er überhaupt heimlich liest. Für den konservativen Landadel wäre heimliches Lesen nahezu gleichbedeutend mit der Lektüre von Romanen oder republikanischen, liberal gesinnten Autoren. Die Schreckensjahre der Umwälzung haben das bis 1789 vom aufgeklärten Absolutismus geschützte Reich der Ideen im Bewußtsein der bedrohten Stände zu einem angstbesetzten Hort blutdurstiger Chimären gemacht. In der Welt der Madame de Rênal wird die von Julien respektierte Tabuisierung liberaler Schriften jedoch von der Hausherrin selbst durchbrochen. Da Julien im Interesse seines nach außen gewahrten Rufes als Student der Theologie den liberalen Buchhändler von Verrières meiden muß, bestellt sie die gefürchteten Bücher für Julien auf den Namen ihrer Kinder.

Gleich am Romanbeginn werden die *Confessions* explizit charakterisiert als der wichtigste Teil von Juliens subjektivem Glaubensbekenntnis, als sein „coran" und als „le seul livre à l'aide duquel son imagination se figurât le monde"[14]. Der Erzähler läßt uns wissen, daß es eben dieses Buch sei, das Juliens „horreur"[15] bedingt, seine Mahlzeiten mit den Dienstboten einnehmen zu müssen, womit auf die Episode mit Madame de Beuzenwal im siebten Buch der *Confessions* angespielt wird. Der ausschließliche, programmatische Bezug auf die ‚Bibel' der *Confessions* hat sein Vorbild bei Rousseau, nämlich in *Émile ou de l'éducation* (1762). Dort wird für den dritten Erziehungsabschnitt Émiles (das Alter zwischen zwölf und fünfzehn Jahren) der pädagogische Wert der Auswahl möglichst weniger Bücher betont, unter denen Rousseau vor allem Defoes *Robinson Crusoe* hervorhebt. Die Vorgabe der rousseauschen Erziehungsmaximen wird jedoch durch weitere geheime Bücher in Frage gestellt. Die zweite, nicht weniger programmatische Hälfte von Juliens ‚Koran' bilden nämlich Bonapartes Proklamationen für die „Grande armée" und Las Cases' Napoleon-Tagebuch *Mémorial de Sainte-Hélène*. Auf pragmatischer Ebene zeichnen sich beide Texte, die *Confessions* und der *Mémorial*, durch ihren apologetischen Charakter aus. Zudem erfahren wir, daß Julien das Geheimnis dieser Bücher und Vorbilder gegenüber dem feindlichen gesellschaftlichen Außenraum durch eine geheime Strategie diskursiver Maskierung wahrt, indem er den katholischen Traktat *Du pape* (1819) des legitimistischen Grafen Joseph de Maistre (1753–1821) und das lateinische *Neue Testament* auswendig lernt.

Im Horizont von Juliens geheimer Verehrung Rousseaus sind in *Le Rouge et le Noir* vor allem die Situationen geheimen Lesens und Schreibens von Interesse. Als Situationen ästhetischer Erfahrung und im weitesten Sinne literarischer Produktion entwickeln sie ein subversives Po-

---
[14] Stendhal (1952), 235.
[15] Ebd., 235.

tential, das über seinen Sitz im Imaginären die verborgene Tiefenstruktur der öffentlichen Aufsteigerrolle Juliens bestimmt. Als heimlich Lesender, als ein sich dem geheimen Genuß der Lektüre Hingebender erscheint unser Held gleich zu Beginn des Romans im Sägewerk seines Vaters. Dort vernachlässigt er für das Lesen seine Rolle als Mitarbeiter im kleinindustriellen Familienbetrieb. Der alte Sorel ertappt den vermeintlich unfähigsten und ungeschicktesten seiner Söhne beim heimlichen Lesen, während er eigentlich die Aufsicht über die laufenden Maschinen des Sägewerks hätte führen sollen. Der Vater schlägt ihn und wirft sein Lieblingsbuch – Las Cases' *Mémorial de Sainte Hélène* – in den Bach der Sägemühle. Die ökonomisch unproduktive Verausgabung ans Ästhetische gilt in Juliens Herkunftssphäre als schlechthin nutzlose Zeitverschwendung, gleichgültig, ob es sich bei dem besagten Buch um die Bibel der Christen oder um Juliens Napoleon-‚Bibel' handelt.

Auch in Paris wird Julien auf Signale der Tabuisierung von Lektüre stoßen. Im Hause des Marquis de La Mole muß er seine tatsächliche Ungläubigkeit und seine Bewunderung für Bonaparte geheimhalten. Die Werke Voltaires stehen als achtzigbändige Prachtausgabe in den Regalen der Bibliothek des ultramonarchistischen Marquis. Julien könnte sie aber nicht konsultieren, ohne seinen guten Ruf als Kleriker zu gefährden, und öffnet sicherheitshalber die Tür der Bibliothek, um nicht beim heimlichen Lesen des ‚falschen', weil nicht rollenkonformen Buches überrascht zu werden.[16] Gegenüber Mathilde de La Mole, der exzentrischen Tochter des Hauses, wird er auch Partei gegen sein Idol Rousseau ergreifen, als sie sich bewundernd über den Autor des *Contrat social* äußert.[17] Mathilde macht ihn zudem darauf aufmerksam, daß der Marquis jeden, der privat etwas auf französisch schriebe – das heißt nicht in Latein, sondern in einer für die als gefährlich empfundene Masse des Volkes verständlichen Sprache – von vornherein als subversives Element betrachte.

Die heimliche Angst der Ultras wird vom Erzähler als eine kompensatorische Strategie der Verdrängung porträtiert, welche die von Julien aufgebotene Maskerade geradezu als ihr Gegenstück einfordert. „[...] avant tout, je veux être vrai", bemerkte Stendhal selbst in den *Souvenirs d'égotisme*. „Quel miracle ce serait dans ce siècle de comédie, dans une société dont les trois quarts sont des charlatans."[18] Hier ist ex negativo das Rollenspiel vorgezeichnet, das dem vitalen Individuum von der zeitgenössischen Gesellschaft aufgenötigt wird, der Code, in dem Juliens „charlatanisme" zur authentischen Antwort auf die Aporien eines zeitgeschichtlich aktualisierten Wahrheitsanspruchs nobilitiert ist. Diese

---

[16] Vgl. Stendhal (1952, I), 449.
[17] Vgl. ebd., 488.
[18] Stendhal (1982), 466.

,authentische' Antwort besteht aber nicht im utopischen Wegfallen des Rollenspiels als solchem, sondern in imaginären Rollen, die sich auf Rousseau und Bonaparte beziehen. Auf der Oberfläche mimen die Gedächtniskunststücke Juliens – sie bestehen in beliebiger mnemotechnischer Reproduktion von Teilen des lateinischen Neuen Testaments – die „comédie" der Restauration. In der allein für den Rollenspieler transparenten Tiefe sind diese öffentlichen, konventionellen, negativ konnotierten Zeichen jedoch mit der durch sie geschützten geheimen Botschaft der positiv konnotierten Schriften Rousseaus und Napoleons verknüpft: mit den *Confessions*, dem *Mémorial de Sainte-Hélène* und den *Bulletins* der „Grande armée".

Entscheidend ist hierbei der Aspekt, daß Juliens „comédie" für Stendhal auch die aktualistische Entfernung vom höfischen Welttheatermodell des siebzehnten Jahrhunderts impliziert, wo die konventionalisierte, ästhetisch durch den „art de plaire" legitimierte Rolle noch als von allen geteiltes, offenes Geheimnis genießbar war, im Sinne des folgenden Schlüsselsatzes höfischer Psychologie, der vom Chevalier de Méré formuliert wurde: „il n'est pas inutile de regarder ce qu'on fait comme une Comedie, et de s'imaginer qu'on joüe un personnage de theatre. Cette pensée empeche d'avoir trop à cœur"[19]. Das Problematische an Stendhals Opposition „authenticité" versus „comédie/charlatanisme" besteht demgegenüber darin, daß sie die intersubjektive Öffnung des höfischen Rollenspiels auf seine ästhetische Genießbarkeit, also das, was man als die paradoxe „authenticité" höfischer „comédie" bezeichnen könnte, zugunsten eines aktualistischen Begriffs von „vérité" und „authenticité" zurücknimmt. Der zur restaurativen Epoche nach 1815 erneut konträre Authentizitätsbegriff impliziert die Existenz eines Standpunkts außerhalb der Rollenhaftigkeit individuellen und sozialen Lebens. Von diesem hypostasierten externen Blickpunkt aus werden die von der Restauration, aber auch schon vom Empire wiederbelebten nachrevolutionären Reststrukturen der Kultur des höfischen Rollenspiels dem „charlatanisme" und der „inauthenticité" zugeschlagen.

Auf eine nun in der Tat inauthentische Wiederherstellung der – institutionell betrachtet zwischen 1793 und 1815 untergehenden – höfischen Rollenkultur, wie sie im Gefolge der Restauration offiziell statthaben soll, kann demgemäß nur der blutige Ernst des jakobinischen Rollenspiels eines Julien Sorel antworten. Gemildert wird dieser Ernst lediglich durch die komödiantische Inszenierung einer Spielsituation, die bestimmt ist vom aktualistischen Implikat, daß seit 1789 jederzeit alle Rollen wieder neu verteilt werden könnten. Kritisch zu bewerten sind daher besonders jene Momente in *Le Rouge et le Noir*, wo sich die vom

---

[19] Chevalier de Méré (1930, III), 158.

Erzähler im Zeichen von „authenticité" vermittelte Kritik an den Rollenträgern und den Rollen der Restauration vermischt mit einer durch Juliens Maskerade ex negativo inszenierten Polemik gegen das soziale Rollenspiel schlechthin. Denn es sind nicht zuletzt die dynamisierte Erzählsituation und die Schreibsituation des Autors selbst, die von der komödiantischen Inszenierbarkeit dieses Spiels im Sinne genuin narrativer „authenticité" profitieren.

Auf der pragmatischen Ebene der Schreibsituation setzt sich dieser explizite, noch klassisch rationalistisch konzipierte auktoriale Anspruch auf einen jenseitigen Beobachterstandpunkt paradoxerweise in einem geradezu inflationären Gebrauch von Pseudonymen[20] fort. Diese Pseudonymie beginnt in der frühen Korrespondenz mit der Schwester Pauline und wird die Publikationssituation der ersten Werke und kompilatorischen Übersetzungen prägen, bis Henri Beyle definitiv zu „Stendhal" wird. J. Starobinski beschrieb Stendhals pseudonymisches „système de fuite"[21] als Strategie der Erlangung und Wahrung eines „bénéfice du secret"[22]. Die ‚Komödie' dieses geheimen ‚Fluchtsystems' literarischer Lüge läuft zusammen mit dem, was Valéry als Stendhals „comédie de sincérité" bezeichnet sehen wollte. Dabei setzte Valéry voraus, daß diese Komödie der Ehrlichkeit in ihrer Komik ein Resultat sei von Stendhals Bemühen, nicht nur aufrichtig zu sein, sondern zugleich vor sich und den anderen jederzeit der *Rolle* des Aufrichtigen zu genügen – „comme toutes les sincérités volontaires sans exception"[23].

Dem ist entgegenzuhalten, daß Stendhal die von Valéry aufgewiesene Brechung bis zu einem gewissen Grad immer schon selbst komödiantisch inszeniert.[24] Die allein im Akt des Lesens füllbare Unbestimmtheitsstelle[25] reflektierten erzählerischen Rollenspiels erzeugt die ästhe-

---

[20] Zum literarästhetischen Aspekt der rund dreihundert (Schriftsteller-)Pseudonyme Henri Beyles ist die Arbeit von J. Starobinski (1961 b) einschlägig. Vgl. ebd., 198: „Le masque devra être un défilé de masques, la pseudonymie devra devenir une ‚polynymie' systématique. [...] Il faut qu'il [i. e. Stendhal] ait constamment quelques longueurs sur les autres. Et il devra au surplus dissimuler ce que ses conduites secrètes auront de systématique. Car laisser entrevoir un système, c'est se rendre parfaitement explicable, c'est perdre tout le bénéfice du secret."
[21] Ebd., 198.
[22] Ebd., zum Kontext vgl. das Zitat in der Anmerkung zu Starobinski weiter oben.
[23] Valéry (1957), 573.
[24] Diesem kritischen, Stendhals Modernität akzentuierenden Modell folgt bereits Warning (1984), 454.
[25] Der Begriff knüpft an W. Isers Aktualisierung von R. Ingardens rezeptionsästhetischem Konkretisationsmodell an. Im Rahmen dieser Aktualisierung versucht Iser „das seit dem 18. Jahrhundert beobachtbare Anwachsen der Unbestimmtheitsgrade in literarischen Texten" zu interpretieren: „Unterstellt man, daß Unbestimmtheit eine elementare Wirkungsbedingung verkörpert, so fragt es sich, was ihre Expansion – vor allem in moderner Literatur – besagt. Sie verändert ohne Zweifel das Verhältnis von Text und Leser." Iser (1979), 230. Bezüglich der Aktualisierung von R. Ingardens Be-

sche Oszillation seiner Texte und definiert zugleich deren Modernität. Unbestimmt, ungewiß und voller Geheimnisse – tabuisierte ‚offene Geheimnisse' eingeschlossen – ist zu Stendhals Zeit auch die unmittelbare politische Gegenwart der Restauration und damit die Zukunft der ihr unterworfenen Menschen und zeitgenössischen Leser Stendhals. Im Sinne der benannten Paradigmatizität von Stendhals erzählerischem und autobiographischem Werk ist es vor allem dieser Aspekt einer in der Erzählsituation gespiegelten Dialektik von geheimer Rolle und öffentlichem, neugierigem Blick, unter dem in *Le Rouge et le Noir* Schreibsituation, Erzählerrolle und Figurenfunktion miteinander pragmatisch verschränkt sind.

III.

Die umrissene Pragmatik der historischen Situation soll uns im folgenden helfen, die Funktion einiger Szenen in Stendhals *Le Rouge et le Noir* zu ermitteln, in denen die Erfahrung von Landschaft thematisch wird als ein ambivalentes Paradigma der sozialgeschichtlichen Bedingtheit und Modernität ästhetischer Erfahrung zwischen 1815 und 1830. Eingebettet sind diese Szenen in die Beschreibung der Frühlings- und Sommertage im Schloß von Vergy, dem Landsitz des Monsieur de Rênal. Da dieser häufig durch wichtige Amtsgeschäfte in Verrières zurückgehalten wird, sind in Vergy erstmals jene Zwänge zurückgenommen, die Julien sich zur Wahrung seines Rufes als Student der Theologie auferlegen muß. Die zwanglosen abendlichen Unterhaltungen mit Madame de Rênal und ihrer Cousine im Garten unter der großen Linde, der tägliche Zeitvertreib des Schmetterlingsfangs mit seinen Zöglingen – all dies läßt den jungen Hauslehrer mit den ihm anvertrauten Kindern selbst eine zweite Kindheit erleben.

Die häufigen Abwesenheiten von Monsieur de Rênal erlauben ihm nun, die bereits in Verrières betriebenen heimlichen Lektüren von der Nacht auf den Tag zu verlagern. An die Stelle des aus Vorsicht verdunkelten Innenraums des nächtlichen Zimmers von Verrières tritt jetzt der offene Außenraum der Lektüre in den sonnigen Felslandschaften um Vergy:

> [...] il osait lire, bientôt, au lieu de lire la nuit, et encore en ayant soin de cacher sa lampe au fond d'un vase à fleurs renversé, il put se livrer au sommeil, le jour, dans l'intervalle des leçons des enfants, il venait dans ces rochers avec le livre, unique règle de sa conduite et objet de ses transports. Il y

---

griff der „Unbestimmtheitsstelle" ist auch auf Iser (1984), 267–280, zu verweisen. Vgl. zudem Ingarden (1972), 265–268.

trouvait à la fois bonheur, extase et consolation dans les moments de découragement. (1952, I, 265).

Während sich im zivilisationsfernen, naturnahen Außenraum der Landschaft von Vergy Madame de Rênals Leidenschaft für Julien entfaltet, schöpft dieser dort aus den Schriften seines geheimen Idols Napoleon die Inspiration zur Überwindung seiner Schüchternheit und seiner standesbedingten Minderwertigkeitskomplexe. In der sommerlichen Gebirgslandschaft wird der in Verrières herrschende scharfe Kontrast von Innen und Außen zurückgenommen. Die Gegend um Vergy öffnet Julien dem „plaisir d'exister"[26]. Die „aspects sublimes"[27] dieser Landschaft rücken zudem in die subjektivierte Funktion eines impliziten Kommunikationsmediums jener geheimen, imaginären Herrschaft, die er durch die visuelle Erschließung des Landschaftsraums zu erringen sucht:

> Dès l'arrivée de madame de Derville, il sembla à Julien qu'elle était son amie; il se hâta de lui montrer le point de vue que l'on a de l'extrémité de la nouvelle allée sous les grands noyers; dans le fait, il est égal, si ce n'est supérieur à ce que la Suisse et les lacs d'Italie peuvent offrir de plus admirable. Si l'on monte la côte rapide qui commence à quelques pas de là, on arrive bientôt à de grands précipices bordés par des bois de chênes, qui s'avancent presque sur la rivière. C'est sur les sommets de ces rochers coupés à pic que Julien, heureux, libre, et même quelque chose de plus, roi de la maison, conduisait les deux amies, et jouissait de leur admiration pour ces aspects sublimes.
> – C'est pour moi comme de la musique de Mozart, disait madame Derville. (1952, I, 264 f.).

Der den beiden Frauen vermittelte ästhetische Genuß des panoramischen „point de vue" wird hier zum Medium einer narzißtischen Besetzung der solchermaßen perspektivierten Landschaft. Die panoramische Erfahrung des Erhabenen wird zum geheimen Agenten einer symbolischen Besitzergreifung, durch die sich unser Held zum „roi de la maison", zum imaginären Herrn des in dieser Berglandschaft enthaltenen, von ihr dominierten Landsitzes erhebt. Die Landschaften der Umgebung von Verrières, in der Julien aufwuchs, waren für derartige Besetzungen unbrauchbar. Die Gegenwart des tyrannischen Vaters und der neidischen Brüder hatten sie für diese Zwecke „verdorben" („gâté"[28]), wie es heißt. In die Felslandschaften von Vergy kann sich hingegen die Geschichte einer ‚zweiten Kindheit' einschreiben, einer geheimen zweiten Sozialisation Juliens:

> Julien, de son côté, avait vécu en véritable enfant depuis son séjour à la campagne, aussi heureux de courir à la suite des papillons que ses élèves. Après

---

[26] Stendhal (1952, I), 264.
[27] Ebd., 265.
[28] Ebd., 265.

tant de contrainte et de politique habile, seul, loin des regards des hommes, et, par instinct, ne craignant point madame de Rênal, il se livrait au plaisir d'exister, si vif à cet âge, et au milieu des plus belles montagnes du monde. (1952, I, 264).

Diese zweite Sozialisation entzieht den Unterprivilegierten den moralischen Ansprüchen und Zwängen der Theologenrolle und dem ihr entsprechenden „regard" der Stadtbewohner von Verrières. Aufgrund von Juliens Heuchelei, die sich als eine im Zeichen der „vérité" stehende Antwort auf die allgemeine gesellschaftliche Heuchelei versteht, kann dieser fremde Blick nur ein feindlicher sein. Die Berglandschaft um Vergy wird aber nicht nur zum Schauplatz geheimer Regression im Zeichen der aristokratischen Resozialisation, die ihm in der impliziten Rolle des imaginären Ziehsohnes seiner Dienstherrin zuteil wird. Diese Landschaft gewährt ihm darüber hinaus eine Freiheit, in der sich seine unter schlechten familiären und politischen Bedingungen begonnene moralische und intellektuelle Emanzipation fortsetzen kann. Auf der Ebene der Familienstrukturen[29] ereignet sich Juliens Emanzipation aber auch in der krampfhaften, von Napoleons Feldherrnmaximen geleiteten erotischen Eroberung der Hausherrin Madame de Rênal. In Juliens geheimer ‚zweiter Kindheit' nimmt Madame de Rênal bezeichnenderweise auch die symbolische Rolle der frühverstorbenen Mutter ein, wodurch der inszenierten Emanzipation, die er durch Erfüllung der selbstauferlegten „Pflicht" der Verführerrolle zu erreichen glaubt, zugleich immer schon Regression eingeschrieben ist.

An die ‚zweite Kindheit' schließt sich eine geheime ‚zweite Pubertät' an. Diese zeigt sich im Aufbegehren gegen den Hausherrn und Familienvater Monsieur de Rênal, das zugleich Züge einer verdeckten, von standesbedingten Ressentiments des geheimen Jakobiners entzündeten Revolte trägt. Die neue Freiheit in Vergy bewirkt, daß Julien zuweilen die ihm anvertrauten Zöglinge vergißt und sich bereits in den frühen Morgenstunden der geheimen Lektüre der *Bulletins* der „Grande armée" widmet. Ihnen entnimmt er seine geheimen ‚Tagesbefehle' im Kampf gegen die zum ‚Feind' erklärte Madame de Rênal. Es kommt zu einer demütigenden Zurechtweisung durch den Hausherrn, der Julien für seine vermeintliche Pflichtvergessenheit rügt. Demütigend ist diese Behandlung aber nur für den, der sich im geheimen schon nicht mehr in der Rolle des Hauslehrers und Theologiestudenten sieht, sondern sich in der des freien Bürgers als „maître de son temps"[30] empfindet.

---

[29] Eine reichhaltige, auch für den Geheimnisaspekt ergiebige Materialauswahl zu dieser psychologischen Dimension gibt Berthier (1983) im Horizont von Stendhals Gesamtwerk.
[30] Stendhal (1952, I), 273.

Für Julien werden diese in seinen Augen ehrenrührigen Demütigungen den Anlaß bilden, Monsieur de Rênal eine Entschuldigung abzuringen. Mit dieser Unverfrorenheit riskiert er seine Entlassung, doch die dem Dienstherrn abverlangte Entschuldigung stellt sich überraschenderweise tatsächlich ein: in Form einer Gehaltserhöhung, die ihn davon abhalten soll, als Hauslehrer von Monsieur Valenod, dem Vorstand des Armenhauses, abgeworben zu werden. Die geheimen Motive von Julien und Monsieur de Rênal greifen hier ineinander. Die Ausbildung der Kinder, auf deren Fortschritte Julien sich beruft, war nämlich keineswegs der eigentliche Beweggrund für seine Anstellung als Hauslehrer. Monsieur de Rênal kommt es vielmehr darauf an, in Verrières seine aristokratische Spitzenstellung gegenüber den neureichen Liberalen zu bewahren, die sich keinen Hauslehrer leisten. Im geheimen Kampf gegen das gehaßte Jakobinertum ist er blind geworden für Juliens maskiertes Aufstiegsstreben.

Hinter Juliens nach dieser Konfrontation geäußertem Wunsch, seinen Beichtvater Abbé Chélan aufzusuchen, kann der Bürgermeister von Verrières daher nur die geheime Absicht vermuten, seinem lokalpolitischen Rivalen Valenod Bescheid zu geben. Julien wird in Verrières zwar tatsächlich seinen Beichtvater aufsuchen, eine authentische Beichte verbietet sich für ihn jedoch im Namen seiner programmatischen Heuchelei: die christliche Beichte wäre als geheime, verschwiegene Offenlegung moralischer Verfehlungen gleichbedeutend mit einer „nouvelle scène d'hypocrisie"[31], die sich der geheime Jakobiner aufzuerlegen hätte. An die Stelle des Beichtstuhls, des Ortes christlicher „confession" und Absolution, tritt die ästhetische Erfahrung und imaginäre Belehnung der verschwiegenen Berglandschaft, die Julien auf dem nun beschrittenen Felsenpfad von Vergy nach Verrières erwartet.

Stendhal entwirft die kirchliche Beichte als eine nach 1815 zum Instrument restaurativer Überwachung heruntergekommene Institution. Der von ihrem Beichtvater inspirierte, Julien anklagende Brief von Madame de Rênal an den Marquis de La Mole wird Julien letztlich zu Fall bringen. Im Gefängnisturm von Besançon besteht er darauf, daß man ihm einen jansenistischen Beichtvater zuweist, weil dieser – im Gegensatz zu einem Jesuiten – weniger darauf versessen sei, sich durch seine Rolle als „confesseur" in dem von ganz Besançon mit höchster Aufmerksamkeit verfolgten Gerichtsfall gesellschaftlich zu profilieren. Die Zurückweisung der christlichen Beichte durch Julien wird vom Erzähler jedoch auch als Kristallisationspunkt einer individualistischen Entfremdung von der Gesellschaft in Szene gesetzt. Die Institution der Beichte und das individuelle Geständnis von Subjektivität sind unvereinbar geworden.

---

[31] Ebd., 275.

Die in den Beichtspiegeln standardisierte Grundform des Geständnisses wäre mit Luhmanns Begriff des Code[32] als ein symbolisch generalisiertes Kommunikationsmedium zu beschreiben, als ein rituell eingebundenes Versatzstück der religiösen Praxis des Beichtsakraments. Die Geständnissituation in ästhetischen Texten bietet demgegenüber ein etwas anderes Bild, das sich im Kontrast zu Luhmanns Code-Begriff skizzieren läßt. Denn das vom kirchlichen Ritus abgelöste und in ästhetische Erfahrung überführte Geständnis fungiert im Roman nicht als Code, sondern „als ein individualisierender Akt, der dadurch Gestalt gewinnt, daß er gegen vorgegebene Sprachklischees eine neue intersubjektive Wirklichkeit gleichsam erschafft".[33] Die Felslandschaft von Vergy wird vom Erzähler als narzißtisch besetzter Raum zum erhabenen Ort einer seelischen „audience" erhoben, die Julien den ihn bestürmenden „sentiments" gewährt. Das Bild der sich Gehör verschaffenden Gefühle unterstreicht die vom gesellschaftlich bedingten Selbstzwang aufgebaute Distanz zwischen Gefühl und Verstand, welche die Selbstvermittlung der „méditation" Juliens nötig macht:

> Julien s'échappa rapidement et monta dans les grands bois par lesquels on peut aller de Vergy à Verrières. Il ne voulait point arriver si tôt chez M. Chélan. Loin de désirer s'astreindre à une nouvelle scène d'hypocrisie, il avait besoin d'y voir clair dans son âme, et de donner audience à la foule de sentiments qui l'agitaient. (1952, I, 275).
> [...]
> Cette méditation sur ce qui avait pu faire peur à l'homme heureux et puissant contre lequel, une heure auparavant, il était bouillant de colère, acheva de rasséréner l'âme de Julien. Il fut presque sensible un moment à la beauté ravissante des bois au milieu desquels il marchait. (1952, I, 276).

Der Erzähler setzt seinen Leser in die Lage, die Beschreibung jener Natur ästhetisch zu genießen, die der Held erleben könnte, wenn er nur weniger durch den von ihm selbst zum permanenten Duell hochstilisierten Aufstiegskampf in Anspruch genommen wäre. Schuld an dieser vom Erzähler hervorgehobenen Verblendung ist der negative Zeichengebrauch im Namen jener „hypocrisie", auf die Julien sein Verhalten festlegt. Die „hypocrisie" bewahrt ihn in Gesellschaft seiner Mitmenschen zwar vor dem feindlichen Blick, zu dieser Geheimniswahrung benötigt er aber zugleich den Kompensationsraum[34] der Landschaft, in den er

---

[32] Ich beziehe mich auf das von N. Luhmann (1982) entfaltete Modell der Codierung erotischer Intimität.
[33] Galle (1985), 11. Als ästhetische Paradigmen dienen Galle Madame de Lafayettes *Princesse de Clèves* und Rousseaus *Nouvelle Héloïse*, die er interpretiert als literarhistorische Stationen auf dem Weg zur Selbst-Suche und Selbst-Artikulation des modernen Romans.
[34] Zur Problematik eines Modells in diesem Sinne gelingender Kompensation vgl. War-

flieht, um sich vom selbstauferlegten Zwang zur Heuchelei temporär zu entlasten. Die Natur wird als sublimer Ort einer Wiederkehr unterdrückter Wahrheiten inszeniert, als ein ästhetischer Raum, dessen Erhabenheit und Reinheit („fraîcheur délicieuse", „air pur", „sérénité") aber nicht allein eine Folge der natürlichen, also etwa landschaftlichen oder klimatischen Bedingungen ist, sondern wesentlich auch ein Produkt historisch und sozial bedingter Codierungsprozesse. So öffnet beispielsweise das erhabene Bild der vor Zeiten („jadis") vom Berg gestürzten riesigen Felsblöcke den Blick auf die beruhigend gesellschaftsferne Dimension erdgeschichtlicher Zeitentiefe:

> [...] D'énormes quartiers de roches nues étaient tombés jadis au milieu de la fôret du côté de la montagne. De grands hêtres s'élevaient presque aussi haut que ces rochers dont l'ombre donnait une fraîcheur délicieuse à trois pas des endroits où la chaleur des rayons du soleil eût rendu impossible de s'arrêter. (1952, I, 276).

In Form der großen Buchen bildet die organische Natur ein erstes Medium anthropomorphisierender Identifikation im Zeichen der zeitgenössischen, konnotativ einbezogenen ikonographischen Folie einer ‚heroischen Landschaft', wie man sie aus der romantischen Malerei kennt. Der herausgehobene Standpunkt auf dem „roc immense" wird zum geheimen ‚Spiel-Raum', zum „Bild" („peignait") eines modellhaft in die Relationen der Landschaft projizierten Größen-Selbst in der Rolle des Tugendhelden:

> Julien prenait haleine un instant à l'ombre de ces grandes roches, et puis se remettait à monter. Bientôt par un étroit sentier à peine marqué et qui sert seulement aux gardiens de chèvres, il se trouva debout sur un roc immense et bien sûr d'être séparé de tous les hommes. Cette position physique le fit sourire, elle lui peignait la position qu'il brûlait d'atteindre au moral. L'air pur de ces montagnes élevées communiqua la sérénité et même la joie à son âme. (1952, I, 276).

Mit dem Stichwort des „air pur" hat unser Erzähler hier auch die Ursprungsdimension einer Naturerfahrung mitangesprochen, der nicht immer schon ihre gesellschaftliche Vermitteltheit eingeschrieben wäre. „Rein" ist diese Luft auch deshalb, weil der gesellschaftsferne Landschaftsraum, in dem Julien sie atmet, keine Menschen enthält. Dies bildet die Voraussetzung dafür, daß der landschaftliche Kompensationsraum zum geheimen Imaginationsraum werden kann, zu einer in den Außenraum verlagerten Bühne imaginärer Belehnungen der Landschaft. Die Landschaftsschilderungen in Rousseaus autobiographischen Texten zeigen ein Erzähler-Ich, das dem Zwang phantasmatischer Regression

---

ning (1990), der sich am Beispiel Rousseau auf J. Ritters Kompensationsthese bezieht, wie sie auch dessen Landschafts-Aufsatz (1974) prägt.

verhaftet bleibt. Dies gilt insbesondere für die 1782 mit dem ersten Teil der *Confessions* publizierten *Rêveries du promeneur solitaire*. In der ersten *Promenade* entwirft Rousseau die *Rêveries* ausdrücklich als Fortsetzung seines Bekenntnisprojekts, als „la suite de l'examen sévère et sincère que j'appellai jadis mes *Confessions*"[35].

Juliens „rêveries" hingegen sind eben gerade nicht die eines selbstgenügsamen „promeneur solitaire", der allein noch im Medium der Schrift mit einer von ihm zurückgewiesenen und ihn zurückweisenden Gesellschaft kommuniziert. Merklich zurückgenommen ist hier auch die affektive Einheit von Ich und Landschaft, wie sie Rousseaus ästhetisches Paradigma einer sentimentalen Natur kennzeichnet. Diese Einheit läßt Stendhals Erzähler zwar für den Leser aufscheinen, doch nur zitathaft. Das bei Rousseau vorauszusetzende anthropologische Modell eines modernen „homme naturel" hypostasiert den menschheitsgeschichtlichen Ursprungstypus des ‚guten Wilden‘, wie er im *Discours sur l'origine et les fondements de l'inégalité parmi les hommes* von 1755 im Bild des „homme sauvage" vorgezeichnet ist. Doch Julien ist kein „homme naturel" im Zeichen regressiver „sensibilité". Im Kontrast zur rousseauschen Sentimentalisierung von Natur wird in den Landschaftsbeschreibungen der Vergy-Kapitel die durch „ambition", „vanité" und die politische Gegenwart der Restauration bestimmte innere Distanz zum anderen gleichsam in die topographischen Dimensionen des landschaftlichen Außenraums übersetzt. So unempfindlich wie Julien für die Madame de Rênal eingeflößte „passion terrible" ist, weil er sie zu seinen ‚Feinden‘, den Glücklichen, weil sozial Privilegierten, rechnen muß, so „insensible" ist er auch – beinahe – gegenüber dem Naturschönen der Bergwelt:

> Pendant que madame de Rênal était en proie à ce qu'a de plus cruel la passion terrible dans laquelle le hasard l'avait engagée, Julien poursuivait son chemin gaiement au milieu des plus beaux aspects que puissent présenter les scènes de montagnes. Il fallait traverser la grande chaîne au nord de Vergy. Le sentier qu'il suivait, s'élévant peu à peu parmi de grands bois de hêtres, forme des zigzags infinis sur la pente de la haute montagne qui dessine au nord la vallée du Doubs. Bientôt les regards du voyageur, passant par-dessus les coteaux moins élevés qui contiennent le cours du Doubs vers le midi, s'étendirent jusqu'aux plaines fertiles de la Bourgogne et du Beaujolais. Quelque insensible que l'âme de ce jeune ambitieux fût à ce genre de beauté, il ne pouvait s'empêcher de s'arrêter de temps à autre pour regarder un spectacle si vaste et si imposant. (1952, I, 284).

---

[35] Rousseau (1959 ff., I), 999. Dieser Fortsetzungsaspekt wird kurz darauf noch einmal entschiedener betont: „Ces feuilles peuvent donc être regardées comme un appendice de mes *Confessions*, mais je ne leur en donne plus le titre, ne sentant plus rien à dire qui puisse le mériter." Ebd., 1000.

IV. Geheime Orte und Zeiten

Die geheimen Freuden der „ambition" und der „vanité", daran läßt der Erzähler keinen Zweifel, sind erkauft um den Preis des Ästhetischen, der „beauté". Doch die ästhetische Funktion dieser Landschaft, wie sie sich für Julien darstellt, ist nicht nur in einer von Rousseau geprägten sentimentalen Naturerfahrung zu suchen, denn ihr eigentliches ideologisches Kernstück bildet die emblematische Stilisierung von Natur- und Landschaftselementen im Zeichen Napoleon Bonapartes:

> Julien, debout sur son grand rocher, regardait le ciel, embrasé par un soleil d'août. Les cigales chantaient dans le champ au-dessous du rocher, quand elles se taisaient tout était silence autour de lui. Il voyait à ses pieds vingt lieues de pays. Quelque épervier parti des grandes roches au-dessus de sa tête était aperçu par lui, de temps à autre, décrivant en silence ses cercles immenses. L'œil de Julien suivait machinalement l'oiseau de proie. Ses mouvements tranquilles et puissants le frappaient, il enviait cette force, il enviait cet isolement.
> C'était la destinée de Napoléon, serait-ce un jour la sienne? (1952, I, 276 f.).

Die Beschreibung der ersten kompensatorischen Evasion in den Landschaftsraum endet mit einer die ironische Distanz des Erzählers andeutenden Reflexion Juliens in erlebter Rede. Das hier mit Napoleon verknüpfte Bild des Raubvogels bezeichnet Juliens moralisches Ziel stoisch unbeugsamer Willenskraft. In der im folgenden untersuchten Szene bleibt die hier in der metaphorischen Identifikation des Sperbers mit Napoleon offengelegte ethische Semantik unterschwellig präsent. Auch dort wird mit dem Bild des Raubvogels die Figur der εἱμαρμένη (heimarmene), des unerbittlichen Fatums aufscheinen, von dem sich Julien zum erhabenen Einzelgängertum des von Napoleon inkarnierten „homme supérieur" verurteilt sieht:

> Caché comme un oiseau de proie, au milieu des roches nues qui couronnent la grande montagne il pouvait apercevoir de bien loin tout homme qui se serait approché de lui. [...] Ici, dit il avec des yeux brillants de joie, les hommes ne sauraient me faire de mal. (1952 I, 284).

In die Beschreibung der heroischen Korrespondenzlandschaft sind hier fast unmerkliche, ohne den im vorigen Kapitel gegebenen expliziten Hinweis nur schwer entzifferbare Anklänge an die kaiserlichen Embleme Napoleon Bonapartes eingegangen, die nach der Rückkehr der Bourbonen den verbotenen politischen Symbolen zuzurechnen waren. Der von den wiedereingesetzten Bourbonen tabuisierte „aigle impérial", das emblematische Bild des kaiserlichen Adlers, erscheint hier – im Gegensatz zur bereits kommentierten Szene mit dem kreisenden Sperber auf Juliens erster Bergwanderung – nur noch als metaphorisches Implikat des zuvor gezogenen Raubvogelvergleichs.

Im Sinne der in der ersten Wanderung eingeleiteten Identifikation von Raubvogel, Felsklippe und sublimer panoramischer Position wird

Julien nun selbst mit dem Napoleon bezeichnenden Raubvogel verglichen, und die im kaiserlichen Wappen über dem Adlerkopf schwebende Kaiserkrone findet ihre Entsprechung im Landschaftselement der das Hochgebirge krönenden nackten Felsen. Natürlich ist Napoleons Ende auf Sankt Helena als impliziter Assoziationshorizont gleichfalls vorausgesetzt. Das Landschaftserhabene ist somit auch hier nicht allein im Rahmen sentimentaler Naturerfahrung präsent, sondern es erscheint umfunktioniert zur metaphorischen Sprache eines neuen, aktualistischen Erhabenen der Gesellschaft, das den mit der Revolution und Bonaparte konnotierten sozialen Umwälzungen entspringt. Auch auf der Ebene der Erfahrung des Erhabenen ist mithin die Geschichte in die Funktion eingetreten, welche bisher – dem Prinzip der Mimesis entsprechend – die Natur einnahm.

Juliens Selbst-Artikulation in der phantasmatischen Figuration der Napoleon-Rolle problematisiert die exzentrische Position des Menschen, der *ist*, aber sich nicht *hat*, wie H. Plessner[36] es formulierte. In Anknüpfung an Plessner erkennt W. Iser die Paradoxie eines allein im Rollenspiel ästhetischer Erfahrung aufscheinenden Haben-Könnens des „Sich-nicht-haben-Könnens"[37]. Aufgewertet ist damit auch die anthropologische Funktion phantasmatischer Figuration als Inszenierung und Selbstinszenierung: „Inszenierung gilt der Erscheinung dessen, was nicht gegenwärtig zu werden vermag. Sich nicht haben zu können, bedeutet dann für den Menschen, sich durch seine Möglichkeiten auszuspielen, die gerade deshalb unbegrenzt sind, weil er durch sie nicht zu sich selbst findet."[38]

Plessners Formel vom „Doppelgängertum des Menschen [...] als einer jedwede Selbstauffassung ermöglichenden Struktur"[39] kann uns als Kristallisationspunkt der von Stendhal vollzogenen ästhetischen Problematisierung einer spezifisch modernen Subjektstruktur dienen, die, mit der von Iser angeführten idealistischen Terminologie gesprochen, „dem *homo noumenon* einen *homo phenomenon* gegenüberstellt"[40]. Die bis zum Schluß des Romans aufrechterhaltene ästhetische Oszillation zwi-

---

[36] „Ich bin, aber ich habe mich nicht." Plessner (1967), 160.
[37] Iser (1993), 505.
[38] Ebd., 505 f.
[39] Plessner (1985), 235. Die von Plessner beschriebene „Struktur von Doppelgängertum, in welchem Rollenträger und Rollenfigur verbunden sind", betont die Ambivalenz von Selbstfindung und Selbstentzug in der Rolle: „Der Doppelgänger hat immer die Möglichkeit, sich als solchen zu vergessen bzw. gar nicht erst seiner Duplizität gewahr zu werden und damit sich an seine soziale Figur zu verlieren oder aber – wie es offenbar ein Vorrecht hoher Kulturen ist, die spezifische Berufsmodelle entwickeln – ein Gleichgewicht zwischen der privaten und der öffentlichen Hälfte seiner selbst herzustellen und durchzuhalten." Ebd., 235.
[40] Iser (1993), 148.

schen kontrastierenden Rolleninszenierungen[41] legt nahe, daß es für die Figur des Julien Sorel, wie für den Menschen schlechthin, ein eigentliches Zu-sich-selbst-Kommen des Subjekts nicht geben kann. Der Erzähler läßt Julien im Gegenteil gerade eine spielerische Ausbeutung des Rollenmoments ‚dezentrierter Subjektivität' betreiben, deren Strategie tragikomisch-komödiantischer Selbstinszenierung erst in zweiter Linie, das heißt nicht *nur*, sondern *auch* als tragische „aliénation" virulent wird. In erster Linie aber fügt sie sich weder Freud noch Rousseau, weder J. Lacans[42] psychoanalytischem Modell ‚dezentrierter Subjektivität' noch dem Marxschen Selbstentfremdungstheorem: „Die Marxsche Selbstentfremdung setzt ein idealistisches Gefälle im Menschen voraus, durch das ein wahres Selbst von den Formen seiner Erniedrigung unterschieden ist, und die Psychoanalyse spricht von einem Kernselbst, das im Spiegel-Ich seiner ansichtig wird", bemerkt W. Iser. Als „Doppelgänger seiner selbst" sei der Mensch jedoch „allenfalls das Differential seiner Rollen, die sich gegeneinander vertauschen und wechselseitig umprägen lassen. Rollen sind dann weder Charaktermasken noch Tarnungen, um ein Selbst einer herrschenden Pragmatik zu vermitteln, sondern die Möglichkeit, immer auch das andere der jeweiligen Rolle zu sein. Man selbst zu sein hieße dann, sich doppeln zu können."[43]

Die Grundopposition von geheimem Rollenspiel und neugierigem Blick wäre in diesem Horizont dekonstruiert im spielerischen Austragen einer Duplizität, deren zentrales ästhetisches Paradigma der Schauspieler[44] ist. Aber zugleich inszeniert der Erzähler seinen ‚Akteur im Welt-

---

[41] Für den Kontext der Modernität Stendhals hat erstmals R. Warning diesen Aspekt fruchtbar gemacht, für den vor allem die Figur der Mathilde de La Mole beispielhaft ist. An den ineinander verzahnten Selbstinszenierungen Mathildes und Juliens entfaltet Warning denn auch die These, „daß Juliens Verhältnis zu Mathilde nicht die inauthentische Variante zur Rênal-Handlung darstellt, sondern eine Dekonstruktion der Grundopposition von ‚gespielter' und ‚natürlicher' Rolle." Warning (1984), 450.

[42] Zum Modell des „stade du miroir" und der im folgenden von Iser angedeuteten Psychoanalysekritik vgl. Lacan (1966), 97: „le *stade du miroir* est un drame dont la poussée interne se précipite de l'insuffisance à l'anticipation – et qui pour le sujet pris au leurre de l'identification spatiale, machine les phantasmes qui se procèdent d'une image morcelée du corps à une forme que nous appellerons orthopédique de sa totalité, – et à l'armure enfin assumée d'une identité *aliénante*, qui va marquer de sa structure rigide tout son développement mental." (Zweite Hervorhebung A. M.). Zur literaturtheoretischen Problematik von Lacans psychoanalytischer Indienstnahme fiktionaler Diskurse vgl. Derrida (1975).

[43] Iser (1993), 148.

[44] Vgl. Plessner (1982), 411: „Als das Verhältnis seiner selbst zu sich selbst ist er [i. e. der Schauspieler] die Person seiner Rolle, für sich und den Zuschauer. In dieser Verhältnismäßigkeit wiederholen Spieler und Zuschauer jedoch nur die Abständigkeit des Menschen zu sich und zu einander, die ihr tägliches Leben durchdringt, eine Abständigkeit allerdings, die [...] die Basis seines Ernstes bildet." Der Schauspieler *ist* Spieler – in Umkehrung der genannten Formel vom Sich-nicht-haben-Können – „*nur*, wenn er sich *hat*" (ebd., 409) und er *hat* sich, indem er für die Dauer der Aufführung

theater' eben nicht nur als Handelnden, sondern wesentlich auch als einen bloß Reagierenden, als ein Opfer des romantischen „mal du siècle" und der nachrevolutionären Vermittlungsprozesse[45] eines beklagenswerten, zu dieser Zeit noch gar nicht so alten neunzehnten Jahrhunderts:

> L'influence de mes contemporains l'emporte, dit-il tout haut et avec un rire amer. Parlant seul avec moi-même, à deux pas de la mort, je suis encore hypocrite ... O dix-neuvième siècle! [...] Je suis hypocrite comme s'il y avait là quelqu'un pour m'écouter. (1952, I, 692).

Juliens monologischem Selbst-Geständnis entspricht auf Figurenebene kein Adressat – außer dem apostrophierten „dix-neuvième siècle", als dessen Allegorie er selbst erscheint. Denn er ist nicht nur Opfer dieses neunzehnten Jahrhunderts, er gewinnt an ihm zugleich auch seine kritische, die Aporien einer Epoche enormer Umbrüche austragende unverwechselbare Identität.

Wir konnten aufzeigen, wie weit die Landschaftserfahrung von Rousseaus Modell einer sentimentalen Natur abrückt. Als Kritik der eigenen „hypocrisie" impliziert die hier von Julien formulierte Selbstkritik jedoch wesentlich Rousseaus Anklage der Gesellschaft. Dessen Ideal rollenloser Ich-Identität offenbart sich am deutlichsten in der *Lettre à d'Alembert sur les spectacles*, wo Rousseau die Aufrichtigkeit des Alceste in Molières *Misanthrope* verteidigt. In *Le Rouge et le Noir* inszeniert der Erzähler Juliens Anklage der Gesellschaft aktualistisch, als Anklage einer heraufziehenden Epoche, die als saeculum, als weltliche Welt – so läßt Juliens Klageruf „O dix-neuvième siècle!" befürchten – nicht im Begriff ist, sich zu ihrem Besseren zu wandeln. Es spricht vieles dafür, diese am Ende des Romans geäußerten letzten Worte Juliens nicht nur als Ausdruck seiner eigenen Selbsterkenntnis zu werten, sondern – partiell – auch als Sprachrohr der Perspektive des Erzählers. Demgegen-

---

Rollenträger *einer* ganz bestimmten Rollenfigur wird – im Gegensatz zur unaufhebbaren lebensweltlichen Oszillation zwischen mehreren Rollenfiguren.

[45] Vgl. Girard (1961), der ein Theoriemodell romantischer Vermitteltheit („médiation") entwickelt hat. Girards Modell kontrastiert den „mensonge romantique" mit einer „vérité romanesque". Neben Cervantes, Dostojewski, Flaubert und Proust schlägt er auch Stendhal den Autoren des Paradigmas der „vérité romanesque" zu. Auf Girards Vermittlungsmodell des „désir triangulaire" kann hier nicht näher eingegangen werden. Zweifellos eignet es sich, Juliens Geheimnisse dort zu erhellen, wo sie nicht nur in vom Erzähler komödienhaft inszenierter „dissimulation" bestehen, sondern eine romantische Selbstentzogenheit und „médiation interne" von Figur *und* Erzähler indizieren. Mitangesprochen wäre somit auch die von R. Warning hervorgehobene „hochgradig dynamisierte Erzählsituation, in der sich ein selbstidentisches Sprecher-Ich hinter der Pluralität seiner Rollenmasken zum Verschwinden bringt" (1984, 461). Diese Erzählsituation würde dann nicht nur als Bühne der von Warning beschriebenen komischen Positivierung von ‚Fremdbestimmtheit' fungieren, sondern zugleich als Ort der tragisch-melodramatischen Problematisierung einer im Zeichen romantischer „médiation" tragikomisch inszenierten romantischen Autonomie auf Erzähler- und Figurenebene.

über wollten wir durch den Hinweis auf die auf der Ebene der Erzählsituation wie auf Figurenebene ausgespielten und problematisierten Möglichkeiten menschlichen „Doppelgängertums" andeuten, wie weit die ästhetische Pragmatik der Erzählung selbst solcher als Figurenrede vermittelten Explizitheit immer schon voraus sein kann.

IV.

Das zwölfte Kapitel des ersten Buches von *Le Rouge et le Noir* trägt den Titel „Un voyage". Es beschreibt eine dreitägige Fußreise Julien Sorels in den französischen Jura, wo er den mit ihm befreundeten jungen Holzhändler Fouqué besuchen will. Juliens Verweilen im Außenraum der Berglandschaft wird als Eintreten in einen Raum des Anderen inszeniert, das durch Versatzstücke des Codes ‚romantischer' Landschaftsbeschreibung vermittelt ist. Schon das Reiseziel, das Haus des Freundes Fouqué, konnotiert den romantischen Freundschaftskult, der aber zugleich in Frage gestellt ist durch den Hinweis auf Juliens unablegbare „hypocrisie". Diese geheime „hypocrisie" ist Julien so habituell, so zur zweiten Natur geworden, daß er sich von ihr nur im menschenleeren Außenraum der Landschaft befreit fühlt. Die ihn aufnehmende Berglandschaft trägt Züge einer freundlichen, mütterlich schützenden Natur: er entdeckt eine Grotte, wo er im panoramischen Blick auf die erhabene Gebirgskulisse Gedanken und Tagträume niederschreibt, die er in der kleinstädtischen Sphäre von Verrières sorgsam verheimlichen muß. Die Außenperspektive auf Juliens „plaisir d'écrire ses pensées" wird eng mit einer ‚romantisch' konnotierten Sonnenuntergangsszene verflochten:

> Enfin il attcignit le sommet de la grande montagne, près duquel il fallait passer pour arriver, par cette route de traverse, à la vallée solitaire qu'habitait Fouqué, le jeune marchand de bois, son ami. Julien n'était point pressé de le voir, lui ni aucun autre être humain.
> [...] Il découvrit une petite grotte au milieu de la pente presque verticale d'un des rochers. Il prit sa course, et bientôt fut établi dans cette retraite. Ici, dit-il avec des yeux brillants de joie, les hommes ne sauraient me faire de mal. Il eut l'idée de se livrer au plaisir d'écrire ses pensées, partout ailleurs si dangereux pour lui. Une pierre carrée lui servait de pupitre. Sa plume volait: il ne voyait rien de ce qui l'entourait. Il remarqua enfin que le soleil se couchait derrière les montagnes éloignées du Beaujolais.
> Pourquoi ne passerais-je pas la nuit ici? se dit-il, j'ai du pain, et *je suis libre*! Au son de ce grand mot son âme s'exalta, son hypocrisie faisait qu'il n'était pas libre, même chez Fouqué. La tête appuyée sur les deux mains [regardant la plaine][46], Julien resta dans cette grotte plus heureux qu'il ne l'avait été de

---

[46] Wir fügen diesen handschriftlichen Nachtrag Stendhals hier ein, da er die program-

Karl Friedrich Schinkel, Das Felsentor, 1818

la vie, agité par ses rêveries et par son bonheur de liberté. Sans y songer il vit s'éteindre, l'un après l'autre, tous les rayons du crépuscule.
[...]
Avant de quitter la petite grotte, Julien alluma du feu et brûla avec soin tout ce qu'il avait écrit. (1952, I, 284–285).

In Rousseaus *Émile* unterscheidet die Erfahrung des „sentiment de la mort"[47] den Horizont des Kindes von dem des Erwachsenen. Der Preis der kompensatorischen „imagination" und des von imaginärer Antizipation („prévoyance") und dem Wissensdrang der Neugierde („curiosité") bestimmten modernen Lebens besteht für Rousseau in einem Wissen, das auch die „terreur" der Todesfurcht miteinschließt. Im Gegensatz zur ironischen, auch der rousseauschen Kulturkritik verpflichteten Perspektive des Erzählers auf Juliens „rêveries" steht die Schreiberfahrung aus dessen eigener Perspektive im Zeichen optimistischer „prévoyance".

---

matische Korrespondenz der Landschaft mit der Innenwelt des Helden noch verstärkt. Der Zusatz entstammt dem von Stendhal persönlich korrigierten Erstdruck-Exemplar von *Le Rouge et le Noir* aus dem Besitz von Donato Bucci. Vgl. Stendhal (1952, I), 1462.
[47] Rousseau (1959 ff., IV), 20.

Juliens „imagination" weist ihn gerade nicht als sentimentalen „homme naturel" aus, sondern vielmehr als Kulturmenschen im Zeichen unaufhebbarer gesellschaftlicher Vermitteltheit und korrumpierender „perfectibilité".

Dem „homme sauvage", wie Rousseau ihn als Orientierungsmodell des modernen Menschen entwirft, fehlen nicht nur die „prévoyance" und „curiosité", die Juliens Einbildungskraft entzünden, sondern auch die ästhetische Empfänglichkeit für die kulturelle Kompensationsfunktion des Naturschauspiels: „Son imagination ne lui peint rien; son cœur ne lui demande rien", heißt es im Zweiten *Discours*, „[...] il ne peut avoir ni prévoyance, ni curiosité. Le spectacle de la Nature lui devient indifférent, à force de lui devenir familier."[48] Rousseaus „homme sauvage" verdankt sein Glück dem „sentiment de son existence actuelle, sans aucune idée de l'avenir"[49], mithin dem Gegenteil dessen, was die imaginären Antizipationen der curiositas Juliens in der Grotte zum Vorschein bringen.

Die Bedürfnislosigkeit des „homme sauvage" sei darauf zurückzuführen, meint Rousseau im *Discours sur l'inégalité*, daß der Mensch im ‚wahren' Naturzustand isoliert gelebt habe, wodurch ihm der Sinn für die unmittelbaren Bedürfnisse bewahrt geblieben sei. Dem modernen „homme naturel" sei es jedoch vergönnt, die gesellschaftliche Entfremdung des verlorenen Naturzustands in einer zweiten Natürlichkeit aufzuheben. Um dies zu vollbringen, könne er aber nicht mehr in der Selbstgenügsamkeit des „homme sauvage" verharren. Diesem allein war die Fähigkeit zu spontanen Mitleidsregungen gegeben, während der „homme naturel" statt dessen ein moralisches Gewissen ausgebildet habe. An diesem Punkt der moralischen und mitleidsvollen Identifikation mit dem Mitmenschen kommt bei Rousseau die Imagination ins Spiel.

In kritischer Auseinandersetzung mit der auf Hegels Theorie freier Subjektivität rekurrierenden Kompensationsthese von J. Ritter[50] und aufbauend auf die Arbeiten von J. Starobinski[51] und J. Derrida[52] hat zuletzt R. Warning[53] die Supplementfunktion herausgearbeitet, die in Rousseaus Modell sentimentaler Naturerfahrung der „imagination" zukommt. Das Konzept der sentimentalen Natur, so Warning, „erweist sich als narzißtisches Phantasma und damit letztlich als Produkt jener Gesellschaft, gegen die es als moralische Form kritisch gewendet wer-

---

[48] Rousseau (1959 ff., III), 144.
[49] Ebd., 144.
[50] Ritter (1974).
[51] Starobinski (1961a).
[52] Derrida (1967).
[53] Warning (1990).

den sollte"⁵⁴. Dieser Vorwurf des gesellschaftsbezogen bleibenden Narzißmus gilt aber nicht nur für den „homme naturel", wie ihn Rousseau in programmatischer Schriftfeindschaft auf der Bühne des landschaftlichen Außenraums zu inszenieren versucht, wobei er sich als autobiographischer Ich-Erzähler gleichwohl des Mediums der Schrift bedient. Er gilt auch, sogar in erhöhtem Maße, für Stendhals Kulturmenschen Julien, der sich im naturhaften Dekor einer heroisierten Landschaft dem „plaisir d'écrire" eines euphorischen Rollenspiels widmen kann, das sich für ihn im Kulturraum provinzieller Restauration verbietet. Der „homme naturel" ist immer schon ein „homme culturel", was Rousseaus Modell betrifft, und der voluntaristische Kulturmensch, wie Stendhal ihn in der vanité-Figur des Julien Sorel auch durch seinen Mangel an empfindsamer „sensibilité" zugrunde gehen läßt, kann seinerseits des animalisch-naturhaften „plaisir d'exister"⁵⁵ nicht entraten.

V.

Die Pragmatik fiktionaler Rede ergibt sich aus der Simultaneität von interner Sprechsituation und externer Rezeptionssituation. Als narrative Gattung inszeniert der Roman eine Verdoppelung der externen Rezeptionssituation im Binnendiskurs seiner internen Sprechsituation. Das deiktische System des externen Rollenspiels zwischen lebensweltlichem Autor und Rezipient wird auf die Ebene der inszenierten⁵⁶ internen Spielsituation transponiert, die sich zwischen einer fiktiven Erzählerrolle und einer fiktiven Leserrolle entfaltet. Mit dem Raum der Grotte verknüpft sich auch für unsere Romanfigur Julien Sorel eine Situation literarischer Kommunikation. Doch der Adressat des von Julien im Zeichen euphorischer Selbstvermittlung verfaßten Textes ist innerhalb der erzählten Welt in erster Linie er selbst.

Mit der solchermaßen ‚kurzgeschlossenen' Kommunikation wird aber noch eine zweite Kommunikationsintention erfüllt: die Projektion der lebensweltlichen *Schreibsituation* des externen Rollenspiels eines schreibenden Autors gegenüber einem anonym bleibenden, zunächst einmal gar nicht persönlich in Erscheinung tretenden Rezipienten auf die binnenpragmatische Ebene des textinternen Rollenspiels. Diese Projektion einer Situation des Schreibens auf die Schreibsituation der Höhle kommt also noch hinzu zu der bereits benannten pragmatischen Transposition einer zunächst nur Mündlichkeit implizierenden lebensweltli-

---

[54] Ebd., 88.
[55] Stendhal (1952, I). 264.
[56] Zur Pragmatik der „Situationsspaltung" als Merkmal einer als „inszenierter Diskurs" verstandenen fiktionalen Rede vgl. Warning (1983), besonders 191–194.

chen „Erzähl"-Situation auf die fiktionsinterne Erzähler- und Leserrolle.

Aus der internen Situation heraus verweist der Diskurs des Binnenerzählers den Leser durch die Beschreibung von Juliens Schreibakt implizit auf die externe Schreibsituation des die gelesenen Zeichen in ihrer schriftlichen Materialität hervorbringenden lebensweltlichen Autors. Die moderne Erzähltheorie hat für solche Spiegelungen des Erzählens/ Schreibens im Erzählten/Geschriebenen den Begriff der „Fiktionsironie" und die literaturtheoretische Metapher der „mise en abyme"[57] geprägt. Das durch sie bezeichnete Modell einer literarischen Autoreflexivität insbesondere der modernen Literatur gilt auch für die Beschreibung unserer Grottenszene und die in ihr vollzogene Reflexion des Schreibens im Geschriebenen.

In Juliens zukunftsbezogener Selbst-Beichte sind Innen und Außen, die Erfahrung der Landschaft und die Imaginationssituation literarischer *poiesis* aufs engste miteinander verknüpft. Die inneren Zukunftsvisionen und die Außenperspektive des Helden werden alternierend parallelgeführt, dem *Schreiben*, der Niederschrift der Tagträume, korrespondiert ein *Lesen* der Landschaft. Die Beschreibung der ästhetischen Erfahrung der wahrgenommenen Landschaft soll den Leser gleichsam dafür entschädigen, daß er von Juliens „plaisir d'écrire", das nach Sonnenuntergang mit zunehmender Dunkelheit von den „pensées" zur „rêverie" und zur „imagination" hinübergleitet, nur eine knappe Inhaltsangabe bekommt:

> Au milieu de cette obscurité immense, son âme s'égarait dans la contemplation de ce qu'il s'imaginait rencontrer un jour à Paris. C'était d'abord une femme bien plus belle et d'un génie bien plus élevé que tout ce qu'il avait pu voir en province. Il aimait avec passion, il en était aimé. S'il se séparait d'elle pour quelques instants, c'était pour aller se couvrir de gloire et mériter d'en être encore plus aimé. (1952, I, 285).

Die intimeren Details dieser Aufzeichnungen bleiben für den Leser ein Geheimnis, denn sie werden nicht wortwörtlich wie etwa in einem Briefroman wiedergegeben, sondern lediglich ironisch umschrieben. Die Beschreibung von Juliens in der Grotte notierten heroischen Wunschträumen denunziert diese von vornherein als falsche Perspektive im Zeichen von „vanité" und provinzieller Weltfremdheit:

> Même en lui supposant l'imagination de Julien, un jeune homme élevé au milieu des tristes vérités de la société de Paris eût été réveillé à ce point de son roman par la froide ironie; les grandes actions auraient disparu avec l'espoir d'y atteindre, pour faire place à la maxime si connue: „Quitte-t-on sa maîtresse, on risque, hélas! d'être trompé deux ou trois fois par jour." Le jeune

---

[57] Vgl. dazu Dällenbach (1977).

paysan ne voyait rien entre lui et les actions les plus héroïques, que le manque d'occasion. (1952, I, 285).

Die Erzählerironie legt nahe, daß die Verwirklichung dieser realitätsfernen Tagträume nicht gelingen und Juliens geheime Strategie, sofern sie am Modell der romantischen Liebe orientiert bleibt, auch dem Modell romantischen Scheiterns folgen wird, sobald Julien die Provinz von Verrières und Vergy mit Paris vertauscht. Diese negative Semantik der Großstadt verdankt sich Rousseaus kulturkritischer Sozialphilosophie. Als Programm der – von Stendhal selbst als Lebensideal im Zeichen von „énergie" und „passion" gepriesenen – „chasse au bonheur" sind Juliens „confessions" aber nicht grundsätzlich frei von positiven Konnotaten. Die Ambivalenz Juliens besteht näherhin darin, daß er ein Tugendheld der „chasse au bonheur" ist, diese aber allein ästhetisch rechtfertigbar wäre. Dadurch bleibt die Frage nach der ethischen Dimension von Juliens Kampf gegen die eigene Unterprivilegiertheit offen – zumindest aus der Sicht jener christlichen Ethik, an die Stendhal seinen Roman am Ende implizit rückzubinden versucht.

Der institutionellen Form der christlichen Beichte wird Julien sich jedenfalls noch im Gefängnisturm von Besançon und bis zu seiner Guillotinierung hartnäckig widersetzen. Die Heiligkeit des Beichtsakraments wird im Namen der im politischen Zusammenhang der Restauration moralisch depravierten Institutionalität der Kirche verabschiedet. Doch sie hinterläßt eine funktionale Leerstelle, an die zwei vergleichbare Kommunikatonssituationen rücken: das empfindsame Liebesgeständnis gegenüber Madame de Rênal und eine zweite Selbst-Beichte am Ende des Romans, in der sich die inzwischen erlangte Selbsterkenntnis artikuliert.

In den letzten Gesprächen mit Madame de Rênal tritt das in den Bereich des Gestischen ausweichende Liebesgeständnis der Empfindsamkeit an die Funktionsstelle des rituellen Codes der letzten Beichte eines zum Tode Verurteilten: „Elle s'appuya sur Julien, qui était à ses genoux, et longtemps ils pleurèrent en silence."[58] Die empfindsame Wortlosigkeit gemeinsamen Tränenvergießens, wie sie die Schlußszenen des Romans im Kerkerturm von Besançon charakterisiert, ist als entscheidendes Zugeständnis an die Epoche der „sensibilité" zu werten. Dementsprechend werden es die mit Juliens innerer Freiheit und mit der Gegenwart Madame de Rênals assoziierten „doux moments"[59] in den Wäldern von Vergy sein, an die Julien sich in den letzten Augenblicken vor seiner Hinrichtung erinnert.

Die Kommunikationssituation der ebenfalls am Schluß stehenden zweiten monologischen Bekenntnis- und Geständnissituation des Ro-

---

[58] Stendhal (1952, I), 682.
[59] Vgl. ebd., 697.

mans ist formal als Selbstgespräch ausgewiesen. Besonders markiert ist demnach auch hier das Fehlen des rituellen Dialogpartners des Beichtsakraments:

> J'aime la vérité ... Où est-elle? ... Partout hypocrisie, ou du moins charlatanisme, même chez les plus vertueux, même chez les plus grands; et ses lèvres prirent l'expression du dégoût ... Non, l'homme ne peut pas se fier à l'homme. (1952, I, 690).

Mit einer Thomas Hobbes' berühmte Formel „homo homini lupus" konnotierenden Wendung läßt Stendhal den Roman enden, und mit einem Hobbes' pessimistischem Menschenbild verpflichteten, aber wahrscheinlich fingierten[60] Motto ließ er ihn beginnen:

> Put thousands together
> Less bad,
> But the cage less gay.
>   HOBBES.

Die auf die Vergy-Kapitel rekurrierenden Schlußszenen des Romans sind Ausdruck einer epochalen Orientierungslosigkeit, in der sich die Aporien des von Rousseau im bewußten Kontrast[61] zu Hobbes' „bellum omnium contra omnes" entwickelten Zweiten *Discours* widerspiegeln. Im *Discours sur l'inégalité* wird dem von Hobbes beobachteten Krieg aller gegen alle der behauptete Status eines ursprünglichen Naturzustands abgesprochen. Statt dessen wird er als Ergebnis eines unseligen, dem gesamtgesellschaftlichen Nutzen entgegenwirkenden Zufalls veranschlagt, eines „funeste hazard qui pour l'utilité commune eût du ne jamais arriver"[62]. An die Stelle des Hobbesschen Leviathan hatte Rousseau theoretisch nur die Utopie eines göttlich inspirierten Gesetzgebers[63] zu rücken vermocht:

> Le législateur est à tous égards un homme extraordinaire dans l'État. [...] C'est une fonction particulière et supérieure qui n'a rien de commun avec l'empire humain; [...].[64]
> La grande âme du Législateur est le vrai miracle qui doit prouver sa mission.[65]

---

[60] Vgl. dazu Hamm (1977), 24, und Meier (1993), 89.
[61] Gleichwohl muß auch Rousseau eingestehen: „Hobbes a très bien vû le défaut de toutes les définitions modernes du droit naturel." Rousseau (1959 ff., III), 153.
[62] Rousseau (1959 ff., III), 171.
[63] Vgl. *Du contrat social*, livre II, chap. VII, „Du législateur", in: Rousseau (1959 ff., III), 381–384. Aufschlußreich für diesen Zusammenhang ist eine Untersuchung R. Warnings, die Rousseaus Konzept der moralischen Autonomie des Individuums als Kontrastmodell einer anderen, von Diderot repräsentierten Aufklärung entwickelt, einer Aufklärung, „die das ins Private abgedrängte Individuum nicht automatisch zum Anwalt des moralischen Gesetzes machte". Warning (1989), 94.
[64] Rousseau (1959 ff., III), 382.
[65] Ebd., 384.

Die Autorität der Legislative wird hier an die „Seelengröße" des Gesetzgebers gekoppelt. Im Modell von Rousseaus qua Gesellschaftsvertrag neudefiniertem, rückwärts gewandt prophetischem ‚Gottesgnadentum' sind allein Geheimnis und Wunder, „génie"[66] und „grandeur d'âme" imstande, die problematische Nichtdelegierbarkeit der „volonté générale" zu garantieren – eine staatstheoretische Leerstelle, die mit dem Staatsstreich Bonapartes nur politisch geschlossen wurde.

In Stendhals Roman identifiziert Juliens geheime ‚Napoleon-Theologie' sein eigenes Größen-Selbst zwar anfangs mit der Rolle des heroischen Revolutionsgenerals und der von ihm gefüllten Funktionsstelle, er distanziert sich aber letztlich vom „charlatanisme" Bonapartes, der diese Leerstelle durch historistische Selbstinszenierungen und durch eine pseudorepublikanische Verbrämung seiner Diktatur überdeckte. Bonapartes geheime „hypocrisie" entdeckt Julien vor allem in dem aus republikanischer Sicht anmaßenden, den Staatstreich bekräftigenden Anspruch auf erbliches Kaisertum, er entdeckt sie in dessen Überzeugung, noch als Verbannter, noch von Sankt Helena aus, seinen Sohn, den mit der Geburt zum König von Rom ernannten Napoléon II (1811–1832) zu seinem Nachfolger ernennen zu dürfen:

> Napoléon à Sainte-Hélène! ... Pur charlatanisme, proclamation en faveur du roi de Rome.
> Grand Dieu! si un tel homme et encore quand le malheur doit le rappeler sévèrement au devoir, s'abaisse jusqu'au charlatanisme, à quoi s'attendre du reste de l'espèce? (1952, I, 691).

Julien emanzipiert sich hier vom Idol seines imaginären Rollenspiels. Zurück bleibt die euphorisch (mit-)erlebte landschaftliche Bühne dieses geheimen Spiels, die erhabene Bergnatur der Gegend um Vergy, die bezeichnenderweise erst in der Erinnerung des Gefangenen zum Ort einer ihm vorenthaltenen, überwiegend sentimentalen Naturerfahrung mit Madame de Rênal wird. Nicht erst Juliens guillotinierter Leichnam wird in die Grabesgrotte bei Vergy zurückfinden, sondern bereits mit der Rückkehr in die Arme von Louise de Rênal ist die erste Phase einer Rückkehr dorthin vollzogen. Diese Regression öffnet zugleich Juliens Blick auf ein Glück unter empfindsamen, rousseauistischen Vorzeichen, das er selbst zugunsten der geheimen Flucht in die „pays imaginaires" eines glorreichen Aufstiegs zurückgewiesen hatte:

> – Autrefois, lui disait Julien, quand j'aurais pu être si heureux pendant nos promenades dans les bois de Vergy, une ambition fougueuse entraînait mon âme dans les pays imaginaires. Au lieu de serrer contre mon cœur ce bras charmant qui était si près de mes lèvres, l'avenir m'enlevait à toi; j'étais aux innombrables combats que j'aurais à soutenir pour bâtir une fortune colos-

---

[66] Ebd., 382.

sale ... Non, je serais mort sans connaître le bonheur, si vous n'étiez venue me voir dans cette prison. (1952, I, 695).

Erlöste Julien sich zuvor noch selbst von der schlechten Gegenwart, durch die geheimen Aufenthalte im auf den Landschaftsraum projizierten Rollenraum eines heroischen Größen-Selbst, so wird er nun durch Madame de Rênal auf die Bühne jener Empfindsamkeit zurückgeholt, deren Codierung das achtzehnte Jahrhundert vollendet und – Laclos' *Liaisons dangereuses* zeigen dies – bereits selbst zum Thema ästhetischer Überwindung und Neucodierung gemacht hatte.

Aus der Sicht des Erzählers ist Julien eine zutiefst ambivalente Figur, denn er ist einerseits sowohl ein schlechter, weil seine Rolle nicht bis zum Ziel der beabsichtigten Überwindung der Klassenschranken durchhaltender Schauspieler des Welttheaters, als auch ein schlechter Empfindsamer, verglichen vor allem mit der ihn zur „sensibilité" erlösenden Madame de Rênal. Andererseits wollen sich schon die irrationalen, die Kirche von Verrières demonstrativ entweihenden Pistolenschüsse auf Madame de Rênal dem Gesamteindruck der Tartüfferie nicht fügen: in der von leidenschaftlicher Rache bestimmten Tat bekennt Julien sich weniger zum niederen Gefühl konterkarierter „vanité", als vielmehr zu seiner gesellschaftlich uneinlösbaren Leidenschaft für Madame de Rênal. Er bekennt sich zur schmerzlichen Frage nach eben jenem zuvor zurückgewiesenen und aufgrund seiner „hypocrisie" selbst mit Louise de Rênal nie ganz eingelösten sentimentalen Glück, das der Preis war für seinen Aufstieg.

Das Bekenntnis zu Leidenschaft und „sensibilité", so legt der Erzähler nahe, vermag den negativen Helden am Ende doch noch entscheidend zu positivieren. Dieses Ende steht einerseits im Zeichen der Regression auf das Rousseausche Ideal der Verschränkung von „sensibilité" und „naturel". Andererseits wird Julien auch noch im bittern Rückblick, angesichts der ‚Götterdämmerung' seines Napoleon-Idols, die eigene „hypocrisie" zum geheimen Agenten einer leidenschaftlichen Liebe zur Wahrheit erheben. Doch diese Wahrheitsliebe bindet ‚Wahrheit' zurück an die Dynamik zeitgeschichtlicher Prozesse, so daß aus ihr die eigentliche Konversion Juliens hervorgehen kann, sein Bekenntnis zum geheimen, sich konventionalisierender Codierung widersetzenden Kern der christlichen Botschaft:

> Où est la vérité? [...] Peut-être dans le vrai christianisme, dont les prêtres ne seraient pas plus payés que les apôtres ne l'ont été? [...]
> Mais un vrai prêtre, un Massillon, un Fénélon ... [...] Alors les âmes tendres auraient un point de réunion dans le monde ... Nous ne serions pas isolés ... [...]
> Il fût agité par tous les souvenirs de cette Bible qu'il savait par cœur ... (1952, I, 691).

Die Desillusion in bezug auf den despotischen „charlatanisme" Bonapartes wird erst im Kontrast zum Ideal des „bon prêtre" verständlich, im Traum von einer Gemeinschaft der „âmes tendres", wie Julien sie für möglich hält im Glauben an den neutestamentarischen Gott Voltaires, „juste, bon, infini"[67]. Julien findet – beinahe – zum Glauben, aber zurück in den Schoß der durch ihr restauratives Politisieren moralisch fragwürdig gewordenen Kirche findet er nicht.

Das Geheimnis der ‚Wahrheit', der Annäherung an sie, bleibt in dieser rollenbewußten Orientierungslosigkeit letztlich rückgebunden an die historische Konstellation gesellschaftlichen Rollenspiels. Erst als die Vorzeichen dieses Spiels angesichts des Todesurteils für Julien außer Kraft gesetzt scheinen, wird eine geheime, von „sensibilité" bestimmte Rolle wieder ins Recht gesetzt, wenn auch nur im Rückblick auf das Unmögliche und nur im Schutzraum eines letztlich von Rousseau geprägten, mit der Landschaft von Vergy assoziierten Imaginären. Tatsächlich waren die Wälder von Vergy nicht nur der Ort der „promenades" mit Louise de Rênal oder einsam erträumter, weil gesellschaftlich unmöglicher Empfindsamkeit, sondern sie waren immer auch schon der Raum imaginärer Rollenspiele im Zeichen einer ebendiese Empfindsamkeit zurückweisenden stoisch-heroischen Ich-Imago.

Obgleich Julien vor sich selbst seine innere Distanz zur Buchstäblichkeit der von ihm zu Masken instrumentalisierten Diskurse bekräftigt, fällt er seinem Programm der „hypocrisie" letztlich selbst zum Opfer. Dies geschieht, als er nach der „vérité" fragt, nach dem summum bonum eines jenseitigen Standpunkts und damit nach einem Jenseits, dessen metaphysische Positivität und Existenz ihm ex negativo, nämlich gerade durch die programmatische Negativität seines Rollenspiels, gewährleistet schien. Erst dieses an sein Rollenspiel gekoppelte metaphysische Mißverständnis macht ihn im Horizont der „sensibilité", in den er mit Madame de Rênal zurückkehrt, zu einer eigentlich tragischen Figur. Durch den Horizont ‚Rousseau' ist ein Bekenntnis zu jener „sensibilité" vorgezeichnet, welche die Rollen für das Julien erlösende sentimentale Verzeihen Madame de Rênals bereithält. Daran ändert selbst der Umstand nichts, daß Julien in zweiter Instanz gerade Rousseau, nämlich die „plus belles phrases de la *Nouvelle Héloïse*"[68] gegenüber Mathilde de La Mole für seinen erotischen Eroberungsfeldzug im Zeichen beiderseitiger „vanité" mißbraucht hat.

Die beiden Horizonte der Berglandschaft bleiben somit auf ästhetisch unverwechselbare Weise ineinander verschränkt. Erst im Gesichtskreis rousseauistischer „sensibilité" und erst aus der Perspektive ihrer nachträglichen Sentimentalisierung wird die Landschaft aus dem geheimen

---

[67] Stendhal (1952, I), 691.
[68] Ebd., 541.

Rollenhorizont des Heroischen partiell entlassen und dadurch als erinnerte frei, jene sentimentale Geständnissituation vorzubereiten, die am Ende des Romans steht. In dieser neuen, den sentimentalen Dialog liebender Herzen vorbereitenden Funktion bleibt sie aber immer noch durch die Geheimnisse bestimmt, die ihr als Bühne der Lektüren Juliens, seiner „rêveries", seiner Rollen- und Schreibspiele eingeschrieben sind.

Nur temporär kann das erlösende Verzeihen von Louise de Rênal im Gefängnisturm von Besançon eine geheime Insel der Empfindsamkeit aus der Tiefe des achtzehnten Jahrhunderts auftauchen lassen, einen (Zeit-)Raum sentimentaler „communication des âmes", der mit dem Tod Juliens versinken muß. Und selbst die empfindsame Heldin vermag diesen Raum nur zu erschaffen, weil sie vom Erzähler programmatisch als eine Figur provinzieller Unschuld entworfen wird, bei der die Positionen „vanité", „hypocrisie" und „amour propre" unbesetzt bleiben. Der eigentlich unsentimentalen Sensibilität Juliens hingegen, der Erinnerung an die Landschaften seiner Bekenntnisse zu Napoleon, bleiben – allen reuevollen „confessions" zum Trotz – bis zum Schluß auch Hybris und „vanité" eingeschrieben. Die Figur des Julien Sorel wird zum Gegenstand einer aktualistischen Dekonstruktion, von der Louise de Rênal, als romantische Heldin von klassischer Einfachheit, programmatisch ausgespart bleibt.

Die von Mathilde de La Mole betriebene kostbare Ausgestaltung der von Julien als Begräbnisstätte ersehnten Grotte wird schließlich zum geheimen Signum dieser Dekonstruktion Juliens. Mathilde stilisiert das Begräbnis zu einer lediglich christlich gerahmten melodramatischen Aufführung, die sich ‚tragisch' gibt, deren komödiantische Inszenierung aber letztlich von der tragikomischen Hauptlinie des Romans nicht abweicht. Der von Mathilde inszenierte tragische ‚Bocksgesang' des Romanendes gilt einem zwischen „sensibilité" und „vanité", zwischen empfindsamer „confession" und republikanisch-individualistischer Konfession oszillierenden tragikomischen Helden, der ‚heroisch' gefallen ist im geheimen, unter machiavellistisch-moralistischen und verborgenen sentimentalen Vorzeichen geführten Kampf gegen die Windmühlenflügel des von ihm selbst mit aktualistischem Pathos apostrophierten neunzehnten Jahrhunderts.

Die Oszillation zwischen der geheimen Supplementarität von sentimentaler Natur im Zeichen Rousseaus einerseits und heroischer Landschaft im Zeichen Bonapartes andererseits verleiht dem in *Le Rouge et le Noir* ausgespielten, tragikomisch inszenierten Rollenkonflikt eine spezifisch moderne ästhetische Qualität. Deren verborgene Dynamik erhöht sich in dem Maße, wie der Erzähler sich gleichermaßen zum Realismus des „être vrai" und zur an seinem Helden durchgespielten Unhintergehbarkeit sozialen Rollenspiels bekennt. Entsprechend klammert er im Blick auf die „âme tendre" Louise de Rênal die zwingende Frage nach der Rollenhaftigkeit ihrer „sensibilité" aus und läßt sie aufgehen in der durch den Roman selbst schon gegebenen geheimen Antwort der von Mathilde und Julien bis zuletzt aufgebotenen Freiheit *zur* Rolle.

Literatur

W. Benjamin (1983), *Das Passagen-Werk*, ed. R. Tiedemann, 2 Bde., Frankfurt.
Ph. Berthier (1983), *Stendhal et la Sainte Famille,* Genf.
L. van Delft (1982), *Le Moraliste classique. Essai de définition et de typologie,* Genf.
J. Derrida (1967), *De la grammatologie*, Paris.
– (1975), „Le facteur de la vérité", in: *Poétique* 21, 96–147
L. Dällenbach (1977), *Le récit spéculaire. Essai sur la mise en abyme,* Paris.
N. Elias (1983), *Die höfische Gesellschaft. Untersuchungen zur Soziologie des Königtums und der höfischen Aristokratie,* Frankfurt.
H. Friedrich (1980), *Drei Klassiker des französischen Romans: Stendhal, Balzac, Flaubert,* Frankfurt.
R. Galle (1986), *Geständnis und Subjektivität. Untersuchungen zum französischen Roman zwischen Klassik und Romantik,* München.
G. Genette (1969), „Stendhal", in: *Figures II*, Paris, 155–193.
R. Girard (1961), *Mensonge romantique et vérité romanesque,* Paris.
J.-J. Hamm (1977), „Le Rouge et le Noir d'un lecteur d'épigraphes", in: *Stendhal Club* 1977, 19–36.
R. Ingarden (1972), *Das literarische Kunstwerk*, Tübingen.
W. Iser (1979), „Die Appellstruktur der Texte", in: R. Warning (ed.), *Rezeptionsästhetik. Theorie und Praxis*, München, 228–252.
– (1984), *Der Akt des Lesens. Theorie ästhetischer Wirkung*, München.
– (1993), *Das Fiktive und das Imaginäre. Perspektiven literarischer Anthropologie*, Frankfurt.
H. R. Jauß (1970), „Das Ende der Kunstperiode. Aspekte der literarischen Revolution bei Heine, Hugo und Stendhal", in: *Literaturgeschichte als Provokation*, Frankfurt, 107–143.
J. Lacan (1966), „Le stade du miroir comme formateur du Je", in: *Écrits*, Paris, 93–100.
E. A. D. de Las Cases (1823), *Mémorial de Sainte-Hélène, ou Journal où se trouve consigné, jour par jour, ce qu'a dit et fait Napoléon durant dix-huit mois,* 8 Bde., Paris.
La Rochefoucauld (1967), *Maximes suivies des Réflexions diverses,* ed. J. Truchet, Paris.
N. Luhmann (1982), *Liebe als Passion. Zur Codierung von Intimität*, Frankfurt.
J. M. de Maistre (1819), *Du pape,* Paris.

F. Meier (1993), *Leben im Zitat. Zur Modernität der Romane Stendhals*, Tübingen.

Antoine G. Chevalier de Méré (1930, III), *Œuvres complètes*, 3 Bde., ed. Ch.-H. Boudhors, Bd. 3, Paris.

H. Plessner (1967), „Die anthropologische Dimension der Geschichtlichkeit", in: H. P. Dreitzel (ed.), *Sozialer Wandel – Zivilisation und Fortschritt als Kategorien der soziologischen Theorie*, Neuwied 160–168.

– (1982), „Zur Anthropologie des Schauspielers", in: *Gesammelte Schriften*, Bd. 7, ed. G. Dux et al., Frankfurt, 399–418.

– (1985), „Soziale Rolle und menschliche Natur", in: *Gesammelte Schriften*, Bd. 10, ed. G. Dux et al., Frankfurt, 227–240.

W. Preisendanz (1977), „Das Problem der Realität in der Dichtung", in: *Wege des Realismus. Zur Poetik der Erzählkunst im 19. Jahrhundert*, München, 217–228.

J. Ritter (1974), „Landschaft. Zur Funktion des Ästhetischen in der modernen Gesellschaft", in: *Subjektivität. Sechs Aufsätze*, Frankfurt, 141–163.

Rousseau (1959 ff., I), *Les Confessions. Les Rêveries du promeneur solitaire*, in: *Œuvres complètes*, ed. B. Gagnebin/M. Raymond, Paris.

– (1959 ff., III), *Du Contrat social. Écrits politiques*, in: *Œuvres complètes*, ed. B. Gagnebin/M. Raymond, Paris.

– (1959 ff., IV), *Émile. Éducation. Morale. Botanique*, in: *Œuvres complètes*, ed. B. Gagnebin/M. Raymond, Paris.

J. Starobinski (1961a), „Jean-Jacques Rousseau ou le péril de la réflexion", in: *L'Œil vivant*, 93–188, Paris.

– (1961b), „Stendhal pseudonyme", in: *L'Œil vivant*, 191–240, Paris.

Stendhal [Marie Henri Beyle], (1952, I), *Romans et Nouvelles*, ed. H. Martineau, 2 Bde., Bd. 1, Paris.

– (1973), *Voyages en Italie*, ed. V. del Litto, Paris.

– (1982), *Journal (1818–1842). Souvenirs d'égotisme. Vie de Henry Brulard*, in: *Œuvres intimes II*, ed. V. del Litto, Paris.

– (1986), *Œuvres complètes*, ed. V. Del Litto, E. Abravanel [= Slatkine Reprint der „édition de Genève" (1967–74)], 50 Bde., Genf.

– (1998), *Napoléon*, ed. C. Mariette, Paris.

K. Stierle (1985a), „Die Modernität der französischen Klassik. Negative Anthropologie und funktionaler Stil", in: F. Nies/K. Stierle (ed.), *Französische Klassik. Theorie – Literatur – Malerei*, München, 81–128.

– (1985b), *Sprache und menschliche Natur in der klassischen Moralistik Frankreichs*. Vortrag zum Gedächtnis von Gerhard Hess. Mit einem Nachruf auf Gerhard Hess von Hans Robert Jauß, Konstanz.

P. Valéry (1957), „Stendhal", in: *Œuvres*, 2 Bde., ed. J. Hytier, Bd. 1, Paris, 553–582.

R. Warning (1983), „Der inszenierte Diskurs. Bemerkungen zur pragmatischen Relation der Fiktion", in: D. Henrich/W. Iser (ed.), *Funktionen des Fiktiven*, München, 183–206.

- (1984), „Gespräch und Aufrichtigkeit – Repräsentierendes und historisches Bewußtsein bei Stendhal", in: K. Stierle/R. Warning (ed.), *Das Gespräch*, München, 425–466.
- (1989), „,Herr und Knecht' in der Literatur des Ancien Régime", in: V. Schubert (ed.), *Die Französische Revolution. Wurzeln und Wirkungen*, St. Ottilien, 89–116.
- (1990), „Kulturkritik im Namen einer sentimentalen Natur (Jean-Jacques Rousseau)", in: R. Bubner (ed.), *Die Trennung von Natur und Geist*, München, 79–91.

A. Colin

The Skeleton in the Closet. Kryptonomie und Geheimnisübertragung in Schnitzlers *Therese. Chronik eines Frauenlebens*[1]

In die Galerie bedeutender Schrifsteller, die zugleich Mediziner waren, reiht sich Arthur Schnitzler ein. Wie Rabelais, Tschechow, Döblin und Carossa nahm auch der Wiener Arzt bahnbrechende Entdeckungen auf dem Gebiet der Psychoanalyse vorweg, indem er seine Einsichten in die Geheimnisse der menschlichen Seele mit sprachphilosophischen Erkenntnissen verknüpfte.[2] Die schicksalsvolle Wechselwirkung zwischen Liebes- und Todestrieben, der Einfluß des Unbewußten auf menschliches Handeln, Fühlen und Denken, das Spiel als Grunddimension menschlichen Daseins gehören zu den Leitmotiven seines Werkes. „Als Arzt gewohnt, das Kranke zu behandeln, und mit dem Gedanken an den Tod vertraut, hat er viel von der Gesichtsweise des Arztes in seinem psychologischen Blick"[3], schrieb der dänische Literaturhistoriker Georg Brandes über seinen Freund Arthur Schnitzler. Mit dem Scharfblick des Diagnostikers analysierte der jüdisch-österreichische Schriftsteller die Verfallserscheinungen der Habsburgermonarchie und zeigte, wie gesellschaftliche Veränderungen, die an der Oberfläche kaum sichtbar waren, allmählich die soziopolitische Struktur des Vielvölkerreiches untergruben. Da das Trägheitsgesetz stärker als die Ahnung drohenden Unterganges war, lebten die Menschen unbekümmert weiter. Nur ein alter Kaiser – ein Symbol eher denn ein Träger wirklicher Macht – schien das Reich zusammenzuhalten. In dieser Atmosphäre des Verfalls und politischer Blindheit registrierte Schnitzler soziale und politische

---

[1] Dieser Essay basiert auf „Phantoms, Crypts, and Time in Arthur Schnitzlers Therese: The Chronicle of a Woman's Life," *Modern Austrian Literature*, Januar 1993, S. 215–239, von der Verfasserin ins Deutsche übersetzt.
[2] Die Trennung zwischen Geistes- und Naturwissenschaften, die für die Moderne charakteristisch ist, geht auf Galileo Galilei zurück. Vor ihm hatten sowohl Naturwissenschaftler als auch Philosophen wie Newton, Hegel und Alexander von Humboldt diese Trennung hinterfragt und auf die Beziehung zwischen den beiden Gebieten hingewiesen. Schnitzler weist seinen Zeitgenossen einen Weg, den Abgrund zwischen den Disziplinen zu überbrücken.
[3] *Georg Brandes und Arthur Schnitzler: Ein Briefwechsel*, hrsg. von Kurt Bergel (Bern: Francke Verlag, 1956), 19. Georg Brandes, „Schnitzler-Medaillon", *Der Merkur*, 3 (19) Mai 1912, 337.

Veränderungen wie ein Seismograph die einem Erdbeben vorangegangenen Erschütterungen.

Auf Wunsch seines Vaters, eines bedeutenden Arztes, hatte Schnitzler seine dichterische Tätigkeit zunächst aufgeben müssen[4], um Medizin zu studieren. Sein Interesse galt der Psychiatrie. „Im Laufe der letzten Jahre hat sich das hervorragende Interesse der Nervenpathologen dem Krankheitsbild der Neurose zugewandt, dessen Grenzen kaum noch als streng umschrieben gelten können"[5], betonte Schnitzler in seiner Besprechung der deutschen Ausgabe von Charcots *Neuen Vorlesungen über die Krankheiten des Nervensystems*. Der Übersetzer dieses Buches war ein damals noch unbekannter Wiener Arzt: Sigmund Freud.

Zu einer Zeit, da Freud seine Einsichten in die menschliche Psyche zu psychoanalytischen Theorien entwickelte, analysierte Schnitzler mit den ungewöhnlichen Mitteln seiner Kunst seelische Probleme und Phänomene. Dies läßt auf eine Affinität im Denken der beiden Zeitgenossen schließen. Dennoch sollten viele Jahre verstreichen, ehe Freud und Schnitzler einander begegneten. In einem Brief anläßlich Schnitzlers sechzigsten Geburtstag bekannte Freud, er habe den Wiener Dramatiker stets bewundert, jedoch nie den Mut gefunden, ihn aufzusuchen, da er das unheimliche Gefühl nicht überwinden konnte, eine Art Doppelgänger zu treffen. So schrieb ihm Freud:

> Ich meine ich habe Sie gemieden aus einer Art von Doppelgängerscheu ... Ihr Determinismus wie Ihre Skepsis – was die Leute Pessimismus heißen –, Ihr Ergriffensein von den Wahrheiten des Unbewußten, von der Triebnatur des Menschen, Ihre Zersetzung der kulturell-konventionellen Sicherheiten, das Haften Ihrer Gedanken an der Polarität von Lieben und Sterben, das alles berührte mich mit einer unheimlichen Vertrautheit ... So habe ich den Eindruck gewonnen, daß Sie durch Intuition – eigentlich aber in Folge feiner Selbstwahrnehmung – alles das wissen, was ich in mühseliger Arbeit an anderen Menschen aufgedeckt habe.[6]

Aber Schnitzler war mehr als Freuds Doppelgänger, denn er hatte nicht bloß Grunderkenntnisse der Psychoanalyse vorweggenommen, sondern war weit über diese hinausgegangen. So hatte er ein wichtiges psychoanalytisches Phänomen auf viel radikalere Weise als Freud erforscht: Es ist die Geheimnisübertragung, die Wirkung eines vom Protagonisten

---

[4] Obwohl Schnitzler die Medizin als eine Weltanschauung betrachtete, war seine Beziehung zu diesem Fach ambivalent. Siehe Arthur Schnitzlers *Jugend in Wien* (Wien: Verlag Fritz Molden, 1968), 91–93, 126–128, 187–189, 227–267, 310, insbesondere 189–192.

[5] Schnitzler, *Medizinische Schriften*, hrsg. von Horst Thomé (Wien: Paul Zsolnay Verlag, 1988), 90–93. Vgl. auch Thomés „Vorwort," 11–59.

[6] Sigmund Freuds Brief vom 25 Mai 1922 an Arthur Schnitzler, zitiert nach Hartmut Scheible, *Arthur Schnitzler. In Selbstzeugnissen und Bilddokumenten*. (Hamburg: Rowohlt, 1976), 121.

begangenen, doch geheimgehaltenen Verbrechens auf andere, nichts ahnende Gestalten, die so handeln, als wüßten sie über das Geheimnis Bescheid. Wie ein roter Faden durchzieht dieses Motiv Schnitzlers Werk, nimmt eine Schlüsselstellung in seinen Stücken *Der grüne Kakadu*[7] und *Die Mörderin*[8] ein und bestimmt die Handlung seines vielschichtigen Romans *Therese. Chronik eines Frauenlebens.*[9] Dieses Buch entfaltet das Thema seines Prosafragmentes „Der Sohn"[10] zu einer komplexen Erzählstruktur, in deren Mittelpunkt die Tragödie einer unverheirateten Frau steht, die ein uneheliches Kind zur Welt bringt. Therese versucht, ihren Sohn namens Franz gleich am ersten Tag nach der Geburt mit Polstern zu ersticken. Aber Franz überlebt. Von Gewissensbissen geplagt, bemüht sich Therese, die Untat wiedergutzumachen, fürchtet jedoch stets die Rache des Sohnes, da sie annimmt, er habe dieses, von ihr zugefügte Trauma nicht überwunden. Im Grunde ist es Thereses geheimes Bestreben, sich selbst zu bestrafen – ein Bestreben, das sich allmählich zur Wahnidee steigert und den Sohn zum Muttermord veranlaßt. Während Schnitzlers Erzählfragment die unbewußte Geheimnisübertragung als einzige Ursache der vom Sohn begangenen Mordtat aufdeckt, zeigt der Roman, wie Thereses gestörtes Verhältnis zu den eigenen Eltern, das sich später auf den Sohn überträgt, ihre ambivalenten Beziehungen zu Männern im allgemeinen, gesellschaftliche Vorurteile, die schlechten Vorbilder von Franz seinen Sozialisationsprozeß stören und einen psychischen Konflikt hervorrufen, der in Haß und Gewalttätigkeit ausartet. Im Gegensatz zum früheren Prosafragment kritisiert der Roman die Sitten und sozialen Konventionen der Zeit, deren Schlüsselfunktion in der Entwicklung psychischer Konflikte hier eingehend beschrieben wird.

---

[7] Arthur Schnitzler, *Gesammelte Werke: Die Dramatischen Werke*, (Frankfurt a. M.: Fischer, 1962), I, 515–553; in den folgenden Fußnoten wird für *Gesammelte Werke* die Abkürzung *GW* verwendet.
[8] Schnitzler, *GW: Die Erzählenden Schriften*, (Frankfurt a. M.: Fischer, 1961), I, 90–97/ II, 625–882.
[9] Schnitzler, *Therese: Chronik eines Frauenlebens* (Frankfurt a. M.: Fischer, 1988). Schnitzler arbeitete an diesem Roman von 1892 bis 1928; ab 1924 arbeitete er ständig daran. Bezüglich einer Analyse der sozialen Implikationen des Romans vgl. Elsbeth Dangel, *Wiederholung als Schicksal: Arthur Schnitzlers Roman „Therese: Chronik eines Frauenlebens"* (München: Wilhelm Fink Verlag, 1985).
[10] Schnitzler, *GW: Entworfenes und Verworfenes*, (Frankfurt a. M.: Fischer, 1977), 235–259. Der Untertitel dieses Prosafragments aus dem Jahre 1892 lautet „Aus den Papieren eines Arztes". Das Thema des Muttermordes faszinierte Schnitzler, der immer wieder an seinem Prosafragment feilte und es schließlich zu einem Roman ausarbeitete.

Geheimnisübertragung als weltliterarisches Motiv

Der biblische Spruch „die Sünden der Väter verfolgen die Söhne bis in die siebte Generation"[11] beinhaltet bereits einen Hinweis auf die Problematik der Geheimnisübertragung, die Schriftsteller und Philosophen unterschiedlicher Kulturen von der Antike bis zur Gegenwart fasziniert und beschäftigt hat. Wie die französisch-ungarischen Psychoanalytiker Nicolas Abraham und Maria Torok in „Le Fantome d'Hamlet"[12] zeigen, stellt Shakespeares *Hamlet* das Motiv der Geheimnisübertragung verschlüsselt dar. In einem ungewöhnlichen sechsten Akt, den Abraham Shakespeares Stück anfügte, wird Hamlets Vater als ein Verbrecher entlarvt. Er ist nicht Opfer, sondern Täter, denn er hat den rechtmäßigen Thronfolger Fortinbras getötet, um selbst König zu werden. Nach Ansicht Abrahams hatte Hamlets Onkel dieses Geheimnis entdeckt und dem König ins Ohr geflüstert, daß er ihn durchschaue. Dies sei das Gift gewesen, das Hamlets Vater umgebracht habe. In Abrahams und Toroks Deutung des Stückes hat sich der Sohn vom Vater erst innerlich lösen müssen, um das rachsüchtige Gespenst zu verscheuchen.

Edgar Alan Poes Erzählung „Der Fall des Hauses Usher"[13] zeigt, wie ein Geheimnis, das in der ungewöhnlichen Genealogie der Familie Usher verborgen liegt, deren Untergang herbeiführt. Das Haus Usher hatte „Mischehen" abgelehnt und war auf die reine Abstammung der Familienmitglieder, auf deren „direct line of descent", besonders stolz gewesen. Poe führte diese Eigentümlichkeit der Familie auf ihre semitische Herkunft zurück – eine Vorstellung, die auf antisemitischen Vorurteilen der damaligen Zeit basiert.[14] Wie Poes Erzählung dem Leser zu verstehen gibt, hatte diese Tradition ihren Preis gefordert, denn „the Usher race, all time-honored as it was, had put forth at no period any enduring branch"[15]. Aber die Heirat innerhalb der eigenen Familiensippe artete schließlich zur verpönten Geschwisterliebe aus[16], deren Ge-

---

[11] *Thora:* Moses 2; Kapitel 2 (Jerusalem: Keter, 1954).
[12] Nicolas Abraham and Maria Torok, *L'écorce et le noyau* (Paris: Flammarion, 1987), 446–486. Abraham begreift den Geist des Vaters von Hamlet als eine Metapher für die verwickelten psychologischen Prozesse, die der Geheimnisübertragung innewohnen.
[13] Edgar Allan Poe, *Tales of E. A. Poe*, ed. James S. Wilson (New York: Charles Scribner's, 1927), 62–85.
[14] Ebd., 64–65.
[15] Im neunzehnten Jahrhundert sowie Anfang des zwanzigsten Jahrhunderts wurde Inzucht als ein Zeichen der degenerierten Natur des Juden betrachtet. Vgl. Sander Gilman, *Difference and Pathology: Stereotypes of Sexuality, Race, and Madness* (Ithaca: Cornell University Press, 1985), 150–163.
[16] Die Beziehung zwischen den Geschwistern illustriert eine gängige Klischeevorstellung des Judentums. Nach Ansicht der Ärzte, Philosophen und Historiker der Zeit nährte die Tendenz der Juden, stets nur Juden zu heiraten, deren Psychopathologie.

heimnis im Hause Usher spukt, Roderick und seine Schwester zugrunde richtet, selbst den unbeteiligten Erzähler, einen Freund Rodericks, beeinflußt. Dieser kann gerade noch flüchten, ehe das Haus der Familie Usher in Flammen aufgeht.

Die kausalen Zusammenhänge zwischen Geheimnisübertragung und gesellschaftlichen Zwängen deckte Henrik Ibsen in seinem Theaterstück *Die Stützen der Gesellschaft*[17] auf. In der strengen puritanischen Gesellschaftsordnung war der Einzelne häufig gezwungen, seine Sexualtriebe und Kreativität zu unterdrücken, um als „ehrenhafter" Bürger zu gelten. In dieser Atmosphäre von Heuchelei und Verlogenheit, in einer Gesellschaft, in der Schein mehr galt als Sein, steigerte sich die Qual des Einzelnen zum tragischen Konflikt. So ist der erfolgreiche und tugendhafte Geschäftsmann Bernick gezwungen, ein Verbrechen zu begehen, um eine von der Gesellschaft der damaligen Zeit als Sünde stigmatisierte Liebesbeziehung zu verbergen und seinen guten Ruf zu retten. Doch gerade als er um der Wahrung seines Geheimnisses willen das Leben von Seeleuten aufs Spiel setzt, wird ihm das Frevelhafte der eigenen Tat bewußt. Da beschließt er, die bedrohten Seeleute aus der Gefahr zu retten, auch wenn er dabei sein Ansehen verliert. Am Ende des Stückes bekennt sich Bernick offen zu seiner „Jugendsünde". Auf diese Weise gelingt es ihm, seine Mitmenschen zu überzeugen, daß Wahrheit und Freiheit die einzigen wahren Stützen der Gesellschaft sind.

In Ibsens Stück *Gespenster*[18] versucht Frau Alving die Promiskuität ihres Mannes geheimzuhalten. Herr Alving erstickt in der puritanischen Atmosphäre des kleinen Städtchens, in dem er zu leben gezwungen ist. Da er keine Möglichkeit findet, seine Vitalität und Kreativität zu entfalten, gerät er auf Irrwege und sucht Zerstreuung in Liebesabenteuern, für die sein Sohn später büßen muß. Zum Entsetzen seiner Gattin schwängert ihr Mann eines der Dienstmädchen, die darauf zur Heirat mit einem anderen Mann gezwungen wird. Am Ende des Holzweges, den Alving in seiner seelischen Not beschritten hatte, steht sein frühzeitiger Tod. Frau Alving, die ihren Sohn vor dem schlechten Einfluß des Vaters bewahren will, schickt ihn fort. Obwohl Oswald nichts vom frivolen Leben des Vaters weiß, ist er dennoch von dessen seelischem Dilemma geprägt. Er fühlt sich von der freien Liebe, der Ehe ohne Trauschein angezogen, findet aber nicht den Mut zu einer solchen Lebensweise, weil er sie mit seiner puritanischen Erziehung nicht in Einklang bringen kann. Oswald geht es im Ausland gesundheitlich immer schlechter. Eines Tages untersucht ihn ein Arzt und diagnostiziert eine unheilbare Krankheit, deren Ursache Oswald nicht begreift. Ge-

---

[17] Henrik Ibsen, *The Complete Major Prose Plays: Pillars of Society* (New York: Farrar, 1978), 9–118.
[18] Ibsen, ebd.: *Ghosts*, 197–276.

schwächt und müde kehrt Oswald aus Paris in seine Heimatstadt zurück, um zu sterben. Erst zu Hause erfährt er, daß seine Symptome auf das liederliche Treiben seines Vaters und dessen Geschlechtskrankheit zurückzuführen sind. Die Phantome der Vergangenheit können nicht mehr gebannt werden, denn sie haben eine körperliche Dimension angenommen. Ibsens Stück wendet sich in erster Linie gegen die Hypokrisie der Zeit und kritisiert jene von der Kirche propagierte puritanische Ordnung, die den biblischen Spruch über die Sünden der Väter zur Wirklichkeit werden läßt.[19]

In Elsa Morantes *La Storia*[20] ist es das Gespenst des Faschismus, das spätere Generationen verfolgt. Der Roman, ein plastisches Bild der Schreckensherrschaft Mussolinis in Italien, beginnt mit einer Schlüsselepisode. Ein junger deutscher Soldat aus Dachau vergewaltigt in Rom eine Italienerin, von der er nicht einmal weiß, daß sie jüdischer Abstammung ist. Gleich nach seiner Missetat verläßt er die Frau, die er geschwängert hat. Sein Opfer erfährt nicht, daß ihr Peiniger bereits kurz danach ums Leben kommt. Sie leidet unter Angstzuständen, hält ihre Schwangerschaft geheim und versteckt den neugeborenen Sohn Useppe. Ihr Kind erkrankt. Obwohl es nichts von der Vergangenheit der Mutter weiß, ahmt der sechsjährige Junge während seiner epileptischen Anfälle unbewußt den Schrei nach, den sie ausstieß, als sie vergewaltigt wurde. Das Trauma der Mutter wird zum Phantom, das Useppe quält. Eines Tages stirbt Useppe an den Folgen seiner epileptischen Anfälle. Von diesem Erlebnis zutiefst geschockt, verliert seine Mutter das Bewußtsein; ihr Gesichtsausdruck ist verzerrt, ihr Körper erstarrt; dieser Zustand, in dem die Mutter viele Jahre bis zu ihrem Tode vegetiert, erinnert an die Verkrampfungen, die ihr Sohn während seiner epileptischen Anfälle erlitt. Dieser Abschluß des Romans legt den Gedanken nahe, das Phantom der Vergangenheit, das sich in den epileptischen Anfällen des Sohnes manifestierte, habe sich in der Psyche der Mutter wieder eingenistet und sei damit zu seinem ursprünglichen Opfer zurückgekehrt.

In seinem bahnbrechenden Werk *Entweder-Oder*[21] zeigt Søren Kierkegaard, wie sich Geheimnisse in der Wechselwirkung zwischen Form und Inhalt, Äußerem (Benehmen, Gesten, Worten, körperlicher Haltung) und Innerem (Vorstellungen, Gedanken) offenbaren. Auf diese Weise hinterfragen sie vertraute Vorstellungen von der Polarität zwischen Innen und Außen. In diesen Zusammenhang schreibt sich auch Kierkegaards Deutung der Gestalt Antigones ein, die im Werk des dä-

---

[19] Ebd.
[20] Elsa Morante, *History: A Novel* (New York: Knopf, 1977).
[21] Søren Kierkegaard, *Either/Or*, hrsg. und übersetzt von Howard V. Hong und Edna H. Hong, 2 Bde., (New Jersey: Princeton University Press, 1987); vgl. I, 157–161.

nischen Philosophen eine besondere Stellung einnimmt. Obwohl Antigone nichts vom Schicksal ihres Vaters, König Ödipus, weiß, verhält sie sich so, als kenne sie das Geheimnis und führt ein von Trauer überschattetes, einsames Leben. Eines Tages entdeckt sie die Wahrheit über ihren Vater. Da beschließt sie, die Hüterin seines Geheimnisses zu werden, obwohl sie deswegen das eigene Glück opfern muß. Nach Kierkegaards Ansicht entschied sich Antigone auf diese Weise für ein ethisches, höheren Zielen gewidmetes Leben. Kierkegaard unterschied zwischen ethischer und ästhetischer Lebensweise, lehnte jedoch letztere als eine auf den augenblicklichen Genuß ausgerichtete Existenz im Sinne Goethes und August Schlegels ab. Es sei ein kategorischer Imperativ im Sinne Kants[22], zwischen ethischer und ästhetischer Lebensweise zu wählen. Jeder Mensch, außer dem religiösen, sei zu einer solchen Entscheidung verpflichtet. Kierkegaard identifizierte sich mit der Gestalt Antigones, denn ihr Schicksal wies Parallelen mit seiner eigenen Lebensgeschichte auf.[23] Indem sie sich freiwillig zur Fortführung eines eisamen und ethischen Lebens entschied, hatte sie einen weiteren Grundgedanken des dänischen Philosophen verwirklicht, den sein Buch *Die Wiederholung*[24] zu vermitteln sucht.

---

[22] Obwohl Kierkegaard die Theorien von August Schlegel ablehnte, erkannte er dennoch die besondere Situation der Schriftsteller, die sich zwischen „Entweder" und „Oder" hin und her gerissen fühlen. Nach seiner Ansicht sollten Dichter ihr Leben als Ausnahmefall leben. In mancher Hinsicht führte Kierkegaard selbst ein solches Leben. Da er seiner Verlobten sein brennendes Geheimnis nicht verraten konnte, zog er es vor, die Beziehung zu ihr abzubrechen. Er widmete sein Leben der Arbeit, blieb seiner Verlobten dennoch treu und erwartete, daß sie das gleiche tun werde. Aber Kierkegaards Verlobte heiratete einen andern. Der Philosoph war so enttäuscht und wütend, daß er alle Frauen für immer verdammte. Unter dem Eindruck seines Erlebnisses änderte er selbst den Schluß seines Buches die *Wiederholung*, das er ursprünglich seiner Verlobten widmen wollte. Er verfaßte einen anderen Schluß, eine Satire auf Frauen und die Liebe.
Nach Kierkegaards Ansicht kann nur der religiöse Mensch die ethische Lebensweise transzendieren, da die Liebe zu Gott selbst das irrationale Handeln legitimiert. Daher ist Abrahams Versuch, den eigenen Sohn umzubringen, nicht unethisch.

[23] Kierkegaard war von der Antigone-Gestalt fasziniert. Sein Interesse für Antigone entsprang den eigenen Erlebnissen, denn auch der dänische Philosoph war von Geheimnissen geprägt. Kierkegaards Vater, der sehr religiös war, hatte in seiner Jugend eine Sünde begangen. Er hatte Gott verflucht, weil er ihn so arm auf die Welt hat kommen lassen. Als Erwachsener hat Kierkegaards Vater diese Sünde zutiefst bereut und sich selbst verdammt. Da er mit seinem Geheimnis nicht leben konnte, wurde er melancholisch und depressiv. Seine Stimmungen übertrugen sich auf den Sohn, der nichts vom Schicksal des Vaters wußte und an den gleichen Symptomen litt. Später entdeckte Kierkegaard zufällig das Geheimnis des Vaters, doch ähnlich wie Antigone beschloß er den gleichen einsamen Lebensstil weiterzuführen, um seinen Theorien treu zu bleiben. Für eine detaillierte Analyse von Kierkegaards Leben und Werk vgl. Sylviane Agacinski: *Aparté: Conceptions and Deaths of Søren Kierkegaard*, trans. by Kevin Newmark (Tallahasse: Florida State University Press, 1988).

[24] Vgl. Kierkegaards *Repetition: An Essay in Experimental Psychology*, trans. by Walter Lowrie (New York: Harper & Row, 1964).

Obwohl Schrifsteller und Philosophen die Geheimnisübertragung immer wieder beschrieben, hatten Psychoanalytiker wenig zur Erforschung dieses Phänomens beigetragen. Wohl haben Freuds Betrachtungen zum Problem der Intrasubjektivität und des Tabus einige grundlegende Aspekte der Wirkung eines Geheimnisses auf die menschliche Psyche erschlossen.[25] Freuds Erkenntnismodelle dienten indes vorwiegend der Erforschung verborgener, ins Unbewußte verdrängter Wünsche, die als Manifestationen des Es und als eine Bedrohung des Ichs verstanden wurden. Denn Freud betrachtete das Unbewußte als ein zu erschließendes Geheimnis. Das Entschlüsseln jener Rätsel des Unbewußten, die Neurosen und andere seelische Erkrankungen verursachten, war seiner Ansicht nach die Voraussetzung jeglicher Therapie.

In einem Gespräch mit Lou Andreas-Salomé hob Freud hervor, wie sehr ihn das Problem des menschlichen Geheimnisses und dessen Übertragung auf Nahestehende interessiere, gestand jedoch auch, er wolle die Lösung dieses Rätsels anderen überlassen.[26] In *L'écorce et le noyau* zeigten Nicolas Abraham und Maria Torok, daß Freud wiederholt Karl Abrahams Einsichten in dieses Problem mißverstanden und deren Wert verkannt hatte.[27] Abraham und Torok führten dies auf Freuds inneren Widerstand gegenüber der Erforschung von Geheimnisübertragungen zurück – ein Widerstand, der vielleicht auch seine Kritik am ersten, 1926 gedrehten Film über die Psychoanalyse motivierte, der bezeichnenderweise den Titel „Geheimnisse einer Seele" trug. Zudem war Freuds eigenes Leben voller Geheimnisse. Freud, der als verschlossen galt, hatte die Absicht, einen geheimen Kreis von Psychoanalytikern zu gründen, die seine Theorien vor späterem Mißbrauch schützen sollten. Auch seine eigenen Familiengeheimnisse gab er nicht preis. Wie Marie Balmary in *Psychoanalyzing Psychoanalysis: Freud and the Hidden Fault of the Father*[28] nachgewiesen hat, hatte Freuds Vater seine Ehefrau betrogen; Freuds Onkel war wegen Geldfälschungen im Gefängnis gelandet.

Abrahams und Toroks Geheimnisübertragungstheorie

Abraham und Torok haben in ihrem Buch *L'écorce et le noyau* (1987) die erste umfassende Theorie der Geheimnisübertragung entwickelt. Eine ihrer in den „Notes du seminaire sur l'unité duelle et le fantôme"[29]

---

[25] Abraham und Torok, *L'écorce et le noyau*, 437.
[26] Ebd., 229–232.
[27] Freud, *Totem and Tabu* (Frankfurt a. M.: Fischer, 1976).
[28] Marie Balmary, *Psychoanalyzing psychoanalysis: Freud and the Hidden Fault of the Father*, trans. by Ned Lukacher (Baltimore: Johns Hopkins University Press, 1982).
[29] Abraham und Torok, 408–411.

beschriebenen Fallstudien illustriert das Phänomen der Geheimnisübertragung sowie den Ausgangspunkt und die Zielsetzung ihrer Theorie. Es ist die Geschichte eines fünfjährigen Mädchens, das Sexualträume im Zusammenhang mit Erhängten hatte, an einer Fleischphobie litt und ständig, wie unter einem Zwang stehend, Worte in ihre Bestandteile zerlegte, um sie von rechts nach links zu lesen und neue unzusammenhängende Silbenkombinationen zu schaffen. Im Verlauf der Analyse erkannten Nicolas Abraham und Maria Torok, daß die traditionellen psychoanalytischen Theorien wie der Ödipus-Komplex nicht ausreichten, um die Symptome der kleinen Patientin zu erklären. Erst nachdem die beiden Psychoanalytiker die von einem schrecklichen Geheimnis überschattete Familiengeschichte des Mädchens erfuhren, konnte sie dem Kind helfen.

Der Großvater, Fleischhauer von Beruf, hatte seine ältere Tochter vergewaltigt. Von Schuldgefühlen geplagt, hatte er kurze Zeit darauf Selbstmord begangen, indem er sich am Fensterrahmen erhängte. Die Familie des Mannes hielt dessen Schandtat, sein Schicksal und selbst seinen Namen streng geheim. Zur Zeit der Familientragödie war die Mutter der Patientin sechs Jahre alt und wußte nichts vom Los der Schwester und des Vaters. Auch später erfuhr sie nichts darüber. Dennoch verfolgten sie die Phantome der Vergangenheit. Als Erwachsene beging auch sie nach Ansicht ihrer Verwandten eine Sünde, denn sie ließ sich mit einem Bohémien ein, von dem es hieß, er leide an einer „maladie honteuse"[30], vermutlich einer Geschlechtskrankheit. Ihr Onkel, der sich nach dem Tod des Vaters um die Familie kümmerte, zwang sie, einen biederen Bürger zu heiraten, mit dem sie indes unglücklich wurde.[31] Schließlich nahm sich auch die Mutter der kleinen Patientin das Leben auf gleiche Art und Weise wie ihr Vater, obwohl sie anscheinend nichts von seinem Ende wußte. Die Analyse der Träume ihrer Tochter zeigte, daß diese immer wieder den Gedanken an Inzest evozierten. Ihre Fleischphobie konnte mit dem Beruf des Großvaters in Verbindung gebracht werden, und das Spiel mit Worten ergab den Vornamen Bogar, der ein Anagramm für Gabor, den geheimgehaltenen Vornamen des Großvaters, war.

Um diese von Geheimnissen hervorgerufenen psychischen und organischen Störungen ihrer Patienten zu erklären, entwickelten Nicolas Abraham und Maria Torok in ihrem Buch *L'ecorce et le noyau* eine Metapsychologie des Geheimnisses, die auf Leopold Szondis *Schicksalsanalyse*[32], Freuds Vorstellung vom Ödipus-Komplex sowie Sandor Fe-

---
[30] Ebd., 409.
[31] Ebd.
[32] Lipot Szondi, *Wahl in Liebe, Freundschaft, Beruf, Krankheit und Tod* (Basel: Schwabe, 1948).

renczis und Imre Hermanns Theorie der Ich-Genese basiert.[33] Beim Studium der Werke und Biographie Fiodor Dostojewskis fiel es Leopold Szondi auf, daß der russische Schriftsteller bewußt oder unbewußt Probleme und Verhaltensweisen seiner Vorfahren wiederholte und sie selbst in seinen Romanen dichterisch verarbeitete. Von diesen Wiederholungen fasziniert, analysierte Szondi sein eigenes Leben sowie das Schicksal seiner Patienten. Er entdeckte dabei ähnliche Verhaltensmuster, deren Erforschung er mit Hilfe der Schicksalsanalyse ermöglichen wollte. Indem er die in einer Familiengeschichte verborgenen Geheimnisse aufdeckte, hoffte er, den Patienten zu helfen und sie vor der Verhaltensweise ihrer Verwandten und Ahnen zu bewahren.

Diese Vorstellungen verknüpften Abraham und Torok mit Ferenczis Theorie des menschlichen Ichs, das seiner Ansicht nach von Geburt an einem Prozeß des Sich-Entfaltens und der Integration unterschiedlicher Erfahrungen unterworfen ist. Indem das Ich diese Erlebnisse in sich aufnimmt, wächst es und bereichert sich selbst. Dieser Entwicklungsprozeß, den Ferenczi „Introjektion" nennt, manifestiert sich beispielsweise in der Identifikation eines Ichs mit einem Liebesobjekt besonders deutlich.[34] Gefühle, Gedanken, Handlungsweisen des geliebten Anderen übertragen sich allmählich auf das Ich, das sein Liebesobjekt auf diese Weise in sich aufnimmt.

> I emphasized the idea of inclusion in order to say that I conceive of all object-love (or all transference), both in a normal subject and in a neurotic ... as an enlargement of the Self, that is, an introjection, Basically a person's love can be directed only toward himself. In so far as he loves an object, he adopts it as part of his Self[35]

betont Ferenczi. Traumatische Erfahrungen oder Ereignisse, die nicht akzeptiert und somit auch nicht psychisch verarbeitet werden können, unterminieren den Prozeß der Introjektion. So hindern Schuldgefühle ein Ich oft daran, ein gesellschaftlich diskreditiertes Liebesobjekt zu introjizieren. Diese zweite der Introjektion entgegenwirkende Tendenz, die einen seelisch krankhaften Zustand signalisiert, trägt in der psychoanalytischen Theorie Abrahams und Toroks den Namen „Inkorporation". Die im Unbewußten inkorporierten Ereignisse, Handlungsweisen, Personen leben als Fremdkörper in der Psyche des Patienten fort. Das Ich des Patienten gibt sich der Illusion hin, es habe das diskreditierte Liebesobjekt introjiziert. Doch in Wirklichkeit fand die Introjektion nicht statt. Das introjizierte Liebesobjekt wird zum Phantom, das selbst

---

[33] Abraham und Torok, 223–249; 334–335.
[34] Vgl. Abraham und Torok, *The Wolf Man's Magic Word: A Cryptonymy*, übers. von Nicolas Rand (Minneapolis: Minnesota University Press, 1986), xvi.
[35] Nicolas Abraham, „Notes on the Phantom: A Complement to Freud's Metapsychology," übers. von Nicolas Rand, *Critical Inquiry Winter* 1987, 289.

spätere Generationen verfolgt. „The phantom is a formation of the unconscious that has never been conscious – for good reasons. It passes in a way yet to be determined from the parent's unconscious to the child's ..."[36] schrieben Abraham und Torok, die an anderer Stelle ihres Buches zeigen, wie eine solche Geheimnisübertragung durch Worte, aber auch durch non-verbale Zeichen erfolgen kann. Das Phantom erschafft eine Krypta, ein Grab im Unbewußten und bestimmt auf diese Weise Gefühle, Gedanken, Verhaltensweisen des Ichs. Nach Ansicht Abrahams und Toroks gehören Geheimnisse dagegen zum Bewußtseinsbereich, da sie verheimlichtes Wissen sind und daher Kryptenformationen im Innern des Ichs bedingen. Das Ich wird zum Türhüter des Geheimnisses, das eine Krypta in die Psyche des Menschen bohrt. Gegen die Außenwelt ist die Krypta hermetisch abgeschlossen, aber zum Unbewußten hin sind ihre Wände durchlässig. So können Phantome und Geheimnisse in eine Wechselwirkung miteinander treten, die Krypta vergrößern, ihre Wirkung verstärken.

Um die Geheimnisübertragung in der Mutter-Kind-Beziehung zu erklären, führen Abraham und Torok den Begriff der *unité duelle*[37] ein, der auf Imre Hermanns Vorstellungen von der innigen Beziehung zwischen Mutter und Kind beruht: Nach Hermanns Ansicht strebt der Sohn stets danach, eins mit der Mutter zu werden; die Mutter überträgt ihrerseits den Wunsch nach einer *unité duelle* mit dem eigenen Vater auf den Sohn. Im Gegensatz zu Freud, der das aggressive Verhalten des Sohnes seiner Mutter gegenüber als ein Zusammenspiel des Libido- und Todestriebes versteht, deutet Hermann eine solche Mutter-Sohn-Beziehung als das Ergebnis einer gestörten Sehnsucht nach vollständiger Integration. Abraham und Torok, die Hermanns Begriff der *unité duelle* erweitern, verwenden ihn zur Beschreibung aller innigen Beziehungen zwischen zwei Menschen. Anders als Hermann sind sie der Ansicht, daß Mutter und Kind stets nach Unabhängigkeit voneinander streben, das Phantom jedoch diese Bemühungen zunichte machte und dem natürlichen Prozeß der Introjektion entgegenwirkte. Nach Abraham und Toroks Meinung ist das aggressive Verhalten des Sohnes auf seinen frustrierten Versuch zurückzuführen, sich von der Mutter loszulösen. Während Freud der Auffassung ist, der Sohn verhalte sich aktiv, begehre die eigene Mutter und bemühe sich, den Vater umzubringen, sind Abraham und Torok der Überzeugung, ein Kind sei stets von seinen Bezugspersonen abhängig und könne deshalb leicht zu einem Instrument des Phantoms werden. Abraham und Toroks Erkenntnisse werfen ein Licht auf Schnitzlers Roman *Therese*, der erstaunliche Ähnlichkeit mit manchen in *L'écorce et le noyau* beschriebenen Fallstudien aufweist.

---

[36] Ebd., 290; vgl. auch *The Wolf Man's Magic Word*.
[37] Abraham und Torok, *L'écorce*, 359; 418–423.

Schnitzlers Roman geht jedoch weit über die Theorien der französisch-ungarischen Psychoanalytiker hinaus.

Therese. Chronik eines Frauenlebens

Die Übertragung von Geheimnissen ist nicht nur Schlüsselthema des Romans, sondern auch Motor der verwickelten Handlung, in deren Mittelpunkt die Geschichte der Protagonistin steht. Therese kennt die Geheimnisse ihrer Eltern nicht, ist jedoch von ihnen beeinflußt. Zudem ist ihr eigenes Leben voller Geheimnisse. Sie verschweigt ihr erstes Liebesabenteuer mit einem Offizier, ihre späteren, zahlreichen Liebesaffären mit Männern, die sie auf der Straße anmachen, ihre Beziehung zum Vater ihres unehelichen Kindes, ihre Schwangerschaft, ihre Versuche, das Kind abtreiben zu lassen sowie die Geburt, ja die Existenz ihres unehelichen Sohnes. Diese Geheimnisse sinken immer tiefer in Thereses Unbewußtsein hinab, bohren eine Krypta in ihre Psyche, bestimmen ihr Denken, Fühlen, Handeln. Obwohl sich die Protagonistin entschließt, ihr Kind zur Welt zu bringen, kann sie dennoch die Existenz ihres unehelichen Sohnes nicht akzeptieren. Bereits in der ersten Nacht verliert sie die Kontrolle über sich selbst und versucht, das Kind mit Polstern zu ersticken. Um sich zu beruhigen und ihre Tat zu legitimieren, sagt sie sich ständig, das Kind sei bereits tot gewesen, ehe es zur Welt kam. Im Grunde sei es als Idee schon vor der Geburt gestorben, denn sie habe doch mit dem Gedanken gespielt, es abtreiben zu lassen.

> Und ich habe dich ja schon drei- oder viermal umgebracht, bevor du da warst. Was soll ich denn mit einem toten Kind das ganze Leben lang? Tote Kinder gehören ins Grab. Ich will's ja nicht zum Fenster hinauswerfen oder ins Wasser oder in den Kanal ... Gott behüte. Ich will dich nur fest anschaun, dann wirst du gleich einschlafen und eingehen ins ewige Leben ... (GW II, 715).

Das Bild des toten Kindes lebt in Thereses Phantasie weiter, steigert sich zur Wahnvorstellung, die in jenem Augenblick zur Wirklichkeit wird, da Therese ihr Kind tatsächlich umzubringen versucht. Aber diese Realität ruft eine andere Wahnidee hervor. Da ihr Sohn überlebt, meint Therese, er würde sich sein ganzes Leben lang an ihre Untat erinnern und sich dafür bewußt oder unbewußt rächen. Thereses *idée fixe* beeinflußt ihr späteres Verhältnis zum eigenen Sohn.

Phantome, Zeit und die Identitätskrise einer Frau

Schnitzler führt Thereses Untat auf Kindheitserlebnisse, ein ambivalentes Verhältnis zur eigenen Sexualität, eine schwierige Beziehung zu den

Eltern und einen gestörten Sozialisationsprozeß zurück. Bereits als Mädchen hatte Therese Tagträume, in denen sie sich als Prostituierte sah. Als Erwachsene läßt sie sich zwar mit vielen Männern ein, nimmt jedoch niemals Geld dafür. Unbewußt verhält sie sich entsprechend einer gängigen Klischeevorstellung des Mannes, der seine sexuelle Freiheit genießt und die Frau als Objekt behandelt. Therese benutzt ihre Liebhaber, zwar auch um sich selbst zu befriedigen, wird aber zugleich ein Opfer der Männer, die sie zu besitzen suchen. Therese internalisiert die Moralvorstellungen ihrer Gesellschaft, lehnt Promiskuität und Frivolität ab und lebt daher im Zwiespalt mit sich selbst. Ihre Schwangerschaft steigert ihr Dilemma zur Selbstqual. Einerseits möchte sie eine emanzipierte Frau sein und scheut den Gedanken nicht, ihr Kind abtreiben zu lassen; andererseits fehlt ihr der Mut dazu, weil sie die Vorstellung, eine Abtreibung sei Mord, verinnerlicht hat. In den folgenden Abschnitten des Romans erscheint Therese als eine Frau, die sich mit ihrem eigenen Schicksal abgefunden hat. Aber auch dieser Eindruck täuscht. Denn Therese bringt zwar ihr Kind zur Welt, versucht aber, es gleich nach der Geburt umzubringen. Als sie, im letzten Moment von Reue erfaßt, das Kind aus der Polstergruft befreit, in der es erstickt wäre, ist sie mit einemmal überglücklich, einen Sohn zu haben, Mutter zu sein. Wenige Tage später allerdings übergibt sie Franz seinen Pflegeeltern und kümmert sich nur noch gelegentlich um ihn. Indem der Roman Thereses innere Zerissenheit vor Augen führt, deckt er den Abgrund zwischen ihren fortschrittlichen Ideen und veralteten Moralvorstellungen auf. Selbsttäuschung wird ihr einziger Ausweg aus der Konfliktsituation. Um die eigenen Schuldgefühle und Ängste zu verdrängen, erfindet Therese rationale Argumente, die ihr Verhalten rechtfertigen. So sagt sie sich immer wieder, berufstätige Frauen hätten keine Zeit, ihre Kinder zu erziehen; dies sei mit ihrer eigenen Stelle als Gouvernante unvereinbar.[38]

Freud hätte Thereses Widersprüche als Konflikt zwischen Es, Ich und Über-Ich gedeutet. Nach seiner Ansicht hat sich das Bewußtsein des Menschen im Verlauf der Jahrzehnte verändert, das Unbewußte ist jedoch gleich geblieben. Dieser Zwiespalt bedinge das von Atavismen geprägte Verhalten der Menschen sowie ihr Hinundhergerissensein zwischen Moralvorstellungen der ihnen vorausgegangenen Generationen und den Grundsätzen einer neuen Zeit. Demzufolge hätte die Diskrepanz zwischen Bewußtsein und Unbewußtsein dann die weibliche Identitätskrise Thereses hervorgerufen. Schnitzlers Roman suggeriert jedoch eine andere Deutungsmöglichkeit. Therese scheint sich von der Vorstellungswelt ihrer Eltern gelöst zu haben. In ihr lebt jedoch ein veralteter

---

[38] Schnitzler, *Therese. Chronik eines Frauenlebens*, 97. Vgl. auch S. 94–95.

Moralkodex weiter, den sie Trivialromanen des neunzehnten Jahrhunderts entnommen hat. Dieser Moralkodex, den selbst die Eltern der Protagonistin nicht mehr respektieren, obwohl sie ihn ebenfalls internalisiert haben, entspricht der Anschauungswelt von Thereses Großeltern. Auf diese Weise deutet Schnitzler an, jeder Mensch trage die Moralvorstellungen einer vergangenen Generation und damit eine frühere, längst verstrichene Zeit in sich, lebe im Grunde seiner Zeit *nach*, lebe in der Vergangenheit. Diese innere zeitliche Verschiebung um dreißig bis fünfzig Jahre, die einen Zusammenprall heterogener Zeiten im Bewußtsein eines Menschen hervorruft, trägt zum Entstehen eines Zwiespalts bei, ruft Thereses Identitätskrise hervor. In Schnitzlers Roman betonen Thereses Freunde, eine moderne Gesellschaft sei mittlerweile bereit, unverheiratete Mütter wie auch uneheliche Kinder zu akzeptieren. Auch Therese ist dieser Ansicht, dennoch empfindet sie ihre Schwangerschaft wie auch die Existenz ihres unehelichen Kindes als eine Sünde. Unbewußt lehnt sie ihr eigenes Tun ab.

Thereses problematisches Verhältnis zu ihren Eltern bedingt ihren gestörten Sozialisationsprozeß und trägt zum Ausbruch ihrer Identitätskrise bei, denn Therese hatte sowohl ihren Vater als auch ihre Mutter inkorporiert, nicht jedoch introjiziert. Die Persönlichkeit ihres Vaters, der eine wichtige Rolle in ihrer Kindheit gespielt hatte, veränderte sich allmählich. Der einst stolze Offizier der kaiserlichen Armee war ein verbitterter Mann geworden, der keinen Raum zur Entfaltung seiner Fähigkeiten fand. Das Militär hatte ihn gezwungen, sich frühzeitig zu pensionieren. Aus finanziellen Gründen hatte er mit seiner Familie später Wien verlassen und nach Salzburg ziehen müssen, wo er seelisch und geistig zugrunde ging. Seine Ehe war unglücklich; seine Frau betrog ihn, und so suchte er das Bordell auf und tröstete sich mit Prostituierten. Eine Weile kompensierte er seine Frustration, indem er seine ganze Energie der Arbeit an einem Manuskript über Militärstrategien widmete. Aber es fand sich kein Verlag, der dieses Buch drucken wollte. Als sein Gesuch, den alten Posten beim Militär wiederzuerlangen, abgelehnt wurde, verlor er den Verstand. Er wurde schließlich in eine Irrenanstalt gesteckt, wo er im Elend starb.

Schnitzlers Roman zeigt, wie ihres Vaters Schicksal Thereses Leben überschattet. Beim ersten Lesen gewinnt man den Eindruck, Thereses Gefühle für den Vater wandelten sich allmählich. Aus Liebe wird zunächst Mitleid, dann jedoch eine gewisse Gleichgültigkeit. Je mehr der Vater von der Krankheit entstellt wird, um so ferner und unerreichbarer erscheint er Therese. Aber die *absence présente* des Vaters ist viel mächtiger als seine reale Gegenwart. Der schuldbeladene, von der Gesellschaft ausgestoßene Vater kann von der Tochter, die ihn im Grunde immer noch liebt, nicht mehr introjiziert, sondern lediglich inkorporiert werden. Der Vater ist ein Fremdkörper, der in Thereses Psyche weiterlebt und den eine natürliche Entwicklung markierenden Loslösungsprozeß stört. Bereits am Anfang des Romans deutet Schnitzler an, wie sich die Schuldgefühle des Vaters unmerklich auf Therese übertragen, die sich stets schuldig fühlt, sich jedoch an kein Vergehen erinnern kann. Da der Vater besondere Freude am Zusammensein mit der Tochter empfindet und sich Therese in seiner Nähe wohl zu fühlen scheint, liegt ein ständiger, unausgesprochener Vorwurf in den Augen der Mutter und des Bruders, der wohl als ein Hinweis auf die erotische Bindung zwischen Vater und Tochter zu begreifen ist. Aber die Krankheit des Vaters, die seine Gefühlskälte hervorruft, frustriert die Tochter. Therese fühlt sich in ihrer Not allein gelassen. Diese Enttäuschungen bestimmen ihr späteres Verhältnis zu anderen Männern und zum eigenen Sohn. Immer wieder begibt sich Therese in Situationen, die eine Wiederholung dieses ursprünglichen Traumas hervorrufen. Als Erwachsene verliebt sie sich stets in Männer, die so unberechenbar wie ihr Vater sind, sie enttäuschen und schließlich verlassen. Unbewußt trägt Therese zu dieser Wiederholung bei, denn sie weist jeden ernsten Verehrer von sich, lehnt alle Heiratsanträge ab und sucht Zufallsbekanntschaften mit Männern, von denen sie weiß, daß sie nicht auf Ehe aus sind. So weist sie Alfred zurück, weil seine Liebesbeteuerungen und Küsse ihren aus der Romanwelt des neunzehnten Jahrhunderts entsprungenen Klischeevorstellungen nicht entsprechen, weist andere Heiratsanträge ab, weil sie meint, sie könne dies ihrem Sohn nicht antun. Gleichzeitig erkennt sie aber, daß es sich hier nur um einen Vorwand handelt, denn ihre Beziehung zum Sohn ist zu zwiespältig, als daß diese sie an einer festen Bindung zu einem geliebten Mann hindern könnte. Therese weiß, daß ihr Verhalten selbstzerstörerisch ist, kann aus diesem Teufelskreis jedoch nicht ausbrechen.

Thereses Mutter, eine Adlige, die unter ihrem Stand geheiratet und dies nicht verwunden hat, geht ebenfalls an den gesellschaftlichen Zwängen in der Provinzstadt zugrunde, kann sich nicht verwirklichen und sucht Zerstreuung in Liebesaffären, die ihren Ruf zunichte machen. Schließlich findet Thereses Mutter dennoch eine Beschäftigung, die ihr einen Halt im Leben gibt. Sie schreibt Trivialromane, in denen sie ihre Sehnsüchte und Sexualwünsche auslebt. Die *absence présente* ihres Gatten übt auch auf die Mutter einen nachhaltigen Einfluß aus, denn sie übernimmt die Rolle und das autoritäre Verhalten des Vaters, beherrscht ihre Kinder und versucht sogar, Therese zu verkuppeln, das heißt zur Heirat mit einem alten, steinreichen Baron zu zwingen. Therese weigert sich. Ihre Gefühle für die Mutter schlagen zunächst in offene Feindschaft um, wandeln sich dann aber allmählich in Freundschaft und Liebe. Der Einfluß der Mutter auf Thereses Entwicklung wird im Verlauf der Erzählung unmerklich sichtbar. Während sie in ihrer Jugend alle Verkupplungsversuche der Mutter und jedes aus finanziellen Gründen eingegangene Ehebündnis ablehnt, verlobt sich Therese schließlich mit einem reichen Mann, den sie nicht liebt. Die immer größer werdenden materiellen und sozialen Probleme, mit denen sie sich konfrontiert sieht, zwingen sie zu diesem Schritt. Schnitzler läßt die Titelgestalt seines Romans explizit hervorheben, ihre Verlobung sei eine Art von Prostitution.

Zwischen dem Phantom der Mutter und dem des Vaters hin und her gerissen, projiziert Therese ihre inneren Konflikte, besonders ihre ambivalente Haltung zum eigenen Vater auf den Sohn. Zunächst tritt sie dem eigenen Kind voller Zurückhaltung entgegen. Obwohl Franz an ihr hängt und ihr immer wieder sagt, wie sehr er sie liebt, bleibt Therese kühl und distanziert. Erst als sich Franz allmählich zurückzieht und sie seine Ablehnung spürt, entdeckt sie mit einemmal, wie sehr sie ihn liebt. Wie der folgende Abschnitt des Romanes zeigt, verstärktThereses Erkenntnis, ihr Sohn sei ihr Feind, paradoxerweise ihre Bindung an ihn.

> Zu Hause nahm sie ihn ins Gebet, er war zuerst verstockt, dann gab er freche Antworten, endlich lief er einfach aus dem Zimmer, aus dem Haus. In später Abendstunde erst erschien er wieder, legte sich sofort im Wohnzimmer auf den Diwan, ... manchmal nur traf sie ein böser Blick, ein Blick, in dem Therese diesmal nicht nur Verstocktheit, Mangel an Einsicht und an Liebe, sondern auch Bitterkeit, Hohn, ja einen versteckten Vorwurf las ... Und unter diesem falschen Blick stieg eine Erinnerung in ihr auf ... Zum ersten Male nach langer Zeit dachte sie der Nacht, in der sie ihn geboren, der Nacht, in der sie ihr neugeborenes Kind zuerst tot geglaubt, in der sie es tot gewünscht hatte. Gewünscht? Nur gewünscht? Das Herz erstarrte ihr vor Angst. ... Nun wußte sie, daß dieses Kind, dieser zwölfjährige Bub, nicht nur als ein Fremder, daß er als Feind neben ihr lebte. Und niemals noch hatte sie zur gleichen Zeit so schmerzlich tief gefühlt, wie sehr und wie unglücklich, wie ohne jede Hoffnung auf Erwiderung sie dieses Kind liebte. (*Therese*, 176)

Die Beziehung zwischen Mutter und Sohn entwickelt sich zu einer fatalen *unité duelle*, die sowohl Therese als auch ihren Sohn beeinflußt. Zwei Phantome verfolgen Franz, treiben ihn in den Muttermord. Es ist Therese als ein fremder, dem eigenen Ich einverleibter Körper, der nicht nur ihr Geheimnis, sondern auch einen zweiten Fremdkörper in sich trägt, das Bild der von Schuldgefühlen gequälten Eltern. Der unbewußte Wunsch, Therese umzubringen, entspringt dem seelischen Konflikt des Sohnes, der sich von der Mutter befreien will.

Diese Zusammenhänge schildert Schnitzler in plastischen Bildern. Zunächst evoziert er die erotische Beziehung des Sohnes zur Mutter. Franz, der ein lieber, netter Junge zu sein verspricht, fällt Therese ständig um den Hals, küßt sie und sagt ihr immer wieder, sie sei der einzige Mensch, den er liebe. Unter dem Einfluß schlechter Vorbilder wächst Franz zu einem gewalttätigen, unberechenbaren Jugendlichen heran, der das Haus der Mutter für immer verläßt, mit Prostituierten anbandelt, stiehlt und schließlich im Gefängnis landet. Er ist frech, respektiert die Mutter nicht, aber kehrt immer wieder zu ihr zurück, wenn er Geld braucht. Geld ist ein Schlüsselmotiv des Romans und bestimmt das Verhältnis Mutter–Sohn. Franz ist in ständiger Geldnot; dies bindet ihn an die Mutter, denn es zwingt ihn, zur Mutter zurückzukehren, sie um Geld zu bitten. Die finanzielle Unabhängigkeit des Sohnes erscheint als eine nicht realisierbare Voraussetzung für seine emotionelle Loslösung von der Mutter. Als ihn Thereses Verlobter aus dem Gefängnis holt und ihm Geld unter der Voraussetzung anbietet, er müsse in die USA auswandern, nimmt Franz zwar das Geld an, fährt jedoch nicht fort. Dies beweist, daß sich Franz im Grunde nicht der Möglichkeit berauben will, die Mutter wiederzusehn, was als Hinweis auf seine tiefe, wenn auch unbewußte Bindung an Therese verstanden werden kann. An dem schicksalsvollen Tag, als er Therese umbringt, bittet er seine Mutter um Geld. Aber Therese hat kein Geld mehr oder will ihm keins geben. Da durchsucht Franz ihre Wohnung, durchwühlt den Wäscheschrank und schließlich ihr Bett, wohl ein Sinnbild für den Ort des an ihm versuchten Mordes. Die Handlungsweise des Sohnes legt den Gedanken nahe, er suche gar nicht nach Geld, sondern strebe unbewußt danach, jenes Geheimnis zu entschlüsseln, das sein Leben bestimme und seine Bindung an die Mutter bedinge. Aber die Suche schlägt fehl. Der Sohn zerrt die Mutter zu Boden, haut auf sie los, erniedrigt sie. Obwohl er ihr Röcheln hört, will er es nicht wahr haben, daß sie im Sterben liegt, und sagt sich, sie wolle ihn täuschen, um ihn zu verärgern. Je mehr er sie aus seinen Gedanken verscheuchen will, um so mehr ist er gezwungen, an sie zu denken. Die Mutter beherrscht nun sein Denken.

Thereses Tod erfolgt unerwartet. Die herbeigeholten Ärzte stellen nur geringfügige körperliche Verletzungen und Fieber fest, das sie auf den erlittenen Schock zurückführen. Dennoch stirbt Therese. Sie stirbt, so deutet der Roman an, weil sie sterben will. Kurz vor ihrem Ableben gesteht sie ihrem Jugendfreund Alfred ihr so viele Jahre lang geheimgehaltenes Verbrechen und überzeugt ihn, der Sohn unterliege dem unabwendbaren Prinzip von Schuld und Sühne. Er räche sich für ihre an ihm begangene Untat. Auch Alfred versteht den Muttermord als eine Form der Rache und verspricht, dem Gericht die Vorgeschichte des vom Sohn begangenen Verbrechens zu erklären und für mildernde Umstände zu plädieren. Alfred setzt sich ein, die damals für Mord übliche Todestrafe in eine Gefängnisstrafe umzuwandeln. Aber gerade dadurch wird Alfred zum Instrument des Phantoms, denn er verlängert das Leid des Sohnes, der sein Leben lang die Erinnerung an die tote Mutter in sich tragen, von der Wahnidee Thereses verfolgt und vom Bewußtsein der eigenen Untat gequält wird.

Die frühen Fassungen des Romans, die sich im Schnitzler-Nachlaß in der Universitätsbibliothek von Cambridge befinden[39], bestätigen den Gedanken, daß Schnitzler die psychologischen Mechanismen erkannte, die in der Geheimnisübertragung am Werk sind und zur Kryptenbildung beitragen. In einem dieser frühen Entwürfe gelingt es dem Arzt, der als Thereses enger Freund und früherer Geliebter beschrieben wird, das Gericht zu überzeugen, Thereses Sohn sei in der Tat unschuldig. Er räche sich, denn er stehe – ohne es zu wissen – unter dem Einfluß des Geheimnisses seiner Mutter. In der veröffentlichten Fassung des Romans läßt Schnitzler das Gericht an der Glaubwürdigkeit der Geschichte zweifeln. Als mildernde Umstände akzeptiert es lediglich die schlechte Erziehung des Sohnes und die bösen Vorbilder, die ihn auf einen Holzweg gebracht haben. Dieser Schluß legt den Gedanken nahe, das Gericht, ein Symbol der Gesellschaft, könne die Rolle der Geheimnisse im Sozialisationsprozeß weder akzeptieren noch verstehen und verstärke gerade dadurch die Wirkung des Phantoms auf Franz.

Schnitzlers Sprachtheorie

Schnitzlers Roman gewährt einen Einblick in den mysteriösen Prozeß der Geheimnisübertragung, indem er die Komplexität dieses Phänomens in plastischen Metaphern gestaltet. Drei Szenen sind in diesem Zusammenhang von besonderer Bedeutung. Viele Jahre nach ihrem Mordanschlag, als ihr Sohn schon erwachsen ist, gesteht Therese, in der Betrachtung seiner Gesichtszüge versunken:

> Ja, auch er hatte einmal ein Kindergesicht gehabt, auch er war einmal ein Kind gewesen, und auch heute – oh, das war gewiß, sähe sein Gesicht anders aus, wenn sie ihn nicht einmal umgebracht hätte ... Unwillkürlich, wie aus einer verschütteten Tiefe, war dieses Wort ihr ins Bewußtsein emporgestiegen, und sie hatte doch etwas ganz anderes gemeint: wenn ich mich um ihn mehr hätte kümmern können ... (GW II, 817).

Es ist ein Versprechen, das Thereses Geheimnis verrät und dem Leser verdeutlicht, die Protagonistin habe ihr Verbrechen in ihrem Unbewußten wie in einer Gruft verschlossen. In einer anderen Episode sind es nicht-verbale Zeichen, die das Geheimnis Thereses lüften. Auf dem Wege zu den Zieheltern ihres Sohnes erblickt Therese plötzlich ihren Jugendfreund Alfred, dessen Spur sie seit Jahren verloren hatte. Therese befindet sich in einer offenen Kutsche in Begleitung ihrer Hebamme, einer älteren Frau namens Nebling. Da Frau Nebling das Baby in ihren Händen hält, meint Therese, Alfred habe sicherlich nichts gemerkt und

---

[39] Arthur Schnitzler Manuskript Sammlung, Cambridge University Library, England.

könne nicht ahnen, daß es ihr eigenes Kind sei. Viele Jahre danach, als Therese ihrem Jugendfreund von der Existenz ihres unehelichen Sohnes berichtet, erinnert er sie an diese Szene und betont, er habe gleich gewußt, daß es ihr Kind sei, denn ihre Begleiterin sei zu alt gewesen, um die Mutter eines Neugeborenen zu sein. Unterschiedliche Deutungen ein und derselben Zeichenkonfiguration hatten somit gegensätzliche Ergebnisse gezeitigt. Die Mehrdeutigkeit des Zeichens beweist einerseits, daß die Sprache kein adäquates Mittel ist, um Thereses Geheimnis zu verbergen; es zeigt jedoch andererseits, daß sie adäquat genug ist, all das zu verraten, was Therese verschweigen möchte.

Dieser Gedanke wird auch in einer anderen Szene deutlich. Therese hält die Existenz ihres unehelichen Sohnes auch vor der eigenen Mutter geheim. Sie spricht nie von Franz, erwähnt jedoch immer wieder, sie müsse dringend eine Freundin besuchen, die außerhalb Wiens lebe. In einem Brief an Therese drängt die Mutter ihre Tochter dazu, den Besuch bei dieser Freundin abzubrechen und umgehend zu ihr zu kommen. Dabei setzt sie das Wort Freundin in Anführungsstriche. Die Interpunktion signalisiert, die Mutter ahne, daß es sich hier um keine Freundin handle. Beim nächsten angeblichen Besuch, den sie der Freundin abstatten soll, begleitete die Mutter Therese zum Bahnhof. Als sich der Zug bereits in Bewegung setzt, verabschiedet sich die Mutter mit den Worten: „Küß mir deinen Buben" (GW II, 764). Der Prozeß der Geheimnisübertragung vollzieht sich mit Hilfe der Sprache, die hier in einem umfassenden Sinn als System von Zeichen zu verstehen ist. Indem Schnitzler diesen Aspekt der Geheimnisübertragung aufdeckt und illustriert, gelingt es ihm zugleich, einen Einblick in zwei unterschiedliche, in der damaligen Zeit vorherrschende Sprachtheorien zu gewinnen. Fritz Mauthners *Wörterbuch der Philosophie*[40], Hofmannsthals *Ein Brief* und Wittgensteins *Tractatus logico-philosophicus* hatten die Kritik ihrer Zeitgenossen an der Ausdrucksfähigkeit der Sprache am prägnantesten formuliert. Sie waren zur Einsicht gelangt, die letzten Fragen der Menschheit wie die Frage nach dem Sinn des Lebens könnten in der Sprache der Naturwissenschaft und Philosophie nicht beantwortet werden. Die Schwäche und Unzulänglichkeit der Sprache sei in ihrem metaphorischen Charakter begründet. Im Gegensatz zu ihnen glaubten Karl Kraus und Robert Musil an die Stärke und Ausdruckskraft der Sprache, die ihrer Ansicht nach den einzelnen Sprecher beherrsche.[41] Kraus zeigte, wie die Sprache den Mißbrauch offenbarte,

---

[40] Übersetzung aus Fritz Mauthners *Wörterbuch der Philosophie*, (München: Georg Müller, 1910), XI, zitiert nach Allan Janik and Stephen Toulmin, *Wittgenstein's Vienna*, (New York: Simon and Schuster, 1973), 122.
[41] Bezüglich einer detaillierten Analyse der Sprachkritik im Wien des Fin-de-siècle siehe Janik and Toulmin, *Wittgenstein's Vienna*, 92–167.

den Journalisten und Politiker mit ihr trieben. Sie verriet deren geheime Absichten und Vorurteile. So konnte Kraus lange vor Beginn der Naziherrschaft anhand seiner genauen Sprachanalysen wie der häufigen Verwendung von Ausrufezeichen im journalistischen Diskurs ein Zeitalter der Barbarei vorhersagen.

In seinem Roman zeigt Schnitzler, wie das arbiträre Verhältnis von Zeichen und Bezeichnetem sowie die Metaphorizität der Sprache sowohl Schwäche als auch Stärke der Worte sein kann. Die Beziehung zwischen Zeichen und Bezeichnetem ist so zufällig wie der Umstand, daß Therese Alfred trifft und kurz vorher ihr neugeborenes Kind Frau Nebling gegeben hat, damit sie es eine Weile halte. Die Zeichen sind zwar inadäquate Mittel, Thereses Intention wiederzugeben, sie verraten aber in ziemlich eindeutiger Weise, was Therese verbergen will. Sprache ist somit ein mehr als adäquates Mittel, geheime psychologische Konflikte, Gedanken und Wünsche des Sprechers entgegen dessen Intentionen zum Ausdruck zu bringen. Indem er die Zusammenhänge aufdeckt, verdeutlicht Schnitzler eine Parallele zwischen Freuds und Kraus' Auffassung der Sprache, die letzterer nicht wahrhaben wollte. In dieser Hinsicht konvergierten Freuds und Kraus' Sprachtheorien, auch wenn sich Kraus vehement gegen die Psychoanalyse gewandt hatte. Schnitzler leuchtete die Überschneidungsfläche aus, gerade indem er seine psychoanalytischen Erkenntnisse mit den Sprachtheorien seiner Zeit verband. Auf diese Weise eröffnete er einen neuen Zugang zur Erforschung der Geheimnisübertragung.

Weder-Noch: Schnitzlers Kritik an Kierkegaards Entweder-Oder

Auf den ersten Blick scheint Schnitzlers Roman Kierkegaards Forderung nach einer strikten Trennung zwischen Ethik und Ästhetik zu illustrieren. Denn Thereses Versuch, die ethische und die ästhetische Lebensweise miteinander zu verbinden, ist zum Scheitern verurteilt. Therese, die Unmögliches zu verwirklichen sucht, findet letztlich an keiner dieser extremen Lebenshaltungen eine Freude. Sie ist stets hin und her gerissen. Einerseits spielt sie die Rolle eines weiblichen Don Juans, denn sie benutzt Männer zur Befriedigung erotischer Phantasien, wird aber zugleich zum Objekt männlicher Sinnesgelüste. Andererseits leidet Therese an Schuldgefühlen und lehnt die eigene frivole Lebensweise ab. Gerade deshalb stürzt sie sich immer wieder in die Arbeit als Gouvernante und widmet ihre ganze Kraft und Energie der Erziehung fremder Kinder. Aber Therese fühlt sich immer wieder vom unglücklichen Eheleben der Eltern ihrer Zöglinge abgestoßen. Zudem wird sie manchmal grundlos entlassen; andere Male geht sie freiwillig, da sie die Annäherungsversuche des betreffenden Vaters oder das Mißtrauen der Ehefrau nicht ertragen kann. Therese findet keinen Platz in der Gesellschaft, keinen Sinn im Leben, sie hat kein Ziel. Sie ist sowohl von der ästhetischen als auch von der ethischen Lebensweise enttäuscht. Die Protagonistin, deren Namen an Zolas Therese Raquin erinnert, ist der Prototyp der Finde-siècle Frau, die verzweifelt nach einem Freiraum zur Entfaltung ihrer Fähigkeiten sucht. Schnitzlers Roman gibt der Gesellschaft der Zeit die Schuld an der Tragödie dieser Frauen, die nicht einmal die Chance haben, im Kierkegaardschen Sinne eine Entscheidung zwischen ethischer und ästhetischer Lebensweise zu treffen.[42] Die Phantome, die Therese quälen, und der innere, durch den Zusammenprall heterogener Zeiten bedingte Zwiespalt der Protagonisten hindern sie daran, sich die Kierkegaardschen Alternativen überhaupt bewußt zu machen.

Schnitzler geht zugleich einen Schritt weiter. Sein Roman zeigt, daß Kierkegaards Forderung nach einer strikten Trennung zwischen ästhetischer und ethischer Lebensweise nicht verwirklichbar ist. Eine Episode des Romans gewinnt in diesem Zusammenhang besondere Bedeutung. Von der Not geplagt, entschließt sich Therese eines Tages doch, einen Mann zu heiraten. Interessanterweise ist ihr Auserwählter ein Jude, wohl ein Symbol eines entwurzelten und heimatlosen Volkes, das, zur Wanderschaft verurteilt, häufig Konventionen zerbrach und gegen den Strom schwimmen mußte. Aber Thereses Verlobter ist ein völlig assimilierter Jude, ein erfolgreicher Geschäftsmann, der nach ethischen Grundsätzen lebt und keine Angst vor Bindungen hat. Obwohl der Verzicht auf einen unbeständigen Lebensstil ein ethisches Dasein im Sinne Kierkegaards miteinschließen würde, empfindet Therese ihren Entschluß, diesen Mann zu heiraten als einen Akt der Prostitution. Thereses Verlobter stirbt allerdings, bevor sie ihre Verlobung und ihre Heiratsabsichten bekanntgemacht haben. Sein Tod zwingt Therese, ihren alten, unsteten Lebensstil weiterzuführen. Es bleibt ihr keine Wahl. Somit ist das Leben in Schnitzlers Darstellung eine Reihe disparater ethischer und ästhetischer Lebensmomente, die eine Wiederholung im Sinne Constantin Contantius, nicht aber im Sinne Antigones ermöglichen. Das Leben schreibt Schnitzler die Antwort auf Kierkegaards „Entweder-Oder" vor. Und diese lautet: „Weder-Noch."[43]

---

[42] Bezüglich einer genauen Analyse der sozialen Situation der Frau, insbesondere der Gouvernante sowie einer Darstellung der intertextuellen Implikationen des Namens Therese vgl. E. Deng, 13–38; 188–201.

[43] Schnitzlers eigenes Leben ist eine Widerlegung der Theorien Kierkegaards, denn der Wiener Dramatiker war sowohl ein Don Juan als auch ein ethischer Mensch, der gegen die Korruption der Zeit kämpfte.

Arthur Schnitzlers Hermeneutik der Zeit

Schnitzlers Roman beinhaltet eine ungewöhnliche Deutung der Zeit. Der Wiener Dramatiker greift einen Grundgedanken der Philosophie Bergsons[44] auf, geht aber weit über diese hinaus. Bergson unterschied zwischen dem physikalisch meßbaren und dem intuitiv erfaßbaren Zeitablauf, den er als einen Strom von unzusammenhängenden Augenblicken verstand, deren „reale" Dauer vom Bewußtseinsstand einer Person abhing. Diese Konzeption der Zeit als eine Konstruktion des Intellekts unterminiert die traditionelle Vorstellung der Zeit als einen kontinuierlichen Ablauf von Augenblicken. Unter dem Einfluß von Bergsons Philosophie haben moderne Schriftsteller von Proust bis Kafka und Musil Stimmungen und den sich stets ändernden Bewußtseinsstrom in Sprachmontagen zum Ausdruck gebracht, gerade um ihr Erlebnis der Zeit als Fusion disparater Momente und Zusammenprall heterogener Zeiten in ein und derselben Zeitspanne darzustellen. Um die Bergsonsche Dimension des Werkes Kafkas zu illustrieren, verwendeten Deleuze und Guattari gerade den Begriff der Assemblage.[45] Aber Schnitzlers Roman nimmt zugleich Mircea Eliades Theorien über das Sakrale und Profane vorweg. In seinen Schriften über Religion zeigte Eliade, wie der Profane die Verhaltensmuster des Religiösen unbewußt wiederholt und wie bestimmte Räume im weltlichen Leben die Bedeutung von sakralen Orten gewinnen.[46] Während die antiken Völker, die Eingeborenen und Religiösen einen zirkulären Zeitbegriff hatten, der sich in der Wiederholung bestimmter Feste und Rituale manifestierte, ging der moderne Mensch von der Vorstellung eines linearen Zeitablaufs aus. Indem er aber bestimmte Handlungen wiederholte oder bestimmte Orte immer wieder aufsuchte, schrieb er dem linearen Ablauf seines Lebens eine gewissen Zirkularität ein, der jedoch eine tiefere Bedeutung, wie sie den Religionen oder den antiken Völkern eigen war, fehle.[47] Diesen Gedanken gestaltet Schnitzler – lange vor Eliade – in seinem Roman. Therese, die ein säkulares Dasein führt, befindet sich stets auf der Suche nach dem richtigen Lebenspartner, der richtigen Stellung, den richtigen Zöglingen. Dies könnte als Suche nach einem verlorenen Paradies verstanden werden, das eigentlich gar nicht verlorengehen konnte, da es nur in

---

[44] Bezüglich einer Analyse von Bergsons Theorie der Zeit vgl. Jacques Chevalier, *Henri Bergson* (New York: Ams Press, 1928), 114–156.
[45] Gilles Deleuze und Félix Guattari, *Kafka: Pour une littérature mineure* (Paris: Editions de Minuit, 1975).
[46] Mircea Eliade, *The Sacred and the Profane: The Nature of Religion* (New York: Harcourt Jovanovich), 1957.
[47] In ihrem bereits erwähnten Buch über Schnitzlers *Therese* übersieht Deng völlig die religiösen und philosophischen Konnotationen von Schnitzlers Begriff der Wiederholung.

ihrer Phantasiewelt existierte. Die Suche ist deshalb notgedrungen zum Scheitern verurteilt. Sie endet stets mit einer Enttäuschung, die eine Wiederholung ihres Kindheitserlebnisses ist, der frustrierten Beziehung zum Vater und zur Mutter. Therese ist somit zu keiner echten Wiederholung im Sinne von Kierkegaard fähig, weil ihr die Gesellschaft von vornherein diese Möglichkeit nimmt. Schnitzlers Chronik illustriert, wie linearer und bedeutungslos gewordener, zirkulärer Zeitablauf einander durchdringen und zur Tragödie einer Generation von Frauen beitragen, deren Versuche, sich in einer von Männern dominierten Gesellschaft zu behaupten, immer wieder zum Scheitern gebracht werden.

Schnitzlers Roman schildert zugleich das Schicksal seiner Zeitgenossen, die sich zwischen zwei Welten hin und her gerissen fühlten. Einerseits hatten sie die Gründung der Republik und damit den Beginn einer neuen Epoche begrüßt, andererseits litten sie bereits an den Folgen der sozialen und politischen Umwälzungen und sehnten sich daher sehr bald nach der „guten, alten Zeit", die sie mit der Habsburgermonarchie verbanden und im verklärten Licht sahen, obwohl sie doch deren Untergang selbst herbeigerufen hatten. Sie hatten die Habsburgermonarchie allerdings nicht introjiziert, sondern lediglich inkorporieren können, da die Erinnerung an die Vergangenheit mit der Erinnerung an Nationalitätenkonflikte, Haß und Völkermord verbunden war.[48]

Schnitzlers Therese deckt die Folgen des Zusammenpralls heterogener Zeiten in der Psyche nicht bloß eines Menschen, sondern einer Generation auf: Gewalttätigkeit, Haß und Mord, die das Aufkommen eines Zeitalters der Barbarei bedingten. Aber die Leser der damaligen Zeit verstanden die prophetische Botschaft dieses Buches nicht, denn sie litten an einem Mangel an Vorstellungskraft. Ihr Unverständnis trug zur Verschlimmerung der Lage bei. Die Phantome der Vergangenheit siegten über die Gegenwart. Das Aufkommen der braunen Barbarei rief noch mächtigere Gespenster auf den Plan, die Europa in einen Zweiten Weltkrieg stürzten. Aber selbst der Zweite Weltkrieg hat das Gespenst der Vergangenheit nicht verjagt. Nationalismus, Rassismus und Neofaschismus treiben heute die Völker Ex-Jugoslawiens auseinander, schü-

---

[48] Nicht nur Schnitzler, sondern auch Franz Werfel hatte die fatalen Konsequenzen dieses „double bind" aufgezeigt. In dem Vorwort zur englischen Übersetzung seiner Novellensammlung, die unter dem Titel *Twilight of A World* erschien, heißt es: „A unique, a memorable world ... That world is gone for ever. After a long twilight of its old age, it died; and its death was no gentle one, but anguished struggle. Yet very many of its children still live, among them some initiate. They belong to two worlds: to that dead one which, living in them, is not yet quite dead; and to the world of its heirs. ... But this belonging to two worlds, this embracing of two epochs within one soul, is a highly paradoxical state. Who knows whether much of the inward anguish of our age be not due to this inner double existence?" Franz Werfel, *Twilight of A World*, übers. von H. T. Lowe-Porter (New York: Viking Press, 1937), 3–4.

ren den Haß und führen zum Völkermord. Die gegenwärtige politischen Ereignisse bestätigen Bernhard Shaws Ausspruch, aus der Geschichte habe man nur gelernt, daß die Menschheit nichts aus der Geschichte gelernt habe.

In den zwanziger Jahren mag der Widerstand der Gesellschaft gegenüber der Erforschung dieser psychologischen Phänomene – ein Widerstand, der auch Freuds Haltung markierte – wohl einer der Gründe gewesen sein, warum Schnitzler, Arzt und Schriftsteller, seine Entdeckungen in den Tropen und Metaphern seines Textes verschlüsselte. Erst im Deutungs- und Leseprozeß offenbart sich das Geheimnis des Autors, das Literaturwissenschaftler und -kritiker bestimmt, die in Therese beschriebenen psychologischen und politischen Phänomene eingehender zu untersuchen und die Spuren der Zeit in der Schrift zu entziffern.

Namensindex

Abel 142, 146
Abraham 109–112
Abraham, Karl 197, 312
Abraham, Nicolas 308, 312–315
Abrams, Robert E. 126
Achilleus Tatios 150, 152
Acoreus 50
Adam 29–32, 37, 41, 108 f., 141, 144–146, 148, 152, 223
Addison, Joseph 123, 127, 130
Adonai 37
Adonis 148–150, 152–156
Adrasteia 56
Agacinski, Sylvaine 311
Agus, Aharon R. E. 125
Aischylos 225
Albertz, Rainer 144–146
Alexander der Große 138, 139, 219
Alexander 140
Allen, Francis H. 130
Amun 59
Ananke 55
Andrae, Walter 152
Andreas-Salomé, Lou 312
Antigone 311
Antoine, Gérald 28
Anzieu, Didier 185 f.
Aphrodite 55, 148–150, 155
Apollodor 140, 143, 148, 150
Apollon 140
Appian 50
Apuleius von Madaurus 59, 144, 255
Ares 55
Aristoteles 46, 63, 83, 122, 225
Armstrong, John 138
Arnobius 150
Artemis 85, 86
Artus, König 273
Asklepios 140
Assmann, Aleida 60–63, 125
Assmann, Jan 62, 122, 125
Astarte (Aschera) 147, 149–151
Athene (Athena) 59, 60, 86, 147, 154, 155, 157, 223, 225
Aton 37, 60
Auffarth, Christoph 152
Augustinus/Augustin 31, 32, 35–41, 54, 58, 63, 67, 84, 85, 217, 244, 245, 247

Baal 147, 148, 151, 152
Bacon, Francis 8, 85
Bahr, Hans-Dieter 201
Ball, J. 48
Balmary, Marie 312
Barguet, Paul 50
Baudelaire, Charles 135
Baudy, Dorothea. 143, 155, 158
Beinlich, Horst 48
Bell, Millicent 167
Benedetti, Gaetano 202
Benjamin, Walter 103–107, 111
Benz, Ernst 78
Bergel, Kurt 305
Bion, Wilfred R. 191
Bergson, Henri 326
Berthier, Philippe 281
Betz, Hans Dieter 54, 55, 61
Beyle, Henri 278
Bileam 113
Blake, William 165
Bloch, Oscar 20
Bloom, Harold 124, 126
Blumenberg, Hans 46, 63, 67, 85, 174, 180, 243, 244, 246, 248
Bois-Reymond, Emil du 62, 89–90
Bonaparte, Napoléon 269, 272–277, 280, 281, 286, 287, 297–300
Bond, Donald F. 123
Bonneau, Danielle 48
Bonnet, Corinne 152
Borges, Jorge Luis 121, 133
Borghouts, Joris F. 60
Böttiger, Carl August 157
Brandes, Georg 305
Brandon, Samuel G. F. 147
Braun, Christina von 225, 228
Brazda, Monika Karola 143
Brelich, Angelo 77, 157
Broderick, John C. 129
Brommer, Frank 143
Brooke-Rose, Chr. 167
Brown, Lee Rust 126
Brück, Anton Theodor 8
Brüne, Klaus 185
Buber, Martin 110, 114
Bucci, Donato 291
Burke, Edmund 123, 124, 133

Burke, Kenneth 128
Burkert, Walter 155, 158
Burkhard, G. 51

Cage, John 127
Carlyle, Thomas 121
Carossa, Hans 305
Cäsar, Gaius Julius 50
Castiglione, Baldassare 211
Cavell, Stanley 133
Celan, Paul 120
de Cervantes, Miguel 289
Charcot, Jean-Martin 306
Chargaff, Erwin 228
Charles X. 274
Chasseguet-Smirgel, Janine 204
Chaucer, Geoffrey 122
Cheops 51
Chevalier, Jacques 326
Chnum 51
Christien de Troyes 227
Cicero 84, 122
Clark, W. Malcolm 146
Claudel, Paul 28
Clemens Alexandrinus 8, 150
Cohen, Paul M. 167
Coleridge, Samuel Taylor 123, 124
Colli, G. 176
Collinet, Jean-Pierre 262
Constantius, Constantin 325
Coseriu, Eugenio 13, 15, 25
Crawford, Michael H. 158
Croce, Benedetto 25
Crüsemann, Frank 145
Cox, James M. 126
Cuvier, Georges 85

Dällenbach, Lucien 294
Dangel, Elsbeth 307
Dante, Alighieri 243, 245
Da Vinci, Leonardo 244, 245, 248–251
David, König 117
Davies 150
Day, John 151
Decius, Br. [Karl Leonhard Reinhold] 59
Defoe, Daniel 275
De Las Cases, Emmanuel Auguste Dieudonné 273, 275, 276
Deleuze, Gilles 326
De Maistre, Joseph 275
Demandt, Alexander 93
De Méré, Chevalier 277
Deng, E. 325, 326
Derrida, Jacques 13, 288, 292
Descartes, René 27, 224
De Tracy, Destutt 269

Detienne, Marcel 154
Deutsch, Helene 200
Dickinson, Emily 134, 136
Diderot, Denis 296
Diels, Hermann 63
Dike 55
Dilthey, Wilhelm 62
Diodor 8, 143, 150
Dionysos 138, 223
Djoser, König 50
Döblin, Alfred 305
Dostojewski, Fiodor 289, 314
Douglas, E. M. 157
D'Orléans, Louis-Philippe 274
Drewermann, Eugen 142, 144, 145, 147
D'Urfé, Honoré 271
Düsing, E. 200
Düsing, Wolfgang 32

Ebeling, Florian 59
Echnaton, König 60
Eiseley, Loren 126
Eisenstadt, Shmuel N. 78
Eliade, Mircea 91–94, 326
Elias, Norbert 271
Eliot, George 174
Elohim 147
Emerson, Charles 125
Emerson, Ralph Waldo 121, 122, 125–136
Engelhardt, Dietrich von 89, 90
Epicurus 150
Erichthonios 140, 155–157
Eros 55
Esau 69
Euripides 140
Eva 29, 30, 39, 40, 41, 108, 109, 141 142, 144–146, 148, 152, 223, 227
Ezechiel 148, 151, 152

Fabian, Klaus-Dietrich 157
Fauth, Wolfgang 139, 151, 152
Feilschuss-Abir, A. S. 145, 146
Fénelon, Jacques 248
Fenichel, Otto 198
Ferenczi, Sandor 313, 314
Festugière, André J. 54, 57
Firmicus Maternus 141, 148
Fischer, Hugo 152
Flaubert, Gustave 27, 289
Fleischer, Robert 85
Fleming, Bruce E. 167
Fögen, Marie Theres 77
Forrer, Leonard 158
France, Anatole 27
Fränkel, Hermann 81, 82
Frankfort, Henri 53

Namensindex

Franz I. 24
Freccero, John 245
Freud, Sigmund 24, 29, 34–39, 142, 145, 167, 168, 184, 186, 188, 192, 193, 195, 198, 201, 243–245, 248–251, 288, 306, 312, 313, 315, 317, 324, 328
Frickel, Josef 153
Friedl, Herwig 134
Fromm, Erich 186

Gadamer, Hans-Georg 83
Gaidoz, Henri 143
Galilei, Galileo 243, 305
Galle, Roland 270, 283
Garfunkel, Art 201
Gehlen, Arnold 64
Geitner, Ursula 211
Gese, Hartmut 152
Gilman, Sander 308
Gilman, William H. 121
Ginzburg, Carlo 194
Girard, René 289
Gladigow, Burkhard 62, 78, 80, 81, 93
Goethe, Johann Wolfgang 26, 27, 28, 61, 62, 87, 88, 89, 94, 121, 122, 127, 133, 256, 258, 311
Gordis, Robert 144, 146
Görgemanns, Herwig 46
Gozzi, (Carlo?) 28
Gracián, Balthasar 209, 211
Graf, Fritz 137, 147
Greenblatt, Stephen 215
Greßmann, Hugo 142
Grether, Reinhold 11
Griffiths, John Gwyn 59, 60
Grimm, Brüder 267
Großkurd, Chr. Gottlieb 49
Gruberich-Simitis, I. 37
Grunberger, Bela 186, 187
Guattari, Félix 326
Gunkel, Hermann 142

Haag, Ernst 144, 146, 152
Habel, Norman C. 152
Habermas, Jürgen 79
Hadot, Pierre 61, 84, 85, 88, 89
Haeckel, Ernst 89–90, 91
Haines, G. E. 158
Hamm, Jean-Jacques 296
Hani, Jean 59
Hardtwig, Wolfgang 79
Harrauer, Christine 86
Harrison, Jane E. 139
Hartman, Geoffrey 124, 126
Hegel, Georg Wilhelm Friedrich 32, 39, 124, 142, 206, 292, 305

Heger, Klaus 13
Heidegger, Martin 13, 14
Heilmann, Alfons 36, 39
Heine, Heinrich 39
Heinrich, Klaus 201
Heisig, Karl 143
Heliodor 45, 49
Hera 143
Herakleon 69
Herakles 143, 151, 152
Heraklit (von Ephesos) 8, 54, 81, 82, 83
Herder, Johann Gottfried von 125, 131
Hermann, Imre 314, 315
Hermes 55, 56
Herodot 48, 49, 50, 54, 140
Hersh, C. A. 158
Herter, Hans 149
Herzog, Werner 26
Hesiod 140, 143, 150, 154
Hessing, Jakob 34
Hetzner, Udo 139, 157
Hillermann, Horst 89
Himrod, D. K. 84, 85
Hippolytos 81, 139, 141, 153
Hitler, Adolf 187
Hobbes, Thomas 123, 296
Hoby, Thomas 211
Hodder, Alan D. 126
Hofmannsthal, Hugo von 323
Holländer, Hans 127
Hölscher, Uvo 82
Homer 81
Hong, Howard V. 310
Hong, Edna H. 310
Horus 54
Hosea 119, 148, 151
Hoy, Cyrus 210
Huarte, Juan 224
Huizing, Klaas 205
Huizinga, Johan 83
Humboldt, Alexander von 61, 305
Hume, David 85

Iamblichos 58, 63
Iamos 140
Ibis 50
Ibsen, Henrik 309, 310
Imhotep 50
Ingarden, Roman 278, 279
Iokaste 187, 188, 191, 192
Irenäus von Lyon 31
Isaak 111–113
Iser, Wolfgang 278, 279, 287, 288
Isidor von Sevilla 17
Isis 10, 54, 57, 59–62, 85–88, 149, 150
Iuno Sospita 157, 158

Jacobson, David 126
Jahwe 37, 144–146, 148, 151
Jakob 69, 112
James, Henry 165–170, 172–175, 177–179, 181
Jamme, Christoph 85
Janik, Allan 323
Jauß, Hans Robert 270
Jeremia 36, 151, 152
Jesaja 107, 113, 119, 148, 152, 154
Jesus Christus 31, 32, 69, 72, 227, 246
Jischmael 110
Johannes 67–72, 74, 75
Johannes Scotus Eriugena 85
Johannes Chrysostomus 36
Jonas, Hans 116
Joseph 51–52, 109, 112, 113

Kafka, Franz 29, 37–41, 99, 326
Kahn, Harry 169
Kain 142, 146
Kaiser, Gerhard 26
Kalasiris 49
Kamphausen, Georg 89
Kampitz, P. 205
Kant, Immanuel 10, 11, 17, 32, 36, 61, 62, 103, 123, 142, 311
Kassandra 147
Kekrops 155, 156
Kelsen, Hans 53
Kemp, Wolfgang 85
Kermode, Frank 174, 177, 180
Kienlechner, Sabina 38
Kierkegaard, Søren 310 f., 324 f., 327
Kippenberger, Hans G. 11
Kircher, Athanasius 87
Kitchen, Kenneth A. 50
Klein, Melanie 188
Kleist, Heinrich von 32, 34
Kluge, Friedrich 19
Koetschau, Paul 67
Kook, Avraham Issac 101, 102
Kopernikus, Nikolaus 122
Knox, Bernard 191, 192
Kranz, Walther 63
Kraus, Karl 323, 324
Krause, Martin 61
Krause, Ernst 139
Krauss, Werner 185
Krenkel, Werner A. 158
Kristeva, Julia 205
Krusche, Thomas 126
Kuhn, Thomas S. 25
Kuschel, R. 89

de La Bruyère, Jean 270, 271

Lacan, Jacques 249, 288
de Laclos, Pierre Ambroise François Choderlos 298
Lacoste, Patrick 248
Lafayette, Madame de 270, 283
de La Fontaine, Jean 262
de La Harpe, Jean-François 273
Laios 188
LaRochefoucauld, Gabriel de 26, 271
Leisegang, Hans 139
Lethen, Helmut 211
Levi 114
Levin, David 126
Lévinas, Emmanuel 205
Levy, Ludwig 144
Loretz, Oswald 147
Louis XVIII. 274
Lowe-Porter, H. T. 327
Lowrie, Walter 311
Lubac, Henri de 28
Lübbe, Hermann 89
Lugauer, Manfred 143
Luhmann, Niklas 79, 80, 83, 283
Lukacher, Ned 312
Lukas 27
Lukian 139, 140, 148, 149
Luther, Martin 21

Maehly, Jakob 157
Maleachi 107, 152
Manetho 59
Mann, Thomas 19, 27, 52
Marin, Louis 246
Marquard, Odo 32
Marx, Karl 288
Massenzio, Marcello 147
Mauthner, Fritz 323
May, Herbert G. 152
McDougall, Joyce 201
McIntosh, James 126
McKenzie, John L. 144, 147
Meier, Franziska 296
Melampus 140
Melqart 151, 152
Merenptah 50
Mereschowski 249
Merkelbach, Reinhold 57, 144
Meves, Christa 142
Michel, Diethelm 142, 144, 147, 148
Miller, John C. 135
Miller, Perry 126
Milton, John 122 f.
Mirjam 113
Mitscherlich, Alexander 168
Mittelstraß, Jürgen 176
Modena, Herzog von 269

Namensindex

Molière 26, 289
Momos 55, 56
Montinari, Mazzino 176
Morantes, Elsa 310
Morgenthaler, Fritz 185
Morris, Ramona und Desmond 147
Mörth, Ingo 78
Mose (Moses) 33, 37, 39, 59, 102, 106, 109, 110, 115–118, 147
Mozart, Wolfgang Amadeus 280
Müller, Klaus E. 77
Musil, Robert 323, 326

Nagel, Thomas 25, 26
Napoléon II. 297
Nauck, August 140
Nedelmann, Birgitta 77
Neith 60, 86
Newmark, Kevin 311
Newton, Isaac 85, 305
Neyton, André 144
Nietzsche, Friedrich 26, 92, 176, 217, 220
Nilsson, Martin P. 137
Noah 116
Nock, Arthur D. 54, 57
Nooteboom, Cees 27
Nunberg, N. 197

Odin 94
Ödipus 94, 184–188, 191 f., 205, 248, 311
Odysseus 243
Ohlert, Konrad 83
Origenes 67–75
Orth, Ralph H. 121
Osiris 57, 138, 149, 150, 152, 153, 156
Ovid 148

Pabst, Georg W. 185
Pagels, Elaine 31, 144
Panyassis 150
Paracelsus 224, 225
Parsons, Thornton H. 128
Pascal, Blaise 26, 243–245, 247
Paulus 23, 31, 36, 37
Pausanias 140, 143, 147, 155
Peck, H. Daniel 127
Perler, Othmar 77
Perrault, Charles 261–268
Pherekydes von Athen 143
Philipp 157
Philon (von Alexandrien) 84
Pindar 70, 140
Platon 7, 25, 45, 46, 63, 81, 122, 157
Plessner, Helmuth 287, 288
Plinius Sekundus (der Jüngere) 84
Plotin 61

Plutarch 59, 86, 143, 149, 150
Poe, Edgar Allan 127, 135, 136, 166, 308
Polyidos 140
Pomponazzi, Pietro 85
Porphyrius 8
Port-Royal 243, 244, 246, 247, 251
Porte, Joel 121, 126
Pottle, Frederick A. 126
Powell, Benjamin 155
Preisendanz, Wolfgang 269
Preuschen, Erwin 67
Proklos 60
Properz 157, 158
Proust, Marcel 289, 326
Ptah 50

Rabbi Chaninha bar Pappa 113
Rabbi Isaak 106
Rabbi Israel Baal Schem Tov 117
Rabbi Suscha 117
Rabelais, François 305
Racine, Yves 273
Rahner, Karl 174, 181
Ramsey, T. 83
Ramses II. 50
Ramses III. 50
Rand, Nicolas 314
Raphael 85
Raysor, Thomas M. 124
Re 50
Reich, Wilhelm 186
Reichert, Klaus 215, 216
Rein, Edvard 157
Reinhold, Karl Leonhard 59
Reitzenstein, Richard 56
Reymer, Rudolf 49
Richards, Angela 168
Rifkin, Jeremy 228
Rigotti, Francesca 87
Rimbaud, Arthur 135
Ritter, Joachim 284, 292
Robert de Boron 227
Robertson, Noel 158
Robertson, Ritchie 38
Roeder, Günther 149
Rolland, Romain 24
Rosenzweig, Franz 105
Rottzoll, Dirk U. 142, 144, 148
Rousseau, Jean-Jacques 216, 243, 244, 269–271, 275–277, 283–286, 288, 289, 291–293, 295–300
Rowe, John Carlos 167
Rudolph, Kurt 91

de Sade, Donatien Alphonse François 243
Sandmann, M. 60

Sara 109, 110
Sartre, Jean-Paul 200, 204, 206
Scheible, Hartmut 306
Schiller, Friedrich 10, 11, 15, 32–36, 58, 59, 61, 62 121, 123, 124, 135
Schimoni, Jalkut 119
Schinkel, Karl Friedrich 291
Schipperges, Heinrich 89
Schlechta, Karl 220
Schlegel, August 311
Schlesier, Renate 29, 201
Schloss, Dietmar 126
Schmidt, Hans 142, 144, 147
Schmidt, Gerhart 125
Schmidt-Glintzer, Helwig 59
Schnelle, Thomas 89
Schnitzler, Arthur 305–307, 315–320, 322–328
Scholem, Gershom 9, 100, 101, 103
Schopenhauer, Arthur 27
Schulz, Walter 27
Schütz, Alfred 78
Segner 11, 61
Seneca 54, 84
Sesostris 49
Sethos I. 50
Shakespeare, William 209, 210, 212, 213, 215, 218, 220, 273
Shaw, Bernard 328
Shelley, Percy Bysshe 132
Shultis, Christopher L. 127
Sidney, Sir Philip 122
Siegert, Bernhard 62
Sievers, Burkard 77
Simmel, Georg 77, 80, 204
Simon, Myron 128
Simon, Paul 201
Smith, David L. 126
Soggin, J. Alberto 147
Sokrates 148
Solmsen, Friedrich 85
Solon 60, 143
Sophokles 140, 186, 187, 191, 192
Spence, D. 194
Spencer, John 59
Starobinski, Jean 278, 292
Steck, Odil Hannes 144–146
Steindorff, Georg 59
Stendhal 269–282, 285, 287–291, 293, 295–297, 299
Stengel, Paul 137
van der Sterren, Driek 187
Stierle, Karl-Heinz 271
Stöcker, Christoph 139
Stoebe, Hans Joachim 146
Stork, Jochen 200

Strabon 48, 49, 143
Strachey, James 168
Stricker, Bruno Hugo 48, 50
Stroumsa, Guy G. 11
Stumpff, J. A. 26
Sueton 50
Sydenham, Edward A. 158
Szondi, Leopold 313, 314
Sztulman, Henri 248

Tacitus 20, 21
Tammuz 152
Teichmann, Frank 61
Teiresias 140
Thales 62
Theaitet 45
Theokrit 154
Theunissen, Michael 200
Thiersch, Hermann 85
Thissen, Heinz-Josef 48
Thomé, Horst 306
Thomsen, Christian W. 127
Thoreau, Henry David 122, 125, 126, 127, 129–136
Thulin, Carl 157
Torok, Maria 308, 312–315
Torrey, Bradford 130
Toulmin, Stephen 323
Trophonios 140
Trumpf, Jürgen 143
Tschechow, Anton 305
Tyche 55

Uranos 150

Valéry, Paul 21, 278
Van Delft, Louis 271
Van der Burg, Nicolas Marius Henricus 137
Verdi, Giuseppe 24
Vergil 20
Vinken, Barbara 243, 245, 247
Vogt, Rolf 187, 188, 191, 192
Voltaire 165, 243, 276, 299

Warburton, David A. 59
Warning, Rainer 278, 283 f., 289, 292 f., 296
Wartburg, Walter von 20
Weisbuch, Robert 127
Weischedel, Wilhelm 11, 62
Weltsch, Peter 37
Werfel, Franz 327
Westermann, Claus 146
Whicher, Stephen E. 121
Wickler, Wolfgang 47
Widengren, Geo 152

Widmer, Peter 195
Wilber, Ken 78
Winkler, John J. 154
Winnicott, Donald W. 187, 200
Wisser, Richard 83
Witt, Reginald E. 85
Wittgenstein, Ludwig 323
Wolfram von Eschenbach 227, 228
Wordsworth, Dorothy 125

Wordsworth, William 122, 124, 125–128, 130, 132, 134
Wurmser, Léon 199

Yerushalmi, Yosef Hayim 37

Zephania 119
Zeus 55
Zola, Emile 325

Archäologie der literarischen Kommunikation

I Schrift und Gedächtnis
   Herausgegeben von Aleida und Jan Assmann
   und Christof Hardmeier
   2. Aufl. 1993, 284 S., ISBN 3-7705-2132-3

II Kanon und Zensur
   Herausgegeben von Aleida und Jan Assmann
   1987, 347 S., ISBN 3-7705-2379-2

III Weisheit
   Herausgegeben von Aleida Assmann
   1991, 571 S., ISBN 3-7705-2655-4

IV Text und Kommentar
   Herausgegeben von Jan Assmann und Burkhard Gladigow
   1995, 502 S., ISBN 3-7705-2969-3

V Schleier und Schwelle

V.1 Geheimnis und Öffentlichkeit
   Herausgegeben von Aleida und Jan Assmann
   in Verbindung mit Alois Hahn und Hans-Jürgen Lüsebrink
   1997, 333 S., ISBN 3-7705-3096-9

V.2 Geheimnis und Offenbarung
   Herausgegeben von Aleida und Jan Assmann
   in Verbindung mit Theo Sundermeier
   1998, 256 S., ISBN 3-7705-3171-X

V.3 Geheimnis und Neugierde
   Herausgegeben von Aleida und Jan Assmann
   1999, 335 S, ISBN 3-7705-3355-0

VI Einsamkeit
   Herausgegeben von Aleida und Jan Assmann
   1999, 312 S., ISBN 3-7705-3401-8